Friedrich-Wilhelm Schlomann

Mit so viel Hoffnung fingen wir an

Friedrich-Wilhelm Schlomann

Mit so viel Hoffnung fingen wir an

1945-1950

UNIVERSITAS

Schutzumschlag: Christel Aumann, München
Satz und Druck: Jos. C. Huber KG, Dießen
Binden: R. Oldenbourg, Heimstetten
Printed in Germany
ISBN: 3-8004-1249-7

Inhalt

mitglied des Schülerrates. Erfolglose Münchner Ministerpräsidenten-Konferenz. Heimlicher Besuch im Westen. II. CDU-Parteitag. Der Volkskongreß für Einheit und gerechten Frieden. Die Haltung der CDU. De-facto-Absetzung von Jakob Kaiser und Ernst Lemmer durch die Sowjets.

In memoriam meinen alten Freunden:

Ingolf-Ariovist Klein, verhaftet am 8. 7. 1950 in Leipzig wegen illegaler Widerstandsarbeit gegen die SED-Diktatur. Verurteilt zu zweimal 25 Jahren Arbeitslager. Am 8. 12. 1954 in der Strafvollzugsanstalt Bautzen von Stiefeln des Bewachungspersonals zu Tode getreten.

Horst Leißring, in der Hitler-Zeit wegen illegaler Widerstandsarbeit gegen die NS-Diktatur zu sechs Jahren KZ verurteilt. Verhaftet am 13. 7. 1950 in Leipzig wegen illegaler Widerstandsarbeit gegen die SED-Diktatur. Verurteilt zu zweimal 25 Jahren Arbeitslager. Spätsommer 1955 infolge Depressionen Selbstmord.

Einführung

Wenn man in den »goldenen Herbst« des Lebens eintritt, sollte dies Anlaß zur Besinnung und zu einer Rückschau sein. Zweifellos gab es für mich in den verschiedenen Teilen Deutschlands und im Ausland viele unvergeßliche – schöne, aber auch recht schwere – Tage. Die einschneidendsten Jahre, die mich mit tiefen Furchen prägten, aber stellte die Zeit vom Sommer 1944 bis zum Spätherbst 1950 dar.
Dieses Buch will bewußt keinen Anspruch auf eine wissenschaftliche Darlegung oder eine objektive Geschichtsbetrachtung erheben, sondern ein Erlebnis- und Schicksalsbericht aus dem Denken und Fühlen der damaligen Jahre sein. Es ist die Zeit der Hitler-Jugend, der Wochen als 16jähriger Soldat im Endkampf im Berliner Kessel, es schildert die Beteiligung am politischen Aufbau der Ostzone und späterhin das Leben an den Universitäten Rostock und Leipzig. Als wahrscheinlich erstes Buch zeigt es auf, wie Menschen angesichts des wachsenden Druckes der SED-Diktatur damals den Weg in den illegalen Widerstand fanden und auf welche Art, mit welchen Methoden dieser erfolgte. Insofern sind die folgenden Seiten doch ein Stück Geschichte der seinerzeitigen sowjetischen Besatzungszone bzw. der DDR und damit letztlich Gesamtdeutschlands.
Ob die geschilderte Zeit typisch für die Mehrzahl der Bevölkerung war, wird eher zu verneinen sein. Sehr viele Menschen damals hatten oder machten es sich leichter. Andererseits darf niemals vergessen werden, daß keineswegs wenige Bewohner der Ostzone ihre Liebe zu Freiheit und echter Demokratie mit jahrelanger Inhaftierung und in manchen Fällen sogar mit ihrem Leben bezahlen mußten.
Dennoch dürfte das Buch ohne direkten Haß geschrieben sein. Es soll keine Rechtfertigung oder gar eine Entschuldigung darstellen. Sein Inhalt möchte auch keine Anklage gegen irgendwelche Personen sein – allerdings gegen jegliche Art von Diktatur! Vielleicht

vermag die Schilderung auch etwas dazu beitragen, meine Generation und die damaligen Umstände vor und nach Kriegsende besser zu verstehen.
Niederschreiben wollte ich meine Gedanken und Gefühle schon damals, doch die Wahrheit zu veröffentlichen, war unter den gegebenen Verhältnissen natürlich unmöglich. Später wurden mein Archiv und meine Tagebuch-Aufzeichnungen vom DDR-Staatssicherheitsdienst beschlagnahmt. Als ich Jahre danach Mitarbeiter etlicher Schweizer Zeitungen wurde, legte mir ein Chefredakteur dringend ans Herz, die Ereignisse von damals aufzuzeichnen. »Das Vergangene ist nicht tot, es ist nicht einmal vergessen«, hat eine DDR-Schriftstellerin einmal sehr zutreffend gesagt. Während der zurückliegenden Jahre aber erschien die Zeit für eine Publikation in mancher Hinsicht noch nicht reif. Insbesondere hätte das Buch dem SED-System und seinem »Stasi« wohl auch manches zuviel gesagt und einige Menschen damit in Gefahr bringen können.
Heute, am Tage der Wiedervereinigung Deutschlands, brauchen wir diese Sorge – endlich! – nicht mehr haben.

Königswinter, 3. Oktober 1990

Friedrich-Wilhelm Schlomann

1944

Juli 1944

Schwerin/Mecklenburg, Robert-Beltz-Straße 24. Ich komme vom Dienst in der Spielschar der Hitler-Jugend (HJ) die 21 Treppen zu unserer Wohnung raufgestürmt, als meine Mutter mir mit der Nachricht entgegenkommt: »Auf Hitler ist ein Attentat verübt worden!« Zwar sagen eigentlich alle Menschen »der Führer«, meine Eltern hingegen nennen stets nur seinen Nachnamen. In einer Meldung des Rundfunks heißt es bald: »Voller Empörung stehen wir Deutschen vor der Tatsache, daß der Feind, der schon so oft und mit den verwerflichsten Mitteln gekämpft und gearbeitet hat, jetzt mit einem mörderischen Anschlag das erreichen zu können glaubte, was er mit der ehrlichen Waffe in der Hand nicht zu erreichen vermochte und auch niemals erreichen wird.« Kam der Anschlag also vom britischen Geheimdienst, wie damals schon in München? Kurz nach Mitternacht hören wir dann die rauhe Stimme des Führers:

> »Eine ganz kleine Clique ehrgeiziger, gewissenloser und zugleich verbrecherischer, dummer Offiziere hat ein Komplott geschmiedet, um mich zu beseitigen und zugleich mit mir den Stab der deutschen Wehrmachtsführung auszurotten... Es ist ein ganz kleiner Klüngel verbrecherischer Elemente, die jetzt unbarmherzig ausgerottet werden... Diesmal wird nun so abgerechnet, wie wir das als Nationalsozialisten gewöhnt sind!«

Das Attentat ist also von deutschen Offizieren begangen worden! Allzu sehr berührt mich das mit meinen gut 15 Jahren eigentlich nicht. Ich weiß, wir müssen den Krieg gewinnen. Denn ein neuer Versailler Vertrag – das habe ich im Geschichtsunterricht gelernt – wäre das Ende für alle Deutschen. Außerdem muß mein Vater, der seit August 1939 Soldat ist, endlich wieder nach Hause kommen. Zu Offizieren habe ich andererseits ein recht positives Verhältnis: Zwei meiner Verwandten gehören dazu, und wenn man den Begriff von Verwandtschaft sehr, sehr weit ausdehnt, könnte ich auch noch einen General der Luftwaffe vorweisen. Wichtig für mich ist im Moment auch nur, daß unsere Spielschar morgen auf Fahrt geht und – wir sind die einzige HJ-Einheit, die aus Jungen und Mädchen besteht – ich Karen wiedersehe. »Zufällig« hatten wir nach dem HJ-Dienst denselben Nachhauseweg; einige ihrer Verwandten mokierten sich etwas, doch das hörte gottlob bald auf. Schade nur: Sigi – Karens jüngere Schwester – scheint mich total abzulehnen; vielleicht aber liegt das auch etwas an mir.

In der Nacht höre ich meine Mutter weinen. Als ich erschreckt nach den Gründen frage, gibt sie schließlich zu, sie hätte im Treppenhaus spontan über die Offiziere des Attentats gesagt: »Sie wollten bestimmt auch nur das Beste für Deutschland!« In unserem Haus gibt es einige Superfanatische, gerade Frau S. Ihr zweites Wort ist immer »Der Führer wird es schon wissen!« Sehr beeinflußt wird sie von ihrem Mann, der mit seinem kaputten Bein jeden Sonntag in der braunen Uniform zu irgendwelchen Treffen humpelt und nachts im Luftschutzkeller – wenn wir schlafen möchten – große Reden hält. Und jetzt hat meine Mutter Angst, die Gestapo könnte sie verhaften. Ein Wort, das ich nicht kenne. Aber warum sollte sie abgeholt werden? Ich verstehe das nicht!

Am nächsten Morgen, als wir uns zur Spielschar-Fahrt auf dem Schweriner Hauptbahnhof treffen, steht rechts vom Fahrkartenschalter ein NS-Blockwart in Uniform. Er kontrolliert alle Personen, die einen Zug benutzen wollen. Sonst ist alles ruhig. Seltsam, über den gestrigen Tag wird bei uns kaum ein Wort verloren. Karen und ich haben in der Eisenbahn zwei Fensterplätze erwischt, und wir fahren in die Reuter-Stadt Stavenhagen, nach Goldberg, Plau und Lübz; in Langenhagen macht jemand ein Foto von uns beiden. Jeden Abend tritt unsere Spielschar mit Chören, Laien- oder auch Puppenspielen vor der örtlichen Bevölkerung auf.

Als wir nach einer Woche zurückkommen nach Schwerin, scheint alles seinen alten Gang zu gehen. Gerüchte wollen allerdings wissen, daß einige Rittergutsbesitzer in Mecklenburg verhaftet wurden. Generalmajor von Tresckow soll nicht den Heldentod gefunden haben, wie der Wehrmachtsbericht besagt, sondern in Wahrheit Selbstmord begangen haben. Aber es wird so viel erzählt.

August 1944

Wir reisen zu meinem Vater nach Hamburg. Er schimpft, daß ich in HJ-Uniform gekommen bin, aber außer einem Konfirmationsanzug habe ich kaum Kleidung. Nachts gibt es natürlich wieder Fliegeralarm; ich habe die Sirene nicht gehört, und der Etagen-Boy holt mich schließlich aus den Federn. Am nächsten Tage besuchen meine Eltern und ich den Tierpark von Hagenbeck; viele Anlagen sind von Bombenangriffen beschädigt.
Unter vier Augen erzählt mein Vater mir plötzlich von KZs: Maidaneck und Treblinka sollen sie heißen, und in ihnen würden systematisch Juden vernichtet; beschwörend bittet er mich, ich solle aber nichts weitererzählen. Daß es KZs gibt, weiß ich wie eigentlich jeder von uns. Es sollen sehr harte Arbeitslager sein, wir leben ja auch in einer sehr harten Zeit. Doch Massenvernichtungen in diesen Lagern? Sicherlich ist das irgendeine Parole wie bereits im I. Weltkrieg, als unsere Soldaten in Belgien den Kindern die Finger abgehackt haben sollen. Ohnehin scheint mein Vater ein großer Pessimist zu sein: Als wir im Mai 1942 konfirmiert wurden und manche von uns Schülern in Marine- oder auch Flakhelferuniform in die Paulskirche kamen, brummte er: »Der Verbrecher!« Wen er damit meinte, war mir völlig klar. Weihnachten 1942, also noch vor Stalingrad, sagte mein Vater unter dem Tannenbaum zum Erschrekken der ganzen Verwandtschaft, Hitler werde den Krieg verlieren.
Nun ja, es gab schon einige »komische« Dinge: Vielleicht ein Jahr vor Kriegsausbruch sahen meine Mutter und ich in der Schmiedestraße bei uns – kurz vor dem Kaufhaus Karstadt –, wie aus einem jüdischen Geschäft die Betten auf die Straße geworfen wurden; als ich erstaunt fragte, zerrte sie mich schnell weg. Sommer 1943 besuchten wir eines Tages eine befreundete Familie in der Körnerstraße 19, und ich bemerkte mehr zufällig zwei zu Tode erschrokkene Menschen; viel später stellte sich heraus, daß es Juden auf der

Flucht gewesen waren. Die Frau unseres Pfarrers der evangelischen Schülergemeinde in der Bäckerstraße 1 hatte ihnen angeblich geholfen und nunmehr Selbstmord begangen. Da war noch etwas, das stutzig machte: Die alte Familie Müller, deren im I. Weltkrieg schwer verwundeter Sohn in der Irrenanstalt Sachsenberg im Norden Schwerins lebte, erhielt eines Tages plötzlich die Mitteilung, er sei an Bauchschmerzen verstorben – wenige Tage zuvor war er bei einem Besuch seiner Eltern noch kerngesund gewesen.
Doch was mein Vater mir jetzt erzählt, kann ich einfach nicht glauben. Es ist unmöglich! Bald habe ich auch alles vergessen. Der Abschied von meinem Vater ist irgendwie anders, gedrückter als sonst. Meine Mutter und ich winken jedenfalls so lange wie möglich aus dem abfahrenden Zuge.

September 1944

An meinem Geburtstag, Anfang des Monats, meldet der tägliche Wehrmachtsbericht heftige Kämpfe im Raum Antwerpen und Brüssel.
In unserer Wilhelm-Gustloff-Schule in der Steinstraße erhalten wir als neuen Erdkundelehrer einen pensionierten Oberst: Sein Unterricht besteht eigentlich nur in der Aufzählung von Truppenübungsplätzen, auf denen er ziemlich geschwitzt hat – besonders derjenige bei Münsingen hat es ihm angetan. Wer von uns das gut und plastisch nachsagen kann, erhält auch eine gute Note. Ein neues Schulheft gibt es nur noch, wenn man das alte, vollgeschriebene abgibt. Wir sind immer weniger Schüler, viele werden als Flakhelfer eingesetzt. Ich stehe im Verdacht, mit sechs Jahren einmal Tbc gehabt zu haben, und werde daher nicht eingezogen. Nachmittags haben wir allgemein Altpapier und Heilkräuter zu sammeln, abends ist HJ-Dienst oder gar Spielschar-Einsatz.
Zu Hause müssen wir nachts durchweg für ein, zwei Stunden in den Luftschutzkeller; Schwerin liegt genau im Einflugsgebiet der feindlichen Bomberverbände nach Berlin. Seit Kriegsbeginn ist ein Keller bei uns mit dicken Pfeilern und einer starken Eisentür gesichert, auf jedem Etagenflur befinden sich eine Kiste mit Sand und einer

Feuerpatsche sowie ein Eimer Wasser. Alle von uns haben eine Volks-Gasmaske. So sind wir tagsüber im Schulunterricht sehr häufig müde und auch lustlos. Unser Mathematik- und Physiklehrer Dr. Stahl – von uns allgemein liebevoll »Egon« tituliert – ist oft wütend und tobt: »Ihr seid zu faul zum Steineklopfen!« Doch das ändert auch nicht viel.
Karen ist neuerdings dienstverpflichtet und muß nachmittags oft den Kinderwagen einer Offiziersfamilie am Schleifmühlenweg beim Faulen See ausfahren. Es ist schön, sie zu begleiten.
Als Mitte des Monats der Wehrmachtsbericht über Gefechte beiderseits von Aachen spricht, schreit meine Mutter auf – wie damals, als der Krieg gegen Rußland begann und mein Vater sich direkt an der Frontlinie befand. Sie wußte stets, wo er war, obwohl derartige Mitteilungen eigentlich verboten waren. Jetzt jedenfalls muß er in der alten deutschen Kaiserstadt sein. Bald kommt die Holzkiste mit den Sachen meines Vaters zurück. Kurz danach hört meine Mutter auf, ihm einen Brief zu schreiben, wie sie es eigentlich jeden Tag seit Ende August 1939 getan hatte. Kennengelernt haben sich meine Eltern schon als Kinder: In der Dorfschule in Alt-Käterhagen (bei Neukloster) hatte mein Vater eines Tages beim Zeichenunterricht ein recht schönes Auge gemalt, worauf meine Mutter ihn spontan küßte – was bei meinem Großvater ein furchtbares Donnerwetter auslöste, bei meinem Vater hingegen erstes großes Interesse für das kleine, sonst so zurückhaltende Mädchen.
Daß die Amis die Stadt Aachen besetzen werden, glaubt niemand. Es heißt allgemein sogar, man müsse in den USA bereits Altpapier und Altmetall sammeln. Nur der alte Herr Mieze in unserem Nachbarort Lübstorf, der allerdings von vielen Mitmenschen als ein bißchen verrückt angesehen wird, hatte meinen Tanten und mir schon vor der Invasion einmal fast flüsternd gesagt: »Die Amerikaner werden uns mit ihrem Material erdrücken!«

Oktober 1944

Aachen wird von allen Seiten abgeschnitten. Am 20. Oktober verkündet der Wehrmachtsbericht, »die tapfere Besatzung der Stadt

fügte in erbitterten Straßenkämpfen den eingedrungenen Amerikanern schwere Verluste zu.« Einen Tag danach verlautet kurz: »Um einzelne Häusergruppen tobt noch ein erbitterter Kampf Mann gegen Mann.« Wiederum 24 Stunden später sprechen die Zeitungen von Gefechten um Würselen – also östlich von Aachen. Das bedeutet, die Stadt ist gefallen! Wie mag es meinem Vater jetzt gehen?
Gerüchte besagen, BBC werde die Namen der gefangengenommenen deutschen Soldaten durchgeben. Meine Mutter und unsere Nachbarin Frau Vollmann versuchen jetzt allabendlich, London in den Kasten zu bekommen. Ich weiß natürlich, das Abhören von Feindsendern ist streng verboten. Aber ich möchte doch sehr, sehr gerne wissen, ob mein Vater noch lebt. Leider gibt BBC gar keine Namen durch, sondern nur Nachrichten. Bald muß auch ich feststellen, daß sie die Wahrheit sagt, was unser Wehrmachtsbericht erst ein bis zwei Tage später zugibt. Karen versucht mich zu trösten und meint, manche Witwen würden wieder heiraten. Ich glaube das von meiner Mutter nicht. Das wäre für mich das Allerschlimmste, ich würde gewiß auch von zu Hause weglaufen – aber wohin?
Überall wird jetzt der Volkssturm aufgebaut, alte Männer sollen die Front und das Hinterland verstärken. Sie tragen zumeist lediglich Zivilkleidung, haben aber eine schwarz-weiß-rote Armbinde mit der Aufschrift »Deutscher Volkssturm – Wehrmacht«.

November 1944

Karen wird zum Reichsarbeitsdienst (RAD) nach Dömitz eingezogen – jenes Städtchen, in dem der Dichter Fritz Reuter vor über 100 Jahren als politischer Gefangener sein bekanntes Werk »Ut mine Festungstid« schrieb. Es wird einsamer; natürlich korrespondieren wir miteinander. Meine Mutter will unbedingt den ersten Brief aus Dömitz lesen, verärgert gebe ich ihn ihr. Was glaubt sie von uns beiden? Gottlob können Karen und ich uns einmal kurz treffen, als ich auf dem festgefrorenen Pfaffenteich Schlittschuh laufe und sie einige Tage Urlaub hat. In Zivil sieht sie weit besser aus als in ihrer jetzigen erdbraunen Uniform.

Bei Aachen kommt es zu einer erneuten Schlacht. Nördlich der Stadt greifen die Amerikaner 42mal an, sie verlieren dabei 122 Panzer! Unsere neuen V1- und V2-Raketen fliegen schon seit Monaten gegen England, aber Auswirkungen auf die Lage an den Fronten scheint der ständige Beschuß noch nicht gehabt zu haben. Zufällig begegne ich meinem früheren HJ-Führer Sch., der seit langem Flakhelfer bei Parchim ist; er erzählt mir, daß die Soldaten keine Lust mehr haben – sie wollen nach Hause.
Meine Mutter muß zu meinem Englischlehrer Dr. Schult, der von uns allgemein »Schultenvadder« genannt wird. Ich sei, so klagt er, im Unterricht oft müde und gedankenverloren. Sie verweist auf unsere Sorgen um meinen Vater, er scheint mich zu verstehen.

Dezember 1944

Überall stößt man jetzt auf die Parole »Räder müssen rollen für den Sieg«. Eine finstere Katzenfigur mit einem großen Sack auf dem Rücken – »Kohlenklau« genannt – hält überdeutlich vor Auge, wie wichtig in heutiger Zeit das Stromsparen ist.
Am 16. Dezember beginnen unsere Truppen mit ihrem umfassenden Überraschungsangriff und überrennen die nichtsahnenden Amis. Ich bete, sie haben weiteren Erfolg. Dann wird gewiß auch mein Vater befreit, falls er überhaupt noch leben sollte. Doch schon nach einigen Tagen bleibt der Angriff ganz offensichtlich liegen.
Familie Möller in unserem Haus bekommt die Nachricht, daß nunmehr auch ihr zweiter Sohn in Rußland vermißt ist. Mein Lieblingsonkel liegt mit Ischias irgendwo in Frankreich, Onkel Hermann wiederum scheint in Dänemark zu stecken. Wir haben fast jeden Abend Spielschar-Einsatz in Lazaretten. Es ist etwa eine Woche vor Weihnachten, als uns ein Schwerverwundeter um das Lied »Stille Nacht, heilige Nacht« bittet; offiziell ist es verboten, wir sollen statt dessen »Hohe Nacht der klaren Sterne« singen. Aber der Wunsch des Soldaten ist wichtiger. Unsere Führerin, Hilde Ehlert, schaut uns kurz an, und wir alle beginnen mit der ersten Strophe.
Heiligabend, es ist jetzt das fünfte Kriegsjahr. Unter dem Tannen-

baum wird es still, es herrscht eine traurige Atmosphäre. Die Zukunft erscheint ungewiß. Wann kommen endlich die angekündigten Wunderwaffen?! Wir müssen den Krieg doch gewinnen!

1945

Januar 1945

In Ostpreußen haben die Sowjets nach langem massivem Artilleriefeuer mit ihrer Winteroffensive begonnen. Bald kommt es bereits zu Kämpfen um Königsberg! Hartnäckige Gefechte werden auch aus Oberschlesien gemeldet; wie man erzählt, soll der Volkssturm aus Schwerin dabei fast aufgerieben worden sein. Der »Völkische Beobachter«, immerhin eine führende Zeitung, schreibt in seinem Leitartikel recht ernst vom »Mut der Verzweiflung«: »Die Heimat ist in Gefahr, das Volk ist in Kriegsnot; da erhebt sich der deutsche Mann wie zu Urväters Zeiten, um Frauen und Kinder zu Hause zu schützen.«

Unser Sportlehrer, der seit einigen Monaten wieder als Offizier eingezogen ist, soll über Radio Moskau zur Kapitulation aufgerufen haben. Wir sind geschockt. Seine Frau, eine sonst beliebte Ärztin in der Lübecker Straße, wird jetzt allgemein gemieden. Sicherlich hat man ihn zu einer solchen Aussage gezwungen, denn bisher dachte er ganz anders.

Ich hatte mich schon vor Jahren als Reserve-Offiziers-Bewerber (ROB) gemeldet. Warum auch nicht? Bereits im Alter von zwölf, dreizehn Jahren wurden wir Schüler doch immer wieder gefragt, bei welcher Waffengattung man später Soldat werden wolle. Da ich recht gut zeichnen und auch Aufsätze schreiben konnte, hatten alle mir geraten, zur Propaganda-Kompanie (PK) zu gehen. Und da ich ungern zu Fuß laufe, schlug ich in Verbindung damit die Panzerwaffe vor. Mein Vater hatte mir jedenfalls streng verboten, mich etwa freiwillig zur SS oder auch zu den Fallschirmjägern zu melden – letztere kamen angesichts meiner nur mittelmäßigen sportlichen Fähigkeiten ohnehin kaum in Betracht. Diese Wünsche müssen heute aber zunehmend verblassen: Wir werden alle zusammengezogen und von Offizieren im Scharfschießen ausgebildet. Bald lehrt man uns auch, mit dem Maschinengewehr gefechtsmäßig umzuge-

hen. Einmal üben wir auf dem Großen Dreesch – dem Exerzierplatz Schwerins – sogar das Scharfschießen mit dem kleinen Granatwerfer!
In dem Hause Robert-Beltz-Straße Nr. 60 werden nachts häufig Zuckersäcke für einen SS-Offizier gebracht. Soll das etwa ein geheimer Reserve-Stützpunkt werden? Manche Menschen flüstern von Schiebungen und fragen hinter vorgehaltener Hand, ob das auch der Führer wisse.
Ende Januar schließt unsere Schule endgültig; ohnehin war der Unterricht in den letzten Monaten wegen Kohlenmangels oftmals ausgefallen. Man händigt mir ein Papier aus, wonach ich in einigen Jahren automatisch das Kriegs-Abitur erhalten werde.

Februar 1945

In Budapest wird verbissen um die Zitadelle gekämpft. Es soll zu einem schweren Luftangriff auf Dresden mit furchtbaren Verlusten unter der Zivilbevölkerung gekommen sein. Ob das aber wahr ist? Der Wehrmachtsbericht hat zwar die Bombardierung gemeldet, dabei aber nur erwähnt, daß 37 feindliche Flugzeuge abgeschossen werden konnten.
Mehrere von unserer Spielschar – ich ebenfalls – kommen ins Wehrertüchtigungslager (»WE-Lager«) bei Parchim. Wir üben auch hier immer und immer wieder das Exerzieren, den Heil-Hitler-Gruß und singen:

> »Es ist so wunder- wunderschön,
> in des Führers Schwarzem Korps zu stehen,
> wenn uns die Heimat ruft und wir zum Sturme gehen.«

Oder auch –

> »Wir sind die SS-Standarte, die da kämpft
> und sich nie ergibt.«

Briefe, die wir bekommen, werfen die Unteroffiziere beim Appell manchmal absichtlich in den Schnee; doch die Freude über jede Zeile ist groß. Geschliffen werden wir sehr, und allzuoft brüllen die Ausbilder »Panzer von vorn'«, »Tiefflieger von rechts (oder links)«

– was stets bedeutet, daß wir uns im schneenassen Chausseegraben verkriechen und dort mit eingezogenem Kopf robben müssen. Ein Unteroffizier hält uns für »schrecklich lahm« und schreit immer »Mir kocht *der* Blut«; vielleicht hat er schon wegen seiner Bildungsstufe uns Realgymnasiasten nicht gerne. Diese Ausbildungen seien nötig, behauptet er, die Front sei heute kein Honigschlecken. Das Essen ist mies; an einem Wochenende kommt meine Mutter an den Zaun und steckt mir ein Pfund Butter zu, das sie sich selber abgespart hat. Hocherfreut sind wir natürlich über die Nachricht, mein Vater sei in Gefangenschaft geraten – nein, wir wissen es nicht direkt, sondern über die Großeltern. Und die haben es über die Schwester meines Vaters erfahren. Weshalb sie uns nicht sofort informierte, nur weil es zwischen meiner Mutter und ihr Spannungen gibt? Jedenfalls werden wir den Vorfall kaum schnell vergessen! Ein Unteroffizier meint zu mir, nachdem er sich vorsichtig umgeschaut hat, in amerikanischer Gefangenschaft würde es meinem Vater nicht schlecht gehen.
Auch hier im WE-Lager erhalten wir politische Schulung. Es ist eigentlich immer dasselbe, nämlich der Lebenslauf des Führers und die Hauptfeinde Deutschlands – die Juden. Peinlich wird es, als eines Abends ausgerechnet der Sohn des Gaupropagandaleiters nicht sie, sondern die US-Kapitalisten als unsere ärgsten Widersacher hinstellt. Er wird nachsichtig korrigiert; bei uns hätte das einige Strafübungen eingebracht. Wir ROB müssen eine politische Prüfung ablegen: »Wer ist der größte Dichter Deutschlands?« Die richtige Antwort lautet: »Horst Wessel!« Und auf die Frage, wo der Führer wohnt, kann es nur heißen: »Im Herzen eines jeden Deutschen!« Von Kameraden erfahren wir rechtzeitig auch das ebenso gerne gehörte Echo bei der Prüfung unserer Schlagfertigkeit: »Was tun Sie, wenn der Mond aus Käse wär'?« »Rauffliegen, 'runterholen und an die Kameraden verteilen!«
Zum Abschluß erhalten wir alle ein Zeugnis, den K-(Kriegs-)Schein. Von uns aus der Spielschar bekommen Hans Dauer (»Mäuschen«) als der Führer unserer HJ-Spielschar, Horst Wiegand, der Führer der Jung-Spielschar, und ich die Note »Sehr gut«. Meine Schießergebnisse waren ausgezeichnet.

März 1945

An der Ostfront gehen die Städte Stargard und Stolp verloren. Der Brückenkopf Stettin wird von drei sowjetischen Armeen angegriffen! Im Westen ist der Feind in die Trümmer Kölns eingedrungen. Der Wehrmachtsbericht meldet, daß im Laufe der Kämpfe um die Rhein-Brücken bei Remagen vier deutsche Offiziere wegen Feigheit zum Tode verurteilt und auch sofort erschossen wurden. Ich verstehe das nicht. Auf die Frage an meine Mutter, ob sie Verräter seien, erhalte ich leider keine Antwort. Von den Wunderwaffen hört man überhaupt nichts mehr...
In unserer Stadt treffen erste Trecks mit alten Männern, Frauen, Kindern aus Ost- und Westpreußen ein. Sie sind gekennzeichnet von den Strapazen der langen Flucht, den Entbehrungen, der Not. Sie erzählen Grauenhaftes, von Morden, von Plünderungen und besonders von Vergewaltigungen selbst von ganz alten Frauen und noch sehr jungen Mädchen. Zufällig treffe ich einen alten Mann; er wirkt abgestumpft und müde, nach seinen Worten ist er von Ostpreußen bis hier zu Fuß gelaufen – sein Treck war überfüllt. Ich schicke ihn ins Marienpalais in die Königstraße, damit er wenigstens eine warme Grießsuppe erhält.
Allabendlich haben wir von der Spielschar jetzt Bahnhofsdienst und müssen auf Züge mit Flüchtlingen aus dem Osten warten; nach Mitternacht können wir nach Hause gehen. Eines Nachts kommt es zwischen »Mäuschen« und mir zu einer Schlägerei; angeblich habe ich gesagt, der Krieg sei ohnehin verloren. Jedenfalls bin ich bereits am nächsten Tage zur Feuerwehr-HJ überwiesen, die aus starken und tatkräftigen Jungen besteht – aber auch aus Asozialen und Kriminellen. Bei Luftangriffen hat diese Einheit Bomben zu suchen und Brände zu löschen. Vergeblich versucht meine Mutter, die Maßnahme rückgängig zu machen. Ich war gern in unserer Spielschar. Leider winkt Dieter Mäde, ein Führer der Jung-Spielschar und ein recht talentierter Schauspieler, ab, als ich um Übernahme in seine Gruppe bitte.
In den letzten März-Tagen ist auch Danzig in russischen Händen.

April 1945

Karen hat Geburtstag. Ich habe ihr eine Bleistiftzeichnung über Friedrich den Großen angefertigt und dazu auch einen Glasrahmen besorgt. Das Geschenk aber bei ihrer Wohnung abzugeben, zögere ich doch. Mein Freund Manfred Capell kann gottlob seine Schwester überreden, es zu tun.
Tage darauf verreise ich zu Verwandten nach Broock, einem Dorf bei Lübz. Meine Hand schwillt plötzlich an und muß geschnitten werden. Eine vielleicht 17jährige Krankenschwester nimmt die Operation vor, das Verbandsmaterial ist nur noch weicheres Toilettenpapier.
Schwerin – die älteste deutsche Stadt ostwärts der Elbe, im Jahre 1160 von Heinrich dem Löwen gegründet – was bisher nur einmal von feindlichen Fliegern heimgesucht worden. Jetzt erfolgt ein größerer Angriff. Wahrscheinlich soll er den kleinen Flugplatz Görries treffen, doch gehen die meisten Bomben auf den Friedhof nieder – viele Skelette hängen in den Bäumen. Im »Capitol« spielt der Ufa-Farbfilm »Immensee«. Leider ist Karen nicht gekommen; sie glaubt gewiß, ich sei beim Bomben-Wegräumen.
In Königsberg hat General Lasch mit dem Rest seiner Soldaten kapituliert. Der Wehrmachtsbericht meldet, wegen feiger Übergabe an den Feind sei er durch das Kriegsgericht in Abwesenheit zum Tode verurteilt worden – »seine Sippe wird haftbar gemacht«.
Ich werde eingezogen zur II. Kompanie der Führernachwuchsschule des Heeres II in Potsdam! Am 14. April mittags begleitet meine Mutter mich mit meinem Pappkarton zum Bahnhof, wo bereits Karen auf mich wartet. Als ich mich von meiner Mutter verabschieden will, um mit Karen noch einige Worte zu wechseln, bleibt sie. Sie küßt mich auf die Wangen, ich gebe Karen die Hand, beide winken noch lange hinter dem abfahrenden Zug her. Hoffentlich bekomme ich bald einmal Urlaub! Der Amerikaner soll bereits bei Wittenberge an der Elbe stehen.
In dem völlig überfüllten und verdreckten Eisenbahnwagen stoße ich auf Günther Natzke, einen bekannten Deutschland-Meister im Hundertmeterlauf, der zur gleichen Truppeneinheit einberufen ist.

Nachts, kurz hinter Oranienburg geraten wir in einen Luftangriff. Bei Babelsberg stoßen wir auf etliche Leichen. Als wir am Stadtschloß Potsdam vorbeihasten, wird mein linkes Auge verletzt. Schließlich finden wir unsere Einheit. Der Führer ist ein Hauptmann, er hat das Ritterkreuz und auch sogar die goldene Nahkampfspange. Die gleichen hohen Auszeichnungen trägt Oberleutnant Rademacher, was uns sehr imponiert und Vertrauen schafft. Wir werden direkt Leutnant Mende unterstellt, einem humorvollen Berliner. Unsere Kompanie besteht aus 15- bis 17jährigen, fast alle kommen von Oberschulen aus Berlin und Mecklenburg.

In den folgenden Tagen üben wir Häuserkampf und Scharfschießen mit Pistolen und besonders mit Maschinengewehren. Der Russe ist inzwischen an der Oder-Front zum Großangriff angetreten. Immer näher kommt der Geschützlärm, vor Berlin wird bereits gekämpft! Als ich bei der Ausbildung plötzlich weine, muß ich zum Hauptmann. Er fragt nach dem Grund. Soll ich ihm offen sagen, daß der Iwan bestimmt auch nicht von uns mehr aufgehalten werden kann und daß ich mit meinen 16 Jahren allzu gerne noch lange leben möchte? Ich lüge ihm vor, mein Vater sei vermißt. Er schaut mich lange an; wer weiß, was er denkt. Ich kann wieder ins Glied der Kompanie treten.

Am Vorabend des Geburtstags des Führers hocken wir im Luftschutzbunker. Dr. Goebbels spricht im Berliner Rundfunk. Aufgrund der Erschütterungen durch die Bomben – ich fliege gegen einen Pfosten und bekomme eine blaue Schulter – können wir seine Rede nur bruchstückweise hören:

> »... als Volk einem solchen Führer zu folgen, bedingungslos und treu ... anstatt der vom Feind erwarteten weißen Fahne der Unterwerfung das alte Hakenkreuzbanner eines fanatischen und wilden Widerstandes zu hissen, Gott zu danken immer und immer wieder, daß er uns für diese schrecklich große Zeit einen wahren Führer schenkte ... Er ist Deutschlands tapferstes Herz und unseres Volkes glühendster Wille ... wenn die Nation noch atmet, wenn vor ihr noch die Chance des Sieges liegt, wenn es noch einen Ausweg aus der tödlich ernsten Gefahr gibt, wir haben es ihm zu verdanken ...«

»Berlin«, verkündet er, »bleibt deutsch. Wien wird wieder deutsch, und Europa wird niemals russisch.« Wir fassen wieder Zuversicht, von ungefähr können diese Versprechungen doch nicht kommen.
Am nächsten Mittag erfolgt die feierliche Vereidigung auf die Reichskriegsflagge. Wir erhalten die Erlaubnis, auf den Schulterklappen die zwei silbernen Fahnenjunker-Streifen zu tragen. Ich beschreibe meiner Mutter das Sportgeschäft am Pfaffenteich in Schwerin, bei dem sie diese am besten kaufen kann. Ganze 48 Stunden später erhalten wir plötzlich Befehl, uns zum Marsch an die Front vorzubereiten. Ich kann mir noch eine kleine italienische Maschinenpistole schnappen, und unser Marsch in die Nacht beginnt. Wir haben so viel an Munition zu tragen, daß es für mich einfach zu schwer wird – Kameraden nehmen mir etliche Lasten ab. Mitten auf einer Straße findet unsere Kompanie für einige Stunden etwas Schlaf.
Einen Tag danach beziehen wir Stellung am Eingang von Hermannswerder. Vor der roten Ziegelmauer sind Erdlöcher für Doppelposten hergerichtet, und für einen etwaigen Rückzug gehen sie gottlob auch unter die Mauer. Endlose Trecks mit Flüchtlingen und auch mit RAD-Mädchen ziehen vorüber. Zwei Kameraden und ich kommen mit einem Förster ins Gespräch. Als wir ihn gerade verlassen haben, erschießt er seinen kleinen Dackel. Bald ist ein zweiter Schuß zu hören... Herabgefallene sowjetische Flugblätter versprechen den Offizieren, sie könnten in der Gefangenschaft ihren Degen behalten und ebenso werde es den Mannschaften gutgehen. Schon die Schrift kommt uns fremd vor, ohnehin glauben wir dem Russen kein Wort. Nachts lösen wir uns in den Löchern ab, es gibt Schnaps zum Aufwärmen. Der Himmel ist feuerrot, in Berlin soll bereits gekämpft werden.
Am Morgen ist ein Schützenloch leer. Man erzählt uns, beide Jungen seien desertiert und inzwischen als Feiglinge aufgehängt worden. Wir werden auf vorbereitete Schützengräben zurückgezogen. Zugleich erhalten wir den strengen Befehl, nicht auf amerikanische Soldaten zu schießen – sie würden uns im Kampf gegen die Bolschewisten zu Hilfe eilen! Nach wie vor hat niemand von uns ein Soldbuch oder irgendwelche anderen Personalpapiere; einige schrei-

ben daher ihren Namen und ihre Adresse auf ein Stück Papier und stecken es in die Brusttasche: Falls wir fallen und vielleicht irgendjemand uns finden sollte, wird er vielleicht unsere Angehörigen benachrichtigen. Mittags wird es ganz ruhig, das Zeichen zum bevorstehenden Angriff der Sowjets. Die Feuertaufe! Der Iwan geht mit Flammenwerfern vor, wir haben große Angst. Gleichzeitig versucht der Feind auf dem Wasserwege anzugreifen. Ich schieße auf zwei russische Soldaten und sehe, wie sie ins Wasser fallen. Ein Bild, das ich wohl noch sehr lange in Erinnerung behalten werde...
Die bevorstehende Dunkelheit fürchten wir besonders, in Nachtkämpfen soll der Iwan geradezu Meister sein. Ich bin daher eigentlich recht froh über den Befehl, mit einer kleinen Gruppe über die Havel zu setzen und dort zu erkunden, ob das Gebiet noch feindfrei oder auch schon besetzt sei. Die letzten Meter vor der Landung mit unserem Boot sind ein sehr komisches Gefühl. Schließlich stoßen wir auf eine alte Frau und fragen sie, ob der Russe bereits hier sei. »Noch nicht«, ist ihre Antwort. Im Morgengrauen soll unsere Kompanie einen Durchbruchsversuch aus dem Kessel Berlin-Potsdam unternehmen. Wir stürmen vor, aus einem Bauernhaus kommen Frauen heulend herausgerannt, sie seien in der Nacht immer wieder vergewaltigt worden. Die Wut wird zum blanken Haß. Wir machen einen Gefangenen, er wird nach hinten geschickt. Was mit ihm geschieht – ich will es gar nicht wissen. Nach etwa sieben Kilometern bleibt unsere Einheit liegen und muß schließlich zurück: Die Überlegenheit des Russen an Artillerie und Menschen ist einfach zu groß. In einer Kirschenbaum-Plantage bei Golm sammelt man sich. Einige wollen abhauen, doch wie gelangt man aus dem Kessel? Abends kommen 14- und 15jährige Hitlerjungen zur Verstärkung; sie sind fanatisch, aber ohne jegliche Erfahrung oder Kenntnisse. Wir erklären ihnen in aller Eile die verschiedenen Schußgeräusche. Nachts graben wir uns an einer langen Straße in Ein-Mann-Löchern ein. Nicht nur ich bin ausgelaugt, todmüde.
So bemerkt auch niemand von uns, daß etliche russische Panzer unsere Linie durchbrechen. Bewußt drehen sie sich über den einzelnen Schützenlöchern, so daß der Soldat zerquetscht wird. Wir haben schon längst beschlossen, in solch einer Situation wenigstens noch

eine Panzerfaust abzuschießen, damit jedenfalls zugleich ein T34 mit in den Tod genommen wird...

26. April 1945! Wir werden von den Panzern gejagt, haben gegen sie kaum Deckung. Es geht wirklich um das nackte Überleben. Ich höre Schreie, ist das nicht Günther Natzke? Immer, wenn Kameraden zu Hilfe eilen wollen, schießen die Panzer. Die Stimme des Schweriners wird leiser, bis sie ganz verstummt. Wir hasten zurück in den Ort Golm. Endlich treffe ich ein Gesicht unserer Einheit: »Wieviel sind wir noch?« »13!!« schreit er zurück. Als unsere Kompanie vor erst vier Tagen an die Front marschierte, waren wir ganze 82! Panzer kommen die Ortsstraße heran. Ist es ein bloßer Reflex, ein verbissenes Aufbäumen? Ich schieße genau unter den Turm eines T34 – und treffe! Es sind aber wohl nur einige Sekunden, bis ich furchtbare Schmerzen verspüre – meine Handschuhe sind lediglich Fetzen, die Uniform an den Armen und besonders auf den Schultern ist zerrissen. Muß ich sterben? Ich weine, ich würde so gerne noch leben! Ein Offizier hängt mir das Band des Eisernen Kreuzes II. Klasse um. Darf er das so ohne weiteres, soll das eine letzte Geste sein für einen wahrscheinlich Sterbenden? Man zerrt mich weiter zurück und bringt mich ein Stück in Richtung Lazarett. Die letzte Wegstrecke habe ich allerdings allein zu bewältigen.

Das Lazarett ist im Keller der General-Weber-Kaserne untergebracht – in den späteren Jahren wird sie die Ausbildungsschule für den DDR-Staatssicherheitsdienst. Es gibt überaus viele Verwundete. Neben mir hockt ein gewiß knapp 14jähriger mit einer aufgerissenen Backe und jammert laufend nach seiner Mutter. Der Iwan dürfte bald kommen; wir sollen alles vernichten, was nach Hakenkreuz aussieht – auch meinen mühsam erworbenen Freischwimm-Schein zerreiße ich. Im Operationssaal muß ich mich völlig entkleiden, natürlich schäme ich mich vor den jungen Krankenschwestern. Aber das allgemeine Lachen hat einen ganz anderen Grund: Wohl haben mich schätzungsweise 30 Granatsplitter getroffen, doch – gottlob!, sie sind verhältnismäßig klein. An meinem Po befindet sich allerdings ein größerer Splitter, der operiert werden muß. Als ich später in den Keller entlassen werde, befinden wir uns in sowjetischer Gefangenschaft. Das bedeutet für alle letztlich Sibirien! Als ich

zufällig höre, daß einige Verwundete fliehen wollen, schließe ich mich ihnen sofort an. Die Krücken, die man mir gibt, passen nicht; die Angst indes treibt mich weiter. Ich werde durch ein Kellerfenster gestoßen, und dann schleichen wir uns von dannen. Im Morgengrauen stößt unsere Gruppe endlich auf deutsche Linien!
Jetzt haben die drei anderen Weggefährten es sehr eilig. Ich zeige gewisses Verständnis, daß sie mich zurücklassen. So humple ich auf einer langen Straße am Wildpark, bis ich an eine Art Aufnahmelager komme. Neben mir ist ein junger Soldat mit einem total verbrannten Rücken – er kannte nicht die Gefahren der Rückstoßflamme einer Panzerfaust. Wir haben zwar seit unserem zehnten Lebensjahr immer und immer wieder bis zum Geht-nicht-Mehr das »Heil-Hitler«-Grüßen geübt, aber kaum jemand von uns ist jemals an einer solchen Waffe praktisch ausgebildet worden... In einer Villa am See werden wir untergebracht, machen uns über die vorgefundenen Essensvorräte her und schlafen, schlafen. Nachts sieht man die Dörfer in Richtung Ferch-Caputh brennen. Die Armee Wenck, die Berlin entsetzen soll, scheint bereits in aller Nähe zu sein!
Am 28. wird der Kessel aufgemacht, mit einem Pferdefuhrwerk passieren wir eine Brücke und sind dann eigentlich uns selber überlassen. Vorsichtig frage ich einen älteren Soldaten: »So wie bisher werden wir Berlin wohl nicht wiedersehen?« Er antwortet recht leise, daß ich Berlin niemals wiedersehen werde. Granatwerfer von versprengten russischen Soldaten treiben uns in die Chausseegräben. Da ich nicht so schnell laufen kann, fliehen die Kameraden ohne mich. Abends haben mich zwei Jungens beim Gehen auf einer Landstraße untergehakt. Ich kann schließlich nicht mehr, ich gebe auf; die beiden anderen sollen wenigstens versuchen, durch ein noch offenes Loch aus diesem Kessel zu entkommen – fast überall brennen die Dörfer. In einem verlassenen Pkw am Chausseerand schlafe ich sofort ein. Schließlich wecken mich Geräusche. Fuhrwerke mit sechs Pferden rasen heran. Ich springe auf und winke. Soldaten werfen mich geradezu auf einen Wagen. Wir kommen durch!

Mai 1945

Es ist der 1. Mai abends, als wir von einer stark beschädigten Brücke in Burg die Worte hören, »daß unser Führer Adolf Hitler heute nachmittag in seinem Befehlsstand in der Reichskanzlei, bis zum letzten Atemzug gegen den Bolschewismus kämpfend, für Deutschland gefallen ist.« Ein junger Obergefreiter voller Auszeichnungen meint trocken: »Das Schwein ist tot!« Keiner von uns sagt etwas. Ist es Angst vor den Erschießungskommandos? Oder Ergriffenheit vor dem Ende Deutschlands?

Tags darauf erfahre ich, Schwerin sei von den Amerikanern besetzt worden; ob es Kämpfe gegeben hat und ob meine Heimatstadt verwüstet ist, weiß niemand.

Ich stoße auf Reste der Division »Großdeutschland«. Bei Fischbeck erreichen wir endlich die Elbe. Ungeheure Mengen von Wehrmachtsmaterial, von Uniformen und Lebensmitteln liegen am Ufer. Wir kleiden uns neu ein – Zivilsachen anzuziehen, lehne ich nach kurzem Überlegen ab: Zum einen habe ich mir nichts vorzuwerfen; zum anderen muß man auch befürchten, daß die Sieger genaue Listen über Wehrmachtsangehörige besitzen. Viele Landser lachen mich aus, als ich viel Proviant einpacke. Ich bezweifle aber, ob die Amis auf der anderen Seite auf uns gerade warten und bei den Massen der deutschen Soldaten genügend Verpflegung haben. Abends kommen wir noch einmal zusammen. Ein Offizier gibt bekannt, nach den letzten Rundfunkmeldungen hätten unsere Armeen in der Reichshauptstadt bis zum letzten Atemzug Widerstand geleistet – jetzt sei der Kampf beendet. Er spricht von Heldentum, aber auch von Verrat an der Atlantikfront am Tage der Invasion, als viele Bunker ohne Geschützrohre gewesen seien. Einige Soldaten wollen als »Werwolf« weiterkämpfen, die meisten aber vernichten Dokumente und vergraben die Waffen. Wir singen noch ein letztes Mal das Deutschland-Lied, wohl keiner ist ohne Tränen. Was wird aus unserer Heimat?

Am 5. Mai kommt der Russe schon in bedrohliche Nähe. Ich verstecke meine Uhr im Schuh; von meinem Onkel ist mir bekannt, daß die Amis darauf scharf sind. Wir hasten über die beschädigte

Elbbrücke. Ein Luftwaffenoffizier, der noch vorgestern siegen wollte, drängelt sich mit dem Hinweis auf seinen Dienstgrad energisch nach vorne. Auf der anderen Seite des Flusses stehen die US-Soldaten; auf jeden von uns Jugendlichen richten vier von ihnen schußbereite Maschinenpistolen. Wir lachen auf. Ob sie nicht ahnen, daß wir überaus glücklich sind, den Schrecken des Krieges entronnen zu sein? Sie kommen wohl aus einer ganz anderen Welt und verstehen auch nicht, was wir erlebt haben. Ein Soldat weist auf meine Sanitätstasche, ich soll raustreten. In meinem kümmerlichen Schulenglisch stottere ich, kein Arzt oder Feldscher zu sein. Ich hätte in der Eile nur kein besseres Gepäckstück mehr gefunden. Liest er in meinem Gesicht eine Angst oder eine gewisse Ehrlichkeit? Jedenfalls zeigt er mir ein Flugblatt mit einem Aufruf von Thomas Mann und Abbildungen von Leichen in deutschen Konzentrationslagern. Also hatte mein Vater damals doch recht! Ich bin zutiefst schockiert und schwöre mir, alles zu tun, daß Derartiges niemals wieder in unserem Land passiert – sofern Deutschland überhaupt jemals wieder entstehen sollte.

Unsere Marschgruppen werden von der Bevölkerung in Tangermünde mit Schokolade und Marzipan buchstäblich beworfen, doch wenn man aus der Reihe springt, gibt es schnell amerikanische Kolbenhiebe zu spüren. Es geht nach Stendal: die »Übernachtung« findet auf der Grasböschung des Schießstandes statt. Da wir gehört haben, die Amis hätten bei den Kämpfen in Frankreich Gefangengenommenen der SS-Division »Hitlerjugend« die Hosen kurz geschnitten und sie zur deutschen Linie zurückgeschickt, geben einige von uns sich als 15jährige aus und bitten um schnelle Entlassung. Unsere Frechheit wird mit Fußtritten quittiert.

Nächste Station ist Kalbe; auf den Wiesen liegen Tausende von Landsern. Wir hausen in aufgespaltenen Grassoden, die mit einer Zeltplane überdacht werden. Zu essen gibt es erst nach einigen Tagen. Der Aufruf, 15jährige sollen sich zur Entlassung melden, erweist sich leider als Falschalarm. Schlimm ist ebenfalls, daß ich zuvor meine Proviantreserve an Kameraden verteilt habe und sie nach meiner traurigen Rückkehr angeblich aufgegessen ist. Bald erhalten wir eine erste deutschsprachige Zeitung, welche die Amis

herausgegeben haben. Danach hat Deutschland inzwischen kapituliert. Breslau, heißt es, hätte noch bis zum 7. Mai gekämpft! Hitler sei nicht in vorderster Front gefallen, sondern habe Selbstmord gemacht. »Er kam aus dem Nichts und ging ins Nichts zurück«, schreibt das Blatt. Hermann Göring habe man gefangengenommen. Generalfeldmarschall Schörner sei geflohen, auch die Gauleiter Hantke aus Breslau und Koch aus Ostpreußen und manche andere hätten heimlich das Weite gesucht. Wir sind zutiefst erschüttert. Wie oft doch hat man uns den Kampf der letzten Goten als leuchtendes Beispiel vorgestellt – und nun diese Feigheit! Dafür mußten so viele junge Soldaten und Kinder sterben? Welch eine Sinnlosigkeit, welch ein furchtbares Verbrechen! Warum, wozu wurde unser Idealismus, unsere Jugend so mißbraucht? Berlin, lesen wir auf den vier Seiten, hätte bei Kriegsbeginn 4,3 Millionen Menschen gezählt, heute hausten in den Ruinen vielleicht nur noch 2,6 Millionen. Der Wiederaufbau der Stadt werde bestimmt 50 Jahre dauern.
In unserer Umgebung weiß ein Soldat aus Wien etliches aus dem Krieg zu erzählen, was mir und anderen Kameraden völlig unbekannt war. Recht schnell schmückt er sich mit rot-weiß-roten Tuchfetzen und will kein Deutscher mehr sein. Tatsächlich werden er und auch ein Schweizer SS-Mann aus dem Raum Schaffhausen in den folgenden Tagen herausgezogen.
Wir werden in einen offenen Güterzug verladen. Unterwegs werfen Polen von Brücken große Steine auf uns; dies hört erst auf, als die Amerikaner mit dem Gebrauch von Schießwaffen drohen. In Magdeburg – hier kämpften Hitlerjungen mit Panzerfäusten gegen die US-Panzer, bis sie von Flammenwerfern ausgeräuchert wurden – kommt unser »Haufen« auf Lastkraftwagen. Zum ersten Mal taucht in unserer Nähe ein amerikanischer Neger auf; zunächst haben wir Jungen ziemliche Angst, doch recht bald erkennen wir seine Gutmütigkeit, und tatsächlich holt er uns einige Eimer Wasser zum Trinken. Im ebenfalls zerstörten Halberstadt werden wir von der Bevölkerung umjubelt.
Nachts landen wir irgendwo vor einer Zuckerfabrik und werden in einen großen Keller gesperrt. Leider zähle ich zu den letzten der vielleicht 120 bis 150 Kriegsgefangenen und muß auf dem steinigen

Boden schlafen, der nur etwas Stroh hat. Neben mir liegt ein 18jähriger Bauernsohn aus Ostpreußen, der noch im Frühjahr zur Waffen-SS eingezogen wurde. Erstmals höre ich, daß diese Einheiten ihre Blutgruppe unter den Arm eingeritzt bekamen. Rechts von mir hockt ein einfacher Soldat mit einem sehr klugen Gesicht und gepflegten Händen. Fast verschwörerisch meint er zu mir:

> »Ob die Amis uns wohl den Kaffee bringen? Oder etwa unsere Offiziere?! Also melde dich zum Kaffeeholen und frage draußen etwaige Deutsche, wo wir uns überhaupt befinden und was in der Welt los ist!«

Wir sind drei bis vier Jungen, kommen dann unter scharfer amerikanischer Begleitung tatsächlich außerhalb des Stacheldrahtes und treffen in einer kleinen Waschküche auf zwei junge deutsche Mädchen, die uns Kaffee in die Eimer gießen. Wir sind in Osterwieck am Harz, hören wir leise. Zweimal täglich funktioniert unser »Nachrichtendienst«; bald erfahre ich auch den Namen der so selbstlosen und schönen Helferin – Ilse G. Im Gegensatz zur deutschen Lagerführung haben die Amis nichts dagegen, daß unser Kaffeeholen überaus lange dauert: Gibt es doch so viel zu erzählen! Stets werden unsere Uniformtaschen mit Essen vollgefüllt, die Amis nehmen dies lachend zur Kenntnis.

Unsere normale Verpflegung? Wir erhalten zwei Scheiben Brot mit vielem braunen Zucker und eine warme Suppe, die rasch den Namen »Quer durch den Garten« erhält, sowie zwei Zigaretten; manche Landser geben für einige Glimmstengel ihre ganze Tagesration, andere tauschen bei den Amis dafür ihren Ehering – ich beschließe, niemals zu rauchen. Der Hunger führt zum Kameradendiebstahl; den zumeist jugendlichen Tätern wird zur allgemeinen Warnung der Kopf kahlgeschoren. Die Langeweile am Tage vertreiben wir uns mit Mühlespielen; Furchen im Erdboden und kleine Steine müssen das eigentliche Brettspiel ersetzen. Der Wasserhahn in unserem Gefangenenkeller tröpfelt nur stundenweise, auch ich bekomme nach gewisser Zeit Läuse. Abends stehen wir draußen am Stacheldraht und denken an Zuhause. Ein Bauer aus Schwerin-Lankow ist besonders verzweifelt, ich versuche ihn ein wenig aufzumuntern und schenke ihm einige Kartoffeln. Als ich eines Nachts draußen auf

die Toilette – welch arrogante Umschreibung! – will, fordert mich ein US-Wachposten auf, direkt an den Stacheldraht zu ihm zu kommen. Bei aller Angst um meine Uhr, was bleibt mir übrig? Er schiebt mir Schokolade zu und sagt mit amerikanischem Akzent: »Ich bin ein Jude aus Frankfurt!«, und geht zurück. Was soll ich ihm sagen – in meiner Scham, meiner Verbitterung über alles, was im deutschen Namen geschah?
Pfingstsonntag müssen wir unter strenger amerikanischer Bewachung durch die nähere Umgebung Osterwiecks marschieren und ständig das Lied singen:

»Früh, wenn der Bock schreit – mäh, mäh, mäh, mäh,
schreit auch die Ziege – mäh, mäh, mäh mäh,
schreien sie alle beide – mäh, mäh, mäh, mäh!«

Es ist vielleicht der 20. Mai, als Ilse mich auffordert, doch nach Hause zu schreiben. Natürlich gehe noch keinerlei Post, jedoch gebe es viele gute und hilfsbereite Menschen. Ich habe keinerlei Hoffnung, und eigentlich mehr, um ihrem Drängen nachzugeben, schmuggele ich ihr Briefe an meine Mutter und natürlich auch an Karen zu.

Juni 1945

Die Amis zeigten schon in den letzten Tagen eine größere Nervosität, machmal fiel das Wort »Korea«. Tatsächlich sind sie plötzlich fort. Wir merken es erst, als eines Nachts englische Soldaten in den Keller eindringen und schlagartig nach Waffen suchen.
Bei einem Marsch durch die Stadt holen mich Polen aus der Kolonne, niemand von uns – auch kein Offizier – hilft mir. Ich muß mit ihnen kommen. Habe ich schon das Schlimmste befürchtet, so erhalte ich eine weiße Schüssel mit Fleisch und Salat vorgesetzt. Mit einer Handgeste fordert man mich zum Essen und später zur Rückkehr ins Gefangenenlager auf. Welch' eine verrückte Welt, daß es in dieser Zeit des Hasses noch eine derartige Menschlichkeit gibt!
Kriegsgefangene Landarbeiter sollen sich melden, sie werden entlassen. Mein Nachbar gehört plötzlich auch zu diesem jetzt so beneide-

ten Beruf; hoffentlich glaubt man ihm, in Wahrheit dürfte er eher bei der Abwehr der Wehrmacht gewesen sein. Auch »mein« Bauer geht fort, ich trage ihm natürlich Grüße an meine Mutter auf. Bei einer erneuten, sehr genauen Registrierung habe ich Angst, meine Lüge könnte bei einer Kontrolle zu Hause entdeckt werden, und gebe mein wahres Alter an. Mitte des Monats werden wir alle von Osterwieck abgezogen. Es ist ein trauriger Abschied von Ilse und ihrer Schwester, sie winken bis zuletzt.

Im neuen Lager in Oschersleben ist es vergleichsweise gar nicht schön. Ich kratze daher an meinen Splittern im Nacken und melde mich zum Lazarett ab; dort gibt es neben guter Verpflegung sogar weißbezogene Betten! Noch glücklicher macht die Nachricht, daß nunmehr alle Jugendlichen zur Entlassung kommen sollen und dabei zuerst die verwundeten. So humpeln wir in Richtung Magdeburg, bis ich den englischen Wachbegleitern offensichtlich glaubhaft vortäusche, nicht mehr gehen zu können. Ich darf auf ihrem Auto sitzen, was ich auch erträumt hatte.

In der zerstörten Elb-Stadt setzt man uns in den Polte-Werken ab; auf den Brettern, die bisher die Schlafstellen für Fremdarbeiter waren, liegen nunmehr wir und warten. Bei der Entlassung müssen alle Soldaten zu einem britischen Offizier mit einem feisten Gesicht, der wegen seiner arroganten Haltung und seiner Peitsche von uns mit »John Bull« tituliert wird. Jeder Kriegsgefangene muß bei ihm einige Kniebeugen machen. Auch mich fragt er in seiner hochnäsigen Art, ob ich noch einmal Soldat werden wolle. Verärgert erwidere ich ihm, daß ich das wohl müßte: England würde gewiß bald Differenzen mit den Russen bekommen – eine Weisheit, die ältere Kameraden verbreiten. Er schaut mich groß an, zu meinem Erstaunen erhalte ich auch ohne diese blöden Gymnastikübungen meinen Entlassungsschein. Zugleich wird jeder glücklicher Besitzer von 40 Reichsmark (das erste Geld, welches ich je als Soldat bekommen habe) sowie eines gelben viereckigen Seidentuchs, das als Zeichen der Entlassung zu tragen ist.

Eine bittere Nachricht sickert durch: Die Russen werden bereits in den allernächsten Tagen Magdeburg besetzen. Ich bitte einige abziehende Engländer, mich doch mitzunehmen – Schwerin ist inzwischen von britischen Einheiten übernommen worden –, und tatsächlich darf ich auf dem Trittbrett ihres Lastautos bis nach Helmstedt fahren. Mit zwei anderen Ex-Gefangenen schlagen wir uns auf Kohlen- und Güterzügen bis Uelzen und nach einer Übernachtung bei Bekannten in der Gudestraße weiter bis nach Lüneburg durch.

Juli 1945

Hier, Am Sande, gibt es die offizielle Mitteilung, daß Schwerin heute von der sowjetischen Armee besetzt wird! Verzweifelt möchte ich noch einmal mein Geburtshaus in Lüneburg, Soltauer Straße 35 sehen. Überall haben die Briten die Wohnungen belegt, immerhin darf die Nachbarsfamilie Kern weiterhin im Keller leben. Obwohl sie früher, vor 1933 mit meinem Vater innerhalb der Deutschen Demokratischen Partei (DDP) größere Differenzen hatte, holt sie mich sofort zum Essen. Ihre zwei Söhne sind im Krieg geblieben.
Erste Flüchtlinge aus dem Osten erzählen, die Russen verschleppten alle Menschen. Aber ob sie das innerhalb weniger Tage schaffen? Ich möchte wenigstens noch einmal nach Hause!
Per Pferdewagen und auf Schusters Rappen erreiche ich die Elbe. Ein Schiffer erklärt mir, ein Mitnehmen sei verboten. Als ich ihm meine Situation schildere, murmelt er etwas von einem Versteck hinter dem Tau – er wisse aber von nichts. In Lauenburg findet sich eine Schlafgelegenheit in einem Gefangenenlager für Offiziere; im Austausch gegen gute Verpflegung verspreche ich, ihren Familien im russisch besetzten Mecklenburg eine Nachricht zu übermitteln. Dem wachhabenden Tommy habe ich vorgelogen, meinen Onkel zu suchen. Auf dem weiteren Weg in Richtung Norden stoppen mich plötzlich zwei britische Soldaten und fragen, weshalb mein gelbes Seidentuch so klein sei. Soll ich etwa zugeben, einen Teil an einen aus Gefangenschaft entflohenen Soldaten verkauft zu haben?
An der neuen Demarkationslinie sehen die von den Russen sogleich errichteten Wachtürme recht abweisend, feindselig aus. Trotzdem: Ich will rüber! Ein Friseur in Muslin schneidet meine Haare so kurz wie möglich, ein Bauer tauscht meine Wehrmachtsuniform gegen

eine Sepplhose um, und mit einem anderen Begleiter gehe ich am 7. Juli bei Groß-Thurow über die Zonengrenze.
Bald fallen wir einem sowjetischen Posten in die Hände, doch läßt er uns laufen. Es ist wie ein Geschenk des Himmels: Mich spricht ein Russe an, der mit seinem kleinen Panjewagen und einem zottigen Pferdchen in das Städtchen Crivitz muß; er ist dreckig und speckig, aber erscheint gutmütig – wie ein Sieger sieht dieser Iwan nicht gerade aus. Mein angeblich uneigennütziges Angebot, ihm bis Schwerin den Weg zu zeigen, nimmt er gern an. So fahren wir über Roggendorf, Gadebusch bis zum Vorort Lankow, wo ich mich mit einem diesmal nicht vorgetäuschten Dank verabschiede. »Mein« Bauer lädt mich zu Spiegeleiern ein. Ja, bei meiner Mutter sei alles wohlauf.
Zu Hause klingele ich. Meine Mutter sieht alt, verhärmt aus. Sie küßt mich geradezu ab, was mir schon peinlich ist. Die Badewanne, in die sie mich eilig steckt, bringt noch einige Läuse zutage. Zwei Briefe von mir aus Potsdam sind damals noch angekommen; der Postkasten am Eingang von Hermannswerder, in den ich noch kurz vor der Feuertaufe eine Karte warf, hat den 24. April gewiß nicht überstanden. Natürlich hatte meine Mutter gedacht, ich sei längst in Berlin gefallen. Anfang Juni traf dann aber mein Brief aus Osterwieck ein; eine fremde Frau brachte ihn, meine Mutter schrie vor Freude auf, doch bevor sie sich richtig bedanken konnte, war jene schon verschwunden. Durch wie viele Hände mögen meine Zeilen gegangen sein – wie unendlich schade, daß man all diesen unbekannten Menschen nicht tiefen Dank sagen kann! Auf Karen ist meine Mutter etwas verärgert: Sie hat ihr zwar geschrieben, aber sie hätte mein Lebenszeichen doch vorbeibringen können. Ob meine Mutter versteht, daß auch ich Hemmungen habe, an ihrer Wohnung zu klingeln?
Vorwürfe bekomme ich, daß ich an jenem 14. April versuchte, sie wegzuschicken und mit Karen die letzten Minuten zu verbringen. Der Zusammenbruch stand doch deutlich bevor. Auf meine Gegenfrage, weshalb sie mich dann ziehen ließ, höre ich »Lieber vor dem Feind gefallen, als wegen Feigheit von eigener Seite aufgehängt zu werden!« Tja, ich kenne das Pflichtbewußtsein meiner Mutter.

Admiral Nelsons letzte Worte »I have done my duty« sind immer noch ihr Lebensideal.
Was seit meinem Weggang geschehen ist? Am 2. Mai, nur wenige Stunden vor dem Einmarsch der Amerikaner, wurde eine Frau, Marianne Grunthal, von der SS auf dem Bahnhofsvorplatz am Mast der Straßenbahnleitung aufgehängt; die Lehrerin aus Zehdewick hatte sich über Hitlers Tod erfreut gezeigt und erklärt, der Krieg sei jetzt endlich vorbei. Der Erste Mann Mecklenburgs, Gauleiter Hildebrandt, war an diesem Tage »natürlich« längst geflohen. Die Amis sollen ihn verurteilt haben, weil er noch während der letzten Kriegsmonate abgeschossene US-Flieger erschießen ließ. Böse Zungen sprachen von ihm stets als »Gaulleiter«, weil er vor 1933 Pferdeknecht war. Die Engländer haben die Ärzte Dr. Voß aus der Lübeckerstraße und Dr. Leverenz aus Lankow wegen angeblicher Verbrechen inhaftiert. Für mich erscheint dies unvorstellbar, beide waren so nett und fürsorglich. Die mecklenburgischen Städte Anklam, Malchin und Neubrandenburg sind in den letzten Kriegstagen noch zerstört worden, berichtet meine Mutter weiter. Britische Flugzeuge hätten Anfang Mai in der Lübecker Bucht das Schiff »Cap Arkona« mit über 7000 KZ-Häftlingen versenkt, Tage zuvor seien bei Lübstorf schwedische Rot-Kreuz-Autos mit Insassen von Konzentrationslagern von feindlichen Jagdbombern beschossen worden.
Die Russen hätten nach ihrem Einmarsch überall sofort sämtliche Bankkonten gesperrt, gottlob hatten wir kaum Ersparnisse. Daß auch West-Mecklenburg wie ebenfalls Thüringen und Leipzig zur sowjetischen Besatzungszone gehören würden, stand bereits am 9. Juni in der »Täglichen Rundschau«, jener russischen »Zeitung für die deutsche Bevölkerung« – nur hatte niemand an das Kommen der Sowjets glauben wollen. Die Gebiete Pommern und Schlesien wurden auf der abgebildeten Landkarte damals ebenfalls als »Zone der Sowjetstreitkräfte« bezeichnet. In unserer Wohnung ist eine Flüchtlingsfrau mit zwei Töchtern; erst wenige Tage zuvor hat sich bei uns eine Frau Kuchenbecker, die voller Idealismus an Hitler glaubte, am Bett aufgehängt. Mein Schrank ist ziemlich leer geworden – alle Bücher über den Krieg und generell über die Zeit nach 1933 sind

noch kurz vor dem Einrücken der Amis verbrannt worden. In dem Gartenweg bei unserem Hause lagen plötzlich viele, viele NSDAP-Abzeichen...

Am nächsten Tage möchte ich natürlich Karen treffen. Die Königstraße heißt jetzt Puschkin-Straße. Vorsichtig pfeife ich vor ihrem Hause unser altes Spielschar-Lied: »Glück auf, Glück auf, der Steiger kommt«. Gottlob ist ihr und ihrer Familie nichts geschehen; auch sie haben Einquartierungen von Flüchtlingen aus dem Osten. Seit unserem letzten Sehen sind keine drei Monate vergangen, dennoch hat uns diese Zeitspanne ziemlich verändert: Wir sind stiller, reifer, und unser früher oft unbeschwertes Lachen ist selten geworden. Auf dem Marktplatz zeigt sie mir ein großes Transparent mit der roten Inschrift:

> »Die Erfahrungen der Geschichte besagen, daß die Hitler kommen und gehen, aber das deutsche Volk, der deutsche Staat bleibt.
>
> Stalin.«

Es ist eine völlig fremde Welt. Hatten schon die Engländer die nächtlichen Sperrstunden wieder abgeschafft, so sind sie jetzt wieder eingeführt worden.

Das Haus meiner beiden Tanten im zwölf Kilometer entfernten Lübstorf ist bei Kriegsende von Polinnen geplündert worden. Mein Onkel, der zuletzt Stadtkommandant in Füstenberg/Ückermünde war, hatte kurz vor dem Einmarsch der Russen in Broock seine Familie mitgenommen und hier bei seinen Schwestern untergebracht. Der Fahrer seines Pkw war verwundet, die Ärztin im Auto hatte sich bei einem Unfall einen Schädelbruch zugezogen. Sie wollten sich nach Schleswig-Holstein durchschlagen, um von dort mit einem Flugzeug nach Schweden zu fliehen. Wo er jetzt ist, weiß niemand. Seine vier Kinder wollen ernährt werden. So gibt seine Frau, Tante Nanny, fleißig Englisch-Unterricht; hoffen doch alle Menschen auch in Lübstorf, daß die Amerikaner oder Briten bald wiederkommen! Gemeldet hat sich unlängst ein alter Schulfreund. Er war ebenfalls Mitte April nach Potsdam eingezogen und dann im Zentrum Berlins gefangengenommen worden; Zivilisten hatten ihn voller Mitleid aus dem Elend der Marschkolonnen gerissen, durch

Ruinen gezerrt und dann mit Zivilklamotten versorgt. So konnte er Pfingsten wieder daheim sein!

Schon am 10. Juni sind in der Ostzone politische Parteien erlaubt worden, sie bestehen also längst vor denen in den drei Westzonen. An einer Litfaßsäule im Obotritenring zeigt meine Mutter mir deren verschiedene Aufrufe. Ihr gefällt derjenige der CDU am besten, in dem ausgeführt wird:

> »Deutsches Volk! In der schwersten Katastrophe, die je über ein Land gekommen ist, ruft die Christlich-Demokratische Union Deutschlands aus heißer Liebe zum deutschen Volk die christlichen, demokratischen und sozialen Kräfte zur Sammlung, zur Mitarbeit und zum Aufbau einer neuen Heimat. Aus dem Chaos von Schuld und Schande, in das uns die Vergötterung eines verbrecherischen Abenteurers gestürzt hat, kann eine Ordnung in demokratischer Freiheit nur entstehen, wenn wir uns auf die kulturgestaltenden sittlichen und geistigen Kräfte des Christentums besinnen... An die Stelle des Zerrbildes einer staatlichen Gemeinschaft in der Hitlerzeit soll jetzt der wahrhaft demokratische Staat treten, der auf der Pflicht des Volkes zu Treue, Opfer und Dienst am Gemeinwohl ebenso ruht wie die Achtung vor dem Recht der Persönlichkeit, ihrer Ehre, Freiheit und Menschenwürde...
>
> Wir rufen alle, die sich zu uns und unserem Aufbauwillen bekennen. Voll Gottvertrauen wollen wir unseren Kindern und Enkeln eine glückliche Zukunft erschließen.«

Groß ist die Freude meiner Mutter, als sie unter den Unterzeichnern den Namen Ernst Lemmer findet. Wie ich höre, war er vor 1933 ein guter Freund meines Vaters. Sie erinnert mich, ich hätte einmal sein Foto gesehen, das bei meinen Großeltern auf dem Heuboden versteckt war; auf meine Frage habe sie damals lediglich kurz geantwortet: »Der ist gegen Hitler.« Mir imponiert, daß er im I. Weltkrieg mit 16 Jahren Kriegsfreiwilliger und mit 26 Jahren der jüngste deutsche Reichstagsabgeordnete war.

In unserer Stadt hat die Gründungsversammlung der CDU Mecklenburg-Vorpommern bereits am 5. Juli stattgefunden; die Hälfte der 20 neuen Mitglieder gehörte vor der Hitlerzeit der Deutschen

Demokratischen Partei an. Vorsitzender ist ein Dr. Lobedanz geworden, der damals auch Landesvorsitzender der DDP war. Mit gewisser Hoffnung registriert meine Mutter den Aufruf der Kommunistischen Partei Deutschlands, wonach wir keine Sowjet-Kolonie werden sollen:

> »Wir sind der Auffassung, daß der Weg, Deutschland das Sowjetsystem aufzuzwingen, falsch wäre, denn dieser Weg entspricht nicht den gegenwärtigen Entwicklungsbedingungen in Deutschland.«

Nach ihren Erfahrungen während der Weimarer Republik hält meine Mutter eigentlich nichts von der KPD. Immerhin verspricht die Partei nunmehr die »Aufrichtung eines antifaschistischen, demokratischen Regimes, einer parlamentarisch-demokratischen Republik mit allen demokratischen Rechten und Freiheiten für das Volk«. Angesichts des materiellen und gerade auch geistig-seelischen Trümmerfeldes wollen die verschiedenen Parteien einen »Antifaschistisch-Demokratischen Block« bilden, »um mit vereinter Kraft die große Aufgabe zu lösen«.

Bald haben wir in Mecklenburg-Vorpommern eine erste Landesverwaltung, die zweifellos von den Russen eingesetzt wurde. Präsident ist der Sozialdemokrat Wilhelm Höcker, an den sich manche Schweriner noch als Präsidenten des Mecklenburgischen Landtages vor 1933 erinnern. Zum ersten Vizepräsidenten hat man einen Kommunisten mit Namen Johann Warnke bestimmt. Der andere, Professor Moeller, wird einfach als »Demokrat« vorgestellt. Dritter Vizepräsident ist das KPD-Mitglied Gottfried Grünberg; er soll von Beruf Bergmann sein, dann in der Hitler-Zeit in Moskau studiert und zuletzt als Soldat in der Sowjetarmee gekämpft haben. Als Abteilungsleiter für Justiz fungiert ein Dr. Schlesinger, in den letzten vier Jahren der Weimarer Zeit bekleidete er den Posten des Innenministers in unserem Lande.

Fast ausnahmslos aber zeigen die Menschen kein Interesse mehr an Politik. Es herrscht gerade insoweit Resignation, ein ideelles Vakuum. Ist das wichtigste Problem doch auch die Ernährung: Oft muß man sich morgens schon vor 6.00 Uhr beim Kaufmann oder beim Bäcker anstellen; bei dem stundenlangen Warten fallen manche

Frauen vor Schwäche um. Offiziell (aber leider nicht in der Wirklichkeit) erhalten meine Mutter und ich auf unserer Lebensmittelkarte V jeweils pro Monat 9000 Gramm Brot, 600 Gramm Fleisch und 210 Gramm Fett. Unser »Kaffee«, der durchweg »Muckefuck« genannt wird, besteht aus gebrannten Roggenkörnern. Um aber überhaupt eine Lebensmittelkarte beziehen zu können, muß ich mich auf dem Arbeitsamt melden. Dort befiehlt man mir, an der Paulskirche Gras zu jäten – der Stundenlohn beträgt 50 Pfennig. Gottlob rät mir mein Freund Achim P. bald, mit ihm bei den Russen zum Ernteeinsatz auf dem Gut Kirch-Stück zu kommen. Zwar schreien diese ständig »Raboti, raboti!« und »Dawai, dawai!«, doch unsere Arbeitsintensität bleibt weiterhin gering. Entscheidend ist für uns letztendlich, daß wir mittags im Kochgeschirr viel Fleisch haben und – wenn wir auf Draht sind – noch etwas mit nach Hause nehmen können. Tagtäglich treiben die Russen Kühe aus der gesamten Umgebung zusammen und schlachten sie. Angesichts meiner Bein-Verwundung, die ich allerdings recht phantasievoll ausschmücke, werde ich bald Kuhjunge und liege eigentlich den ganzen Tag mit einem Mongolen auf einer Zeltplane und beobachte die Tiere. Ob er auch soviel Angst hat vor mir wie ich vor ihm?

August 1945

Die Flüchtlinge in unserer Wohnung ziehen nach dem Westen. Unser neuer Flüchtling stammt aus Kranz (Ostpreußen); er leidet sehr darunter, daß er von seinen Angehörigen keinerlei Lebenszeichen hat – ein Jahr später wird er sich vor Verzweiflung erhängen. In unserem Hause müssen alle Familien, deren Angehörige in der NSDAP waren, ihre Wohnungen räumen. Die Flurnachbarin B. kann wenigstens zu ihren Eltern in der Roonstraße ziehen. Herr S. wird abgeholt und verschwindet im Konzentrationslager Neubrandenburg-Fünfeichen; seine Tochter freundet sich ziemlich rasch mit einem früheren KZ-Häftling an, der ihr zwar ständig Hilfe und seine baldige Entlassung verspricht, tatsächlich jedoch geschieht nichts. Nie wieder etwas gehört haben wir auch von Familie F.: Der Mann wurde erst Ende 1944 zur Polizei dienstverpflichtet und kam so

– wie eigentlich alle Polizeibeamten – ins gleiche KZ. Seine arme Frau vergewaltigten die Russen. Die freigewordene Wohnung wurde von einem Oberst a. D. von Oertzen besetzt, der am Attentat vom 20. Juli 1944 beteiligt war und jetzt bei der Sowjetischen Militär-Administration (SMA) tätig ist. In die Nachbarwohnung auf unserer Etage zieht der Kommunist Oskar Stefan mit seiner Freundin ein; während der NS-Zeit hat er aus der CSR illegales KPD-Material nach Deutschland eingeschleust. Auf seinen, irgendwo beschlagnahmten Möbeln steht ein Stalin-Bild. Er gibt sich indes recht freundlich und bisher auch tolerant.
Die Zeitungen schreiben, im Kriege seien über drei Millionen deutsche Soldaten getötet worden, rund 7,6 Millionen befänden sich noch in Kriegsgefangenschaft, etwa 300 000 Zivilisten seien durch die Bombenangriffe umgekommen, und die Zahl der Flüchtlinge müßte wohl auf sieben Millionen geschätzt werden. Wahrscheinlich liegen die letzteren Zahlen noch höher, denn wer hat die vielen Menschen registriert, die auf der Flucht erfroren, ertranken oder auch zu Tode vergewaltigt wurden?
Schwerin hatte im Jahre 1939 circa 53 000 Einwohner, jetzt kommen rund 40 000 Flüchtlinge (offiziell werden sie »Umsiedler« genannt) hinzu. Es sind zumeist Menschen in einem erbarmungswürdigen körperlichen Zustand, Menschen, die alles verloren haben – selbst jegliche Hoffnung. Viele suchen verzweifelt ihre Angehörigen; ebenfalls in unserer Stadt, Am Markt 13, entsteht eine Suchzentrale. In der Nachbarstraße hängen seit Wochen viele rote Fahnen. Gewiß sehen auch die Russen an der Schattierung in der Mitte, daß das weiße Feld mit dem Hakenkreuz erst vor kurzem entfernt worden ist. Im Wehrertüchtigungslager, also vor lediglich sechs Monaten, gab sich Harry als ein fanatischer Stubenführer; jetzt arbeitet er in der KPD-Zentrale (früher »Haus bauen und wohnen«) am Moltkeplatz und ist ein glühender Kommunist. Vielleicht hat er seinen Aufenthalt im Jugendgefängnis Gadebusch – er hatte Diebstahl begangen – inzwischen politisch gefärbt. Herr Möller in unserem Hause wird plötzlich von den Russen verhaftet: Der alte Sozialdemokrat soll »Nazi« gewesen sein, tatsächlich trug er zur Tarnung oft das SA-Sportabzeichen. Der sowjetische Offizier nickt zögernd, als

Möller wütend Frau S. vom Nachbarhaus als Denunziantin bezeichnet – noch vor vier Monaten war sie eine begeisterte Hitler-Anhängerin...

Am Packhof, genau vor Manfred Capells Wohnung, blüht der Schwarzmarkt. Man kann dort fast alles gegen sehr viel Geld kaufen oder gegen fast alles eintauschen. Oft gibt es allerdings Razzien von russischen Soldaten, die alles für sich beschlagnahmen.

Günther Natzkes Mutter weint immer, wenn sie mich sieht; natürlich gehen ihre Gedanken sofort an ihren Jungen. Ich versuche möglichst, ihr auszuweichen. Siegfried L. hat noch während der ersten Mai-Tage bei einem Gefecht in der Nähe der Elbe ein Bein verloren. Ende August kommt mein Schulfreund Jürgen Lange wieder; er ist furchtbar abgemagert, auch ihm haben die Russen den Kopf kahlgeschoren. Mit vielen Kameraden mußte er sich am 27. April in Potsdam ergeben. Auf dem Weg in die Gefangenschaft nach Trebbin warfen die Iwans ihnen ganze Fleischkonserven zu, andererseits fuhr ein Panzer in die Außenreihe der Kolonne und überrollte einen Soldaten – ein furchtbarer Anblick!

Meine Mutter und ich reisen zu meinen Großeltern nach Neukäterhagen, um Lebensmittel zu holen. Wie immer stöhnen sie sehr, und erst nach einem äußerst deutlichen Hinweis meiner Mutter, ich sei der einzige Sohn ihres ältesten Sohnes, rücken sie einiges für uns heraus. Die Zeiten, in denen meine Mutter als kleines Schulkind schreckliche Angst vor einem vermeintlichen Gespensterbusch bei einem früheren Grenzstein zu Schweden hatte – sie liegen so unendlich weit zurück. Mit Tante Nanny fahre ich eine Woche später nach Broock, ihr Haus ist inzwischen geplündert worden. Bei Nachbarn finden wir ihre Pelze, Mäntel und auch das Silbergeschirr. Selbstverständlich, so beteuern sie jetzt, hätten sie die Sachen nur bis zur Rückkehr aufheben wollen.

September 1945

Auf der Londoner Außenministerkonferenz verlangt Frankreich die politische Abtrennung des Rheinlandes mit Westfalen – einschließlich des Ruhrgebietes – von Deutschland! Dies, so behauptet Paris, sei unerläßlich für den Schutz der französischen Grenze. Von der Potsdamer Drei-Mächte-Konferenz im Juli/August hatten wir eigentlich nur mitbekommen, daß die Sieger unserem Volk die Möglichkeit geben wollen, sein Leben auf demokratischer Grundlage wiederaufzubauen. Angeblich hat Japan kapituliert, nachdem die USA Atombomben eingesetzt hatten.

Das ist alles weit, weit entfernt von unserer kleinen Welt mit all den übergroßen Sorgen um die tägliche Versorgung. Wir sammeln Kornähren und Bucheckern. Oft besteht das Mittagessen nur aus zwei bis drei heißen Kartoffeln mit etwas Salz. Dabei soll es uns im Vergleich zu Großstädten wie Dresden, Leipzig oder gar Berlin noch gut gehen.

Die Russen demontieren fast jedes zweite Eisenbahngleis. Offensichtlich beginnt der versprochene Aufbau der Ostzone mit dem Abbau. Man sagt, diese Maßnahmen sowie die Demontage ganzer Fabriken dienten zur Beseitigung der Kriegszerstörungen in der Sowjetunion. Könnten wir das auch einsehen, so ist nicht zu verstehen, weshalb die Ausrüstungen irgendwo wochenlang im Regen liegen bleiben und allmählich nur noch Schrottwert haben. Sonst macht sich die Besatzungsmacht wenig bemerkbar; natürlich sieht man sie überall, es gibt auch Personenrazzien frühmorgens in den Häusern, und immer wieder hört man von Vergewaltigungen. Der einzelne Iwan erscheint unberechenbar: Wenn die Soldaten etwa nachts wütend an das Haus meiner Tanten mit ihren Gewehrkolben stoßen und meine kleinen Vettern dann an der Tür erscheinen und »Chleba« (»Brot«) stammeln, geben sie tatsächlich etwas von ihrer Ration und trollen sich von dannen.

Unter der Parole »Junkerland in Bauernhand« wird bei uns eine Bodenreform durchgeführt. Nach den Worten meiner Mutter stammt der Begriff aus der Weimarer Zeit und stand für eine bäuerliche Siedlungspolitik, die allerdings vom Großgrundbesitz verhindert wurde und dann wohl auch zum Sturz von Reichskanzler Brüning führte. Die jetzt überall zu lesende Verordnung bezeichnet die Bodenreform als »eine unaufschiebbare nationale, wirtschaftliche und soziale Notwendigkeit. Sie soll die Liquidierung des feudalen, junkerlichen und Großgrundbesitzes gewährleisten und der Herrschaft der Junker und Großgrundbesitzer ein Ende bereiten, da diese Herrschaft immer ein Hauptpfeiler der Reaktion und des Faschismus in unserem Lande war.« Enteignet wird der gesamte landwirtschaftliche Grundbesitz über 100 Hektar, gleichgültig ob der Eigentümer sich in der Hitler-Zeit irgendwie schuldig gemacht hat oder nicht. Gilt er als Kriegsverbrecher, wird sein Eigentum auch unter 100 Hektar weggenommen.

In Mecklenburg befanden sich bisher über 61 Prozent der landwirtschaftlichen Anbaufläche tatsächlich in den Händen von nur 2598 Landbesitzern; der Rest wurde von 67 263 Bauern mit einem Grundbesitz von weniger als jeweils 100 Hektar bewirtschaftet. Die nunmehr eingesetzten Neusiedler waren bisher durchweg Landarbeiter und landarme Bauern; zumeist aber sind es Flüchtlinge aus dem Osten. Doch die Frage, ob sie für ihre neue Aufgabe auch geeignet erscheinen, wird nicht geprüft. Im Rahmen von örtlichen Volksfesten erhalten sie ziemlich rasch die Urkunde über ihr neues Eigentum ausgehändigt; die alten Grundbücher werden vernichtet und neue Grundbuchblätter angelegt.

Alle Parteien bei uns unterstützen die Bodenreform, die CDU jedoch wendet sich gegen eine entschädigungslose Enteignung. Sie sieht alles zwar unter dem Zeichen einer notwendigen Siedlungspolitik für die Flüchtlinge, aber auch unter dem Gesichtswinkel des Privateigentums. Nach den Parolen der KPD zu urteilen, wertet sie die Aktion zugleich – oder in erster Linie? – als eine politische Maßnahme. »Klassenkampf« heißt es bei ihr.

Mitte des Monats müssen wir uns wieder zur Schule anmelden. Etliche der alten Klassenkameraden fehlen. Jochen Giese und seine Familie aus Camps (auf der anderen Seite des Schweriner Sees) haben beim Einmarsch der Russen Selbstmord verübt. Dieter Abel, der große Sportler, hat ein Bein verloren und läuft auf Krücken. Heini Schultz sind im Osten die Füße erfroren. Erschütternd ist die Mutter meines Freundes Günter Möller: Sie will ihren Sohn unbedingt zum Unterricht registrieren lassen, doch dazu muß er selber anwesend sein. Heimkehrer haben berichtet, er sei irgendwo in polnischer Gefangenschaft und habe Wasser in den Beinen. Seine Mutter weint und ruft immer wieder: »Günter kommt! Günter kommt bestimmt wieder!« Wir versuchen sie zu trösten, so gut es möglich ist. Andere Schulkameraden erzählen von furchtbaren Greueln an Deutschen in Prag, die mit Teer beschmiert und mit Stacheldraht zusammengebunden und danach angezündet wurden, um schließlich als lebende Fackeln in die Moldau geworfen zu werden. Es gibt aber auch neue Gesichter in unserer Runde, etwa den temperamentvollen Klaus Kiebart aus Danzig, Otto Mehl aus Ostpreußen oder den kriegsversehrten Guido Bonik. Bei den unteren Klassen sieht man die alten Schulkameraden wie Peter Schweißfurth, Peter Lüders sowie Otto Diepholz – rund 40 Jahre später bekannter Nachrichtensprecher im Zweiten Deutschen Fernsehen; die beiden letzteren kommen aus Gadebusch – wenn keine Eisenbahnzüge fahren, müssen sie die über 20 km zu Fuß gehen.

Karen habe ich dieser Tage einen Brief geschrieben und dabei irgendwie erwähnt, daß ihre Mutter NSDAP-Mitglied war.

Zu Recht schreibt sie erbost zurück, das sei nicht der Fall gewesen, außerdem... Natürlich: Ich habe ganz vergessen, daß wir eine Postzensur haben. Mir wird Derartiges nie wieder passieren! Auf den Postkarten bei uns sind die alten Hitler-Briefmarken mit einem schwarzen Kreis unkenntlich gemacht; bei den damals in West-Mecklenburg von den Briten herausgegebenen ist der englischsprachige Text nunmehr rot durchgestrichen, dafür stehen etliche Worte in russischen Buchstaben. Von meinem Vater gibt es endlich einen Brief vom Januar, leider hat der US-Zensor einen Halbsatz geschwärzt. Von uns scheint mein Vater noch immer keine Nachricht zu haben, und dabei schreiben wir so oft; manchmal geben wir die Post Eisenbahnern nach dem Westen mit (dort »verschwindet« sie vielleicht nicht so schnell), einige von ihnen verlangen pro Brief allerdings eine Reichsmark!

Ende September wollen mein Freund und ich uns in Kirch-Stück verabschieden. Man sagt, alle deutschen Arbeiter könnten noch einmal Fleisch und Gemüse abholen. Doch bei unserer Ankunft verhauen uns die Russen und sperren uns in eine Scheune. Erst am späten Abend gelingt die Flucht, angesichts der strengen Sperrstunden wird der Weg nach Hause ziemlich abenteuerlich. Unsere Fahrräder sehen wir »natürlich« niemals wieder.

Oktober 1945

Gleich am Ersten des Monats beginnt in unserer alten Schule an der Steinstraße wieder der Unterricht. Die »Pauker« sind eigentlich dieselben geblieben: »Schultenvadder«, der Mathematik-Lehrer »Emme« Mau (Karens Taufpate) und Edmund Schröder, der gewiß noch manche Heimatbücher über Mecklenburg schreiben und der von uns – wegen seines ironischen Lächelns? – allgemein »Satan« genannt wird. Ebenso ist der überaus stramme Turnlehrer Dr. Bekker wieder da. Auch Dr. Seemann hat nicht den Tod an der Front gesucht. Er erzählt uns gleich am ersten Tage, weshalb Deutschland den Krieg verlieren mußte. Wie schon vor 1945, sagt er optimistisch: »Wir leben in einer großen Zeit!« Er war zwar kein Parteigenosse, doch niemand schien so eifrig wie er, wenn es darum ging, daß wir uns kriegsfreiwillig meldeten. Die seinerzeitige Befreiung Mussolinis durch unsere Fallschirmjäger mußte bei ihm zur – recht krampfhaften – Übersetzung ins Lateinische herhalten. Hatte er vor der alliierten Invasion in seiner Art getönt, die Amerikaner und Engländer hätten überhaupt nicht genügend Schiffe zur Landung, so hieß es bald genauso emphatisch: »Laßt die Gangster nur reinkommen, um so besser können wir sie zusammenschlagen.« Während er noch vom »Birkenkreuz auf kühlem Rasen« sprach, hatten seine Jungen mit dem wahren Gesicht der Front fertig zu werden – und mit dem Zusammenbruch der von ihm gepredigten Ideologie. Der NSDAP hingegen gehörte mein Zeichenlehrer Max Bodin an, der am Spieltordamm wohnte; er war stolz auf Deutschlands Aufstieg seit 1933, gebrauchte aber niemals derartige Phrasen. Leider sehen wir ihn nicht wieder, ist er gestorben oder im Westen oder etwa auch im KZ? Kommissarischer Rektor unserer Schule ist Dr. Stahl, der bei seinem ehrlichen Charakter bestimmt bald vom kommunistischen Schulrat abgesetzt werden wird.
Bereits wenige Tage später müssen wir unser Schulgebäude räumen, die SMA beschlagnahmt es für sich. Wir ziehen ins bisherige Friedrich-Franz-Gymnasium am Pfaffenteich; unsere Klasse kommt in den obersten Stock des Hintergebäudes. Waren wir schon mit der Klaus-von-Pape-Schule in der Bergstraße zusammengelegt

worden, so soll die Schülerzahl weiter dezimiert werden. Deutschland braucht nicht mehr so viel Intelligenz, verlautet offiziell. Man hockt in Mänteln im kalten Klassenraum, es gibt kaum Schreibmaterial und ebenfalls nur wenig Papier. Es sind auch nicht mehr die Schulkinder von damals, zu viel ist in den letzten neun bis zehn Monaten geschehen, doch einige »Pauker« scheinen das nicht zu verstehen.
Mir geht es nicht gut: Ich habe nicht mehr die innere Ruhe zum Zeichnen oder Malen, und Hausaufsätze schreibe ich allgemein nur noch von Jürgen Lange und dem humorvollen Mitschüler Mayer aus der Bäckerstraße ab; gottlob wird dies nie bemerkt. Schlimm ist es, wenn russische Panzer durch die Straßen knattern, sie erzeugen bei mir fast immer eine Gänsehaut und ein Angstgefühl, als wollten sie auf mich schießen.
Am 15. 10. 1945 wird die Universität Jena wieder geöffnet. Es geht aufwärts!

November 1945

Unsere Lebensmittelrationen sind erhöht worden. Als Schüler erhalte ich die Karte V, während meine Mutter zur »sonstigen Bevölkerung« zählt und ihr lediglich die Karte VI zusteht. Das bedeutet für jeden von uns pro Tag:

Brot 250 g	Kartoffeln 350 g
Mehl 350 g	Zucker 15 bis 25 g
Fleisch 15 bis 20 g	Gemüse 15 g
Fett 7 bis 20 g	

Mehr denn je versucht man bei den Bauern gegen Wertsachen irgendwas Eßbares einzutauschen. Bald kursiert das böse Wort, in den Kuhställen fehlten nur noch die Perserteppiche. Auf dem Schwarzmarkt regiert die Zigarettenwährung, besonders gefragt ist die Camel; leider eignen wir alle in der Verwandtschaft uns nicht für diese Art von Geschäften.
In der Schule müssen die Wehrmachtsuniformen, die etliche noch tragen, geschwärzt werden. Ein Mitschüler stirbt an Typhus. Nun-

mehr kommen jeden Morgen zwei Frauen in die Klassen und suchen unsere Köpfe nach Läusen ab. Von der Schule aus müssen wir ins »Capitol« und einen russischen Film über die Endkämpfe in Berlin ansehen. Er ist primitiv in seiner Propaganda; im Schutze der Dunkelheit verschwinden die meisten von uns.
Ebenso sollen wir im Schweriner Staatstheater Lessings »Nathan der Weise« sehen. Ich bin zutiefst angetan von dem Stück! Warum hat man es uns bisher vorenthalten – nur aus Antisemitismus? Wenn wir die politisch-moralische Verwüstung der Hitler-Zeit, den Trümmerhaufen sittlicher Werte überhaupt überwinden können, muß Deutschland auf der Grundlage einer echten Humanität aufgebaut werden. Wir müssen wieder ein festes Gefühl sittlicher Grundsätze wie etwa derjenigen der Zehn Gebote haben. Vor allem, so scheint mir, haben wir Toleranz zu lernen!
In Nürnberg beginnt der Kriegsverbrecher-Prozeß. Früher waren wir das Herrenvolk, heutzutage sind wir das Sündervolk. Aber ist die These von der Kollektivschuld – also ohne Berücksichtigung einer persönlichen Verantwortung – richtig? Immerhin hat selbst der amerikanische Hauptankläger Jackson erklärt: »Wir möchten klarstellen, daß wir nicht beabsichtigen, das ganze deutsche Volk zu beschuldigen.« Überall wird noch nach Hitler gefahndet. In Polen hat man dieser Tage einen Menschen festgenommen, der ihm ähnlich sieht – natürlich war er's nicht.

Dezember 1945

Meine Mutter wird Mitglied der CDU. Mich interessiert das alles relativ wenig, immerhin erfahre ich etliche Neuigkeiten: Im gesamten Mecklenburg-Vorpommern gibt es bisher nur 52 Ortsgruppen der Christlich-Demokratischen Union, das ist die niedrigste Zahl von allen Ländern der Ostzone. Allerdings war der hiesige CDU-Landesverband von der SMA noch nicht einmal Ende November offiziell registriert. Von den eingesetzten 20 Landräten in unserer Heimat gehören 13 der KPD und sieben der SPD an; bei den Bürgermeistern beträgt das Verhältnis 45 zu 14, von den acht

Oberbürgermeistern ist immerhin einer CDU-Mitglied. In der Landesverwaltung Schwerin bekennen sich von 514 Angestellten lediglich 29 zur Christlich-Demokratischen Union...
Ein großes Hemmnis für eine gute Politik ist ohnehin der Antifaschistische Block, da die Parteien an den Grundsatz der Einstimmigkeit aller gefaßten Beschlüsse gebunden sind. Ein Votum gegen die Kommunisten ist also nicht möglich. Opponieren aber bei einer KPD-Vorlage die anderen Parteien, so erfolgt sehr bald ein inhaltsgleicher Befehl der Besatzungsmacht.
Die kritische Haltung der CDU zur Bodenreform haben die Sowjets offensichtlich übelgenommen: Der I. Vorsitzende, Dr. Andreas Hermes, erhält – wie allerdings auch jeder andere CDU-Führer in der Ostzone – keinerlei Reiseerlaubnis zu dem provisorischen Parteitag der Christlich-Demokratischen Union Mitte Dezember in Bad Godesberg. Die über die Zonengrenze geschmuggelte Rede Hermes' muß verlesen werden. Einstimmig wird auf diesem Treffen der Beschluß gefaßt:

> »Um die Einheit herauszustellen, ist ein einheitlicher Name für alle Landesteile gefordert worden. Um insbesondere die Verbundenheit mit unseren politischen Freunden im Osten zu bekunden, wird beschlossen, den gemeinsamen Namen anzunehmen: Christlich-Demokratische Union Deutschlands. Die Entschließung wird einstimmig angenommen. Dieser Name gilt für das gesamte Deutsche Reich.«

Bekümmert sind wir allerdings, daß die Bezeichnung »CDUD« in dem längeren Bericht an die westdeutsche Presse überhaupt nicht erwähnt und auch in der Partei »drüben« bald ohne formellen Beschluß fallengelassen wird. Angeblich wünschen die Amerikaner und besonders die Franzosen nicht den vierten Buchstaben; wieso aber nehmen sie dann an dem »D« bei dem Namen sowohl der Kommunisten als auch der Sozialdemokraten keinen Anstoß? Was mag die Wahrheit sein? Jedenfalls ist es für uns in der Ostzone eine Enttäuschung.
Der sowjetische Druck gegen Dr. Hermes und den II. Vorsitzenden der CDUD, Dr. Schreiber, wird zusehends massiv. Einzelne Leiter von Orts- und Kreisverbänden der Partei werden zur Besatzungs-

macht beordert und nach ihrer Haltung zur Bodenreform befragt. Ist diese zurückhaltend oder gar negativ, beschimpfen die Russen sie oftmals als »Reaktionäre«, deren Verbleib in der CDUD untragbar sei. Bejahen sie hingegen die Bodenreform, fordert man sie auf, ihre Einstellung dem Parteivorstand zu übermitteln und den Rücktritt der beiden Vorsitzenden zu verlangen. Angesichts der sehr schlechten Postverbindungen sind die einzelnen Ortsgruppen zu Entscheidungen nach ihrem – allzuoft mangelhaften – Kenntnisstand und ihrem mehr gefühlsmäßigen Ermessen gezwungen.
Dr. Hermes ist ein alter Gegner des NS-Regimes: Er wurde im Januar 1945 von Freisler zum Tode verurteilt und von den russischen Truppen in wahrhaft letzter Stunde aus seiner Todeszelle im Gefängnis Berlin, Lehrter Straße befreit. Man tuschelt bald bei uns, daß die Sowjets ihn zum Nachgeben zwingen wollten, indem sie die Freilassung seines Sohnes aus der Kriegsgefangenschaft anboten. Nach einiger Zeit kommen glaubwürdige Informationen aus Berlin, Peter Hermes sei auf dem Entlassungstransport bereits in Deutschland gewesen und nach dem Widerstand seines Vaters dann in die UdSSR zurückgebracht worden. Welch ein menschenverachtendes System! Auch Dr. Walter Schreiber war als damaliger preußischer Minister für Handel und Gewerbe ein engagierter Verfechter der Weimarer Demokratie.
Doch die SMAD läßt in der Durchsetzung ihrer Pläne nicht locker: Sie versucht, die einzelnen Landesverbände der CDUD gegen die beiden Vorsitzenden auszuspielen. Zwar sind Dr. Lobedanz und auch Dr. Herwegen aus Halle umgekippt, doch kommt es nicht zu der von den Russen angestrebten Mißtrauenserklärung. Am 19. Dezember fordert Oberst Tulpanow – einst Student im schönen Heidelberg – schließlich die zwei CDUD-Vorsitzenden zum freiwilligen Rücktritt auf; als sie sich weigern, erfolgt der offizielle Befehl der Sowjetischen Militär-Administration, noch am selben Abend aus dem Parteivorstand auszuscheiden! Wie man nach und nach erfährt, hat Tulpanow als Nachfolger Jakob Kaiser und Ernst Lemmer vorgeschlagen. Zunächst weigerten sie sich, willigten dann aber auf Drängen des Parteivorstandes ein. Daß sie den bekannten CDU-Standpunkt zur Bodenreform nochmals bekräftigten, störte

die SMAD in diesem Falle augenscheinlich nicht. Die Nachfolger werden jedenfalls Kaiser und Lemmer, deren Charakter überall für integer gilt. Ob die aufrechte Haltung der beiden alten Gewerkschaftsführer in der Hitler-Zeit aber wirklich noch ein Vorteil gegenüber der Besatzungsmacht ist? Das CDU-Organ »Neue Zeit« bezeichnet den Vorgang als »Umbildung« – erst viel später erfahren wir, daß der gesamte Artikel aus der Feder des sowjetischen Presse-Offiziers stammt...

Andererseits ist sie die einzige Tageszeitung der CDUD in der Zone. Die Auflage beträgt immerhin 300 000, welche allerdings von der SMAD oft auf 100 000 und noch darunter gekürzt wird. Die Organe der KPD und auch der SPD können wesentliche höhere Ziffern vorweisen und verfügen dazu noch über Provinz-Blätter. Endlich, Mitte des Monats, hat auch unser Land eine eigene CDUD-Zeitung, »Der Demokrat«. Die Redaktion befindet sich in der Schweriner Partei-Geschäftsstelle, Lübecker Straße 5. Das Blatt erscheint indes nur wöchentlich, und die Auflage soll auch nicht gerade groß sein. Auf der Titelseite der ersten Ausgabe heißt es am Ende eines Artikels:

> »Werbt und kämpft für unsere Ziele. Nicht weiche Sessel und Bequemlichkeiten können wir bieten. Harte Arbeit und selbstloser Einsatz ist das Gebot der Stunde. Es geht nicht um den Vorteil des Einzelnen. Nicht um Einsatz in Amt und Würden. Es geht um Sein oder Nichtsein unseres Volkes. Es geht um Deutschland. Nicht zurückschauen, sondern vorwärts den Blick. Durch Nacht zum Licht, der Sonne, der Freiheit entgegen! Wir grüßen Euch!«

Inzwischen sind Jürgen Lange, sein kleiner Bruder und seine tapfere Mutter legal zu seinem Vater in der britischen Zone ausgereist. Ihre Wohnung nebst Mobiliar hatten die Russen beschlagnahmt. So sind sie mit nur wenig Handgepäck zum Bahnhof gezogen. Schade, daß sie fortgehen, aber es ist gewiß das beste für sie!

Lediglich mit Handgepäck – aber ohne Wertsachen – mußten während der letzten Wochen auch etliche Familien, die von der Bodenreform enteignet wurden, ihren bisherigen Wohnort verlassen. Oft hatten sie nur 48 Stunden Zeit.

Erstmals wird ein Fall bekannt, daß die russische Geheimpolizei einen Kellner in Schwerin zu Spitzeldiensten verpflichtete. Er ist sofort nach Lübeck geflohen. Sein Auftrag war, nicht nur Gespräche von ehemaligen NSDAP-Mitgliedern oder Wehrmachtsoffizieren zu belauschen, sondern überhaupt alles Gehörte zu melden. Unser Mißtrauen gegen die Besatzungsmacht wird noch stärker.
Die Kälte in diesem Winter ist unerbittlich. Den Wald am Lankower See haben die Menschen schon längst abgeholzt. Viele besuchen die Kinos mit ihren russischen Filmen – nur weil sie geheizt sind.
Heiligabend erhalten meine Mutter und ich auf dem Bahnhof nur eine einzige Fahrkarte. Sie bedrängt mich zu fahren, sie werde die zwölf Kilometer nach Lübstorf zu Fuß gehen. Endlich gebe ich nach, doch lange habe ich mich deswegen geschämt. Unter dem – natürlich geklauten – Tannenbaum ist es recht ärmlich, und unser schon chronischer Hunger läßt leider auch in diesen Stunden nicht nach. Andererseits wissen wir jetzt genau, daß Onkel Walter sich damals nach Schleswig-Holstein hat durchschlagen können. Bereits im Juni schrieb Onkel Hermann aus derselben Gegend eine Postkarte – sie trug zwar einen falschen Absender, doch war es unverkennbar seine Handschrift. So sind wir alle überglücklich, den Krieg überlebt zu haben. Das Schlimmste liegt bestimmt hinter uns.

1946

Januar 1946

Die Zeitungen veröffentlichen erschütternde Zahlen aus dem heutigen Berlin. Anfang 1933 lebten hier rund 180 000 Juden, bei Kriegsende waren es lediglich – 1500! Von den vier Millionen Berlinern vor 1939 befinden sich jetzt nur noch etwa 2,8 Millionen in der Hauptstadt; andererseits sind seit Kriegsende 1,5 Millionen Flüchtlinge hinzugekommen. Von 100 Schulkindern besitzen lediglich 56 ein vollständiges Elternhaus, 39 haben einen Elternteil und fünf von ihnen sogar beide Eltern verloren; es gibt schätzungsweise 60 000 Waisenkinder im schulpflichtigen Alter. Im Bezirk Neukölln ist jedes zehnte Mädchen geschlechtskrank. Eine Berliner Trümmerfrau verdient pro Woche 40 Reichsmark, das sind auf dem Schwarzmarkt genau vier amerikanische Zigaretten...
In Neukäterhagen ist mein Großvater abgeholt und ins Zuchthaus Bützow-Dreibergen eingeliefert worden. Er hat das von den Russen viel zu hoch angesetzte Ablieferungssoll an Fleisch und Getreide nicht erfüllen können. Mein Vetter Werner übernimmt jetzt die Büdnerei. Als der alte Mann nach Wochen aus der Gefängniszelle – in der Tag und Nacht das Wasser fußhoch stand – nach Hause zurückkehren darf, ist er körperlich, aber auch gerade seelisch tief erschüttert. Hat er in seinem Leben doch nie eine Straftat begangen und sich stets als rechtschaffen gesehen.
Ernst Lemmer kommt nach Schwerin! Meine Mutter kehrt begeistert von der überfüllten Kundgebung zurück. Ziemlich bewegt hat er an seine letzte Rede in unserer Stadt vor nunmehr 15 Jahren erinnert, die damals oft von Störungen unterbrochen worden war – bei den Wahlen im März 1933 konnte die NSDAP mit sogar 56 % in Mecklenburg das zweitbeste Resultat im gesamten Deutschland erzielen. Heute erhält Lemmer wiederholt langen Beifall für seine lebhaften, eindringlichen Worte, in denen er an das politische Verantwortungsbewußtsein für die Zukunft unseres Landes appel-

liert. Meiner Mutter ist es am Schluß seiner Aussprache gelungen, sich durch die Menschenmenge durchzukämpfen und ihm die Kriegsgefangenen-Adresse meines Vaters zu geben. Ob er seinem alten Freunde doch irgendwie helfen kann?
Große Beachtung, weit über die CDUD hinaus, findet Jakob Kaisers Erklärung zur Einheit des Reiches. Wir alle seien zusammengeschmiedet –

> »... durch gleiche Not, durch gleiche Prüfungen, durch gleiche tragische Schuld. Wir haben die Not des Krieges zusammen getragen und wollen und müssen nun auch die Bürde des Wiederaufbaues gemeinsam leisten. Kein Wort der Verachtung ist stark genug gegenüber dem, der sich jetzt still und heimlich aus dem Staube machen und die Lasten unserer Zeit den anderen überlassen will.«

Worte, die für uns in der Ostzone eine Selbstverständlichkeit sind. Offenbar aber gibt es im Westen einige Kreise, die separatistischen Ideen nachlaufen.
Inzwischen haben Manfred Capell und ich einen Briefmarken-(Schwarz-)Handel aufgezogen. Da jedes Land in der Sowjetzone eigene Briefmarken herausgibt und in den Westzonen ebenfalls verschiedene Postwertzeichen existieren, nützen wir das philatelistische Chaos aus und können durch An- und Verkauf von einem »Briefmarken-Land« in das andere sogar eine recht gute Verbesserung unseres schmalen Taschengeldes erzielen. Bald machen wir sogar erfolgreiche Geschäfte mit großen Firmen und treten bei Briefmarken-Versteigerungen im Westen auf. Man muß bei Neuerscheinungen allerdings immer bereit sein, auf der Hauptpost lange und mehrfach anzustehen und dabei nicht selten auch eine Schulstunde zu opfern.

Februar 1946

Unsere Landes-Universitäten Rostock und Greifswald öffnen wieder ihre Tore. Die erste zählt 47 Hochschullehrer, 32 wurden wegen aktiver oder auch nur nomineller NSDAP-Mitgliedschaft nicht wieder eingestellt. Es gibt über 800 Studenten, fast so viele wie vor dem Kriege. »Wir müssen den jungen Studierenden das Erlebnis des Suchens und des Findens der Wahrheit geben«, hat Armee-General Sokolowsky von der Obersten Sowjetischen Militär-Verwaltung in diesen Wochen gegenüber Vertretern der Ostzonen-Intelligenz geäußert. Neu ist die Einrichtung von Vorstudienanstalten; auf ihnen soll jungen Menschen, die aus politischen, rassischen oder sozialen Gründen kein Abitur machen konnten, das Ablegen der Reifeprüfung ermöglicht werden. Allgemein wird diese Maßnahme als gerecht angesehen.

Im Nürnberger Prozeß taucht plötzlich Generalfeldmarschall Paulus auf! Hitler hatte den Oberbefehlshaber der VI. Armee in Stalingrad wie auch alle seine Offiziere und Soldaten für gefallen erklärt. In unserer Schule prallen die Ansichten aufeinander; ich neige zu einem recht negativen Urteil. Denn erst als die Stalinorgeln und Panzergranaten in der unmittelbaren Nähe seines eigenen Bunkers einschlugen, gab er auf.

Anfang Februar ist ein Namensvetter von mir, Harry Schlomann, vor seinem Hause von Unbekannten erschossen worden. Wir kannten uns etwas. Die Zeitungen schreiben, Faschisten hätten das junge SPD-Mitglied ermordet, man werde die Täter bald überführen. Tatsächlich aber haben wir nie wieder etwas gehört.

Seit Jahresbeginn gibt es auch in Mecklenburg-Vorpommern die Liberal-Demokratische Partei (LPD). Leider kommt es zwischen ihr und der CDU bald zu Differenzen in Religionsfragen. Eigentlich sollten sie doch gegen die Kommunisten zusammenstehen, zumal diese den Religionsunterricht in und außerhalb der Schule am liebsten unterdrücken würden.

Jakob Kaiser tritt mit einer neuen Konzeption an die Öffentlichkeit: Deutschland müsse eine Brücke zwischen Ost und West sein, zugleich jedoch sollten wir einen eigenen Weg zu einer sozialen Gestaltung suchen.

Seltsam ist, daß man von den Juden-Verfolgungen in der NS-Zeit doch relativ wenig erfährt. Um so mehr hören wir von einem angeblichen oder auch tatsächlichen Widerstand der Kommunisten. Statt des Wortes »Nationalsozialismus« taucht immer häufiger der

Begriff »Faschismus« auf. Sofern ich überhaupt ein Bild über die jüngste deutsche Vergangenheit geschweige denn von der Welt habe, besteht zwischen beiden Erscheinungen doch schon insofern ein gewaltiger Unterschied, als es unter dem Duce in Italien derartige antisemitische Pogrome nicht gab. Endlich erklärt mir ein Sachkenner, um die Idee des kommunistischen Sozialismus nicht zu diskreditieren, habe Stalin 1924 auf dem XVII. Parteitag der KPdSU diesen Begriffstausch mit den Worten vorgenommen: »Ich spreche nicht nur vom Faschismus überhaupt, sondern vor allem von dem Faschismus deutschen Schlages, der sich mit Unrecht Nationalsozialismus nennt, denn selbst bei gründlichster Prüfung ist es unmöglich, in ihm auch nur eine Spur Sozialismus zu entdecken.« Und seitdem wird das überall im Osten, aber ebenso im Westen nachgeplappert?

März 1946

Am Ende der ersten Woche erfolgt die Gründung der Freien Deutschen Jugend (FDJ). Der Name und das Symbol in Form einer aufgehenden Sonne auf blauem Hintergrund stammen von einer Gruppe kommunistischer deutscher Emigranten in London; nach anderer Quelle existierte eine namensgleiche Organisation bereits in Prag 1935/1936. Die Gründung jetzt kommt nicht gerade überraschend: Seit vier Monaten gibt es das Blatt »Neues Leben«, das sich im Impressum bereits »Zeitschrift der Freien Deutschen Jugend« nennt. Der Name stand also spätestens letzten November fest! Die »Tägliche Rundschau« betont in einem Artikel über die Namensnennung besonders das Wort »Freie« und schreibt, »denn sie ist gelöst von allen Fesseln geistigen und physischen Zwanges, seelischer Vergiftung und Verderbnis, gelöst von körperlicher und seelischer Uniformierung.« Das klingt vielversprechend, nach den letzten Jahren ist dies auch dringend notwendig.
Schon seit Sommer 1945 kamen in etlichen Orten Jugendausschüsse auf, doch war ihr Ruf nicht immer der beste. Bereits drei Tage nach der Gründung der Freien Deutschen Jugend vollzieht sich im

Staatstheater Schwerin die Geburt der FDJ in Mecklenburg-Vorpommern. Neben dem Präsidenten unseres Landes sprechen Edith Baumann, die als II. Vorsitzende der Reichsleitung der Freien Deutschen Jugend vorgestellt wird, und der hiesige CDU-Jugendreferent Parge. Waldemar Borde vom Volksbildungsrat der Provinzialverwaltung und zugleich der Leiter des Landesjugendausschusses leitet die Feierstunde ein. I. Vorsitzender der FDJ in der Ostzone ist ein Erich Honecker, der als Kommunist im Zuchthaus Brandenburg inhaftiert war. Man sagt, er sei ein ruhiger, toleranter Mann. Da die FDJ überparteilich ist, soll es jegliche Jugendarbeit auch nur innerhalb ihres Rahmens geben; das gilt selbst für junge Menschen, die Sport treiben wollen, angeln möchten oder gerne wandern.

Auf unserer Schule bildet sich in weiterer Folge ein politischer Zirkel heraus unter dem Namen »Die Suchenden«. Wir suchen wirklich unseren Weg. Wir wissen, wogegen wir sind: die Hitler-Zeit mit all ihren Verbrechen. Aber wir wissen eigentlich nicht, wofür wir sind. Echte Demokratie, echte Freiheit – man kennt diese Begriffe letztlich doch nur vom Hörensagen. Die Weimarer Republik wurde uns früher recht negativ vorgestellt, ein westliches Ausland hat eigentlich niemand von uns je gesehen, und nach den bisherigen Erfahrungen mit der Besatzungsmacht kann Sowjetrußland kein Ideal für uns sein. Auch haben wir den Argumenten der Kommunisten zuwenig entgegenzusetzen. Man fühlt, daß diese unwahr und falsch sind – aber kann es nicht richtig begründen. Leiter der »Suchenden« wird Wolf-Dieter Panse, ein recht vielseitig begabter Schüler. Eine wichtige Rolle spielt ebenfalls der Sohn des Arztes Dr. Mohr aus der Wilhelm-Pieck-Straße. Bei unseren wöchentlichen Zusammenkünften werden Begriffe wie etwa Manchester-Liberalismus untersucht, Hitlers Weg zur Macht analysiert – wir versuchen diskutieren zu lernen. Unser Kreis möchte die Wahrheit über die jüngste Geschichte wissen und keineswegs zuletzt den Weg in die Zukunft Deutschlands!

Ebenso entstand bald eine »Schülerbühne«. In der Arbeitsgemeinschaft »Leibnitz« verbreiten Karl-Friedrich Kröger – später Professor an der Universität Greifswald – und Paul-Friedrich Förster Kenntnisse besonders in Chemie und Physik. Ich werde Leiter der

Briefmarken-Freunde »Der Philatelist«. Unsere Gruppe frönt dem gemeinsamen Hobby und bemüht sich um möglichst viele Kontakte in der Zone, aber auch gerade zum Westen und zum Ausland.
Von meinem Vater kommt ein postkartenförmiger Zettel vom Roten Kreuz in Genf mit dem Vermerk »für Kriegsgefangene, die seit mehr als drei Monaten ohne direkte Nachricht sind«. In einem Brief kurz danach schreibt er überglücklich, daß er endlich, endlich Post von uns hat; bald trifft von ihm auch eine Karte ein, wonach er einen sehr herzlich gehaltenen Brief von Ernst Lemmer bekam.
Unsere Tagesration beträgt in Kalorien jetzt 1100, im Westen Deutschlands sind es angeblich nur 1025.
Im Rahmen des Schulunterrichts haben wir eine Aufklärungs-Schau über Geschlechtskrankheiten zu besuchen. Eine Ausstellung über verbotene Kunst zwischen 1933 und 1945 sagt uns kaum etwas Positives. Auch eine Sammlung sowjetischer Karikaturen im Marienpalais mit ihren groben Übertreibungen über uns Deutsche findet allgemein nur Widerspruch. Immerhin müssen wir anerkennen, daß Hitler, Goebbels und Göring gerade keine Prototypen der »nordischen Rasse« darstellten; früher ist uns das nie aufgefallen.
Sehr aufschlußreich ist ein eigentlich kleiner Zwischenfall im Schulunterricht: Egon Stahl erklärt, er habe die Pflicht – und es wird kaum ein Versehen sein, daß dieses Wort besonders betont klingt –, uns über den Vorfall des sowjetischen Botschaftsangehörigen Grinsenko in Kanada aufzuklären. Westliche Behauptungen, die UdSSR habe Spionage betrieben, seien eine »böswillige Lüge«. Die allgemeine Schlußfolgerung in der Klasse? Es gibt bei uns keinen freien Schulunterricht, und die Alliierten haben Krach. Der Erwiderung Moskaus glauben wir kein Wort. Daß Dr. Seemann jetzt Gorki verherrlicht, überrascht niemanden. Wir beide haben den ersten Zusammenstoß; gewiß ahnt er, wie sehr ich ihn verachte. Bereits vor einigen Monaten habe ich mich zum freiwilligen Russisch-Unterricht gemeldet. Nach ihrem üppigen Busen zu urteilen, muß unsere Lehrerin eine echte Russin sein. Typisch sowjetisch dürfte auch sein, daß sie in fast jeder dritten Unterrichtsstunde neue Listen der Teilnehmer anfertigt. Das russische Alphabet zu lernen ist etwas mühsam und der eigentliche Sprachunterricht langweilig. Immer

und immer wieder müssen wir den Satz »Utscheniki v Klasse« (»Die Schüler sind in der Klasse«) plappern. Eines Tages habe ich die Nase restlos voll, und während sie wieder einmal die Anwesenheit überprüft, verschwinde ich unter die hinterste Schulbank – versteckt hinter den von meinen Leidensgefährten schon vorbereiteten Bergen von Mänteln.

April 1946

Völlig überraschend ist Onkel Walter an einem Wochenende nach Lübstorf gekommen. Die Engländer hatten ihn ordnungsgemäß entlassen und nach dem für Heimkehrer in die Ostzone zuständigen Lager Erfurt überwiesen. Hier aber wurden alle Wehrmachtsoffiziere in die UdSSR verschleppt. Rechtzeitig gewarnt, flüchtete er über den Stacheldraht und besucht nunmehr seine Familie, um schon am nächsten Tag wieder Richtung Westen zu fliehen. Er war immer ein großer Sportler, und als Idealist glaubte er an Hitler. Meine bohrende Frage, ob er von Konzentrationslagern gewußt habe, verneint er energisch. Erst gegen Ende April 1945 sei er beim Rückzug auf eine Kolonne Gefangener mit gestreiften Sträflingskleidern und roten Dreiecken gestoßen und hätte dann vom begleitenden SS-Mann erfahren, daß die Halbverhungerten KZ-Häftlinge seien. Tief erschüttert habe er daraufhin seine Maschinenpistole in Anschlag gebracht und – erfolgreich – deren sofortige Freilassung verlangt.
Beherrschendes politisches Thema dieser Wochen ist eindeutig der bevorstehende SED-Parteitag mit seiner Vereinigung der Kommunistischen Partei Deutschlands und der Sozialdemokratischen Partei Deutschlands der Ostzone. Bedingt durch das gemeinsame Leiden in den Hitler-KZs und gewiß auch durch das jetzige Bekenntnis der KPD zur parlamentarischen Demokratie, war bei den Sozialdemokraten bereits im Sommer 1945 der Gedanke an eine einheitliche Arbeiterpartei recht populär. Hatte es in ihrem Gründungsaufruf doch geheißen: »Wir wollen vor allem den Kampf und die Neugestaltung auf dem Boden der organisatorischen Einheit der deutschen Arbeiterklasse führen. Wir sehen darin die moralische Wiedergut-

machung politischer Fehler der Vergangenheit.« In Mecklenburg-Vorpommern zählte keineswegs nur der SPD-Vorsitzende Carl Moltmann zu den eifrigen Befürworten. Doch damals, so erzählt mir Herr Möller, hielten die Kommunisten die Zeit einer Einheitspartei für noch nicht reif; man müsse, hatte ein Walter Ulbricht verkündet, erst eine Klärung ideologischer Fragen vornehmen. Im Spätherbst, höre ich weiter, hätte die KPD dann plötzlich eine Kehrtwendung vollzogen – ob der Grund hierfür in den Niederlagen der Kommunisten bei den Wahlen in Ungarn, Bulgarien und gerade auch in Österreich lag? Kurz vor Weihnachten seien Spitzenfunktionäre beider Parteien zusammengetroffen; damals betonten die Sozialdemokraten noch, eine Vereinigung könne nur in einem gesamtdeutschen Rahmen erfolgen. Am nächsten Morgen indessen erklärte das Kommunique die Verschmelzung von KPD und SPD zum baldigen Ziel. Im Januar noch habe die SPD-Führung beschlossen, lediglich ein Reichsparteitag sei in der Lage, darüber zu entscheiden. Doch dann ist die Parteispitze offensichtlich umgefallen. Überall scheint ja auch eine ehrliche Bereitschaft – vielleicht macht sie sogar eine große Mehrheit aus – zu herrschen, die »Einheit der Arbeiterklasse« herbeizuführen.

Wo Zweifel auftauchen, greift die Besatzungsmacht ein: In einigen Orten bei uns haben die Ortskommandanten die beiden lokalen Parteivorsitzenden zu sich gerufen und sie mit viel Wodka oder – wenn das keinen gewünschten Erfolg zeigte – mit Drohungen zur Vereinigung gebracht. Als die Sozialdemokraten in Rostock am 6. Januar in einer Urabstimmung unter den Mitgliedern opponierten, mußte die SPD-Zeitung in Schwerin einen Artikel gegen ihre eigenen Genossen an der Ostseeküste schreiben. Hatte doch ebenfalls am 6. Januar eine Konferenz aller SPD-Kreisvorsitzenden im Lande einstimmig die Vereinigung beschlossen!

Viele Sozialdemokraten bauen gewiß auf die zahlenmäßige Überlegenheit ihrer Partei gegenüber den Kommunisten und hoffen, sich schon deswegen durchsetzen zu können. Vor der Hitler-Zeit hatte die KPD im gesamten Mecklenburg lediglich 3190 Mitglieder, von denen sich im Juni 1945 ganze 935 wieder meldeten; jetzt weist sie immerhin schon 70 516 eingeschriebene Anhänger auf. Überall aber überwiegen die Mitgliederzahlen der SPD. Typisch ist die Lage in Schwerin am Vorabend des Vereinigungsparteitages: Die KPD zählt 4371 Mitglieder, die SPD hingegen 8676. Die nicht wenigen Verhaftungen von Sozialdemokraten lösen zweifellos bei Nachdenklichen Skepsis aus. Doch würde es in diesen Wochen zu einer Urabstimmung kommen, erscheint es mir recht fraglich, ob eine Mehrheit den Zusammenschluß vertagen oder vielleicht sogar ablehnen würde. Eigentlich herrscht überall Aufbruchstimmung. Auch die Rostocker SPD geht in die Vereinigung – »Sozialdemokraten stehlen sich nicht aus der Verantwortung«. Soweit man dies überhaupt beurteilen kann, wird es bei den meisten SPD-Anhängern gewiß ehrliche Überzeugung sein, manche werden vielleicht auch von der Macht und ihren Privilegien angezogen.

Bei der Landesdelegiertentagung der SPD und der KPD Anfang April im Schweriner Staatstheater – die Post gibt dazu sogar einen Briefmarken-Sonderstempel heraus! – wird als Name »Sozialistische Einheitspartei Deutschlands« genannt, als Abkürzung »SEPD«. Auch in Brandenburg sowie in Sachsen, wo Ulbricht spricht, und noch am 16. April in Berlin heißt es so, bis dann zwei Tage danach plötzlich der Name »SED« geboren ist.

Der Vereinigungs-Parteitag am 21./22. April im »Admiralspalast« in Ost-Berlin wird groß im Radio übertragen. Er hat etwas Feierliches, Erhabenes an sich. Die neue SED hat bereits an diesem Tage 1 298 425 Mitglieder! Positiv registrieren meine Mutter und ich, daß man die Diktatur eines Einparteiensystems als »unsinniges Geschwätz« ablehnt und sich gegen jeden Separatismus und jede föderative Staatsgestaltung ausspricht. Voll und ganz sind ebenfalls die Worte zu unterstreichen, wonach bis 1945 vor unserer Jugend Götzenbilder aufgerichtet worden seien, deren Anbetung die jungen Menschen unvermeidlich vergiften mußte. Wir seien fanatisiert worden, und mit diesem Fanatismus verdorrte gerade das Beste in uns. Stolz, sehr stolz klingen die Worte Wilhelm Piecks, eines der beiden neuen Vorsitzenden der SED:

> »Unser deutsches Volk soll von uns nicht enttäuscht werden. Wir haben das große Werk vollbracht. Wir haben die Sozialistische Partei Deutschlands geschaffen. Es ist das Beginnen einer

neuen Zeit. Wir haben das Fundament dazu gelegt. Es ist der unerschütterliche Fels, auf dem das deutsche Volk seine glückliche Zukunft erbauen wird.«

Wird jetzt alles besser? Oder? Ältere Schweriner, welche sich noch an die Weimarer Republik erinnern, meinen, die Kommunisten müßten sich sehr ändern – doch angesichts der jetzigen Notsituation in Deutschland werde dies sicherlich geschehen.

Im Westen spricht Dr. Schumacher seit Wochen davon, daß ohne die antidemokratische Haltung der KPD die NSDAP 1933 niemals an die Macht gekommen wäre und die SPD der Ostzone jetzt der große Blutspender für die KPD sein werde. Erstmals taucht das Wort von der »Zwangsvereinigung« auf. Ob das aber so gesagt werden kann, trotz der erfolgten Verhaftungen? Geflohen ist von den hohen und höchsten SPD-Funktionären lediglich Gustav Dahrendorf – sonst niemand! Und auf dem Vereinigungsparteitag herrschten doch nur Jubel und tosender Beifall. Der Beschluß, gemeinsam in der SED aufzugehen, erfolgte einstimmig; es gab nicht einmal eine Stimmenthaltung. Alle haben – vielleicht allerdings nicht mit vollem Herzen – letztlich mitgemacht, ebenfalls die Delegierten aus den Westzonen. »Der Sozialismus ist das Banner der Zukunft! In diesem Zeichen werden wir siegen!« hieß es euphorisch am Schluß dieses Parteitages.

Im Westteil Berlins können die Kommunisten sich natürlich nicht durchsetzen. Wenn man bei den genannten Zahlen aus dem Radio aber genau zuhört, so haben bei jener freien Urabstimmung unter den Sozialdemokraten zwar rund 82 % einen sofortigen Zusammenschluß mit der KPD abgelehnt. Indes: Mehr als 62 % sprechen sich offen für ein Bündnis mit den Kommunisten aus, welches nach dem Stimmzettel »gemeinsame Arbeit sichert und den Bruderkampf ausschließt«. Lediglich 5559 Stimmen – das sind weit unter einem Viertel – votieren gegen jede Zusammenarbeit mit der KPD. Gar keinen Widerstand scheint es in Hamburg und Frankfurt/Main zu geben, wo Sozialdemokraten und Kommunisten eine einheitliche Arbeiterpartei aufbauen wollen.

Das neue Zentralorgan der SED, »Neues Deutschland«, schreibt in seiner ersten Ausgabe auf der Titelseite:

»Wir sind die Bannerträger des neuen Deutschland! Unser Sieg ist der Triumph der Freiheit, des Friedens, der Völkerverständigung und des Fortschritts.«

In der zweiten Ausgabe – die Zeitung erscheint in großem Format und sogar täglich – ermahnt ein Leserbrief an den tristen Alltag: »Wann bekommen wir mal Seifenpulver? Das letzte Pulver haben wir im September erhalten...«

Mai 1946

Am 1. Mai fahren in unserer Stadt wieder die ersten zwei Linien der Straßenbahn; bislang gab es nicht genügend Strom.

Tage danach bringt das »Neue Deutschland« eine Geschichte über die heutige Bürokratie in den Ämtern und Behörden: Ein kriegsbeschädigter Heimkehrer beantragt eine Rente, die ihm verweigert wird. Er müsse eine Bescheinigung vorlegen, daß er noch lebe. Als er sie endlich bringt und auch die Rente vom Vormonat beziehen möchte, wird ihm diese abgelehnt. Das vorgelegte Dokument sage ja lediglich aus, daß er diesen Monat am Leben sei!!

Die ersten Volkshochschulen in Mecklenburg-Vorpommern werden eröffnet. Der Journalist und etwas skurrile Erzähler Ehm Welk betont auf der Feier, wichtig sei der kulturelle Neuaufbau – nicht ein Wiederaufbau. Wir könnten zwar mit dem Material der Trümmer bauen, aber müßten ein neues Gebäude errichten. Im Jahre 1934 hatte er Goebbels angegriffen und kam dann ins KZ Oranienburg. Weshalb mag er sich heute der KPD und SED angeschlossen haben?

Meine Mutter nimmt mich zur Monatsversammlung der Schweriner CDU mit, zu der mehr als 500 Mitglieder gekommen sind und auf der eine eindrucksvolle kämpferische Atmosphäre herrscht. Der Redakteur Parge vom »Demokraten« erhält lang anhaltenden Beifall für seine Schlußworte: »Fragen Sie weniger nach den Werbeplakaten, nach Broschüren und Zeitschriften, sondern werben Sie um so mehr durch tätige und lebensbejahende Mitarbeit. Die Gestaltung der Gegenwart, die mit in Ihre Hände gegeben ist, ist die Voraussetzung für das Gesicht Deutschlands in Zukunft!«

Juni 1946

Vom 8. bis 10. tagt in Brandenburg das erste Parlament der Freien Deutschen Jugend, die bereits 240 000 Mitglieder zählt. Verkündet wird auf diesem Treffen: »Die FDJ lehnt es ab, irgendeinen Zwang auf ihre Mitglieder auszuüben, einen Zwang etwa, daß jemand in die FDJ eintreten müßte. Die FDJ lehnt aber auch jede parteipolitische Beeinflussung ab.« Der allgemeine Aufruf an die Jugend in unserem Lande spricht von den mißbrauchten Idealen während der Hitler-Zeit, um fortzufahren:

> »Vor uns liegt der neue Weg, steinig und hart, der allein uns aus den Trümmern und dem Elend wieder herausführen kann und wird. Es ist der Weg des Neuaufbaues unserer Heimat und unserer Volksgüter. Es ist der Weg friedlicher, aber wahrhaft heldenhafter Arbeit. Es ist der Weg, der zur Wiedergeburt unserer Ideale führt, wo Mut, jugendliche Begeisterung und Elan am rechten Platze sind und die großen Gedanken des Humanismus, das Gute und Edle zum Gemeingut der Menschen und zur Richtschnur unseres Handels werden...
>
> Wir wollen ein freies, ein glückliches, ein friedliches und ein einiges Deutschland, das mit allen friedliebenden Völkern in Eintracht lebt...«

Wie wir ziemlich rasch erfahren, hat es während der Tagung einen recht unschönen Zwischenfall gegeben, als intern von einem kommunistischen FDJ-Funktionär die Kirchen attackiert und ihre Vernichtung angekündigt wurde. Honecker selbst hat dann die kirchlichen Vertreter beschworen, den Eklat nicht in der öffentlichen Verhandlung des Parlaments vorzubringen. Angeblich drohte ihnen auch der Jugendoffizier der sowjetischen Besatzungsmacht mit dem versteckten Hinweis, ihre Rückreise nach Berlin sei nicht gewährleistet. Was ist das wirkliche, tatsächliche Gesicht der Freien Deutschen Jugend, fragt man sich nachdenklich.

An einem Sonntag klingelt ein unbekannter Mann an unserer Wohnung Sturm, mein Vater sei mit vielem Gepäck auf dem Bahnhof! Voller Freude liegen wir beide uns in den Armen. Mit letztlich ziemlich belanglosen Worten versuche ich die Tatsache zu überspielen, daß Vater und Sohn sich im Grunde doch etwas fremd geworden sind. Die mitgebrachten Eßvorräte – seine ohnehin vorhandene Körperfülle ist noch ausgeprägter, weil er Unterwäsche und Hemden mehrfach übereinander trägt – sind natürlich äußerst willkommen. Dann aber geht in unserer Familie das gegenseitige Erzählen los: In Aachen bekam mein Vater bei einem Sprung über die Straße zwar einen Schuß durch seinen Mantel, doch blieb er letztlich unverletzt. Bei der Kapitulation der Stadt versteckte er seine Uhr in seinem gezeigten weißen Taschentuch und konnte sie so retten. Daß es in US-Gefangenschaft nicht gerade schön war, ist klar. Von einem deutschen Juden, der seine Heimatsprache sogar vor seinen eigenen amerikanischen Kameraden ängstlich verbergen mußte, erhielt mein Vater das Angebot, Bursche bei einem Offizier zu werden. Seine anfänglich schroffe Ablehnung nahm er allerdings bald zurück, als man ihm hochnäsig klarmachte, es gebe genügend andere deutsche Kriegsgefangene. So verrichtete er die allgemeinen Putzarbeiten, war ziemlich ohne Kontrolle und hatte stets Zigaretten zum Tauschen gegen Lebensmittel. Fast genauso wichtig waren zur allgemeinen Information die US-Zeitungen, die er in den Papierkörben »fand«. Anfang 1945 kam es zu einer offenen Rebellion im Lager, da noch immer das Schreiben an die Angehörigen in der Heimat verboten war. Der Camp-Kommandeur, noch sichtlich unter dem Eindruck der Ardennen-Offensive, sorgte tatsächlich für rasche Abhilfe. Recht schlecht war es in Attichy und dann bei Gennevullir in der Nähe von Paris. Jeden zweiten Tag gab es nur weiße Bohnen. Als Lager-Währung galten auch hier Zigaretten: Für drei »Kippen« erhielt man eine Tafel Schokolade.

Ja, mein Vater hatte ebenfalls an Ernst Lemmer geschrieben. Im Antwortbrief hatte sein alter Freund die Haltung meines Vaters vor 1933 sehr gelobt, der er auch später treu geblieben sei, und hatte abschließend geschrieben, »das neue Deutschland braucht solche Menschen wie Dich!« In Wahrheit war der Brief natürlich für die amerikanische Militär-Postzensur bestimmt. Und seine baldige Entlassung dürfte kaum ein Zufall gewesen sein. Toll, daß man so Menschen aus Kriegsgefangenschaft holen kann! Ich wußte bisher eigentlich nur wenig über meinen Vater. Daß er Hitler haßte, hatte ich seinen Worten ja wiederholt entnehmen können, und daß er in der Deutschen Demokratischen Partei gewesen war, hatte mir meine Mutter inzwischen erzählt. Jetzt erfahre ich, er hätte 1930 zum Deutschen Reichstag kandidiert (gottlob ohne Erfolg, denn sonst wäre es ihm in der NS-Zeit gewiß noch schlechter gegangen) und sei auch bei den letzten Wahlen 1933 in Lüneburg zur Wahl aufgetreten. Später mußte er vor einem NSDAP-Parteigericht erscheinen: Ihm wurde vorgehalten, er hätte im Wahlkampf gesagt, Hitler werde die Arbeitslosigkeit bekämpfen, indem er den Schwarzwald weiß anstreichen lasse – doch es geschah ihm nichts. Hauptberuflich war mein Vater vorher Sekretär im Gewerkschaftsbund der Angestellten gewesen; nach dessen zwangsweiser Auflösung legte man ihm unüberhörbar nahe, wieder nach Mecklenburg zu verschwinden. Hier in Schwerin blieb er dann längere Zeit arbeitslos, schlug sich mit journalistischer Tätigkeit und als eine Art »Heimatdichter« durch, bis er endlich 1938 im Oberkirchenrat Arbeit und Brot finden konnte.

Ist es Anhänglichkeit für die damalige Hilfe oder fehlende Möglichkeit für eine andere berufliche Verwendung, daß er dort weiterhin arbeiten will? Oder ist er durch die letzten 13 Jahre verbraucht, zu alt für einen Neubeginn? Eine seiner ersten Tätigkeiten bei seiner alten Behörde in der Münzstraße ist, ein russischsprachiges Schild mit einem schwarzen Kreuz für unsere Haustür zu besorgen. Es besagt, daß hier ein Mann der Kirche wohnt, was die Sowjetsoldaten beachten sollen. Tatsächlich haben wir nie wieder »Besuch« von ihnen bekommen.

Bei der CDU meldet er sich bereits am nächsten Tage an, doch will er keine Funktion übernehmen – nicht unter einer fremden Besatzungsmacht. Meinen Hinweis auf seinen Freund Lemmer akzeptiert er nicht. Es bleibt ein Streitpunkt zwischen uns. Einig sind wir, mehr Zeitungen zu bestellen. Kann man ihnen bei einem sehr sorgfältigen Lesen doch manches entnehmen, und sei es gerade auch zwischen den Zeilen. Ich erinnere mich: Als man 1940/41 allgemein glaubte, England wäre am Ende, vertrat mein Vater eine ganz andere Ansicht; in einer PK-Reportage über einen deutschen U-Boot-Angriff auf britische Geleitzüge hatte es geheißen, einige Schiffe

seien versenkt worden und die mitgeführten Apfelsinen hätten im Wasser geschwommen. »Wenn London immer noch Derartiges importieren kann, geht es auf der Insel nicht schlecht«, war die zutreffende Schlußfolgerung meines Vaters.
Mitte Juni treffen 250 Delegierte zum I. CDUD-Parteitag der Zone zusammen, der ebenfalls im »Admiralspalast« in Ost-Berlin stattfindet. Über 1000 Gäste sind aus der amerikanischen und der britischen Zone angereist; aus dem französisch besetzten Teil Deutschlands kamen nur wenige und auch »illegal«, da die dortige Militärregierung die Teilnahme verweigert hat. Daß ein Dr. Adenauer fehlt, wird kommentarlos registriert – man kennt inzwischen seine ablehnende Haltung gegenüber unserer Zonen-CDU und ebenso gegen Berlin.
In seiner Begrüßungsansprache gibt Ernst Lemmer seiner Hoffnung Ausdruck, daß diesmal die guten Kräfte für unser Volk obsiegen mögen. Jakob Kaiser betont in seinem Grundsatzreferat nochmals seine scharfe Ablehnung der Hitler-Zeit. Der deutschen Schwerindustrie wirft er vor, an der Zerstörung der Weimarer Demokratie mitgewirkt zu haben. Heute sei diese bürgerliche Gesellschaftsordnung überholt. Der christliche Sozialismus, wie ihn die CDUD anstrebe, bedeute nichts anderes, als daß im Willen zum Neuaufbau der Volksordnung bei der Not unseres Volkes die sozialen Erfordernisse die erste Stelle einnehmen. »Unser Sozialismus ist wesensverschieden vom Marxismus.« Im Weltbild unserer Partei und der SED begegneten sich zwei Weltanschauungen, die einander ausschlössen: »Wir verneinen die Diktatur einer Klasse und den revolutionären Weg des Klassenkampfes.« Dies hindere aber nicht an einer Zusammenarbeit mit jenen Kräften zur Wiederaufrichtung unseres Vaterlandes, doch: »Dabei darf man uns natürlich keine Dinge zumuten, die sich mit unserem christlich-sozialistischen Gewissen nicht vereinbaren lassen. Wir beharren vor allem darauf, daß alle Handlungen und Maßnahmen im öffentlichen Leben unter das unbeugsame Gesetz des Rechtes und der Gerechtigkeit gestellt werden. Wir beharren darauf, um unseres Gewissens und um Deutschlands willen!«
Die Zonengrenzen müssen fallen, ruft Kaiser aus – die »Neue Zeit«

schreibt von einem wahren Sturm begeisterter Zustimmung zu seinen Ausführungen. Aber auch im Westen Deutschlands sieht Jakob Kaiser große Probleme:

> »Ich sage es aus der tiefsten Sorge um Deutschland und um die Männer, die heute als Vertrauensmänner des Volkes zu sprechen und zu handeln berufen sind: Die deutsche Jugend wird uns einst verurteilen, wenn wir uns zu schwach, zu klein im deutschen Unglück erweisen, zu unfähig, aus dem deutschen Leid die Einheit zu retten und zu erhalten.
>
> Und noch eine Bitte an unsere Freunde im Süden und im Westen: Seht die Zonengrenzen, die den Osten noch von euch trennen, nicht als wirkliche Grenzen an, die durch deutsches Land und deutsche Gesinnung gehen. Ihr wißt, daß auch hier deutsche Herzen schlagen. Wir müßten den Glauben an uns selbst, an die Möglichkeit der Erfüllung unserer Aufgabe verlieren, wenn wir eurer vertrauensvollen Verbundenheit mit uns nicht gewiß sein könnten.«

Es wird behauptet, die Christlich-Demokratische Union in unserer sowjetischen Besatzungszone (SBZ) habe nunmehr 149 000 Mitglieder; andere sehen die Zahl bei rund 200 000. Jedenfalls hat die Hermes-Krise die Partei eher gestärkt als geschwächt!

Ende Juni erfolgt in Sachsen ein Volksentscheid, nach dem Betriebe von Kriegsverbrechern in die Hände des Volkes übergehen sollen. »Volksentscheid hilft im Kampf gegen Militarismus und Imperialismus!« besagt der Aufruf. Immerhin ist er auch von dem CDU-Landesvorsitzenden Professor Hickmann unterzeichnet worden, bis 1933 ein bekannter Leipziger Universitätslehrer und ein treuer Mitkämpfer Stresemanns. Tatsächlich sind die meisten Betriebe – nicht nur in Sachsen – längst enteignet.

Juli 1946

Wir schauen voller Sorge nach dem Westen. Auf der Viermächtekonferenz in Paris haben nunmehr auch die Briten sich für eine wirtschaftliche Sonderregelung des Ruhrgebietes ausgesprochen. Der Kreml hingegen strebt einen Viermächtestatus für dieses Gebiet

an, was nach Ansicht der Westmächte wiederum ein unerwünschtes Mitspracherecht Moskaus an Rhein und Ruhr und damit eine Verstärkung des sowjetischen Einflußbereiches bedeutet.
Die französische Besatzungsmacht weigert sich nach wie vor, in ihrer Zone Flüchtlinge aufzunehmen. Ob die Meldungen stimmen, daß die »Säuberungen« in Frankreich nach 1945 inzwischen mehr Todesopfer gefordert haben als damals bei der Französischen Revolution? Pétain war bestimmt nicht der einzige, der – aus welchen Motiven auch immer – mit der deutschen Militärverwaltung zusammenarbeitete. Schleswig-Holstein hat jetzt einen Bevölkerungszuwachs von 52 Prozent seit Kriegsende und steht am Rande der Katastrophe. Hinzu kommt, daß Dänemark im Nordteil des Landes sein Territorium durch allerlei Vergünstigungen gegenüber der Bevölkerung allzugern vergrößern möchte – in der Stadt Schleswig hängen Transparente der CDU mit den zynischen Worten »Patrioten für Speckpakete?«
Pieck und Grotewohl, die beiden ersten SED-Vorsitzenden, sprechen in Essen über die Einheit Deutschlands; nach Zeitungsberichten werden sie in Köln begeistert empfangen. Leider kommen zu uns keine westdeutschen Politiker; gewiß erhalten sie von den Russen keine Einreiseerlaubnis.
Eines frühen Morgens holt ein deutscher Hilfspolizist meinen Vater ab. Ich schleiche mich hinterher, sie verschwinden hinter dem großen Bretterzaun des sowjetischen Viertels am Obotritenring. Am gleichen Nachmittag sind wir hocherfreut, unser Familienoberhaupt lebend wiederzusehen! Die Offiziere haben ihn nach Maidanek und Treblinka ausgefragt und ihn angebrüllt, an seinen Händen klebe Blut. Worauf mein Vater wütend zurückgebrüllt hat, was ich mir bei seinem spontanen Verhalten und seinem politischen Stolz allzugut vorstellen kann. Als man ihn aufforderte, Offiziere seiner damaligen Einheit zu benennen, hat er nur tote angegeben und solche, die in den Westzonen leben.
Abends, wenn meine Eltern und ich in der kleinen Küche hocken – an Strom und Briketts herrscht großer Mangel – diskutieren wir ziemlich hitzig. Mein Vater rechnet äußerst scharf mit dem gesamten Nazi-System ab. Von der Wehrmachtsführung hält er ebenfalls

nichts: Aus Mangel an Mut, aus falscher Pflichtauffassung hätte sie bereits 1934 bei der Röhm-Affäre versagt. Das Attentat vom 20. Juli 1944 sei viel zu spät gekommen, bei seinem Gelingen wäre Deutschland manches an Toten und Verwüstungen erspart geblieben. Auch hätten die Offiziere über die Verbrechen Hitlers, die KZ-Lager, die Judenverfolgungen nie ein Wort des Mißfallens und der Empörung geäußert. Die Kirchen mußten nach seiner Ansicht eigentlich schon 1933 beim Boykott der jüdischen Kaufhäuser ihre Stimme erheben, doch sogar nach der Kristallnacht läuteten sie nicht Sturm. Gebilligt habe die Mehrheit unseres Volkes sicherlich nicht dieses Fanal des Grauens, jedoch den Untaten tatenlos zugesehen.
Kein gutes Wort läßt mein Vater an den mecklenburgischen Großherzögen mit ihrem Zusatz »von Gottes Gnaden«. Zwar wurde 1820 bei uns endlich die Leibeigenschaft aufgehoben, doch gegenüber den Rittergutsbesitzern befanden sich die Bauern in einem oftmals nicht minder schlimmen Hörigkeitsverhältnis. Endgültig beseitigt wurde es erst 1945 – um gegen eines ausgetauscht zu werden, dessen Folgen man erst abwarten müsse. Typisch sei, daß Hoffmann von Fallersleben zwar 1841 auf einem Gut in Mecklenburg als Kuhhirte Asyl fand, doch der Großherzog mit Hilfe der Ritterschaft dem bekannten Dichter des Liedes »Deutschland, Deutschland über alles« dann bald den Aufenthalt in unserem Lande verbot! Wenn die Weimarer Republik so wenig echte Demokraten hatte und dann leicht ein Spiel der Nazis wurde, sei dies gewiß zu einem Großteil das Versagen dieser Schichten.
Noch größere Schuld wirft mein Vater aber den Kommunisten vor, die vor 1933 wiederholt betont hätten, daß zwischen Faschismus und Demokratie kein prinzipieller Unterschied bestünde, die in mehr als in einem Fall mit den Nazis gegen die Demokraten zusammengegangen wären und die ihren Hauptfeind in der Sozialdemokratie sahen. Das KP-Blatt »Die Kommunistische Internationale« habe noch Ende 1939 den englischen und französischen Regierungen vorgeworfen, durch den Krieg das deutsche Volk schlagen zu wollen und ihm dann ein noch schlimmeres Versailles als 1918 aufzuzwingen – in beiden Ländern müßte die Arbeiterklasse ihre Regierung zum Abbruch des Krieges gegen Deutschland zwin-

gen. Daß in jenem Artikel kein böses Wort gegen Hitler fiel, sei auf den Hitler-Stalin-Pakt zurückzuführen, ohne den wiederum das Risiko des deutschen Überfalls auf Polen sicherlich erheblich größer gewesen wäre. Erst nach dem Einmarsch der Wehrmacht in die UdSSR hätten die Kommunisten in Deutschland, aber auch in Westeuropa ihr Verhalten geändert. »Die Kommunisten sind stets bloße Nachäffer der Befehle aus Moskau! Und Stalin ist ein Verbrecher!« resümiert mein Vater. Ob alle deutschen Kommunisten, die nach Hitlers Machtübernahme naiv-gläubig nach Rußland flohen, lebendig wiederkämen, werde noch die Zukunft erweisen.

Sein Vorbild sind eigentlich die freiheitlichen westlichen Demokratien. Aber: Ihr totaler Sieg über Deutschland hätte ihnen bisher vor der Geschichte erspart, auf Fragen nach ihrem Mitverschulden zu antworten. Denn wurde Hitler nicht noch bis nach der Olympiade von 1936 von westlichen Staatsmännern bewundert? Nahmen sie von den Nazis nicht hin, was sie den Demokraten der Weimarer Republik nur zögernd oder überhaupt nicht gewährten? Warum trat man dem Verbrecher aus Braunau nicht entgegen, als es noch Zeit war? Haben die Studenten in England und Frankreich mit ihrem Schwur, niemals in den Krieg zu ziehen, die Erpressungsmanöver des Größenwahnsinnigen in Berlin nicht begünstigt? Hätten die Politiker in London und in Paris die Nazis schon gleich nach 1933 durchschaut, dann wäre der II. Weltkrieg gewiß zu vermeiden gewesen. Die Beschwichtigungspolitik à la München ließ den Machthunger Hitlers lediglich größer werden! Zum deutschen Widerstand wollte das Ausland keinerlei Kontakte, selbst nach dem 20. Juli nicht. Mein Vater bohrt mit seinen Fragen weiter: »Tat das Internationale Rote Kreuz, unternahmen die amerikanischen Juden alles, um den Verfolgten mit dem gelben Stern zu helfen? Oder schlossen auch sie die Augen? Das ändert nichts, gar nichts an der furchtbaren Schuld der Nazis. All dies aber sollte nicht vergessen werden, selbst wenn man es heute nirgendwo öffentlich äußern darf!«

Traumland meiner Eltern ist die Schweiz, nach ihrem Weltbild eine echte Demokratie. Zu Beginn der Nazizeit wollten sie nach dort emigrieren; auf der Holzbrücke in Luzern soll es gewesen sein, daß meine Mutter sich von den schweizerischen Bergen erdrückt fühlte und meinte, wir würden dort letztlich nur Fremde bleiben, und daß auch mein Vater die Hoffnung hatte, so schlimm werde es in der Heimat gewiß nicht werden. Ich erinnere mich jetzt wieder: Als kleinem Bub zeigte er mir einmal ein Bild von schneebedeckten Bergen in der Sommerzeit und sagte dazu wörtlich: »Das ist ein besseres Land!« Uns wäre sehr viel erspart geblieben, wenn meine Eltern damals nicht nach Deutschland zurückgekehrt wären. Doch darf ich ihnen daraus irgendeinen Vorwurf machen?

Demokratie ist bestimmt die beste Staatsform, gewiß jedoch auch eine recht schwierige. Denn sie wird eine politische Reife des einzelnen Staatsbürgers und seine politische Aktivität voraussetzen, wenn sie lebendig bleiben – und überleben will.

Eines Abends kommt es leider zu einem Krach bei uns, als mein Vater mir recht barsch entgegenhält: »Du wolltest ja auch noch im April '45 für Hitler siegen!«

Ich belle zurück: »Hast du nicht 1940 auch oft in deinen Briefen an uns geschrieben, wir müßten England schlagen?!«

»Ja, und? Ich mußte damals Sorge haben, unter Postzensur zu stehen. Und Mutti hat diese Worte bestimmt durchschaut.«

Ich glaube aber noch einen Trumpf zu haben: »Du warst auch nicht im Widerstand!«

Mein Vater wird sehr ernst: »Nein, nicht im aktiven. Was sollte ich als einzelner viel tun? Ich kannte kaum Personen, denen man wirklich vertrauen konnte. Die Folgen einer illegalen Arbeit waren zumeist KZ und Tod. Und ich wollte euch doch nicht verlieren!« Ich sehe schon seine wütende Attacke, als er plötzlich fortfährt: »Am besten ist, man ist immer Mitläufer. Was waren das für deine Eltern für miese Jahre. Selbst als du aus gesundheitlichen Gründen nach St. Blasien solltest oder später nach Dunen an der Nordsee, habe ich vergebens bei der NSV um eine Beihilfe gebeten – nur weil ich kein Nazi war und sein wollte. Und heute?«

Wie verbittert muß mein Vater mit seinen erst 46 Jahren doch sein! Das gegenseitige Verstehen ist nicht leicht. Sollte es der Graben zwischen unseren Generationen sein? Letztlich aber hat er wahrscheinlich leider, leider recht.

Bereits im vergangenen Monat hatte der SED-Parteivorstand einen Beschluß verabschiedet, der gewiß zum Entsetzen vieler Hitler-Gegner und gerade der Widerstandskämpfer für eine Eingliederung aller nominellen NSDAP-Mitgliedern in den heutigen demokratischen Aufbau eintrat. Jetzt geht die Entnazifizierung ziemlich rasch, sofern man statt der braunen Farbe lediglich die rote umjubelt und der SED beitritt!

August 1946

Das »Neue Deutschland« dementiert eine Meldung der Westberliner Zeitung »Der Telegraf«, nach der allein in der Provinz Brandenburg Tausende von Jugendlichen im Alter von 13 bis 17 Jahren von den Russen inhaftiert worden seien. Das SED-Organ schreibt, es handele sich um HJ-Führer, die eine »terroristische Spionagetätigkeit« organisiert hätten und Morde an Sowjetsoldaten verüben wollten. Wir kennen natürlich nicht die Wahrheit, doch auch in unserer Gegend sind etliche junge Menschen verschwunden. Ob sie in den Westen flohen oder sich hinter Stacheldraht befinden, weiß niemand. Unruhe gibt es unter SED-Genossen, weil unlängst der SED-Landessekretär in Mecklenburg, Willy Jesse, verhaftet wurde. Der langjährige Sozialdemokrat hatte in der Nazizeit illegal gearbeitet, mußte nach dem 20. Juli 1944 nach Schweden flüchten und stellte sich nach dem Zusammenbruch sofort wieder zur Verfügung. Beim KPD/SPD-Vereinigungsparteitag gehörte er dem Präsidium und dem Parteivorstand an. Es klingt doch ziemlich unglaubwürdig, daß ein solcher Mann plötzlich ein »Nazi« oder »Verräter« oder »Spion« gewesen sein soll.
Ich melde mich bei der CDUD-Geschäftsstelle in der Lübeckerstraße 5 an; ich will Mitglied werden und beim Aufbau eines besseren Deutschlands helfen, sofern das in meinem Alter von rund 17 Jahren überhaupt möglich ist. Die Worte von Wilfried Parge, in der Partei winkten keine Positionen, sondern nur Mühsal und Risiko, waren zu erwarten. Als Referenz gebe ich meinen Vater und – in meiner oft arroganten Art – Ernst Lemmer an; bestimmt aber hat

er meine Existenz längst vergessen, seitdem er mich als Zweijährigen sah.

Der CDU-Führer Otto Nuschke spricht in Schwerin, ein alter Demokrat aus den Tagen der Weimarer Republik. Er bemüht sich, das allgemeine Interesse am politischen Tagesgeschehen in unserem Volke zu wecken. »Wir wünschen, daß der richtige demokratische Geist unser ganzes Volk durchpulst. Zur Demokratie gehören auch Versammlungsfreiheit, Pressefreiheit, Recht der Kritik und der Kontrolle. Wir brauchen heute nicht Sorgen zu haben, wenn wir etwas sagen wollen.« Ist das ehrlich gemeint oder an die Russen gerichtet oder eine Illusion? Als er die Hoffnung ausspricht, die Kriegsgefangenen möchten bald nach Hause entlassen werden, klatschen wir minutenlang überstarken Beifall – wie wir es unter uns vorher vereinbart hatten. Der anwesende Sowjetoffizier schaut recht verwundert und macht sich sofort Notizen; ob er in seinem Bericht an die nächsthöhere Dienststelle unser Anliegen weitermeldet, wird man natürlich nie erfahren. Nuschke schließt mit den leidenschaftlichen Worten: »Die CDU wünscht das Bekenntnis zur moralischen Wiederaufrichtung unseres Volkes, dann wird wieder echter Friede in der Welt sein. Wir wünschen, daß nur die zu uns kommen, die aus Herzensüberzeugung dazu bereit sind. 80 % der überlebenden Männer des 20. Juli '44 sind in der CDU. Im Geiste dieser Männer wollen wir arbeiten!«

Der Alltag der Christlich-Demokratischen Union in Schwerin sieht allerdings wenig schön aus. Mein Vater besucht mit mir die Zeitung »Der Demokrat« in der Schloßstraße 12. Offenbar kennt er den politischen Redakteur Arthur Janßen recht gut, der nach 1933 seinen journalistischen Beruf aufgeben mußte. Unter dem Ehrenwort, es keinem Menschen weiterzusagen, zeigt er uns Zeitungsseiten mit vielen weißen Flecken: Die sowjetische Vorzensur! Prinzipiell dürfen nur Meldungen der ostzonalen oder der sowjetischen Agentur gebracht werden; häufig gibt es auch »Empfehlungen« der Besatzungsmacht. Bei Eigenberichten wird durchweg vom Presseoffizier nach der Quelle gefragt, ausgenommen davon sind lediglich parteipolitische Kommentare. Ich beneide den Redakteur absolut nicht, aber er ist mutig und zuversichtlich.

Eines Abends taucht Onkel Hermann auf; er war lange in englischer Gefangenschaft, zuerst auf der Insel und später in Belgien. Auf mein Drängen hin schenkt er mir seine braun-gefärbte Tommy-Jacke.
In Lübstorf fährt meine Tante oft schwarz über die Zonengrenze, um Sachen zu ihrem Mann zu bringen. Natürlich kann sie nicht wieder in den Lehrerberuf zurückkehren. So trägt sie bei Wind und Wetter die SED-»Landeszeitung« aus. Einmal will der Bürgermeister ihr selbst diese Tätigkeit des Geldverdienens verbieten und dazu die Liste der Bezieher entreißen, wobei es fast zu Tätlichkeiten gekommen ist. Mein Vetter Dieter wird in Schwerin von der Volkspolizei festgenommen, als er gepflückte Feldblumen verkauft; nachdem er die Situation seiner Eltern und seiner drei anderen Geschwister erklärt hat, läßt man ihn jedoch wieder laufen. Der ganze Komplex von Schloß Willigrad in Lübstorf ist seit einiger Zeit abgesperrt; angeblich dient es heute SED-Funktionären zur Erholung – früher konnte man wenigstens an das Schloß noch nahe herantreten.

September 1946

Das SED-Zentralorgan schreibt wütend, an der Straßenbahn in Halle (Saale) seien Wahlplakate zu sehen gewesen mit der Aufschrift »Für Angliederung an die Sowjetunion – wählt SED!« Die Täter dieser Fälschung seien in LDP-Kreisen zu suchen, erste Verhaftungen seien bereits erfolgt.
Einen Tag darauf hält der US-Außenminister James Byrnes in Stuttgart eine ungewöhnlich freundliche Rede zur Deutschland-Politik seines Landes. Das amerikanische Volk wolle dem deutschen Volk helfen, seinen Weg zu einem ehrenvollen Platz unter den freien und friedlichen Nationen der Welt zurückzufinden. Innerhalb unserer CDUD-Ortsgruppe wird dies allgemein als Abkehr von der bisherigen Politik Washingtons und als positives Zeichen eines Neubeginns gewertet.
Karen, die kürzlich ihr Abitur bestanden hat, eröffnet mir bei einem unserer vielen Spaziergänge um den Pfaffenteich und den Ziegelsee,

sie werde nach Rostock zum Studium an der neu eingerichteten Pädagogischen Fakultät gehen. Für einen weiteren Briefwechsel werde sie kaum Zeit haben. Schade! Aber es ist wohl besser für uns beide, sie war die Klügere und hatte zweifellos auch die bessere Moral. In mein Tagebuch schreibe ich ziemlich kitschig: »Markgraf, werde hart!« Doch das hilft auch nicht viel.
Gottlob lenkt der bevorstehende Wahlkampf etwas ab. Jakob Kaiser spricht! Rund 3000 Menschen wollen ihn sehen und hören – das »Capitol«, der geräumigste Saal in Schwerin, ist total überfüllt. Er ist eine Persönlichkeit mit einem eigenen Pathos, ein Mann sehr großer Überzeugungskraft, dem die Männer und Frauen Glauben und Zuversicht entgegenbringen und an dessen leidenschaftliche Worte sie sich klammern. Man weiß, daß er als Vertrauensmann der Christlichen Arbeiterschaft dem engen Führungskern der Männer vom 20. Juli angehörte und sich nach dem mißglückten Attentat bis Kriegsende in einem feuchten Keller in Potsdam-Babelsberg verbarg. Von seinen engsten Mitarbeitern konnte sich niemand retten, alle mußten ihr Einstehen für ein besseres Deutschland mit dem Weg zum Schafott bezahlen. Sieben seiner Angehörigen wurden als »Sippenhäftlinge« durch Gefängnisse und Konzentrationslager geschleppt. In seiner Rede wendet er sich gegen den Marxismus, er appelliert an die Siegermächte, eine Lösung für die Einheit Deutschlands zu schaffen, und wiederum klingt bei ihm die Sorge vor separatistischen Bewegungen im Westen durch. »Wir glauben an die innere Kraft unseres Volkes«, ruft er den Schwerinern zu. Die ordnende Kraft des Lebens sei das christliche Ethos; die Zehn Gebote stellten nicht nur die beste Regelung des persönlichen Lebens dar, sondern auch das beste Sozialgesetz aller Zeiten. Zu den in unserem Lande am 15. September stattfindenden Wahlen erklärt er den Zuhörern: »Stellt euch dahin, wo ihr glaubt, die tiefste Kraft eures Volkes zu spüren, wo ihr sein Verlangen nach Freiheit, nach Kultur, nach echtem sozialen Fortschritt am stärksten lebendig seht. Da setzt euch ein. Da gebt eure ganze Kraft, damit wir einem freien, gesunden und geläuterten Dasein entgegengehen!« Erneut betont er seine große Liebe zu unserem armen, ausgebluteten Vaterland:

»Wir sind nicht dem westlichen und nicht dem östlichen Ideenkreis hörig, wir sind hingegeben an die Bedürfnisse unseres Volkes... Wir suchen einen deutschen Weg. Wir suchen eine deutsche Lösung...«

Es ist fast unmöglich, nach der Rede an ihn heranzukommen – alle Menschen wollen ihm die Hand schütteln, aufrüttelnde Worte erhalten. Gerade an uns Jugendliche appelliert er, Mut und Vertrauen in die Zukunft zu haben.

Noch Ende August hatte das SED-Zentralorgan versprochen: »Diese Wahl wird gleichzeitig die freieste Wahl sein, die jemals in der bisherigen deutschen Geschichte stattgefunden hat.« Tatsächlich stellt sich ziemlich schnell ein sehr gefährlicher Pferdefuß heraus: Die Wahlordnung läßt Wahlvorschläge nämlich nur von örtlichen Organisationen der Parteien zu. Ist also in einem Ort bei der sowjetischen Militäradministration etwa keine CDUD-Gruppe registriert, so darf kein Wahlvorschlag von ihr aufgestellt und so kann für die CDU auch keine gültige Stimme abgegeben werden. In den insgesamt 11 623 Gemeinden der Ostzone ist die SED praktisch überall zugelassen; unsere Partei besitzt zwar rund 4200 organisierte Ortsgruppen, jedoch sind nur 2082 registriert. Die Liberalen haben in der SBZ etwa 2200 Ortsgruppen; ihnen wird es ähnlich ergehen. In Mecklenburg-Vorpommern existieren 2402 Gemeinden: Die CDUD hat 707 Ortsgruppen, die LDP 152 – registriert indes sind lediglich 237 bzw. 65. Das heißt für uns, daß wir nur einen Bruchteil der Bevölkerung hinsichtlich einer aktiven Wahlbeteiligung erreichen können. Es gibt genügend Anträge der sogenannten »bürgerlichen Parteien«, doch – obwohl die Vorstände ordnungsgemäß gemeldet und die Mitgliederlisten bei der Besatzungsmacht längst eingereicht sind – wird ihre Bearbeitung verschleppt oder aus fadenscheinigen Gründen abgelehnt. Oft lautet die »Begründung«, der Kandidat hätte sich in der Nazizeit nicht ordnungsgemäß verhalten. Im Raum Schwerin kommt es zu mehr als einem Fall, in dem CDU-Funktionäre von den Russen mit der Drohung eingeschüchtert werden: »Was wollen Sie, wir können Sie jederzeit verhaften!«

Aus Berlin sickert durch, in der gesamten Zone habe die SED über 800 Tonnen Papier von der SMAD zugeteilt erhalten, CDUD und LPD zusammen hingegen lediglich ganze neun Tonnen! Die wenigen Plakate und Flugblätter, die ich übrig habe, werden an zuverlässige Schulkameraden verteilt. Unsere Hauptwaffen sind notgedrungen Diskussionen und eine möglichst breite Mundpropaganda, doch wie viele Menschen kann man damit schon erreichen? Die SED-Plakate verkünden:

> »... Eine neue Aera der deutschen Geschichte hat begonnen. Die sogenannte Ostzone ist die Zone des deutschen Fortschrittes. Unsere Leistungen werden sich für ganz Deutschland segensreich auswirken. Seien wir stolz darauf... Es geht um Deutschlands Einheit und Zukunft... Nicht nur Eure Stimme, Eure ganze Kraft der Partei, die den historischen Durchbruch zu einer realen Demokratie und zu einem Deutschland des Friedens gewagt hat, der SED.«

Die an sehr vielen Wänden und Mauern gemalte Parole »Durch das Volk! Mit dem Volk! Für das Volk!« will wohl das Streben der SED nach wahrer, unmittelbarer Demokratie verheißen.

Ungünstig steht es für uns auch um die Presse: Das SED-Blatt »Schweriner Landeszeitung« erscheint täglich mit 350 000 Exemplaren, »Der Demokrat« darf nur zweimal pro Woche gedruckt werden, und seine Auflage zählt 25 000. Die Zeitungsausgabe für unsere Familie muß daher von Hand zu Hand gehen. An einem Bretterzaun in der Nähe der Niklot-Schule haben wir zwar einen Zeitungs-Schaukasten eingerichtet, doch zumeist ist das Exemplar schon am nächsten Morgen zerrissen.

So erhalten bei der Wahl in der gesamten SBZ die CDUD nur 18,8 % aller Stimmen, die Liberalen immerhin 21,1 %, während die SED auf sogar 57,1 % kommt. In unserer Provinz sind die Zahlen noch schlechter: Sie lauten 15,2 %, 9,5 % und sogar 63,2 %.

In unserer Zone hat die CDUD 203 079 Mitglieder, in Mecklenburg-Vorpommern sollen es rund 19 000 sein. Die SED hingegen zählt 1 570 663 eingeschriebene Anhänger. Zweifellos besteht ein beträchtlicher Teil aus Opportunisten und Postenjägern. Aber es bleibt im Ansehen der Bevölkerung nicht ohne Einfluß, daß die Kommunisten im Kampf gegen das Hitler-Regime den größten Blutzoll entrichteten. Zudem haben sie ideologisch ein festgefügtes »wissenschaftliches« Weltbild, das auf jede Frage eine plausible

Antwort weiß. Natürlich werden die Russen bei uns allgemein abgelehnt, und die ständigen Lobhudeleien der SED auf sie erscheinen würdelos. Aber diese Partei hat zugleich die besten Beziehungen zur Besatzungsmacht, und da wir ihre Mitglieder primär für Deutsche halten, ist nach Ansicht vieler Menschen sie es, die am meisten erreichen kann. Erst Anfang Juli hat die SED um eine Verbesserung der Lebensmittelversorgung gebeten, nur eine Woche danach ordnete die SMAD tatsächlich eine Erhöhung der Rationen an. Ob es Zufall ist, daß wir in der Schule jetzt täglich ein Brötchen – ohne Abgabe von Lebensmittelkarten – erhalten sollen? Nicht ohne Wirkung bleibt verständlicherweise auch die Ankündigung Grotewohls, bald würden 120 000 Kriegsgefangene aus der UdSSR heimkehren. Es zielt genau auf die Hoffnungen und Wünsche der Flüchtlinge aus dem Osten, wenn der II. Vorsitzende der SED, Max Fechner, nur einen Tag vor den Gemeindewahlen im »Neuen Deutschland« schreibt:

> »Zur deutschen Ostgrenze möchte ich erklären, daß die Sozialistische Einheitspartei Deutschlands sich jeder Verkleinerung deutschen Gebietes entgegenstellen wird. Die Ostgrenze ist nur provisorisch und kann erst bei der Friedenskonferenz unter Mitwirkung aller großen Siegerstaaten festgelegt werden.«

Drei Tage später erklärte der sowjetische Außenminister Molotow die Oder-Neiße-Linie für endgültig, doch die Wahl bei uns ist gelaufen. Wenige Tage vor jenem 15. September tauchten »seltsamerweise« überall Gerüchte auf, ein für die SED ungünstiges Wahlresultat würde die Besatzungsmacht als Mißtrauensvotum auslegen und ihren Druck auf die SBZ ganz bestimmt verstärken.

Oktober 1946

Am 1. 10. erfolgt die Urteilsverkündung im Nürnberger Prozeß. Auch unsere Schule muß demonstrieren – die Lehrer haben auf die vollständige Anwesenheit aller Schüler zu achten –, und wir sollen für alle Angeklagten die Todesstrafe fordern. Nach meinen inzwischen gewonnenen Kenntnissen hätten alle NS-Spitzenführer sie verdient. Aber warum müssen wir das noch durch Demonstrationen

bestätigen; ändern wird es an den ergangenen Urteilssprüchen nichts. Vor der späteren Geschichtsschreibung wäre es gewiß klug gewesen, den Prozeß nicht von den Siegern durchführen zu lassen, sondern von deutschen Hitler-Gegnern. Zudem gab es das Wort »Kriegsverbrechen« juristisch gar nicht vor der Erhebung der Anklage, außerdem erfaßt es auch nicht die Judenverfolgungen vor 1939. Daß wir Deutschen auch die Schuld an den Massenmorden polnischer Offiziere in Katyn haben sollen, glaube ich nicht.
Am 16. Oktober spricht Ernst Lemmer im »Capitol«. Er ist ein wahrhaft gottbegnadeter Redner, seine Ausführungen werden immer wieder von starkem Beifall begleitet. Er wettert gegen die Hitler-Zeit, aber viele Menschen merken bestimmt, daß er damit genauso auf die Gefahren der Gegenwart hinweisen will. Leidenschaftlich wendet er sich gegen die Bezeichnung »reaktionär« für die CDUD und besonders gegen den Totalitätsanspruch der SED-Partei. An die Siegermächte gerichtet, betont er: »Wir Deutschen wünschen keine Almosen. Wir wünschen keine Lebensmittel geschenkt zu bekommen. Wir wünschen nur, daß man uns die Möglichkeit gibt zur industriellen Wiederaufwärtsentwicklung, damit wir mit unserem Fleiß das bezahlen können, was wir an Lebensmitteln und Rohstoffen brauchen.« Beifall braust auf, als er ausruft: »Es gibt nur einen deutschen Staat!« Erstmals höre ich von der Vision der Vereinigten Staaten von Europa; für mich ist das etwas Unvorstellbares, doch zugleich erklärt Lemmer, die deutsche Einheit sei vorrangig. Mein Vater, der in politischen Dingen sehr sentimental ist, weint, als er seinen Freund vor 1933 nun oben auf dem Rednerpult umarmt; auch diesem ist eine starke Rührung anzumerken. Was ist während der zurückliegenden 13 Jahre nicht alles geschehen! Natürlich bin ich auch bewegt, als ich dem CDUD-Politiker die Hand geben darf.
Im Hotel »Reichshof« am Hauptbahnhof sind wir dann im kleinen Kreis unter uns. Leider sind einige sowjetische Offiziere anwesend, die ganz bestimmt gut deutsch verstehen. Lemmer erzählt in seiner lockeren Art viel Unbekanntes aus der Stunde Null in Berlin, als es noch keine Verkehrsmittel gab – sein Fahrrad war ihm gestohlen worden – und er von seinem Hause in Klein-Machnow den kilome-

terweiten Weg in die Wittelsbacher Straße in Berlin zur Wohnung Jakob Kaisers fand. Ziemlich schnell kam ein größerer Kreis von Politikern aus der Weimarer Zeit dann in der Platanenallee zusammen, so daß eigentlich bereits der 25. Mai 1945 als der wahre Gründungstag der Christlich-Demokratischen Union angesehen werden müßte. Auch der einstige Reichstagsabgeordnete der Deutschen Demokratischen Partei und zeitweilige Reichsinnenminister Dr. Wilhelm Külz hätte sich gewiß der CDUD angeschlossen, doch sei er in der Trümmerwelt nicht sogleich aufzufinden gewesen. Kurze Zeit danach sei es zu spät gewesen, da die russische Besatzungsmacht bereits starke Anstrengungen zur Gründung einer Liberal-Demokratischen Partei unternahm. Um eine möglichst breite Plattform zu erreichen, hätten Kaiser und er dies zu durchkreuzen versucht, jedoch erfolglos. In ihrem Gründungsaufruf hatten die Kommunisten noch von einer katholisch-orientierten Zentrumspartei gesprochen; er wisse, erzählt Lemmer uns gegenüber, von einem Zornausbruch Ulbrichts über die Gründung unserer überkonfessionellen Union; die SMAD indes hätte die Lizenz erteilt. Recht ernst wird er, als er mir sagt, sein Sohn – heute Leitender Magistrats-Direktor im Westteil Berlins – habe gleich nach Kriegsende ein Bein verloren, als sein Freund mit einer Panzerfaust spielte und diese explodierte.
Nachdenklich, eigentlich bedrückt erscheint Ernst Lemmer mit seiner Darstellung über die Westzonen, wo Resignation und Hoffnungslosigkeit allgemein noch größer seien als bei uns. Die Ostzonen-CDU habe mit dem Verkauf ihres Organs »Neue Zeit« zunächst der West-CDU mit beträchtlichen Geldsummen geholfen. Daß man sich in Berlin als der deutschen Hauptstadt »Reichsvorstand« genannt und in einer Entschließung den Namen CDUD angenommen habe, sei selbstverständlich gewesen: »Wir haben stets an das gesamte Deutschland gedacht!« Obwohl Dr. Adenauer zu dieser Zeit noch gar nicht Mitglied der CDU gewesen sei, habe er leider bald begonnen, gegen beides vorzugehen. Trotzdem bekennt der Freund meines Vaters, er bleibe optimistisch. Es ist bestimmt keine hohle Phrase uns gegenüber, wenn er glaubt, im kommenden Jahr würde die Zonengrenze geöffnet werden und in ein, zwei Jahren

gewiß die Wiedervereinigung kommen. Den Russen habe er bei den obligatorischen Saufgelagen in Berlin-Karlshorst wiederholt erklärt, Deutschland werde niemals ein kommunistisches Land, und letztlich wüßten sie es wohl auch selber. Ich bin der jüngste in diesem Kreise, die sowjetischen Offiziere wechseln mit mir einige belanglose Worte. Es herrscht eine wirklich gelockerte Atmosphäre, wir alle sehen uns eigentlich auch nicht mehr als Besiegte! Viel und sogar gutes Essen sowie harte Getränke gibt es. Irgendwie schaffen es mein Vater und ich, nach Hause zu finden...

Bei den Landtags- und Kreistagswahlen erreicht unsere CDUD gegenüber den Gemeindewahlen einen Zuwachs von 554 588 Stimmen; die leidige Registrierungsfrage entfällt nunmehr, praktisch stehen damit auch die »bürgerlichen« Parteien überall zur Wahl. In Mecklenburg-Vorpommern büßt die SED rund 125 000 Wählerstimmen ein und geht damit auf 49,5 % zurück, während die LDP auf 12,5 % steigen kann und wir sogar über 200 000 Stimmen mehr haben und auf 31,1 % klettern! Auch in unserer Stadt sind die Ergebnisse jetzt wesentlich besser: Die SED hat 22 435 Stimmen erhalten, die CDUD 18 545 und die LDP 10 536. Andererseits kann man nicht wegleugnen, daß die SED weiterhin stärkste Partei geblieben ist. Vielleicht, so glaubt man in der CDU-Geschäftsstelle, haben wir den Begriff vom christlichen Sozialismus nicht genügend klargemacht. Auch Kaisers Annahme, der Liberalismus habe heutzutage keine Anziehungskraft mehr, sei falsch gewesen. Besonders aber hat die Hoffnung getrogen, weite Kreise der bisherigen Sozialdemokraten würden sich zumindest an der Wahlurne von den Kommunisten trennen und bei ihrer inneren Haltung zur SED jetzt uns wählen.

In unserer »Penne« ist Dr. Seemann zwar Unions-Mitglied, während des Wahlkampfes aber hat er in den Unterrichtsstunden »tapfer« Reklame für die SED betrieben. Seine Chamäleon-Farbe geht allmählich in ein volksdemokratisches Rot über.

Bei den Wahlen im gesamten Berlin zum Stadtparlament erhält die SED keine 20 % der Stimmen; daß in den westlichen Sektoren aber über zehn, im französisch besetzten Teil sogar 21,2 % der Wähler für sie votieren, ist für uns nicht zu verstehen.

Es vergehen keine zwei Nächte, als russische Offiziere ohne jegliche Ankündigung überall zwischen Elbe und Oder deutsche Techniker und Spezialisten mit ihren Familien abführen und auch ihre Möbel wegtransportieren. Zumeist scheinen es Fachleute zu sein, die während des Krieges Düsenmotoren und Geräte für Fernsteuerung, moderne Flugzeuge oder sogar die V-Waffen entwickelten. Doch wozu werden sie heute gebraucht? Der russische Blumenhändler, der seit fast 20 Jahren seinen Stand am Marienplatz hatte, ist schon seit längerem verschwunden.
Vor den Gemeinde- und den Landtagswahlen hatten die Sowjets versprochen, sie wollten die Demontage in unserer Zone einstellen; jetzt wird sie wieder fortgesetzt.

November 1946

Es gibt in der CDU ein Für und Wider, als ich in die FDJ eintreten möchte, doch die erste Ansicht überwiegt. Warum auch nicht? Im September betonte der Zentralrat der Freien Deutschen Jugend erneut, sie sei überparteilich. Ebenso hat der SED-Parteivorstand letzten Monat alle Tendenzen zurückgewiesen, die FDJ zu einer sozialistischen Jugendorganisation zu machen. Auch unser »Demokrat« hat versichert, sie werde ihren überparteilichen Charakter nicht aufgeben. Bei meiner Anmeldung in der Landesleitung, Bismarckstraße 68 empfängt mich Manfred Tomuschat, ein einarmiger früherer Wehrmachtsoffizier aus Ostpreußen. Wir haben lange, offene Gespräche; mit seinem Glauben zur Neugestaltung Deutschlands gefällt er mir. In der Ostzone zählt die Freie Deutsche Jugend jetzt knapp 400 000 Mitglieder, unsere Provinz weist rund 66 000 auf.
Die »Schülerbühne« unserer FDJ-Gruppe Oberschule unter solchen Talenten wie Peter von Magnus und Harry Erlich tritt erstmals auf der Kammerbühne unseres Staatstheaters mit einer Schiller-Gedenkfeier an die Öffentlichkeit. Auch die Szenen-Folge aus »Wilhelm Tell« erfährt recht positive Pressekritiken; sogar der Landessender Schwerin strahlt Auszüge aus.

In unserem Landtag hat die SED 45 Sitze, die CDU besitzt 31 und die LDP verfügt über elf; die Vereinigung der gegenseitigen Bauernhilfe (VdgB) ist durch drei Angeordnete vertreten, angeblich sind sie verkappte Mitglieder der SED oder ihr doch hörig. Bei der ersten Sitzung wird Werner Jöhren als CDU-Fraktionsvorsitzender vorgestellt – ein echter Demokrat schon aus den Tagen vor 1933, der dann illegal arbeitete und einer der Mitbegründer der Christlich-Demokratischen Union in Mecklenburg-Vorpommern wurde. Im Hinblick auf die Wiedervereinigung Deutschlands wird im Landtag zunächst sogar der Terminus »Landesverfassung« abgelehnt und statt dessen das Wort »Landesordnung« bevorzugt; erst eine gemeinsame Erklärung einigt schließlich alle Parteien doch auf die erstere Formulierung. Zugleich aber hebt man deutlich hervor, sie sei lediglich eine Übergangsform. Jöhren appelliert leidenschaftlich an den Zusammenhalt zwischen dem Osten und dem Westen unseres Vaterlandes, die Jugend müsse einmal sagen können: »In Deutschlands schwerster Stunde haben unsere Väter uns das kostbarste Gut, die deutsche Einheit, bewahrt!«
Der Parteivorstand der SED veröffentlichte in letzter Zeit den »Entwurf einer Verfassung für die Deutsche Demokratische Republik«. Die Formulierung von einer »demokratischen Volksrepublik« in der Präambel stößt sofort auf größte Widerstände, sie verschwindet dann auch nach gewisser Zeit. Nach Artikel 1 ist Deutschland eine unteilbare demokratische Republik, die in Länder gegliedert ist. Unsere »Neue Zeit« kritisiert das Übergewicht des Parlaments; sämtliche Entscheidungen seien von ihm abhängig, auch gebe es zu ihm kein Gegengewicht.
Alle CDU-Zeitungen bei uns berichten von Adenauers Erklärung, die Hauptstadt Deutschlands dürfe nicht zwischen Kartoffelfeldern und nicht auf Kolonialboden liegen. Lemmer schreibt in einer Erklärung zu dieser »snobistisch zu nennenden Entgleisung«, sie könne nicht mit einem parteifreundlichen Schweigen übergangen werden. Ein namhafter Ausländer, nach dessen Worten Berlin »am Kreuzweg des europäischen Schicksals« liege, werde dieser Stadt weitaus mehr gerecht!

Dezember 1946

Mit Beginn des Monats entstehen bei uns besondere Grenztruppen; es soll sich zunächst nur um 375 Volkspolizisten handeln, die bisher allerdings noch nicht motorisiert sind.
Washington und London beschließen, mit Wirkung vom 1. Januar 1947 ihre beiden Zonen zur »Bizone« zu vereinigen. Was heute lediglich wirtschaftlich gemeint ist, könnte nach den Befürchtungen mancher Menschen bei uns schon morgen auch politische Bedeutung gewinnen und damit vielleicht einmal sogar einen wichtigen Schritt auf dem Wege zur deutschen Teilung darstellen.
Mecklenburg-Vorpommern hat jetzt eine Landesregierung. Der bisherige Landespräsident Höcker (SED) wird auf Vorschlag der CDU einstimmig zum neuen Ministerpräsidenten gewählt. Die SED stellt drei Minister – für das Innere, für Volksbildung und für Versorgung. Die CDU besitzt zwei Ministersessel, LDP und VdgB haben je einen Minister.
Unser Flurnachbar im Hause, Oskar Stefan, trägt neuerdings die dunkelblaue Uniform der Volkspolizei und tritt als ein recht selbstbewußter, fast sendungsbewußter Offizier auf. Seine – angebliche – Frau Ursula, die früher Putzfrau im Dresdner Amtsgericht gewesen sein soll, ist seit einiger Zeit eine recht scharfe und allgemein gefürchtete Volksrichterin. Seit letztem Jahr können nämlich auch Personen ohne ein akademisches Rechtsstudium in Schnellkursen von nur sechs Monaten »ordentliche« Richter werden. Leider will mein Vetter Werner ebenfalls diesen Weg gehen.
Zu Stalins 67. Geburtstag am 21. Dezember erklärt Wilhelm Pieck: »Die geniale Weitsicht des großen Führers der Sowjetunion zeigte auch dem deutschen Volk den Weg.« Was soll diese Unterwürfigkeit?
Manfred Capell, der auf dem vereisten Pfaffenteich einige Mädchen vor den Nachstellungen russischer Soldateska zu schützen versuchte, wird von einem Soldaten wiederholt mit dem Stiefel auf den Kopf getreten. Blutüberströmt kann er sich schließlich nach Hause retten. Plötzlich nehmen die Sowjets seinen Vater fest, und einen Tag vor Weihnachten werden Sachen von ihm abgeholt – das

überaus deutliche Zeichen, daß er für länger inhaftiert, vielleicht sogar nach Sibirien verschleppt wird. Doch Heiligabend kommt er unter vielen Freudentränen seiner Familie wieder nach Hause! Man hatte ihm »Sabotage« an den Kohletransporten vorgeworfen; tatsächlich werden die Züge aus dem Südteil der Ostzone unterwegs immer wieder von der frierenden Bevölkerung geplündert – ohne daß das Begleitpersonal dagegen letztlich etwas ausrichten kann. Trotz aller Drohungen einerseits und Versprechungen zum anderen weigerte er sich, den Vorwurf der sowjetischen Vernehmer zu akzeptieren. So ließ man ihn tatsächlich laufen!
Auf dem Schlachtermarkt in Schwerin gibt es erstmals wieder einen Weihnachtsmarkt, doch echte Stimmung will nicht aufkommen. Als mein siebenjähriger Vetter unter dem Tannenbaum eine kleine Tafel Schokolade findet, glaubt er an Bauklötze; woher aber soll er auch den wahren Wert der braunen Rippchen kennen?
Ende des Jahres kommen die ersten Kriegsgefangenen aus Polen zurück. Viele Kriegsehen gehen kaputt. Die Heimkehrer sind müde und abgestumpft, ihre einst so schneidigen Uniformen stellen heute zumeist verschlissene Lumpen dar. Und die jungen Mädchen von damals wurden inzwischen härter, mußten sie während der letzten Jahre doch ihren »Mann« stehen.

1947

Januar 1947

Das neue Jahr beginnt optimistisch: Die »Tägliche Rundschau« schreibt, die deutsche Frage stehe als Hauptproblem auf der Tagesordnung. Jakob Kaiser glaubt sogar, daß es die Einheit bringen werde.

Mecklenburg-Vorpommern hat bis heute 1 440 000 Umsiedler untergebracht, das sollen etwa 60 % aller unserer Einwohner sein! Wir haben damit den höchsten Anteil in der SBZ. Der jetzige Winter ist besonders streng. Es gibt Kälteferien in der Schule, die allgemeinen Stromsperren werden wieder länger. In Berlin erfrieren oder verhungern allein während einer Woche 1142 Menschen; nur sehr wenige der Neugeborenen überleben. Erneut richtet unsere Stadt Wärmehallen ein, die von 8.00 bis 16.00 Uhr geöffnet sind. In Köln erhält die Bevölkerung pro Tag und pro Kopf nur noch 746 Kalorien...

Unsere Provinz bekommt eine Verfassung, die derjenigen der Weimarer Republik sehr ähneln soll. Der CDU-Fraktionsführer Jöhren mit seinen Verbindungen zu Jakob Kaiser scheint von unserer Seite aus manche Anregung gegeben zu haben. Die geographischen Gebiete Mecklenburg-Vorpommern werden in der Verfassung absichtlich nicht erwähnt, diese Frage will unser Grenzland der doch bald kommenden Friedenskonferenz über Deutschland überlassen. Einige Bedenken hat die CDUD hinsichtlich der Fragen der Umsiedler und der Religionsausübung, doch allgemein ist man schon optimistisch. Ob die Verfassungspraxis von den Beschlüssen der »Blockpolitik« und insbesondere durch Eingriffe der Besatzungsmacht beeinträchtigt wird, bleibt natürlich abzuwarten.

Das Königreich Belgien verlangt nach einer Zeitungsmeldung jährlich von Deutschland 6 600 000 Tonnen Steinkohle, eine Million Tonnen Braunkohle und 500 000 Kubikmeter Holz – und das mindestens 40 Jahre lang! Erst allmählich erfahren wir, daß während des Krieges auch im Westen manches Böse geschah. In Hamburg sollen norwegische Besatzungstruppen eingetroffen sein.

Februar 1947

Dank des RIAS (Rundfunk im amerikanischen Sektor) in West-Berlin und unserer Verbindungen zum CDUD-Landesvorstand sind meine Eltern und ich recht gut und relativ schnell über viele Interna in der SBZ, aber auch über Vorgänge in der Außenwelt informiert. Ob die einzelnen Nachrichten indes uns letztlich eine zutreffende Beurteilung der allgemeinen Lage geben können, bleibt fraglich. Schockiert und verbittert ist man, als wir von der im hessischen Königstein stattgefundenen Sitzung der CDU-Führung in Ost und West erfahren. Danach ist es seitens Adenauers zu schweren Verdächtigungen gegen Jakob Kaiser und Ernst Lemmer gekommen und daraufhin wiederum zu heftigen Auseinandersetzungen zwischen beiden Seiten. Es heißt, Kaiser habe scharf reagiert, was der Westen überhaupt von dem Kampf um Berlin und der Zone wisse. Sehr erregt hätte Lemmer erklärt, das Mißtrauen gegen uns sei niederreißend. Hat die Westzonen-CDU die Ostzone und damit allerdings auch die Idee eines Gesamt-Deutschlands bereits aufgegeben? Manchmal scheint man jenseits der Demarkationslinie zu glauben, wir seien reine Befehlsbüttel der Sowjets. Umgekehrt schreibt das SED-Organ stolz, die KPD in den Westzonen habe nunmehr 324 000 Mitglieder – das wäre das Doppelte der Anzahl in den letzten Jahren vor der Hitler-Zeit!
Manfred Tomuschat hatte schon längere Zeit großes Interesse an unserer Gruppe »Die Suchenden«. Als er von mir die Meinungen und Diskussionsbeiträge der einzelnen Mitglieder wissen will, lehne ich deutlich ab. Wir seien nicht für Hitler und respektierten die Besatzungsmacht. Kurze Zeit danach werden »Die Suchenden« von der SMA in Mecklenburg-Vorpommern verboten. Wir sind tief enttäuscht, hatte unser Kreis sich doch ehrlich bemüht, einen Weg zur deutschen Demokratie zu finden! Ist unabhängiges Denken

unerwünscht, hatte man zu große Illusionen? Antifaschismus und Demokratie werden auch wohl mit verschiedenen Ellen gemessen: So weiß eigentlich jeder, daß der Vorsitzende und Kreissekretär der FDJ in Greifswald ein Manfred Ewald ist, der einst ein großer HJ-Führer in Stettin war, die Nationalpolitische Erziehungsanstalt – eine Elite-Schule für den Nazi-Nachwuchs – besuchte und noch zu Hitlers Geburtstag 1944 der NSDAP beitrat. Komisch muß ebenfalls wirken, daß eines Tages auf der Schweriner FDJ-Zentrale plötzlich ein junger Mann aus dem Westen auftauchte und wir alle das Zimmer räumen mußten. War es etwas Geheimnisvolles, das niemand erfahren sollte?

Eine Zeitschrift der SPD-Jugendorganisation »Die Falken« in West-Berlin fällt in meine Hände. Danach sind seit August '45 Tausende von Jugendlichen in der Ostzone verhaftet und zu langen Strafen in KZs verurteilt worden. Im Februar 1946 seien gegen mehrere 16jährige aus Potsdam sogar Todesstrafen verhängt worden. Wenn auf den langen Märschen nachts einige Jugendliche ausfielen – weil sie starben oder in Einzelfällen ihnen auch die Flucht glückte –, wurden von dem russischen Begleitpersonal wahllos irgendwelche anderen Jungen aufgegriffen und in die Marschkolonnen eingegliedert. Die Zahl jedenfalls mußte stimmen! In welcher Zeit leben wir – wieder? Derartige Nachrichten kann man nur an zuverlässige Freunde weitergeben. Schon als ich unlängst in der FDJ fragte, wieso SED-Funktionäre vom Volksgut Kirch-Stück mehr und bessere Lebensmittel als die übrige Bevölkerung erhalten, bekam ich viel Ärger.

Walter Ulbricht hat sich für eine zentrale deutsche Regierung ausgesprochen. Als erster Hoffnungsschimmer wird von uns festgestellt, daß es ab März in allen Zonen Deutschlands einheitliche Briefmarken geben soll. Andererseits glaubt mein Vater kaum an einen Zufall, daß vor wenigen Wochen in der »Täglichen Rundschau« die bisherige Rubrik »Aus dem Reich« jetzt den Titel »Aus den Besatzungszonen« trägt und nunmehr auch das »Neue Deutschland« die Überschrift »Blick ins Reich« eingestellt hat.

Laut Erlaß des Kontrollrates hat der Staat Preußen zu bestehen aufgehört. Gewiß sind in unserer Provinz die Preußen nicht gern

gesehen, in der Geschichte drangsalierten sie oft die Bauern und rekrutierten deren Söhne zwangsweise. Doch in der Penne lachen wir: Der Geist von Potsdam – nicht der militärische, aber derjenige der Pflichterfüllung, der Sparsamkeit und der Bescheidenheit, wird in Deutschland mehr denn je benötigt! Mit dem Preußen-Verbot hängt es gewiß auch zusammen, daß unsere Provinz sehr bald nur noch Mecklenburg heißt.
In der amerikanischen Zone müssen hartnäckige Wohnungsinhaber vereinzelt von US-Soldaten mit vorgehaltener Maschinenpistole dazu gebracht werden, für Flüchtlinge ein Zimmer zu räumen...

März 1947

Die FDJ-Kreisleitung bietet mir zu meiner Überraschung den Posten des Pressereferenten an, nach Rücksprache mit der CDU willige ich gerne ein. Mein Ausweis öffnet mir fast überall die Türen.
Im Landtag kommt es zwischen der CDU und der SED zu einer Kontroverse über den Religionsunterricht, den die linken Genossen allzu gerne völlig von der Schule getrennt sehen möchten. Ohne Erfolg bleibt ebenfalls eine Anfrage wegen der Benachteiligung von CDU-Mitgliedern in der Verwaltung.
Mitte März tagt in Berlin die erste Sitzung der Arbeitsgemeinschaft der CDU/CSU; der Abgesandte aus der französischen Zone fehlt, da die dortige Militärregierung die Tagung für »unerwünscht und rechtswidrig« hält. Leider sagt Adenauer mit dem Bemerken ab, er sei an Grippe erkrankt; nach Presseberichten hindert sie ihn aber nicht, schon am nächsten Tage in Herford zu sprechen. Auf Betreiben Jakob Kaisers fordert der CDU/CSU-Vorstand alle Parteien in Deutschland auf, eine »Nationale Repräsentation« zu bilden. Sie soll die erste Stufe einer gesamtdeutschen Vertretung aus allen Parteien vorbereiten und bei einer Deutschland-Konferenz der Alliierten sich als möglicher Verhandlungspartner bereithalten. Erstaunlicherweise sagt die SED zu. Auch Dr. Adenauer zeigt sich mit dem Projekt einverstanden, wenngleich er es in der Öffentlichkeit wohl nicht als das vordringlichste politische Thema ansieht. Widerstand kommt

indes von Dr. Schumacher, der die Idee für eine Erfindung des sowjetischen Geheimdienstchefs Berija hält und ohnehin jegliche Zusammenarbeit mit der SED ablehnt, solange nicht die SPD bei uns wieder zugelassen ist. Die westdeutschen Sozialdemokraten, erklärt er, dürften nicht durch ihre Beteiligung an der Konferenz die SED »salonfähig« machen. Doch was hindert ihn, im Namen aller SPD-Mitglieder in Deutschland zu sprechen? Die Möglichkeit, einen ernsthaften Versuch zur deutschen Einheit zu unternehmen, scheitert an der deutschen Uneinigkeit. Vielleicht würde die Entwicklung einen ganz anderen Weg genommen haben, wenn die Konferenz wirklich zustande gekommen wäre.
Daß andererseits der Graben zwischen den Westmächten und der UdSSR schon ziemlich tief ist, beweist die Moskauer Außenministerkonferenz. Nach unserer Ansicht widerspricht der sowjetische Außenminister Molotow zu Recht dem westlichen Plan, das Saargebiet in das französische Wirtschaftssystem einzugliedern. Ob aber die Forderung der Russen auf Reparationen in Höhe von zehn Milliarden US-Dollar gerechtfertigt ist? Zu begrüßen ist, daß der sowjetische Vertreter – wenn auch zweifellos aus egoistischen Motiven – nach dem Verbleib des deutschen Goldes (angeblich 220 Tonnen) und dem Wert der Demontagen im Westen fragt.
Besonders erfreut sind wir über die Einigung der Außenminister, alle deutschen Kriegsgefangenen bis Ende nächsten Jahres zu entlassen. In Frankreich und Nordafrika soll es noch 651 084 Gefangene geben, in England sind es 435 296, in den USA knapp 30 000 und in der Sowjetunion angeblich 890 532. Trotz dieser erreichten Übereinstimmung bleibt ein trister Nachgeschmack: Die Überwindung der deutschen Teilung ist wohl nicht mehr durch eine Einigung der vier Sieger zu erreichen. Wir werden wohl noch lange in sowjetischer Hand bleiben.

April 1947

Waldemar Borde, längst der Landesvorsitzende der FDJ, kommt neuerdings wiederholt in unsere Schule, wo wir uns dann während der regulären Schulstunden in der Aula zu versammeln haben. Sein

Lebenslauf ist leider nicht zu erfahren, war er im KZ oder während des Krieges auf sowjetischer Seite? Bestimmt möchte er uns auf seine Weise zur Demokratie – allerdings in seinem Sinne – erziehen, doch sind seine Methoden völlig falsch. Wenn er sehr erregt und recht laut behauptet, daß unsere Väter während des Krieges in der UdSSR bei Sturmangriffen stets unter Alkohol gesetzt wurden, um so ungehemmt Verbrechen zu begehen, ist das unglaubwürdig. Inzwischen wissen wir sehr viel über die Greuel des letzten Krieges, die man allerdings nicht ausschließlich uns Deutschen vorwerfen kann. Der FDJ-»König« sollte sich dann aber auch nicht wundern, wenn die Aktivitäten unserer Oberschulgruppe stagnieren, so daß er wütend vom »lebendigen Leichnam« spricht. Vor einer solchen Veranstaltung besprechen wir uns und teilen unsere Zwischenrufe und Fragen auf. Als er dann die neue FDJ-Kultur rühmt, frage ich ihn hämisch (vielleicht auch mit einem Fünkchen Neid?), ob so der Kuß-Walzer bei dem kürzlich erfolgten Fest der FDJ-Funktionäre zu verstehen sei. Daß er kein Latein beherrscht und somit unsere Zurufe »Ad rem« nicht versteht, macht ihn noch nervöser. Dieter Mäde aus der damaligen Jungen-Spielschar ist inzwischen sein getreuer Gefolgsmann geworden und scheint ganz in der neuen Zeit à la SED aufzugehen. Bestimmt wird er politische Karriere machen.
Für den Turnunterricht hat unsere Schulklasse einen neuen Lehrer bekommen, der viel von seinem Arbeitersportverein und überhaupt von proletarischen Sport-Idealen vor 1933 faselt – wir hören gar nicht hin, was soll der Quatsch?
Die Zeitungen bestätigen die schon seit Wochen kursierenden Gerüchte: Manfred Klein, der Vertreter unserer Partei im FDJ-Zentralrat, wurde von den Sowjets verhaftet. Als ich bald danach Fotos von der Gründungstagung der Freien Deutschen Jugend in die Hand nehme, hat man sein Bild wegretuschiert! Auch der Leiter der CDUD-Gruppe und gleichzeitiges Mitglied des Studentenrates an der Ost-Berliner Universität, Georg Wradzidlo, ist verschwunden; er hatte in der Nazizeit einer Widerstandsgruppe angehört und war einige Zeit in Buchenwald gewesen.
Man munkelt, dasselbe KZ sei wieder mit politischen Inhaftierten belegt; einige wenige seien kürzlich entlassen worden. Wenn das

zutreffen sollte, wäre es ein furchtbarer Zynismus der Geschichte: Während gegenwärtig – zu Recht! – Gerichtsverfahren gegen die ehemaligen Wachmannschaften bevorstehen, gibt es sie heute schon wieder...

Mai 1947

Auch an unserer Schule wird ein Schülerrat im Sinne einer demokratischen Schülervertretung gebildet und auf demokratischer Basis ein Vorstand gewählt. Ich werde Schriftführer, komme aber erst später – nicht ohne Widerstand – in dieses Gremium. Unsere Aufgabe ist es, mit dem Schulrat, der FDJ und dem Kulturministerium im Schweriner Schloß Verhandlungen zu führen. Bei Besuchen von irgendwelcher politischer Prominenz in der Aula haben wir die manchmal etwas zweifelhafte Ehre, mit am Tisch auf dem Podium zu sitzen. Einmal kommt sogar Minister Grünberg zu uns; ich gebe ihm eines der zähen und oft kaum genießbaren Schulbrötchen zu essen – offenbar aber nimmt er mir meine Frechheit nicht übel.
Der Saal im »Capitol« ist erwartungsgemäß wieder überfüllt, als Jakob Kaiser erneut in unsere Stadt kommt. Seine Rede ist sehr ernst, das Schicksal Deutschlands stünde mehr denn je zuvor in Frage. Wir machten uns keine Illusionen, betont er, was die Abenteuer Hitlers für die Welt bedeutet haben, aber wir möchten für unser Volk wenigstens das allmähliche Werden eines normalen Lebens sehen. Stürmischer Beifall kommt auf, als er ausruft: »Ein Leben ohne Furcht und Not gehört mit zu den wesentlichen Voraussetzungen echter Demokratie. Und diese Voraussetzungen müssen allmählich auch für unser Volk gegeben sein!« Nach der Ansprache wendet er sich längere Zeit uns Jungen zu. Mit seinen Worten gibt er Glauben und Hoffnung, eine Aufgabe. Eindringlich appelliert er an uns, die ältere und die jüngere Generation müßten gemeinsam ein neues Deutschland aufbauen. »Und wir werden zugleich helfen, daß ein neues Europa, eine neue Welt entsteht!«
Die Schweriner CDU-Zeitung darf jetzt dreimal wöchentlich erscheinen. Chefredakteur ist Arthur Janßen. Schon im Oktober letzten Jahres ist die sowjetische (Vor-) Zensur aufgehoben worden,

doch ist man von einer echten Meinungsfreiheit noch immer sehr weit entfernt: Es gibt nämlich eine Nachzensur! Die Verantwortung liegt nicht mehr beim russischen Presseoffizier, sondern jetzt beim einzelnen deutschen Redakteur. Dieses Damoklesschwert der Nachzensur kann eine Kürzung des Papierkontingents für die Zeitung zur Folge haben, aber auch den Rücktritt des Redakteurs veranlassen und natürlich ebenso seine Verhaftung...

Ende des Monats findet in Meißen das II. FDJ-Parlament statt. Leider gehöre ich nicht zu den Auserwählten, die mitfahren dürfen – sehr gerne würde ich mir alles ansehen.

»Bau' auf, bau' auf. Freie Deutsche Jugend, bau' auf!
Für eine bessere Zukunft bauen wir die Heimat auf!«

– heißt es im FDJ-Lied. Es klingt optimistisch, verkündet echte Ideale. Aber ist es lediglich die Begeisterung der jungen Menschen, daß niemand in den vielen Diskussionsbeiträgen nach den Verhaftungsgründen von Manfred Klein fragt? Beschlossen wird auf diesem Treffen die Uniformierung der Mitglieder mit einem Blauhemd. Hatten wir alle uns 1945 aber nicht geschworen, niemals wieder eine Uniform zu tragen, und hatte nicht auch der SED-Gründungsparteitag jeder Uniformierung eine Absage erteilt? Es kursieren Gerüchte, Honecker habe in kleinem Kreise gesagt, die Sowjetunion werde bald die stärkste Macht der Welt sein; an ihrer Seite würden wir bald ganz Deutschland besitzen, und dann könnte nichts mehr den Sozialismus in Europa aufhalten. Worte, die ich in abgewandelter Form schon früher oft hören mußte und die mich jetzt eher ängstigen. Wohin soll das führen?

Vielleicht ist es nur gut, wenn ich unter dem Vorwand, ich solle mich auf das Abitur konzentrieren, die Funktion des FDJ-Pressereferenten abgeben muß. Der wahre Grund ist klar: Ich habe mehrfach betont, man müsse in Zeitungsberichten die Wahrheit schreiben und nicht primär Propaganda für unsere Jugendorganisation.

Juni 1947

Die Münchener Konferenz aller deutschen Ministerpräsidenten ist geplatzt! In unseren Zeitungen stellt der Sprecher der ostzonalen

Länderchefs und gleichzeitig der Chef der Thüringer Landesverwaltung, Professor Dr. Paul, in einer längeren Erklärung fest: Als die Vertreter der SBZ eine Ausgestaltung der vorgesehenen Tagesordnung wünschten, sei diese Anregung zurückgewiesen worden. Entgegen dem Text der Einladung hätte man ihnen eine unabänderliche Tagesordnung vorgesetzt. Auch jegliche Wortmeldung, selbst eine schriftliche Erklärung, sei abgelehnt worden. Dr. Friedensburg habe schließlich seine Vermittlungsdienste angeboten, doch erhielten unsere Abgesandten weiterhin keine Redemöglichkeit eingeräumt. Verzweifelt hören meine Eltern westliche Rundfunksender: Danach haben die Zonen-Vertreter als Punkt 1 der Tagesordnung die Erörterung über die Bildung einer zentralen deutschen Verwaltung gewünscht. Dazu aber hätten die westdeutschen Ministerpräsidenten weder von ihren Landtagen noch insbesondere von ihren Zonen-Befehlshabern eine Vollmacht gehabt. Aber, so fragen wir uns, mußte die Verhandlungsführung des bayerischen Ministerpräsidenten Dr. Ehard so starr sein, waren Kompromisse wirklich unmöglich? Ja, wollte man auch im Westen überhaupt ehrlich ein Treffen? Wie man hört, waren die westdeutschen Teilnehmer über die hiesigen Verhältnisse einseitig und schlecht informiert – sie hatten letztlich wohl auch ein Gefühl der Erleichterung, als die Ost-Vertreter wieder zurückfuhren. Der Westen behauptet, diese hätten durch ihre Forderungen der Tagung ein Gespräch aufzwingen wollen, das den Sinn der Konferenz hinfällig gemacht hätte. Friedensburg, schon aus der Zeit vor 1933 als ein geradliniger Mann bekannt und 1945 einer der Gründungsmitglieder der CDUD in Berlin, schreibt hingegen in einer Zeitung: Ein guter Wille auf beiden Seiten und eine beharrliche und zugleich elastischere Behandlung der Geschäftsordnung hätten unserem Volk den Rückfall erspart. Warum, fragen wir uns, hat der Westen nicht alles Mögliche versucht?
Für Jakob Kaiser scheint es jetzt nicht mehr um das Festhalten an Deutschland zu gehen. Die Einheit ist nunmehr wohl verloren und muß erst auf einem sicherlich mühevollen und auch zeitlich längeren Weg wiedergewonnen werden. Zum ersten Mal kommt aus seinem Mund das Wort »Wiedervereinigung«.

Die wirtschaftliche Spaltung Deutschlands wird immer deutlicher: In den Westzonen entsteht der »Deutsche Wirtschaftsrat«, und in der Ostzone gibt es jetzt eine Wirtschaftskommission; dabei darf man allerdings nicht übersehen, daß bei uns schon 1945 »Zentralverwaltungen« entstanden, die bereits damals die ganze Zone staatlich einheitlich organisieren sollten. In einem längeren Brief an alle Mitglieder der mecklenburgischen CDU-Fraktion vermerkt Jöhren sorgenvoll: »Die Fraktionsarbeit ist eine Arbeit des Gewissens vor sich, vor der Bevölkerung und der Zukunft.«

Manfred Capell soll sich »freiwillig« als Offizier der Volkspolizei melden (im April '45 wurde er zur »Freiwilligenmeldung« für die SS aufgefordert, und als er dies ablehnte, degradierte man ihn in der HJ). Es bleibt nur der Fluchtweg nach Westen. Wieder gibt es einen guten Menschen bei uns weniger. Natürlich verabreden wir, Briefe zu schreiben, doch leider bricht der Kontakt allmählich ab. Andere Schulkameraden sind inzwischen den Weg zur Volkspolizei – allgemein kurz »Vopo« genannt – gegangen. Aus unserer Straße ist es etwa Armin Warnart, der sich heute genauso begeisterungsfähig und fanatisch zeigt, wie er es vor 1945 war. Aber auch Jochen Dieckhoff trägt neuerdings die blaue Uniform; bei ihm wissen wir, daß er diesen Schritt höchst ungern tat und auch nur, um seine Mutter finanziell über Wasser zu halten – sein Vater ist gefallen. Ein Volkspolizei-Anwärter erhält neben freier Bekleidung, Verpflegung und Unterkunft immerhin ein Bruttogehalt von 300 Mark monatlich. Viele junge Menschen sehen auch keine andere Möglichkeit: Die volkseigenen Betriebe stellen keine Arbeiter ein, der »Konsum« braucht angeblich nur qualifiziertes Personal, so daß lediglich Aue – also der Uran-Bergbau für die Russen – oder eben die Vopo übrigbleiben. Bei einer Ablehnung dieses »Angebots« verliert man alle Rechte, da – wie es dann amtlich heißt – ein nachgewiesener Arbeitsplatz durch eigenes Verschulden nicht angenommen wurde...

Bei einem ihrer zahlreichen heimlichen Grenzübertritte wird meine Tante an der Demarkationslinie gestellt, doch lassen sie die Vopos laufen. In Lübstorf wird die Tochter des Bürgermeisters von Russen

vergewaltigt. Was mag ihr Vater mit seinem SED-Abzeichen zwar nicht öffentlich sagen, aber doch im Innern denken?
Eines Tages stoßen mein Freund Heino Fahs und ich auf eine Zeitung, in der zwei Mädchen von der Handelsoberschule im schweizerischen Biel Interesse an einem Briefwechsel zeigen. Ich schreibe sofort an die eine Adresse. Ist in unserer Abgeschiedenheit schon jeder Kontakt mit »draußen« wichtig, so gilt dies um so mehr für die Schweiz, die offenbar ein Märchenland ist und die nach 1945 den Hungernden in Deutschland überaus viel mit Lebensmitteln geholfen hat. Es entwickelt sich bald eine lebhafte Korrespondenz, zumal Suzanne F. auf dem übersandten Foto ein schönes und interessantes Gesicht zeigt. Nach kurzer Zeit kommen auch Pakete für mich mit unbekannten schönen Dingen. Ich möchte aber nichts geschenkt haben, und so revanchiere ich mich mit Büchern von Hermann Hesse – ihrem Lieblingsschriftsteller.

Juli 1947

In Berlin scheint das Schule-Schwänzen sehr verbreitet zu sein. Zeitungen melden, beim ersten Mal erfolge eine Verwarnung, danach gebe es Strafen von drei bis 150 Mark!
Mein Vater ist so lieb, seinen vom Oberkirchenrat vermittelten Urlaub auf Schloß Elgersburg/Thüringen an mich abzutreten. Es ist schon eine herrliche Gegend mit einer sehr erholsamen Ruhe, so kann mich die von Auslandskirchen stammende Verpflegung richtig aufpäppeln. Andere Gäste regen mich an, doch einmal den Westen zu besuchen. Ilse G. ist sofort bereit, mir eine ungefährliche Stelle zum illegalen Grenzübertritt zu zeigen. Bei unserem Wiedersehen höre ich, daß ihr Vater in der Hitler-Zeit einen Kommunisten wegen ständiger Faulheit entlassen hatte und deswegen nach dem Einmarsch der Russen im Juli 1945 sofort abgeholt wurde. Er konnte noch aus einem fahrenden Lastwagen in Berlin heimlich einen kurzen Brief werfen, den eine unbekannte Frau fand und der Familie zuschickte. Schon bald danach muß er im KZ Sachsenhausen umgekommen sein; das jedenfalls berichtete vor kurzem ein Entlassener,

der Ilses Mutter flehentlich bat, niemandem seinen Namen zu erwähnen. Schon während der Nazi-Jahre war Sachsenhausen ein KZ, schon damals durften Entlassene nichts sagen. Wie sich doch die Zeiten gleichen! »Selbstverständlich« hat die Familie G. bis heute keine offizielle Mitteilung über den Tod erhalten, und wen kann es wirklich überraschen, daß jener Kommunist heute Bürgermeister von Osterwieck ist...

Bei Stapelburg gehe ich »über den Harz«, wie der Volksmund sagt, wenn man die Zonengrenze überquert. Ich begegne keinem einzigen Menschen. Daß ich im Westen bin, bemerke ich erst, als ich auf Straßenarbeiter stoße: Ziemlich verblüfft stelle ich fest, daß einer von ihnen eine große Zigarre raucht – mein Vater kann sich eine solche nicht kaufen, es gibt sie nämlich nicht bei uns. Für mich ein Vergleich, der sich tief einprägt! In dem Städtchen – es ist Bad Harzburg – stürze ich mich auf Zeitungen. Besonders die »Münchner Illustrierte« ist voll von Enthüllungen von Hitlers Kammerdienern, von »Geheimsekretärinnen« und angeblichen Sonder-Köchen, die über Intimitäten der damaligen NS-Größen zu berichten wissen. Daß es Derartiges bei uns in der Ostzone nicht gibt, hat vielleicht auch seine gute Seite. Nachts schlafe ich auf dem Erdboden im Bahnhof, am nächsten Tage kaufe ich für meinen Vater einige Zigarren und für meine Mutter mehrere Zitronen und gehe dann – selbstverständlich – wieder in Richtung Osten zurück. Vopos erwischen mich; da ich aber nicht aus der Zone fliehen will, sondern das Gegenteil vorhabe, passiert mir nichts. Auf der Rückreise nach Schwerin erfahre ich, daß in Leipzig Typhus nocht recht verbreitet ist.

Der Oberbefehlshaber der Sowjettruppen bei uns, Marschall Sokolowsky, und damit »natürlich« auch die SED haben sich scharf gegen das US-Hilfsprogramm in Form des Marshall-Plans gewendet. Dies stelle einen Verkauf der Zukunft Deutschlands dar, wird behauptet. Wir müßten den Weg aus eigener Kraft finden, und dies könne um so besser und schneller erfolgen, wie die Einheit käme. Jakob Kaiser hingegen vertritt den Standpunkt – und bestimmt denken überaus viele Menschen in der SBZ so –, auch wir würden das amerikanische Angebot dringend benötigen. Als er bald danach öffentlich erklärt, die nicht-marxistischen Parteien der Ostzone seien »nur ein Feigenblatt für die östliche Demokratie«, wird er vom SED-Zentralorgan scharf attackiert. Es ist zwar absolut nicht der erste Angriff gegen ihn, doch den Hinweis auf das Schicksal Hermes' kann man nicht übersehen. Ob es absichtlich auch ein Wink mit der Besatzungsmacht sein soll? Bei unserem Landesvorstand wird sorgenvoll registriert, daß örtliche SMA-Dienststellen auf CDU-Funktionäre Druck ausüben: Es gibt Drohungen hinsichtlich ihres Berufes sowie gegen ihre Familien, und erneut wird versucht, sie gegen den Hauptvorstand in Berlin auszuspielen.

August 1947

Mein Vater macht mich auf einen kleinen, unscheinbaren Satz im »Neuen Deutschland« aufmerksam. Danach fragen angeblich manche SED-Funktionäre, wozu man in der Partei noch eine Parität brauche; es solle zwar eine Parität der Qualität sein, jedoch nicht eine Parität der Zahlen. Ich kann mit diesen Formulierungen nicht viel anfangen und bin ziemlich erstaunt, daß er darin eine Abkehr von der auf dem SED-Gründungsparteitag feierlich beschlossenen Gleichgewichtigkeit der bisherigen SPD- und KPD-Mitglieder und in weiterer Folge eine Unterdrückungskampagne gegen alte Sozialdemokraten sieht, die den verschärften Kurs der Partei ablehnen.
Massiver wird auch der Druck auf CDU und LDP, in den Blockausschüssen die sogenannten Massenorganisationen zuzulassen. Kaiser betont noch einmal, nur die Parteien seien die politischen Vertreter des Volkes; die Gewerkschaften, die Freie Deutsche Jugend und die Frauenorganisation könnten allerdings von Fall zu Fall hinzugezogen werden. Auf mancher Landesebene aber kann die SED ihre Vorstellungen durchdrücken: Ihre Argumentation, das bürgerliche Lager sei mit seiner Haltung ganz offensichtlich gewerkschaftsfeindlich und gegen die Frauen und die Jugend eingestellt, verfehlt nicht ihre Wirkung. Steht diesen Organisationen anfänglich eine nur beratende Teilnahme zu, wird es nach gewisser Zeit eine mitbestimmende. Da ihre Vertreter durchweg SED-Mitglieder sind, bedeutet

dies einen erheblich verstärkten Einfluß der Sozialistischen Einheitspartei und damit eine stimmenmäßige Verschlechterung von CDU und LDP.

Die Angriffe im »Neuen Deutschland« gegen Jakob Kaiser und Ernst Lemmer häufen sich. Beide, heißt es, machten Anstalten, die Ostzonen-CDU zu einem Anhängsel der reaktionären Politik Adenauers zu machen. Jeder, der aufmerksam das politische Geschehen verfolgt, weiß, daß das Gegenteil der Fall ist. Genauso steht es mit dem Vorwurf des SED-Blattes, unsere Partei-Führung werde, »ob sie wolle oder nicht, zum Agenten des amerikanischen Monopolkapitals«. Bald beschimpft die mecklenburgische SED-»Landeszeitung« einzelne CDU-Funktionäre. Ende des Monats gibt die CDU-Mecklenburg eine Entschließung bekannt, in welcher der Marshall-Plan mit dem Hinweis abgelehnt wird, er bedrohe die Selbständigkeit Deutschlands. Auf Nachfrage höre ich hinter vorgehaltener Hand, der Druck der Russen sei zu stark gewesen und selbst eine gegenteilige Meinung hätte an der Haltung der SMAD überhaupt nichts geändert.

Im vorigen Monat hat die Hamburger Kriminalpolizei 1345 Schwarzhändler festgenommen und dabei u.a. 270 000 Zigaretten, 20 000 kg Fettwaren, 2166 Eier und 1500 Liter Schnaps beschlagnahmt. Daß die SED-Gazetten nur negative Meldungen aus den West-Zonen veröffentlichen, gehört längst zum Presse-Alltag. Positives von dort lesen wir eigentlich nur über Kommunisten und linke Sozialdemokraten.

September 1947

Der thüringische Ministerpräsident Dr. Rudolf Paul ist in den Westen geflohen. Einige Menschen hielten ihn für einen willfährigen Parteigänger der Sowjets; ob das zutreffend oder ein jetzt absichtlich ausgestreutes Gerücht ist, können wir nicht beurteilen. Früher stand er jedenfalls der LDP sehr nahe, doch nach Gründung der SED schloß er sich plötzlich dieser Partei an. Die »Neue Zeit« schreibt, nach '33 wollte er der NSDAP beitreten, da er aber als Staatsanwalt

einmal gegen die Nazis aufgetreten wäre, sei ihm die Mitgliedschaft verweigert worden – selbst sein Versuch, seinen alten Luftwaffen-Kameraden Hermann Göring dafür einzuspannen, hätte keinen Erfolg gehabt. Immerhin hat Paul bei der Münchener Ministerpräsidentenkonferenz sein Möglichstes gegeben, wohl auch mehr, als die sowjetische Besatzungsmacht ihm erlaubt hatte.
Auf dem II. CDUD-Parteitag der sowjetischen Besatzungszone, der wiederum in Ost-Berlin stattfindet, geht Jakob Kaiser in seiner Rede zunächst auf die erzwungenen und keineswegs selten gefälschten Entschließungen von CDU-Gruppen gegen ihn ein; merkwürdigerweise würden sie zunächst nur in der SED-Presse veröffentlicht werden. Die CDU bejahe eine Blockpolitik, »solange und sofern sie nicht von einer der Parteien benutzt wird, um sich eine ideologische und praktische Vorherrschaft zu sichern«. Auch in deren Rahmen müsse es eine gesunde, regulierende Opposition geben, um der inneren Gesetzlichkeit einer grundsatzstarken Politik willen, die jede Demokratie brauche, um nicht an Selbstzufriedenheit zu erstikken oder an menschlicher Unzulänglichkeit zugrunde zu gehen. Sein Appell, die Tore der Lager und Gefängnisse für alle zu öffnen, die vor Recht und Gesetz schuldlos seien, weist natürlich auf die KZs Buchenwald und Sachsenhausen hin sowie auf all die vielen unbekannten Stätten mit politischen Gefangenen.
Zugleich schlägt er die Bildung eines Konsultativrates für Deutschland vor, in dem auf eine Million Einwohner der verschiedenen Zonengebiete eine maßgebliche politische Persönlichkeit entsandt werden sollte. Seine Aufgabe möchte eine Vorstufe sein für die Errichtung einer Zentralverwaltung und dann die Vorbereitung zur Wahl einer deutschen Nationalversammlung. Nach Auffassung etlicher Delegierter ist es eigentlich keine neue Idee, aber ein erneuter Versuch, der Entfremdung zwischen uns und den Westzonen entgegenzuwirken.
Den letzten Teil seiner Ausführungen widmet Kaiser der politisch-ideologischen Auseinandersetzung mit der SED und ruft unter starkem Beifall seine bald berühmt gewordenen Sätze aus:

> »Wir müssen und wir wollen Wellenbrecher des dogmatischen Marxismus und seiner totalitären Tendenzen sein. Berufenste

Vertreter der Sowjetunion haben mir und meinen Freunden wiederholt gesagt: Wir wollen Deutschland nicht sowjetisieren. Wir haben das mit Genugtuung zur Kenntnis genommen. Wir möchten überzeugt sein, daß diese Erklärungen nicht zuletzt von der Erkenntnis bestimmt sind, daß es jedem Volk aufgegeben ist, seinen eigenen Weg zu gehen.«

Das sind auch für einen Jakob Kaiser sehr mutige Worte. Es ist ein Fehdehandschuh, den er der SED und vielleicht auch den Russen vor die Füße wirft. Es stellt aber auch einen Appell dar, eine Verpflichtung an uns, die wir irgendwo in der SBZ leben. Oberst Tulpanow als Vertreter der SMAD erklärt in seiner Ansprache zwar, die UdSSR verfolge weder in der Zone noch in Gesamtdeutschland irgendwelche Interessen, die den Lebensinteressen des deutschen Volkes zuwiderliefen – doch sagte er auch, er wolle dem I. und II. Vorsitzenden der CDUD »keine unnötigen Schwierigkeiten bereiten.« Schwierigkeiten indes gibt es überall für uns, sogar immer noch bei der Registrierung von CDU-Ortsgruppen!

Wie später durchsickert, haben sich die sowjetischen Vertreter auf dem Parteitag in ihren Gesprächen mit Delegierten recht deutlich gegen eine Wiederwahl Kaisers ausgesprochen. Doch als diese 250 die 14 Vorstandsmitglieder zu wählen hatten, erhielt Jakob Kaiser 248 von den 249 abgegebenen Stimmen, und Ernst Lemmer 247 von 248! Ein überaus deutlicher Beweis, zumal die Wahl geheim erfolgte. Er manifestiert zugleich einen politischen Mut der Delegierten, die nach dem Parteitag wieder in ihre Heimatorte zurückfahren und dort dem Druck der SMA und der SED ausgesetzt sind! Nicht ohne Grund attackiert eine Entschließung des Parteitages den noch heute ausgeübten Gewissenszwang, der mit unserer Auffassung von Demokratie unvereinbar sei.

Immer wieder ist die Sorge über ein Auseinanderfallen Deutschlands zu spüren. Unter stürmischem, Minuten andauerndem Beifall stellt Ernst Lemmer fest:

»Die Politik der Besatzungsmächte mag noch so bedeutungsvoll sein, das Wesentliche ist, daß wir uns einig sind in dem Gelöbnis: Was auch kommen mag, wir Deutsche wollen und werden zusammenbleiben!«

Noch deutlicher wird ein Diskussionsbeitrag, nach dem wir nicht nur die Achtung, sondern auch die Unterstützung und Hilfe aller deutschen Menschen im Westen verdienten, denn wir führten diese Arbeit nicht nur für die Zone durch, sondern für ganz Deutschland!
Unsere Schweriner CDU-Zeitung kann jetzt täglich erscheinen. Auch sie sieht ziemlich pessimistisch die große Gefahr, daß die jetzige Demarkationslinie zwischen der Ostzone und den Westzonen zur Spaltung Deutschlands führt. Unser Ziel hingegen sei mehr denn je die Wiedererlangung der politischen und wirtschaftlichen Einheit im gesamten Vaterlande.
Auf dem II. SED-Parteitag wird stolz verkündet, die Partei habe jetzt fast zwei Millionen Mitglieder; allein in Mecklenburg sollen es über 201 000 sein. Wie erwartet, fordern zahlreiche Entschließungen die Aufhebung der bestehenden Parität, die als »überflüssig und schließlich sogar hemmend« empfunden werde.
Meine Lieblingscousine »Wally« ist tot! Sie hatte sich auf der Insel Rügen Typhus geholt und starb dann im Wismarer Krankenhaus; es gab keinerlei helfende Medikamente. Nach ihrem Tode sind alle ihre Wertsachen »verschwunden«... Die Leiche ins heimatliche Frankenberg/Sachsen zu überführen ist unmöglich – es existieren keine erforderlichen Zinksärge. Furchtbare Schwierigkeiten gibt es, einen Sarg zu bekommen und sie wenigstens in Schwerin verbrennen zu lassen; daß unsere Verwandten dazu einen Raummeter Holz mitbringen müssen, ist noch das Einfachste.
Im Westen enthält die »Grundration« für die Bevölkerung lediglich sieben Gramm Fett pro Tag, vor 1933 waren es immerhin 123...

Oktober 1947

»Der Demokrat« berichtet in seinem Leitartikel, Ernst Lemmer habe dieser Tage in Jena gesprochen. In seiner Rede sei er auf den Vorschlag eines Konsultativrates eingegangen und habe betont, eine solche Vertretung des deutschen Volkes hätte bereits Molotow auf der Moskauer Außenministerkonferenz befürwortet. »Ein Deutschland ohne die Deutschen in der sowjetischen Besatzungs-

zone gibt es nicht«, habe er ausgerufen. Man solle uns nicht in leichtfertiger Weise abschreiben. Die Überschrift zu diesem Artikel in unserer CDU-Zeitung lautet dann auch »Die Ostzone, das deutsche Kernland«. Ist der Westen schon soweit, Land und Menschen hier zu vergessen?
Inzwischen mußten wir erfahren, daß Adenauer auch am Parteitag vergangenen Monats wegen »einer akuten Krankheit« – an die kaum jemand glauben konnte – nicht teilnahm; angeblich hat er in denselben Tagen aber vor einem westfälischen CDU-Kreisparteitag geredet. Auf jenem Parteitag in Berlin hatte bei den Wahlen zum Zonen-Vorstand eigentlich als III. Vorsitzender Professor Fascher aus Halle obsiegt, doch mit Rücksicht auf die Russen schob Lemmer diplomatisch – wenn auch nicht korrekt – unseren Landesvorsitzenden Dr. Lobedanz in die Position, er gilt allgemein als »weich« und sucht stets den Ausgleich mit der Besatzungsmacht – auch über fast alle Prinzipien hinweg. Hingegen konnte der ganz offensichtlich von den Russen über den CDU-Generalsekretär Dertinger betriebene Versuch vereitelt werden, Luitpold Steidle in den Vorstand zu bringen; der frühere Oberst der Wehrmacht und Ritterkreuzträger war einer der Mitbegründer des »Nationalkomitee Freies Deutschland« in Rußland und wird allgemein als suspekt erachtet.
Im Kino läuft der Film »Ehe im Schatten«. Es ist die Geschichte des Berliner Schauspielers Gottschalk, der mit einer Jüdin verheiratet ist und während des Krieges mit ihr den Freitod wählt, um ihrer Verschickung ins KZ Theresienstadt zuvorzukommen. Ein Stück neuester deutscher Zeitgeschichte, das eigentlich keinen Zuschauer unberührt läßt. In einer Zeitung war unlängst zu lesen, von den 8000 Mitgliedern der jüdischen Gemeinde in Berlin möchten 2000 nach Palästina auswandern, da der Antisemitismus in Deutschland noch recht verbreitet sei und ihnen ihr früheres Eigentum nicht zurückgegeben werde. Was mag wohl aus dem jüdischen Geschäftsinhaber in unserer Schmiedestraße geworden sein?
Das Vorstandsmitglied der CDUD, Dr. Baptist Gradl, erhält von der Besatzungsmacht Redeverbot. Er hat »gewagt«, die unveränderte sowjetische Reparationspolitik zu kritisieren.
Die Zeitschrift der »Gesellschaft zum Studium der Kultur der

Sowjetunion« schreibt, in wenigen Jahren werde es in der UdSSR kostenlos Brot geben! Ich bin davon ziemlich angetan, doch mein Vater lacht mich aus: »Eine typische Halbwahrheit! Die Bäcker müssen doch irgendwie Lohn bekommen. Falls Brot tatsächlich, was ich nicht glaube, einmal ohne jegliche Bezahlung zu bekommen ist, wird man die Kosten der Bevölkerung anderswie, wahrscheinlich durch erhöhte Steuern, abverlangen!« Daß ich diese Propaganda nicht durchschaut hatte...

November 1947

Helene Schwärzel, die kurz nach dem Attentat des 20. Juli den geistigen Kopf des Widerstandes, Dr. Goerdeler, denunziert hatte und dafür im Führerhauptquartier als Belohnung eine Million Reichsmark erhielt, ist jetzt zu sechs Jahren Zuchthaus verurteilt worden.

Aus Königsberg treffen dieser Tage rund 3200 zumeist elternlose Kinder in der Ostzone ein.

Tante Nanny fährt mit ihren Kindern legal in den Westen zu ihrem Mann, der Lehrer in Uelzen ist. Sie hat wohl mehr als 30mal »schwarz« die Zonengrenze überquert, um nach und nach kleine Möbel, Bücher und Geschirr hinüberzuschaffen. Wieder verlassen uns liebe Menschen.

Die allgemeine Diktion der SED hat sich erneut verschärft. Nach meiner Ansicht ist sie inzwischen so aufdringlich, so plump geworden, daß eigentlich jeder denkende Mensch sie durchschauen und sich von ihr abgestoßen fühlen müßte. Walter Ulbricht etwa spricht von der Überlegenheit der Wirtschaft in der UdSSR und in den Volksdemokratien, »während die Stützen der kapitalistischen Gesellschaft in Europa bereits seit langem durch und durch verfault sind«! Als Antwort auf eine Rede Jakob Kaisers tönt das führende SED-Organ, für uns Deutsche stehe die Frage des Krieges oder des Friedens im Raum,

> »um es kraß zu sagen: Der Osten ist der Friede und die Entwicklung der wahren Volksfreiheit – der Westen, das ist der Krieg und die Unterdrückung der Volksfreiheiten.«

Am 28. November veröffentlichen sämtliche SED-Zeitungen in Schlagzeilen einen Beschluß des SED-Parteivorstandes, der zu einem Volkskongreß für Einheit und gerechten Frieden aufruft. Alle demokratischen Parteien, Gewerkschaften, Betriebsräte, Vertreter der Wissenschaft und Kunst sowie Organisationen der Bauernschaft sollen ihre Stimme gemeinsam für das deutsche Volk erheben und Delegierte zu einem Volkskongreß am 6. und 7. Dezember in Ost-Berlin entsenden. Grotewohl zitiert in diesem Zusammenhang sogar Ulrich von Hutten, man müsse der deutschen Zwietracht ins Herz treffen – »Wir wollen sein ein einig Volk von Brüdern, in keiner Not uns trennen und Gefahr«. Die anfängliche Begeisterung über diesen Schritt auf dem Wege zur deutschen Einheit schlägt in unserem CDU-Verband allerdings ziemlich schnell in Mißtrauen um: Zum einen wurde weder die Christlich-Demokratische Union Deutschlands noch die Liberal-Demokratische Partei von diesem großangelegten Aufruf in Kenntnis gesetzt, zum anderen erscheint die gesetzte Frist von sieben, acht Tagen zum Volkskongreß doch allzu überstürzt.
Sehr bald müssen wir zudem feststellen, daß die sogenannten »Delegierten« sich auch nicht auf freie Wahlen stützen, sondern durch Zurufe in allgemein manipulierten Massenversammlungen bestimmt werden. Viele CDU-Mitglieder werden direkt von SED-Funktionären zur Teilnahme angesprochen. Wie bereits damals bei der Bodenreform werden manche CDU-Ortsgruppen von der massiven Propaganda einfach überrumpelt; sie haben kaum Zeit, sich ein eigenes Urteil zu bilden. Gerüchte wollen wissen, daß von den 700 Tonnen Papier, welche die Sowjets in diesem Monat den Zeitungen der SBZ zugebilligt haben, über 90% an SED-Gazetten gehen. Jedenfalls gelangt die »Neue Zeit« immer noch nicht in jeden Ort – von der benötigten Anzahl ganz zu schweigen. Zudem hat sich der Druck der Besatzungsmacht auf unsere Zeitungen wiederum verschärft. Eine im »Neuen Deutschland« abgedruckte Zustimmungserklärung von Ernst Lemmer zum Volkskongreß irritiert uns sehr; erst nach Tagen erfährt man, daß sie schlicht – gefälscht ist! Manche Erklärungen des Zonenvorstandes oder auch der CDU-Führungen in den einzelnen Ländern werden verstümmelt oder dürfen überhaupt

nicht gebracht werden. Vielerorts herrscht eine ziemliche Verwirrung. Erste Anzeichen von Opportunismus auch in den eigenen Reihen fehlen nicht.
Unser Kreisverband verfügt über gute Kontakte zur Parteispitze in Berlin, wir geben die Informationen und Stellungnahmen auch sofort an Gleichgesinnte weiter – aber wie viele können wir letztlich damit ansprechen? Die CDU in Thüringen bejaht angeblich den Volkskongreß, gleiches hört man von der Jungen Union in Brandenburg. In unserem Mecklenburg wenden sich Minister Witte und der von jeher sehr tapfere Landtagsabgeordnete Rechtsanwalt Dr. Kaltenborn gegen die Volkskongreß-Bewegung. Wenn die SED-Aktion tatsächlich etwas Positives und etwas Ehrliches ist, wozu sind dann all diese negativen Begleitumstände nötig?

Dezember 1947

Am 2. Dezember kommt es zu einer Sitzung des CDUD-Zonenvorstandes, an der überraschenderweise auch ein Offizier der Sowjetarmee teilnimmt. In einer Entschließung lehnt die Partei die Teilnahme am Volkskongreß ab; sie glaubt nicht, daß er nach allen Gegebenheiten einen wirklich gesamtdeutschen und überparteilichen Charakter aufweist und der Zusammenfassung der politischen Kräfte aller Zonen Deutschlands dient. Die offizielle Nachrichtenagentur ADN bei uns meldet diese Entscheidung nur recht kurz und geht mit keinem Wort auf die Begründung ein. Breit hingegen wird der weitere Passus der Entschließung betont, wonach einzelne am Kongreß teilnehmende CDU-Funktionäre aus eigener Entscheidung handeln und der Parteivorstand »unter den gegebenen Umständen« ihre Motive hierzu würdigt.
Am 6. 12. treffen dann in Ost-Berlin 2215 Delegierte zusammen, davon stammen 664 aus den Westzonen; nach welchem Verfahren diese Zahlen bestimmt wurden, ist leider nirgendwo zu erfahren. Von der Zonen-CDU mit ihren jetzigen 218 000 Mitgliedern kommen 198 Personen, weitere 17 aus Berlin – aus dem Ostteil oder den

Westsektoren? – und vier aus dem Westen. Das wäre nicht einmal eine auf 1000 Mitglieder, sofern die Zahlenangaben tatsächlich der Wahrheit entsprechen!
In die Leitung des Volkskongresses läßt sich leider auch Otto Nuschke wählen. Immerhin ist er Mitglied des CDUD-Hauptvorstandes und ein bekannter Demokrat aus der Zeit vor '33; später nahmen ihm die Nazis seinen Bauernhof entschädigungslos weg – als Ende 1945 Sowjetmarschall Shukow persönlich ihm das Anwesen in feierlicher Form zurückgab, war er zutiefst gerührt und fühlt sich seitdem mehr und mehr zur Dankbarkeit gegenüber Sowjetrußland verpflichtet. In das Präsidium des Volkskongresses gelangt erwartungsgemäß Dr. Lobedanz, unser CDU-Landesführer; aus sehr guter Quelle ist indes zu hören, daß er kurz vor dem Kongreß »krank« wurde und ihn drei Russen dann mit einem Auto aus seiner Wohnung am Jungfernstieg in Schwerin abholten und nach Berlin fuhren! Der andere CDU-Vertreter ist der Vizepräsident des thüringischen Landtages, Reicher. Im Präsidium sitzt auch Dr. Beste, der Landesbischof von Mecklenburg; mein Vater, der ihn näher kennt, fragt sich erstaunt, ob dies auf seiner Eitelkeit oder seiner politischen Naivität beruht. Nuschke und Lobedanz werden ebenfalls Mitglieder der Delegation, welche auf der Londoner Außenministerkonferenz für Gesamtdeutschland sprechen soll. Ob sie wirklich glauben, daß die Westmächte sie empfangen werden? Weitere CDU-Abtrünnige sind der Verkehrsminister Thüringens, Bachem, und eine Frau Dr. von der Esch – sie gelten schon länger als allzu SED-geneigt. Luitpold Steidle sieht gewiß nicht zu Unrecht seine große Stunde gekommen, als er von einer »kleinen CDU-Fraktion« spricht und damit dem Vorstand mit seiner Kompromiß-Formel von dem individuellen Ermessensspielraum in den Rücken fällt.
Am 12. Dezember schreibt die SED-Presse, Otto Nuschke habe vorgeschlagen, daß Jakob Kaiser den Vorsitz niederlegen solle. Dem Wörtchen »vorgeschlagen« entnehmen wir das Mißlingen des Planes, denn sonst hätten die Blätter ganz bestimmt eine andere Formulierung gewählt. In der Tat wurde dieser Vorstoß im Hauptvorstand abgelehnt und Kaiser ausdrücklich das Vertrauen ausgesprochen. Ansonsten aber können wir uns kaum noch ein echtes

Bild über die internen Vorgänge machen; erst später kommen bruchstückartige Informationen durch jetzt fast schon »illegale« CDU-Kanäle sowie durch westliche Rundfunksender. Doch auch innerhalb der CDU/Schwerin herrscht gegenwärtig eine unübersichtliche Lage. Bei uns schiebt sich – zweifellos mit sowjetischer Unterstützung – ein Carl Garz sehr in den Vordergrund; viele wissen genau, daß er sich oft »politische Ratschläge« von Hauptmann Zyganow holt – dem Politoffizier der SMA. So hat er dann auch in jenen Tagen behauptet, schon vor jenem Beschluß am 12. Dezember hätten sich von den insgesamt 21 Kreisverbänden der CDU in Mecklenburg immerhin 18 für eine Teilnahme am Volkskongreß ausgesprochen. Zutreffend stellt Jöhren hingegen fest, alle Kreisvorstände hätten Jakob Kaiser das Vertrauen ausgesprochen und lediglich zwei von ihnen seien nach Berlin gefahren!
Eine ähnliche Situation gab es auch in Sachsen, wo Professor Hickmann als einziger Landesverband-Vorsitzender trotz allem sowjetischen Drängen nicht am Volkskongreß teilgenommen hat. Doch selbst er sagt jetzt offen, die bisherige Linie des CDU-Hauptvorstandes sei innerhalb der Sowjetzone nicht mehr zu halten – es gehe einfach über die Kraft unserer Menschen. Bachem schließt sich der Formulierung Steidles an, sie seien nicht als Einzelpersonen zum Kongreß gefahren, sondern als Vertreter der CDU schlechthin. Während diese unwahren Äußerungen in den Medien groß herausgestellt werden, bringt die »Neue Zeit« lediglich ein recht kurzes Kommuniqué. Was wir schon ahnten, bestätigt sich bald durch die Westberliner Tageszeitung »Der Tagesspiegel«: Der ursprüngliche Artikel fiel vollständig den sowjetischen Zensur-Offizieren zum Opfer! Daß unsere CDU-Zeitung ohne jegliche Angabe von Gründen für zwei Tage nicht erscheint, wissen hoffentlich viele Mitglieder richtig zu interpretieren. In Thüringen setzen die Russen den CDU-Landesgeschäftsführer ab. Professor Hickmann, der indes am sächsischen Landeskongreß für Einheit und gerechten Frieden teilgenommen hat, wird dieserhalb von den CDU-Mitgliedern scharf angegriffen. Auch gegen Lobedanz fallen in unserer Partei nicht wenige Mißfallensäußerungen, doch mit Blick auf die Besatzungsmacht kommt es zu keiner förmlichen Mißtrauenserklärung. Wie

mag er über die Mitgliederschaft in Mecklenburg denken? Sollte er wirklich glauben, daß der Platz der SBZ an der Seite Sowjetrußlands ist?

Die Londoner Viererkonferenz wird in diesen Tagen ergebnislos abgebrochen; eigentlich vermag dies wohl niemanden zu überraschen. Damit werden die Russen zugleich aber auch wissen, daß sie ihre Hände nicht nach dem Ruhrgebiet ausstrecken können. Gewiß wird das andererseits bei uns fortan ein noch härterer und noch weniger rücksichtsvolles Vorgehen zur Folge haben.

Am 19. Dezember spricht Kaiser ein letztes Mal vor den CDU-Landesvorsitzenden. Er wisse sehr wohl, daß die Besatzungsmacht die Möglichkeit habe, ihn an der Ausübung des Amtes in der Zone zu hindern: »Auf der anderen Seite ist den Parteien in den Potsdamer Beschlüssen das demokratische Recht auf freie Meinungsbildung und freie Meinungsäußerung zugebilligt worden, soweit das nicht die Sicherheit der Besatzungsmächte berührt.« Er stehe und falle mit der Möglichkeit einer eigenständigen Politik, das gelte auch für seinen Mitstreiter Lemmer. Wenn die Besatzungsmacht ihr Mißtrauen nicht überwinden könne, »so mag sie den Stab über mich brechen«. Stolze, kühne Worte, die ganz dem Bild von Jakob Kaiser und Ernst Lemmer entsprechen. Sie wollten den Nazi-Terror bis 1945 gewiß nicht überleben, um nach 1945 vor den Sowjets einen Kniefall zu machen! Kaisers vor Tagen vorgesehene Rede in Dresden ist von der russischen Besatzungsmacht bereits verboten worden...

Noch am gleichen Nachmittage haben die einzelnen CDU-Landesvorsitzenden bei Oberst Tulpanow zu erscheinen. Wie stark sie dort »bearbeitet« worden sind, wird wohl kaum jemals zu erfahren sein. Wir können nur indirekt darauf schließen, denn noch in derselben Nacht sprechen sie sich für eine vorläufige Trennung der Landesverbände vom Zonen-Parteivorstand aus, die allerdings provisorisch und kurzfristig sein soll:

> »Die Landesverbände der sowjetischen Zone beabsichtigen, sich so lange von der Zonenleitung zu trennen, bis die Basis einer vertrauensvollen Zusammenarbeit zwischen dieser und der SMAD wiederhergestellt ist. Diese Regelung soll trotz des Vertrauens zu Jakob Kaiser erfolgen, weil sonst eine ver-

trauensvolle Zusammenarbeit in den Landesverbänden mit der SMA nicht möglich und die Fortsetzung einer eigenständigen Unionsarbeit in der Zone notwendig ist.«

War es die einzige Möglichkeit, auf dieser Basis die CDU-Arbeit in der Ostzone aufrechtzuerhalten? Die Sätze bedeuten keineswegs ein Mißtrauensvotum gegen Jakob Kaiser, sondern sollen lediglich der Überwindung der von den Russen in die CDU hineingetragenen Krise dienen. Bestimmt haben die Landesvorsitzenden in jenen sehr schweren Stunden an eine solche Übergangslösung geglaubt oder sich doch hoffnungsvoll daran geklammert, doch kaum ein Funktionär unserer Stadt macht sich noch größere Illusionen. Es ist eine De-facto-Absetzung von Jakob Kaiser und Ernst Lemmer! Und auf den Tag genau sind es lediglich ganze zwei Jahre her, als derselbe Sowjetoberst Dr. Hermes und Dr. Schreiber zum Rücktritt zwang. Hickmann stellt jetzt in einer Presseerklärung fest, die beiden Vorsitzenden seien nicht abgesetzt und auch nicht zurückgetreten, sie seien nur vorläufig für funktionsunfähig erklärt worden. Die Veröffentlichung seines Schlußsatzes, die endgültige Regelung werde ein außerordentlicher Parteitag beschließen, wird indes von der Besatzungsmacht verboten. Gleiche Pläne wie Hickmann hat eine Interzonen-Tagung der Arbeitsgemeinschaft der CDU/CSU. Jetzt aber rächt es sich, daß es bedauerlicherweise nie zu einer gesamtdeutschen CDU gekommen ist! Ihr Wort hätte viel mehr Gewicht gehabt, und der Russe würde wahrscheinlicher vorsichtiger taktieren. Immerhin spricht die Zusammenkunft erneut Kaiser und Lemmer das Vertrauen aus und erklärt, nur ein Zonen-Parteitag könne beiden das Vertrauen entziehen. Ein geschickter Schachzug! Nur: Die SMAD weiß ihn am 20. 12. ebenso rasch zu durchkreuzen. Sie erklärt, die CDU-Teilnehmer am Volkskongreß hätten sich durch ihre Anwesenheit bewußt gegen die zwei Vorsitzenden gestellt. Daher könnten beide nicht mehr das Vertrauen der Besatzungsmacht haben und auch nicht länger in ihren Funktionen anerkannt werden. Zugleich teilt sie offiziell mit: »Die Absicht der Landesverbände der sowjetischen Zone, sich zunächst von der Zonenleitung zu trennen, gibt der SMAD Anlaß zu der Feststellung, daß die SMAD bis auf weiteres die Vorsitzenden der sechs Landes-

verbände als oberste Vertretung der Partei unter dem Vorsitz Lobedanz/Hickmann betrachtet.«
Es wird ein »Komitee für die Koordinierung der Arbeit« gebildet, dem neben Dr. Lobedanz, Professor Hickmann und Otto Nuschke auch gerade Georg Dertinger angehört. Dieser hat wohl schon längere Zeit ein falsches Spiel getrieben und dürfte besonders in den letzten schweren Tagen wohl manche Indiskretion gegenüber den Russen begangen haben. Kaiser und Lemmer erhalten jetzt Redeverbot in der gesamten Zone. Tulpanow gibt überdeutlich zu verstehen, daß er gegen die Abhaltung eines Sonderparteitages sei. Dertinger wiederum vertritt überall die These, das Recht der Besatzungsmacht gehe dem Selbstbestimmungsrecht einer Partei voraus. Wir sehen das doch etwas anders: Zweifellos hat eine Besatzungsmacht sämtliche Macht, hat sie aber auch alles Recht auf ihrer Seite? Natürlich sind wir faktisch vogelfrei, aber auch juristisch? Unwillkürlich zieht man Vergleiche zur Nazizeit, die doch in all ihren Erscheinungen überwunden sein sollte. Ganz offensichtlich wollen die Sowjets auch bei uns eine kommunistische Diktatur errichten, ihre Worte von Demokratie und Meinungsfreiheit sind nur noch eine bloße Heuchelei!
Die Liberal-Demokratische Partei der SBZ stimmte dem Volkskongreß mit einigen Bedenken und Vorbehalten zu. Sie forderte, daß er unparteilich bleiben müsse und daß ihr die Stellung als zweitstärkste Partei der Zone eingeräumt werde. Tatsächlich war sie dann auch mit 253 Delegierten vertreten, also mit wesentlich mehr als die CDU. Dr. Külz glaubte gewiß, sich aus nationaler Verantwortung nicht entziehen zu können. Skeptiker wollen wissen, sein Sohn sei durch Vermittlung der SMAD frühzeitig aus russischer Kriegsgefangenschaft nach Hause gekommen – ob das aber wirklich stimmt? Nach der Machtübernahme 1933 hatte Külz sich als Oberbürgermeister von Dresden geweigert, die Hakenkreuzfahne auf dem Rathaus zu hissen; als ein SA-Mann dies tun wollte, hatte er ihn eigenhändig hinausgeworfen. Doch die Jahre sind vergangen, er ist heute wohl verbraucht und auch nicht mehr der Kämpfer von einst. Die Beteiligung der LDP führt auch bald zum Bruch mit den westdeutschen liberalen Gesinnungsfreunden. Daß diese Anfang

1948 allerdings die LDP-Mitglieder in der Zone auffordern, sich von Külz zu trennen und ihre Beteiligung an der Volkskongreß-Bewegung zu widerrufen, ist allerdings wirklichkeitsfremd und wird hier auch mit Kopfschütteln aufgenommen. Es ist jetzt zu spät, der Zug ist doch schon längst abgefahren.

Die Absetzung unserer beiden CDU-Vorsitzenden genügt den Russen anscheinend nicht, auch die »Neue Zeit« wird »gesäubert«. In der ADN-Meldung heißt es kurz, Nuschke übernehme zugleich die redaktionelle Leitung, da das Organ in den letzten Tagen »nicht mehr die Stimmung der Mehrheit der Parteimitglieder zum Ausdruck brachte.« BBC/London – wir hören sie schon wieder – berichtet, fast die ganze Redaktion sei geflüchtet; die Auflage der »neuen« »Neuen Zeit« sei verdoppelt worden, die erste Ausgabe indes nur mit der »Hilfe« sowjetischer Offiziere entstanden. Die Schweriner CDU-Zeitung bringt einen Leitartikel des mecklenburgischen Vorstandsmitglieds Werner Poehls; danach hätten sich Jakob Kaiser und Ernst Lemmer »aus freiem Entschluß abseits gestellt«. Verbreitete Gerüchte, schreibt er weiter, und die Mitteilung über einen angeblichen Befehl der sowjetischen Militärverwaltung, beide aus dem Hauptvorstand zu entfernen, »entsprechen in keiner Weise den Tatsachen«.

Ob wohl viele Leser stutzig werden, daß Arthur Janßen als Hauptschriftleiter völlig schweigt? Tatsächlich ist er in diesen Tagen zurückgetreten, als der sowjetische Presse-Offizier ihn zwingen wollte, einen Artikel gegen Kaiser und Lemmer zu schreiben. Ab sofort darf er die Redaktionsräume des »Demokrat« nicht mehr betreten. Daß wir uns noch einmal sehen, ist eigentlich mehr Zufall. Recht verbittert spricht er, er habe den redlichen Willen zu einer ehrlichen Zusammenarbeit auch mit den Russen gehabt – allerdings nicht für den Preis der politischen Freiheit. Ja, man habe jetzt Schiffbruch erlitten. Aber es mußte der Versuch gemacht werden, selbst unter sowjetischen Bajonetten unsere Heimat nach unseren Vorstellungen von Demokratie und Freiheit wieder aufzubauen. Er redet schon in der Vergangenheit, beim Abschied drückt er uns lange die Hand. Mein Vater kämpft mit Tränen, mir geht es ähnlich. Wir fühlen, gewiß wird er schon in den allernächsten

Tagen oder sogar Stunden fliehen. Möge Gott geben, daß er durchkommt!
Man ist wieder ein Stück einsamer und in großer Sorge vor der Zukunft. Waren wir Weihnachten 1945 und auch 1946 voller Hoffnung, so sieht sie jetzt doch ziemlich dunkel aus. Natürlich sind in der CDU die Freundschaft meines Vaters zu Ernst Lemmer und ebenfalls meine Verehrung für ihn bekannt. Als vor etwa einem Jahr Wilhelm Pieck vor unserer Schule sprechen sollte, hatte ich wohl allzu laut getönt, dann doch auch Lemmer einzuladen. Der Schulrat drohte daraufhin, mich von der Schule zu entfernen; er wurde allerdings schnell ruhig, als die CDU dem jetzigen SED-Mann eine NSDAP-Vergangenheit nachweisen konnte. Bei der Diskussion in unserer Familie, ob wir aus der CDU austreten sollen, kommen wir alle drei zu einem eindeutigen »Nein«: Der größte Teil der Mitglieder denkt ganz anders als die neue Führung. Und müssen wir nicht »Wellenbrecher« sein mit unseren wenn auch sehr bescheidenen Möglichkeiten?
Gegensätzlicher Meinung sind wir allerdings bei der Frage, ob wir nicht lieber nach Lüneburg zurückgehen sollten. Ich wäre sehr dafür. Mein Vater ist dagegen, dort warte niemand auf uns. Hier sei unsere Heimat, nicht jeder dürfe und könne einfach davonlaufen – es sei denn bei drohender Verhaftung! Hat mein Vater nicht mehr die Kraft zum Neuanfang? Vielleicht ist es – erneut – sein politischer Dickkopf. Ohnehin ist er ja ein großer Freund von großen Worten, durch die er sich dann auch allzuleicht beeinflussen läßt. Hatte ihn Anfang dieses Monats doch ein Satz aus einer Rede Lemmers in Stuttgart sehr bewegt, den »Der Demokrat« veröffentlicht hatte:

> »Das deutsche Schicksal wird nicht in Frankfurt, Stuttgart oder Köln entschieden, sondern in der sowjetischen Besatzungszone und in der alten Hauptstadt Deutschlands.«

Das trifft sicherlich zu!
Ob Suzanne in der schönen Schweiz wohl etwas ahnt, wie es uns geht? Schweizerische Zeitungen sollen sehr gut informiert sein und werden bestimmt auch über die deutsche Ostzone berichten. Vielleicht kann sie meinen versteckten Andeutungen doch manches entnehmen. Während der letzten Dezembertage dementiert die

SMAD offiziell im »Neuen Deutschland« einen Bericht einer Illustrierten in Zürich, daß eine Sowjetzonen-Armee aufgestellt werden solle. Natürlich glauben wir keine einzige Silbe – dem Dementi.

1948

Januar 1948

Bereits am 4. Januar kommt es in unserer Stadt zu der entscheidenden Sitzung des erweiterten CDU-Landesvorstandes, die von dem Mitglied des geschäftsführenden Vorstandes – Carl Garz – geleitet wird. Seine Ausführungen gegen Jakob Kaiser ernten heftigen Widerspruch. Auf seine eigentlich nur rhetorisch gedachte Frage, ob man sich etwa mit ihm solidarisieren solle, erfolgt ein vielfältiges und demonstratives »Ja!«. Als eine angebliche Entschließung des Ortsverbandes Schwerin gegen Kaiser eingebracht wird, protestieren unsere Vertreter – niemand hat Derartiges beschlossen. Garz wird daraufhin sehr deutlich: »Sie, meine Parteifreunde, haben nun mit uns darüber zu entscheiden, ob die CDU im Lande Mecklenburg ihre Arbeit einstellen will oder ob wir uns von Jakob Kaiser trennen. Eine andere Möglichkeit gibt es von der Lage der Dinge nicht mehr. Es gibt nur ein Entweder-Oder.« Auch diese Drohung hätte gewiß kaum Erfolg gehabt, wenn nicht die Nachricht gekommen wäre, daß dem Fraktionsvorsitzenden Jöhren ein Verlassen seiner Insel Usedom von den Sowjets verboten worden sei. Die Sorge um ihn und auch um das eigene Schicksal – zumal in Gegenwart eines russischen Kontrolloffiziers – nimmt der Opposition den Mut und gibt dem Kollaborateur die Oberhand. So wird die Entschließung gegen Jakob Kaiser durchgepeitscht!

Drei Tage später heißt es in einem längeren Leitartikel des »Demokraten« sehr knapp, daß die Vertreter von Greifswald, Anklam und Usedom bei der Sitzung nicht anwesend waren. Ein Kommentar von H. W. Gyßling fragt zynisch, wieso es Kaiser widerfahren konnte, vor der leichten Hürde des Volkskongresses zu scheuen wie ein nervöses Rennpferd in einem Hindernisrennen. Zutreffend ist jedenfalls die Überschrift »Quo vadis CDU?«

Die Stimmung in der Partei ist tatsächlich überall sehr gedrückt. Offenbar um sie zu beheben, schreibt Nuschke in allen CDU-

Zeitungen einen Artikel: Man müsse mit der Besatzungsmacht eine auf Vertrauen begründete Zusammenarbeit haben; er habe »die von sowjetischer Seite gegebene Zusage, daß eine Sowjetisierung der Ostzone nicht beabsichtigt sei«. In der CDU herrsche keine Parteikrise, sondern lediglich eine Führungskrise. Neu ist seine Behauptung, Kaiser hätte Ernst Lemmer mit der Leitung der Zonen-CDU beauftragen können; gegen ihn habe die Besatzungsmacht keine Einwendungen gehabt. Will man – wer letztlich auch der geistige Urheber dieser Gedanken sein mag – die beiden alten Kampfgefährten gegeneinander ausspielen, ihre Gemeinsamkeit spalten? Erhärtet wird dies immerhin durch einen kleinen Umstand, der im Trubel dieser Wochen kaum bemerkt wird: Als Mitte Januar Lemmer zum Vizepräsidenten des Kulturbundes zur demokratischen Erneuerung Deutschlands und damit auch zum Mitglied des Präsidialausschusses gewählt wird, erheben die Russen keinerlei Einspruch.
Jakob Kaiser muß mit seinen Getreuen die Parteizentrale in der Ostberliner Jägerstraße räumen und in die Westsektoren fliehen. Überall in der SBZ kommt es zu Verhaftungen unter seinen Anhängern. In den CDU-Zeitungen rüttelt Professor Hickmann die Leser auf, auch weiterhin für die Einheit Deutschlands zu kämpfen.
Meine Schulklasse erhält einen Brief des früheren Mitschülers P., der als Gutsbesitzersohn im Herbst '45 in den Westen flüchtete und nun um Briefwechsel mit ihm bittet. Doch als »Satan« fragt, wer Interesse hätte, meldet sich niemand – dabei war er stets ein lieber Kerl. Sind wir alle schon feige geworden?
Die Vertreter der CDU und der LDP scheiden aus dem FDJ-Zentralrat aus; in ihrer Erklärung heißt es, sie hätten keinerlei Einfluß mehr auf den Kurs der Jugendorganisation.

Februar 1948

Im Kino »Schauburg« in Schwerin spricht CDU-Generalsekretär Dertinger. Recht geschickt weiß er den Wunsch der Zuhörer nach der Einheit Deutschlands auszunützen und sagt dann, es wäre ein vollständiger Bruch mit den Grundsätzen unserer Partei, wenn wir unsere politische Arbeit aufgeben würden: »Um der Millionen

Wähler, die sich zu der Union bekannt haben, können wir nicht wegen eines Mannes in den politischen Sitzstreik treten.« Eine vom Vorsitzenden unserer Ortsvereinigung, Walter Olters, eingebrachte Entschließung sieht den Koordinierungsausschuß als die zur Zeit maßgebende Vertretung der SBZ-CDU an, fordert zugleich aber einen baldigst einzuberufenden Parteitag – mehr konnte unter den jetzigen Umständen wohl auch nicht gesagt werden. Eine zweite, wesentlich längere Entschließung betont, »Wir glauben an ein neues, besseres und glücklicheres Deutschland«, und appelliert erneut an die Einheit unseres Vaterlandes. Sehr mutig, fast selbstmörderisch ist der CDU-Kreisvorstand Wismar: In mehreren Schreiben verkündet er seine Absicht, sich dem Landesverband Berlin anzuschließen, da er kein Vertrauen mehr zu unserem Landesverband unter Lobedanz und Garz haben könne. Der Landesverband Berlin hat sich längst von der Ostzonen-CDU getrennt...

Die Londoner Empfehlungen beschließen den Zusammenschluß der drei westlichen Besatzungszonen. Es stünde der UdSSR jederzeit frei, wird darin gesagt, über den Beitritt der SBZ zu verhandeln. Der Westen habe keine andere Wahl; er könne unmöglich mit der Weiterentwicklung der drei Zonen bis zu einem ungewissen Tage warten, an dem man sich vielleicht mit Moskau über die Einheit Deutschlands einig werde. Grotewohl wiederum erklärt, ein Anschluß der Ostzone an die Trizone und damit an eine »imperialistische Kolonialpolitik« sei unmöglich; er würde das deutsche Elend nur vergrößern. Wilhelm Pieck betont seinerseits, man strebe keine Volksdemokratie in der SBZ an, sondern die Erkämpfung einer antifaschistisch-demokratischen Ordnung in ganz Deutschland.

Trotzdem, das politische Klima ist anders geworden. Als ich bei der FDJ eine Bescheinigung haben will, daß ich demokratisch eingestellt sei (eine solche wünschte ein Jugendverband in den USA, mit dem wir Kontakt suchten), wird diese verweigert. Erstaunt höre ich, man solle sich vor den Kapitalisten gerade in Amerika und England hüten. Hatte der »Kulturbund« meinen Vater noch letztes Jahr ermuntert, sein Buch-Manuskript über »Alte Maßen, Münzen und Gewichte in Mecklenburg« zu veröffentlichen, so gibt es jetzt plötzlich kein Papier mehr dafür.

Der Vorstand unseres Schülerrates wird zur sowjetischen Kreiskommandantur beordert, die sich in meiner alten Schule an der Steinstraße befindet. Es sind Kaminsky – er soll heute Professor irgendwo in den USA sein –, »Pit« Kruse und ich. Gottlob kann man keinem unserer Väter eine NS-Vergangenheit vorwerfen. Was die russischen Offiziere wollen, können wir beim ersten Treffen überhaupt nicht feststellen – obwohl wir genauso wachsam sind wie unser Rektor und unsere »Pauker« ängstlich um uns. Auch beim zweiten Treffen ist man höflich zu uns. Plötzlich aber fragt mich ein Offizier, weshalb mein Vater nicht mehr politisch aktiv sei! Ich kontere, die amerikanische Gefangenschaft hätte ihn recht alt gemacht. Aber er sei noch recht gesund, wird mir vorgehalten. Nicht gerade wahrheitswidrig erkläre ich, er sei seelisch-nervlich doch ziemlich angeschlagen. Ein zweiter Offizier erkundigt sich dann nach unseren Berufszielen, und ziemlich bestimmt sagen wir, selbstverständlich wollten wir studieren. Man könne uns helfen, zur Universität zu kommen, meint er. Wir wissen, daß diese Hilfe in Wahrheit ein Angebot sein dürfte, Spitzel zu werden. Ein Eingehen darauf kommt für uns natürlich nicht in Betracht, aber auch ein schroffes Ablehnen wäre in dieser Situation keinesfalls ungefährlich. Also stellen wir uns taub. Nach einigen Minuten können wir gehen. Die nervliche Anspannung ist ungeheuer groß – weiß man doch niemals, wie lange eine solche »Besprechung« dauert und wie sie endet!

Beim dritten Mal haben wir in der zweiten Etage des Schulgebäudes Major Matusow aufzusuchen. Er redet zunächst ganz allgemein, um dann plötzlich sehr energisch die Schülerschaft unserer Schule zu beschimpfen. »Pit« Kruse springt wütend auf, »wir sind nicht reaktionär, Herr Major!« Natürlich erheben auch wir uns, obwohl mir das Herz bis weit unter die Kniekehle gerutscht ist. Es vergehen einige bange Sekunden, oder sind es Minuten? »Nitschewo!« murmelt der Offizier. Wir können gehen! Gottlob befiehlt man uns nie wieder zu einem solchen »Besuch«. In einem vertrauten Gespräch mit Rektor Dr. Gernentz kommen wir zu keinem Ergebnis, welchen Zweck diese drei Gespräche verfolgten. Wollte man sich einfach ein Bild von uns machen oder uns drei testen? Eine echte Anwerbung als

Spitzel wäre wohl mit jedem einzeln durchgeführt worden. Sollte es vielleicht eine Warnung an die Schülerschaft sein?
Eines Tages taucht in der Schule »King« auf, wie wir ihn in seiner humorvollen Art in unserer HJ-Spielschar nannten. Nach seinen Worten war er bisher Schwarzhändler an der deutsch-belgischen Grenze. Er erzählt fast Unglaubliches von dem gigantischen Schmuggel, der zumeist nachts durch die Wälder erfolgt. Es gebe Lastkraftwagen mit Kaffeeladungen bis zu 100 Zentnern, die dann von Trägerkolonnen übernommen würden. Nicht selten setzten die Schmuggler kugelsicher gepanzerte Autos ein; bei Zusammenstößen mit westdeutschen Zöllnern seien allerdings auch schon Tote zu verzeichnen gewesen. Ich mache sehr große Augen, als er weiter berichtet: Ein zehnjähriges Mädchen, das von der holländischen Seite nur fünf Päckchen Ceylon-Tee illegal über die Grenze bringt, erreicht allein damit einen »Tagesverdienst«, der das Monatsgehalt eines mittleren Beamten übersteigt! Oder auch: Man besorge sich belgische Franken zu einem Umtauschkurs von je sechs Reichsmark, um jenseits der Zollschranke ein Kilo Kaffee für rund 40 Franken zu kaufen. Auf deutscher Seite zahlen Schwarzmarkthändler schon für ein Pfund 300 Mark, und sie werden es im Ruhrgebiet ganz bestimmt mit einem weiteren Gewinn weiterverkaufen. So kann ein jugendlicher Schmuggler pro Tag leicht bis 400 Reichsmark verdienen, sein Vater muß im Bergwerk dafür zwei Monate schuften. Toll! Ähnliches hört man gelegentlich aus Berlin, doch scheint im Raume Aachen der Schmuggel noch blühender zu sein. Allein, »King« will damit aufhören und wieder ein normales Leben anfangen, also zur Schule gehen. Er fragt mich nach den Verhältnissen hier. Ich antworte verklausuliert, daß es in puncto Freiheit im Westen wohl wesentlich besser sei. Wir haben »King« nicht wieder gesehen.
In der Tschechoslowakei hat ein kommunistischer Staatsstreich stattgefunden. Das »Neue Deutschland« berichtet in dem Zusammenhang, die Benesch-Partei hätte einen bewaffneten Putsch durchführen wollen, der jedoch vereitelt worden sei – »Das Volk hat für die Sache der Demokratie einen großen Sieg errungen.« Außenminister Dr. Masaryk habe »in einem Anfall geistiger Umnachtung«

Selbstmord begangen. Schon Ende 1947 mußte der rumänische König abdanken. Bulgarien kennt bereits seit letztem November eine Alleinherrschaft der Kommunisten. In Ungarn sind die oppositionellen Parteien aufgelöst und ihre Führer verhaftet worden, sofern sie nicht flüchten konnten. Inzwischen ist auch der Nordteil Koreas zu einer »Volksdemokratie« geworden. Vor drei Wochen haben die Kommunisten in Polen ein Gesetz über das Präsidentenrecht durchgepeitscht, um schon am nächsten Tage einen ihrer Genossen an die Spitze des Staates zu bringen. Ob Deutschland so viel Kraft haben wird, das sowjetische Vordringen zu stoppen?

März 1948

Zum II. Volkskongreß entsendet Mecklenburg 100 Delegierte; von der CDU Schwerin fährt jetzt »natürlich« auch Carl Garz mit. Es konstituiert sich sehr schnell der »Deutsche Volksrat«, der an die Stelle des bisherigen Ständigen Ausschusses des Volkskongresses tritt. Bei den letzten Landtagswahlen in der Zone konnten CDU und LDP rund die Hälfte aller Mandate erringen, doch jetzt stellen sie nur noch ein Drittel der 400 Mitglieder. Unsere bohrenden Fragen nach dem Warum und Weshalb werden zumeist barsch mit der Antwort abgewürgt, derartiges sei belanglos; es handele sich um eine spontane Volksbewegung für die Einheit Deutschlands – die wir doch alle wollten. Oder?! Bei der CDU, interessanterweise aber auch in den Reihen der LDP herrscht dennoch die Sorge, daß Volkskongreß und Volksrat erste Vorläufer eines Ostzonen-Parlamentes mit einer eigenen Regierung sein könnten. Angesichts der Selbstdarstellung des Volksrates als »Gesamtdeutsche Volksvertretung« nehmen diese Befürchtungen eher zu.
Vorsitzender der FDJ in Mecklenburg ist seit einiger Zeit ein Fred Müller – später wird er Professor an der Humboldt-Universität in Ost-Berlin –, der im damaligen spanischen Bürgerkrieg auf kommunistischer Seite kämpfte. Seine Ansprachen bei uns sind wesentlich verständnisvoller, er geht auch viel mehr auf die Anliegen und Fragen der Schüler ein und läßt sogar unbequeme Meinungen zu. An

einem Sonntag fährt unsere Schule nach Stern-Buchholz und sammelt in zerstörten Wehrmachtsanlagen Ziegelsteine, welche für die Neubauern benötigt werden. Die hiesige SED-Zeitung meldet in den folgenden Tagen stolz, von uns rund 700 Jugendlichen seien etwa 800 000 Ziegelsteine gewonnen worden. Das erscheint reichlich übertrieben, und natürlich erwähnt die »Landeszeitung« nicht, daß zumindest die älteren Schüler sich nur deshalb an der Aktion beteiligten, weil ein Fehlen angeblich eine Zulassung zum Universitätsstudium sehr erschweren würde...

In Rostock sind die jugendlichen Inhaber der Reederei Robert und Walter Kempowski verhaftet worden – der letztere wird rund 20 Jahre danach durch seine Bücher über Mecklenburg sehr bekannt. Man munkelt allgemein, ihre Firma hatte Schiffsraum für den Abtransport von Reparationsgütern nach Sowjetrußland einzusetzen. Wegen der heftigen Frühjahrsstürme konnte in einem Fall der Termin nicht eingehalten werden. Der sowjetische Hafenoffizier wurde deswegen von seinem Vorgesetzten gemaßregelt; er revanchierte sich damit, daß er die Gebrüder blutigprügeln ließ und sie dann wegen »Sabotage« der Geheimpolizei übergab. Ob das alles so stimmt? Unmöglich ist es absolut nicht.

In Berlin erklären die Russen ihren Auszug aus dem Kontrollrat. Gewiß hat es zwischen den Alliierten wieder einmal größere Differenzen gegeben.

April 1948

Wir haben jenen Zwischenfall in der deutschen Hauptstadt unterschätzt. Es gibt jetzt verstärkte Kontrollen der Russen im Interzonenverkehr zwischen dem Westen und Berlin.

Seit einiger Zeit sind wir Schüler oft im »Kulturbund«. Er wurde bald nach Kriegsende gegründet, und seine Mitglieder hatten gewiß den ehrlichen Wunsch, die geistigen Ursachen der NS-Zeit zu ergründen und sich in Vorträgen und Diskussionen ein neues Weltbild zu schaffen. Mit annähernd 20 000 Mitgliedern stellt Mecklenburg sogar die stärkste Landesgruppe der Ostzone. Der Leiter und damit zugleich auch derjenige der Stadtgruppe Schwerin ist ein

Pfarrer Karl Kleinschmidt, der nach '33 wegen prokommunistischer Tätigkeit vorübergehend verhaftet und danach Domprediger in unserer Stadt wurde, bis man ihn 1939 erneut suspendierte. Etwa vor einem Jahr verschwand eines seiner Kinder spurlos, alles Absuchen – selbst der Seen – blieb erfolglos; ein Gerücht will wissen, die Russen hätten es entführt, doch erscheint dies kaum glaubhaft.
Bei den Vorträgen in dem schönen Eckhaus direkt am Pfaffenteich wird leidenschaftlich diskutiert. Man spürt allerdings sehr bald, daß Kleinschmidt eifriges SED-Mitglied ist: Er beschimpft die USA, die Weizen und Kaffee verbrennen, nur um die Preise hoch zu halten – anstatt sie uns als Geschenk zu liefern. Auch die Schweiz sei keine Demokratie, behauptet er, weil die Frauen dort kein Stimmrecht hätten. Verbissen wird ebenfalls die Rolle Friedrichs des Großen erörtert, der angeblich kein Großer, sondern nur der Begründer der späteren Aggressionsmethoden von Wilhelm II. und Hitler gewesen sein soll. Schon Karl Marx habe ja gesagt, »etwas Lausigeres hat die Weltgeschichte nie produziert«. Auf unseren Einwand, was uns die Thesen von einem Marx zu interessieren hätten, kommt die geharnischte Antwort, wir müßten uns schon mit der Weltanschauung der stärksten Partei im Lande – der SED – beschäftigen! Wir wissen einfach zuwenig, um auf die vielen Behauptungen und Ideen sofort und richtig antworten zu können.
Mit einer hübschen jungen Dame, die allerdings kontrovers diskutiert, flirte ich ein wenig. Als man mir zuraunt, daß ihr Vater der Alt-Kommunist Jonny Löhr sei, ziehe ich mich lieber zurück. Hauptmotiv ist allerdings mein Rivale Herbert B. – später macht er sehr große Karriere im SED-Bereich in Ost-Berlin und kennt auch den Staatssicherheitsdienst aus ziemlich enger Nähe. Manche Zungen behaupten, er sei Spitzel für die Russen; man kann heute schnell verschwinden!
Ich komme in den erweiterten Kreisvorstand der Schweriner CDU. Wir tagen immer in der ersten Etage der Geschäftsstelle in der Lübecker Straße. Allgemein wird die Lage erörtert und versucht, unter den gegebenen Möglichkeiten das beste für die CDU und unsere Mitglieder zu machen. Es kommen zwar wirklich ungeheuer viele Informationen zusammen, doch man kann allgemein nur auf

die SED-Aktion reagieren und diese möglichst zu durchkreuzen oder in ihren Auswirkungen zu mildern versuchen. Letztlich sind wir immer nur in der Lage, in Einzelfällen zu helfen und Schlimmeres zu vermeiden. Eines Tages taucht ein neues Gesicht auf, ich kenne es von der früheren Klaus-von-Pape-Schule. Ungefragt erzählt er mit seinen großen Kulleraugen, daß Jakob Kaiser jetzt in West-Berlin, Reichsstraße 4 sein Büro hätte. Wir sollten aber auf gar keinen Fall nach dort gehen; er könne nur warnen, die Russen hätten auf der anderen Straßenseite heimlich Kameras eingebaut und würden jeden Besucher fotografieren. Unsere Runde ist ziemlich erstaunt. Ist das eine gutgemeinte Warnung? Oder eine Drohung im Auftrage von irgend jemand? Nach vorsichtigen Erkundigungen erfahren wir, der Landesvorstand hätte ihn eingesetzt. Das kann Positives bedeuten; überall in der CDU gibt es noch gute, tapfere Menschen. Ebenso aber besteht die Möglichkeit, daß es sich um ein politisches Kuckucksei handelt. Unter uns beschließen wir jedenfalls, in den Formulierungen vorsichtig zu sein. Die bisher eigentlich recht offenen Aussprachen sind vorüber – zumindest in seiner Gegenwart. Wie dem auch immer sei: Jakob Kaiser scheint weiterhin aktiv gegen das SED-Regime zu arbeiten!

Im »Demokraten« gehen die Richtungskämpfe pro und contra Kaiser/Lemmer weiter. Bei dieser Lage bin ich lieber zurückhaltend und liefere meine bissigen Artikel vorübergehend bei dem LDP-Landesorgan »Norddeutsche Zeitung« ab; ihre Redaktion befindet sich im früheren Hotel »Petermännchen« in der Nähe des Hauptbahnhofs. Meine kurzen Manuskripte erscheinen gelegentlich in der Rubrik »Unser Spatz« als spitze Glosse gegen irgendwelche Auswüchse oder kleine Funktionäre; das System als solches oder auch die großen Führer bei uns darf man »selbstverständlich« nicht angreifen. Kein Redakteur könnte wagen, derartiges zu redigieren und in Druck zu geben – würde er doch schon am nächsten Tage nicht mehr an seinem Arbeitstisch, sondern ganz woanders sitzen.

Manfred Capell kommt aus Lübeck und besucht natürlich auch mich zu Hause. Im Rahmen des Schweriner Rundfunkchors ist seine wirklich begabte Stimme begehrt; seine Mutter hat sich vorher erkundigt, ob er gefahrlos einreisen könne.

Zu Ernst Lemmers Geburtstag schreiben mein Vater und ich einen kurzen Brief – doch diesmal mit unleserlichen Unterschriften und ohne Absender und verschicken ihn auch aus einem anderen Ort.
In West-Berlin betragen die Schwarzmarkt-Preise für zwei Pfund Zucker 170 Mark, für ein Pfund Kaffee 500 Mark und für zwei Pfund Butter sogar 560 Mark.

Mai 1948

Aus der FDJ-Landesleitung sickern erstaunliche Nachrichten durch: Hatte der Jugendverband in Mecklenburg letzten September immerhin 73 748 Mitglieder, so sind es Anfang dieses Monats nur noch 47 552. Unmöglich, daß alle 26 196 in der kurzen Zeitspanne gestorben oder nach dem Westen gegangen sind! Ein Austritt aus der Freien Deutschen Jugend ist nach der Satzung zwar einfach, im Alltag jedoch mit etlichen Schwierigkeiten und oft auch vielfältigen Schikanen verbunden.
Gegenwärtig läuft in der gesamten SBZ eine Kampagne für das Volksbegehren für Einheit und gerechten Frieden. Wir alle sollen uns in Listen eintragen. Da daran nichts Negatives zu erkennen ist, gebe ich meine Unterschrift in dem roten Gebäude in der Lübecker Straße. Wie der Rundfunk meldet, haben innerhalb von einer Woche 87,35 % die Aktion unterstützt.

Juni 1948

Wir haben jetzt zwei neue Parteien. Die eine, die »National-Demokratische Partei Deutschlands« (NDPD), hatte eine recht merkwürdige Geburt: Ihr späteres Organ, die bieder-antiquiert aufgemachte »National-Zeitung« mit dem Untertitel »Das Volksblatt für deutsche Politik« konnte schon in seiner Ausgabe im März erstaunlicherweise mehrere Leserbriefe abdrucken. In Nummer 5 hatten sich das »Bedürfnis« und der »ehrliche Wunsch« ehemaliger NSDAP-Parteigenossen (»Pgs«) schon so verstärkt, daß »spontan«

eine neue Partei vorgeschlagen wurde! Vorsitzender ist der bisher eigentlich unbekannte Dr. Lothar Bolz; vor 1933 war er ein mit der KPD sympathisierender Rechtsanwalt, später versuchte er im »Nationalkomitee Freies Deutschland« die Kriegsgefangenen vom Kommunismus zu überzeugen. Vorsitzender in unserem Lande wird jener – mir nicht mehr völlig unbekannte – Jonny Löhr, der schon zusammen mit Ernst Thälmann beim Hamburger Aufstand kämpfte. Später war er Mitarbeiter des Komintern-Apparates, nach 1945 rückte das KPD-Mitglied sehr rasch zum Ministerialdirektor im Wirtschaftsministerium Mecklenburgs auf. Und beide wollen jetzt plötzlich Vertreter der »kleinen Nazis« sein? Das Programm der NDPD gibt sich national, es fordert den Abschluß eines gerechten Friedensvertrages mit Gesamtdeutschland und die Bekanntgabe aller bisher gezahlten Reparationsleistungen sowie insbesondere die völlige Gleichberechtigung der ehemaligen »Pgs«.
Aber deswegen eine neue Partei? CDU und LDP sind seit langem für eine Gerechtigkeit gegenüber den kleinen Mitläufern eingetreten. Zutreffend vertritt die »Neue Zeit« die Ansicht, dies »dürfe aber nicht dazu verführen, die kleinen Pgs als das Salz der Demokratie zu betrachten. Eine Partei der kleinen Pgs kann nicht Träger der Demokratisierung sein, wohl aber können auf dem Wege über die bewährten demokratischen Parteien die Pgs den Weg zur Mitarbeit in der Demokratie finden.« Das überall zu bemerkende Gründungsplakat der NDPD trägt die Worte: »Gegen den Marxismus – für die Demokratie!« Hätten solche Worte unsere CDU-Zeitungen noch vor wenigen Wochen zu drucken gewagt, wären Verhaftungen die Folge gewesen. Jedenfalls hat die SED-Politik eine ziemliche Kehrtwendung gemacht: Jetzt sind nicht mehr politische Vergangenheit und »Antifaschismus« gefragt, sondern allein die Bereitschaft zur Mitarbeit am heutigen System.
Ähnlich ist in jüngster Zeit die Demokratische Bauernpartei Deutschlands (DBD) entstanden: Im April kamen einige mecklenburgische Bauern »spontan« in Wismar zusammen und richteten einen Brief an die Zeitung »Der freie Bauer«. In ihm beklagten sie sich, daß in der Politik »die Bauern zu wenig vertreten sind«, und regten zur Gründung einer eigenen Partei an. Ende April gibt es

dann im »Niederländischen Hof« am Pfaffenteich in Schwerin eine Zusammenkunft, und knapp einen Monat später bildet sich in Brandenburg die neue Partei. Vorsitzender wird Ernst Goldenbaum, KPD-Mitglied seit 1923 und später auch KPD-Abgeordneter im mecklenburgischen Landtag.

Das Motiv ist für uns schnell erkennbar: Die SED muß Angst vor den nächsten Wahlen haben! Die zwei neuen Parteien sollen daher Kreise ansprechen, die bisher primär CDU und LDP gewählt haben, und sollen damit letztlich das »bürgerliche Lager« schwächen. Gerade bei der NDPD gibt es idealistisch-nationaldenkende Personen, die im Interesse Deutschlands glauben, es besser und erfolgreicher als CDU und LDP machen zu können. Wahrscheinlich hat die NDPD-Zeitung aber noch eine ganz andere Aufgabe, nämlich in den Westzonen für den Volkskongreß und überhaupt für eine Zusammenarbeit mit der Sowjetunion zu werben. Es scheinen sehr viele Exemplare nach dem Westen Deutschlands verschickt zu werden, zumindest deuten die vielen zustimmenden Briefe von dort an die Redaktion darauf.

»Der Demokrat« nimmt gegen die Existenz der beiden neuen Parteien Stellung, doch was nützt das? Scharf richtet sich derselbe Leitartikel gegen die SED: »Wir haben die Nase von einer Einheitspartei voll. Wohin das führt, wenn eine Partei allein herrscht und jede Kritik unterdrückt wird, haben wir erlebt.« Unsere Partei bekenne sich zur Blockpolitik; das bedeute indes nicht, daß wir gedanken- und willenlos alles hinnähmen, was irgendeine andere Partei uns vorsetze. Auf dem CDU-Landesparteitag wird Dr. Lobedanz mit 135 von 160 Stimmen erneut zum Vorsitzenden gewählt, angeblich hatte er auch keinen Gegenkandidaten.

Am gleichen Tage stellen die Sowjets ihre Mitarbeit im Kontrollrat ein.

All das aber kriege ich kaum mit. Denn ich bin mitten im schriftlichen Abitur. Der große Deutsch-Aufsatz hat den Freiherr von Stein zum Inhalt; wir ahnten es, und viele von uns sind mit entsprechenden »Geistes-Krücken« vollgestopft. Guido B. wird von Dr. Seemann bei einem solchen Mogelversuch geschnappt, doch wir können noch am gleichen Tage im Kulturministerium erreichen, daß er nicht von der Schule fliegt. Im Mündlichen komme ich besonders in Mathematik bei »Emme Mau« ran, er ist noch aufgeregter, als ich es bin. Im Zeichnen muß ich innerhalb weniger Minuten ein Bild an die Tafel malen, habe das berühmte Gemälde van Goghs mit der Brücke zu analysieren und soll möglichst viel über Käthe Kollwitz wissen. Das Abiturzeugnis ist indes eine sehr bittere Enttäuschung: Es gibt mir lediglich in zwei Fächern »gut«, sonst überall nur »genügend«! Dabei hatte mich der Rektor gerade in den letzten Monaten immer wieder nahezu angefleht, doch die schweren Verhandlungen mit der FDJ und dem Schulrat zu führen: »Schlomann, kämpfen Sie um meine Schule! Mein Wort, wir werden es Ihnen im Abitur erkenntlich zeigen!« Und nun dies. Natürlich habe ich, da diese Gespräche stets unter vier Augen verliefen, keinerlei Beweise und kann gar nichts machen. Wie konnte ich auch so naiv sein und einem mündlichen Versprechen glauben! Zu einer Enttäuschung wird ebenfalls die große Ankündigung, nach bestandenem Abitur winke uns ein Extra-Bezugsschein für einen Anzug: Seine Qualität ist grauenhaft, so daß er allgemein bald »Sokolowski-Feudel« genannt wird.

Bei der Abiturientenfeier im »Niederländischen Hof« tanzen wir viel, trinken aber nur sehr wenig. Man könnte in einem »blauen« Zustand allzuleicht seinem Herzen in politischer Hinsicht Luft machen, und vielleicht gibt es doch irgendeinen Spitzel unter uns. Schließlich gelingt es mir, neben »Schultenvadder« einen Sitzplatz zu erwischen. Seine Frau war Schweizerin, und er weiß mehr oder minder um meine doch recht häufigen Gedankenflüge nach Biel. Er ist daher auch nicht sehr erstaunt, als ich ihn direkt frage, wie ich »schwarz« in das Alpenland kommen könne. Nach seinen Worten wäre hierfür eine bestimmte Gegend bei Konstanz am Bodensee zu empfehlen, zumindest wäre das noch kurz nach 1933 möglich gewesen. Ob dies auch heute noch ginge, wer wisse das schon! Und wenn mich die schweizerische Polizei schnappt und ich ihr erkläre, daß ich nur meine Freundin einmal kurz besuchen möchte – ich werde ganz bestimmt wieder in die Ostzone zurückgehen, ob sie mich dann ins Gefängnis stecken würde? »Schultenvadder« meint in seiner bedächtigen Art, sicherlich würden die eidgenössischen Organe menschliches Verständnis für mein Abenteuer haben. Er

jedenfalls wünsche mir viel Glück. Ich möchte wirklich sehr, sehr gerne einmal Suzanne sehen!
Unsere I. CDU-Vorsitzende Olters gratuliert mir zum Abitur, dankt für meine Mitarbeit und spricht die Erwartung aus, daß ich mich weiterhin voll und ganz für unsere Ziele und für den Aufbau unserer deutschen Heimat einsetzen werde. »Der Demokrat« lobt uns drei Abiturienten, die wir der CDU angehören, und hebt hervor, wir seien bis unmittelbar vor der mündlichen Prüfung aktiv in der Christlich-Demokratischen Union gewesen.
Als ich bei der FDJ um eine Unterstützungs-Bescheinigung für das Studium bitte, wird mir zwar eine »gewisse parteipolitische Reife« zuerkannt, doch hätte ich oft eine organisationsfremde Einstellung gezeigt: »Starke Bedenken machen es deshalb dem Kreisvorstand nicht möglich, sein Imartrikulationsgesuch zu befürworten.« Nicht mal richtig Deutsch kann der I. Kreisvorsitzende! Später wird Manfred Tomuschat sogar Leiter des DDR-Staatsverlages...
Die Notwendigkeit einer Währungsreform in Deutschland wurde wohl nirgendwo bestritten. Aber daß sie jetzt so plötzlich in den Westzonen erfolgt, bedeutet nicht nur nach Ansicht der SED die Zerreißung Deutschlands, und im Potsdamer Abkommen sollte unser gesamtes Land doch als wirtschaftliches Ganzes behandelt werden. Selbst viele Menschen, die eindeutig pro-westlich eingestellt sind, fragen sich, ob der – sachlich an sich notwendige – Schritt gerade so und zum jetzigen Zeitpunkt notwendig war. Ein einziger westdeutscher Rundfunkkommentar, den wir hören – aber wie vielen Personen dürfte er bekannt geworden sein! –, äußert dazu: Zwischen den Siegermächten sei es nicht zu einer Einigung über die Geldreform gekommen, da die Sowjets eine Viermächtekontrolle der Währung ablehnten. Sie forderten statt dessen, die neuen Geldscheine von einem Duplikatsatz der Platten selber zu drucken. Das aber wollten die USA wiederum nicht, da sie nach '45 mit dem Besatzungsgeld schlechte Erfahrungen gemacht hätten. Damals war den Russen ein Duplikat der Druckplatten unter der Bedingung übergeben worden, eine genaue Aufstellung des von ihnen in Umlauf gebrachten Besatzungsgeldes vorzulegen – was indes nie erfolgte. Statt dessen seien die westlichen Zonen mit solchen Geld-

scheinen überschwemmt worden, welche die USA dann wieder in Dollar einlösen mußten. Wäre man jetzt der sowjetischen Forderung nachgekommen, hätte Moskau leicht eine Inflation in den Westzonen und damit eine Destabilisierung erreichen können. Einen Kompromiß-Vorschlag der Amerikaner, im US-Sektor West-Berlins eine Viermächte-Enklave einzurichten und dort unter Kontrolle aller Alliierten die neuen Noten zu drucken, so bemerkt der Kommentator weiter, hätten die Russen verneint. In dieser Lage standen die Westmächte vor der Alternative, entweder auf eine Währungsreform zu verzichten und damit den Aufbau West-Deutschlands zu gefährden oder sich zu dem jetzt erfolgten Schritt entschließen. Das mag gewiß alles zutreffen, doch nunmehr sind wir endgültig geteilt!

Bei uns erfolgt die Währungsreform einige Tage später. Das neue Geld besteht aus den alten Scheinen, auf die ein Kupon aufgeklebt ist – »Tapeten-Mark« im Volksmund genannt. Sie sind primitiv hergestellt, so daß man sie leicht fälschen kann. Tatsächlich werden die Kupons nach wenigen Tagen vor dem Hauptbahnhof auch »schwarz« gehandelt. Jeder in der SBZ bekommt ein »Kopfgeld« von 70 Mark, das heißt eins zu eins umgetauscht. Sparguthaben bis zu 100 Reichsmark werden in gleicher Weise behandelt, bei Geldern bis zu 1000 RM beträgt das Verhältnis eins zu fünf und darüber hinaus eins zu zehn. Institutionen wie die Parteien und die volkseigenen Betriebe, aber auch die Kirchen erhalten hingegen einen Wechselkurs im Verhältnis eins zu eins. Gerüchte behaupten, SED-Funktionäre hätten dabei große Geldschiebungen begangen.

Ich lege mein gesamtes neues Geld in Briefmarken an, obwohl auf der Hauptpost und auch auf dem Bahnpostamt die Schalter zunächst – leer sind. Dann wird die Jagd nach den neuen Postwertzeichen allerdings um so größer. Am Abend des 23. Juni war ein Telegramm aus Ost-Berlin bei der hiesigen Oberpostdirektion eingetroffen, wonach alle bisherigen Briefmarken mit dem Handstempel »37 Schwerin« schräg zu überstempeln seien – ein Wirrwarr, der bei fahler Beleuchtung bis nach Mitternacht dauerte und bei dem manche Fehler entstanden. Für sammelwütige Philatelisten wahre Leckerbissen und wertvolle Raritäten.

Ein noch größeres Chaos gibt es wohl in Berlin. Anfangs hatten die westlichen Alliierten mit Rücksicht auf den Viermächtestatus nicht die Absicht, hier eine Währungsreform durchzuführen. Dann aber wollten die Sowjets ihre Geldreform auf die gesamte Stadt erstrecken und behaupteten dazu, Berlin läge mitten in der russischen Besatzungszone und gehöre damit wirtschaftlich zu ihr. Die Westmächte konterten, eine einheitliche Währung für die deutsche Hauptstadt sei durchaus möglich, jedoch nur aufgrund eines Viermächte-Befehls. Als die Sowjets dies negierten, erklärten die Alliierten wiederum alle russischen Anordnungen für die Westsektoren Berlins für null und nichtig und führten neue Geldscheine wie diejenigen im Westen Deutschlands ein – allerdings mit dem Aufdruck »B«. Im Ostsektor ist jetzt lediglich unsere neue DM-Ost erlaubt, in den westlichen Sektoren gelten die DM-West »B«, aber ebenfalls unser neues Ostzonen-Geld. Nach wenigen Tagen beträgt der »schwarze« Umwechselkurs bereits 18:1 für das Westberliner Geld!
Am 23. Juni sind SED-Rollkommandos in Berlin in die Stadtverordnetenversammlung eingedrungen und haben Abgeordnete der anderen Parteien tätlich angegriffen. Die Leitung der Aktion lag bei dem Berliner FDJ-Vorsitzenden Heinz Kessler – »natürlich« wird er nicht bestraft, sondern in späteren Jahren sogar DDR-Verteidigungsminister. Die Volkspolizei griff nicht ein, also war alles von oben befohlen!
Es ist auch nur der Auftakt zu weiteren Erpressungsversuchen: Kaum 24 Stunden danach werden wegen angeblich technischer Schwierigkeiten jeglicher Eisenbahnverkehr auf der Strecke Berlin–Helmstedt und wegen angeblichen Kohlenmangels auch alle Stromlieferungen aus der SBZ nach West-Berlin eingestellt. Ebenso untersagt die SMAD sämtliche Lieferungen von Lebensmitteln in die Westsektoren. Da die Viermächteverwaltung Deutschlands nicht mehr bestehe, schreibt die »Tägliche Rundschau«, sei die Stellung der Westmächte in der Hauptstadt unhaltbar geworden. Mit drohendem Unterton fragt das Blatt, wie lange sie noch dort bleiben wollten. Abends hören meine Eltern und ich eine Direktübertragung von einer Rede Ernst Reuters vor rund 80 000 versammelten Berlinern:

»Immer gibt es die Menschen, die in einer kritischen Stunde anfangen, davon zu reden, man müsse sich mit den Realitäten abfinden. Dafür haben wir Deutsche bittere Erfahrungen genug gesammelt seit 1933. Immer wollte man Schlimmeres verhüten, am Ende lag Deutschland in Trümmern. Auch heute kann Deutschland nur leben, wenn es lernt, für seine Freiheit, sein Recht und für seine Selbstbehauptung zu kämpfen!«

Stürmischen Beifall erhält der Regierende Oberbürgermeister für seine Worte –

»Wir werden uns mit allen Mitteln gegen Sklaverei wehren! Wir haben ein für allemal genug, wir wollen keine neue Diktatur!«

Die 60jährige sozialdemokratische Abgeordnete Jeanette Wolff, die als Jüdin sechs Jahre im KZ verbrachte und vor Tagen ebenfalls von SED-Rowdys mißhandelt wurde, sieht keinen Unterschied mehr zwischen dem nationalsozialistischen und dem kommunistischen Terror und ruft aus: »Wir weichen nicht, bis wir die Freiheit in Berlin errungen haben!«

Wir in der Zone fragen uns allerdings, ob die Amerikaner auf die jetzige Blockade überhaupt nicht vorbereitet waren und weshalb sie andererseits sich nicht einfach mit einem Panzerzug und Panzern den Weg vom Westen nach Berlin bahnen. Stalin wird bestimmt nur dann einen Krieg beginnen, wenn dieser für ihn kein Risiko darstellt; er ist kein Vabanquespieler wie Hitler. Die US-Streitkräfte bauen nunmehr eine Luftbrücke auf, um die Westsektoren mit Lebensmitteln zu versorgen. Die Absicht der Russen ist skrupellos: Sie wollen die zu erwartende Hungersnot der über zwei Millionen Menschen in West-Berlin als politisches Druckmittel verwenden, um entweder von den Westmächten die Räumung der Hauptstadt oder doch Konzessionen hinsichtlich des Ruhrgebietes zu erpressen. Wenn Berlin-West fallen sollte, fürchten wir, dann gehen auch bald in West-Deutschland die Lichter aus. Auf weite Sicht würde Gesamteuropa in sowjetischer Hand sein und doch unter der Fuchtel des Kremls stehen. Washington darf schon deswegen nicht nachgeben! Aber werden die Amis mit ihrer Versorgung auf dem Luftwege durchhalten können? Um die Berliner hat man bei uns wenig Sorgen, die kennen die kommunistische Diktatur! Den Kampf um die Bevölkerung in dieser Stadt haben die Russen eigentlich schon bei ihrem Einmarsch im Mai 1945 verloren, obwohl die Menschen damals das Kriegsende geradezu herbeisehnten.

Juli 1948

Ernst Lemmer spricht im Rahmen des »Kulturbundes« in Schwerin. Mein Vater in seiner Art will unbedingt, daß ich ihm nach dem Vortrag einige Rosen auf das Podium bringe. Ich möchte lieber kneifen, denn die politischen Schwierigkeiten sind ohnehin schon ziemlich groß für mich. Doch mein Vater dringt in mich: »Du mußt! Er muß wissen, daß wir hier in der Zone zu ihm halten!« Meinen Hinweis, nach einem solchen Auftritt würde ich bestimmt nicht zur Universität zugelassen werden, würgt mein Vater mit den Worten ab, ich würde meinen Weg schon irgendwie gehen. In seiner Rede beschwört Lemmer mit aller Leidenschaft, daß der Graben von Helmstedt nicht noch tiefer und breiter werden dürfe. Wir alle spüren in dem Saal, die Zweiteilung Deutschlands läßt sich nicht mehr aufhalten und wird leider wohl auch noch lange anhalten. Natürlich gebe ich ihm meine Blumen – ich tue es auch gern. Lemmer schaut mich sehr, sehr lange an. Beifall kommt im Publikum auf; ich bin absolut nicht der einzige, der Tränen in den Augen hat. Ist es doch – wieder einmal – für unsere Familie ein Abschied von Ernst Lemmer! Vorne in der ersten Reihe schaut ein sowjetischer Offizier auf mich und tuschelt dann mit einem SED-Funktionär.

Jetzt habe ich mich gewiß zwischen sämtliche Stühle gesetzt: Die Russen mit der SED, außerdem die FDJ sowie noch die schlechten Noten im Abitur – und auf der anderen Seite zwar die CDU, die aber auch nicht mehr helfen kann... Doch wie sagt Oswald Spengler in einem seiner Bücher? »Wir sind in dieser Zeit geboren und müssen tapfer den Weg zu Ende gehen, der uns bestimmt ist. Es gibt keinen anderen. Auf dem verlorenen Posten ausharren ohne Hoffnung, ohne Rettung, ist Pflicht. Dieses ehrliche Ende ist das einzige, das man dem Menschen nicht nehmen kann.« Noch aber ist

es nicht soweit! Über Lemmers Besuch berichtet keine einzige Zeitung, es gibt nicht einmal eine kurze Notiz. Selbst in unserem CDU-Blatt suchen wir vergebens nach einer Zeile; ganz bestimmt haben die Russen jeglichen Hinweis für »nicht erwünscht« erklärt. Aber die CDU und die LDP sind in der Masse keineswegs gebrochen. Auf die Worte Grotewohls, die Ostzone müsse sich eindeutig nach dem Osten orientieren, schreibt das CDU-Organ sehr deutlich, »daß wir allein für Deutschland und nur für das ganze Deutschland zu optieren haben.« Seitens der SED kommt es zu erneuten Angriffen gegen Dr. Kaltenborn. Bei der »Norddeutschen Zeitung« soll schon vor Monaten der Chefredakteur von der Sowjetgeheimpolizei verhaftet worden sein, nun ist auch seine Sekretärin verschwunden. Im Gegensatz zur veröffentlichten Meinung der SED steht eine Erklärung des LDP-Vorstandes, die sich gegen eine endgültige Grenzsicherung der Oder-Neiße-Linie wendet: »Wir wären schlechte Deutsche und hätten keinen Anspruch mehr auf Achtung, wenn wir die heutigen Grenzen begrüßen würden.«
Die SED verbreitet eine Broschüre über die sogenannten Warschauer Beschlüsse. Diese beschimpfen die Londoner Zusammenkunft mit ihrem vermeintlichen Ziel, die Schwerindustrie an der Ruhr »in ein Werkzeug zur Wiederherstellung des Kriegspotentials Deutschlands zu verwandeln, um dieses für die militärisch-strategischen Ziele der Vereinigten Staaten von Amerika und England auszunützen.« Der Marshall-Plan wolle primär die westdeutsche Konkurrenz ausschalten – dabei hören wir immer, daß die DM-West nichts wert sei und die Wirtschaft im Westen am Boden liege. Neuerdings hat die SED größeren Ärger mit Jugoslawien, das die brüderlichen Beziehungen zur UdSSR aufgegeben haben soll. Gleichzeitig will die Parteiführung fortan die KPdSU »als die Avantgarde und die große Lehrerin des Weltproletariats« betrachten; wer das nicht anerkenne, stehe im Gegensatz zur SED. Sehr scharf attackiert wird andererseits die Politik der westdeutschen SPD unter Dr. Schumacher, die bei uns Zersetzungsarbeit leiste. Jeder Genosse müsse höchste Wachsamkeit üben und die Partei vor solchen Elementen schützen. Heuchelei, Mißtrauen, Denunziantentum werden zwangsläufig die Folge sein.

Das Attentat vom 20. Juli 1944, das in den Ostzonen-Zeitungen während all der Jahre in einem positiven Licht gesehen wurde, erhält eine andere Wertung: Die »Tägliche Rundschau« schreibt, die Verschwörer hätten nicht gegen Militarismus und Faschismus als solchen geputscht, sondern nur gegen einen ihrer Ansicht nach fehlerhaften und deshalb erfolglosen. Ihr Ziel war ein besserer und erfolgreicherer Militarismus und Faschismus...

Die zwei neuen Parteien – NDPD und DBD – haben um Aufnahme in den Volkskongreß gebeten, und leider wurde ihrem Gesuch stattgegeben. Sie sind niemals gewählt worden; ihre nach einem geheimnisvollen Schlüssel festgelegte Delegierten-Zahl jedenfalls erweitert den prozentualen Anteil der von der SED kontrollierten Stimmen.

Eine »Kasernierte Volkspolizei« wird bei uns gebildet. Viele Menschen befürchten, daß sie die neue Streitkraft der SBZ werden könnte.

In Berlin geht das Tauziehen der Sieger weiter. Die Russen behaupten nun sogar, Groß-Berlin sei nicht nur wirtschaftlich, sondern auch territorial ein Teil der Sowjetzone. Zugleich bieten sie den West-Berlinern an, sie könnten ihre Lebensmittel im Ostsektor mit DM-Ost kaufen und damit sei dann auch die Luftbrücke gegenstandslos. Ganz offensichtlich, so schließen wir daraus, hat die Versorgung auf dem Luftwege bis dato Erfolg gehabt und wollen die Amerikaner die Stadt nicht verlassen! Es war Mitte Mai '45 und damit erst vor rund drei Jahren, als die »New York Times« schrieb, von Berlin sei wenig übriggeblieben. Warum, meinte der Artikel weiter, sollte überhaupt etwas davon übrigbleiben? Die Zerstörung der Stadt würde den Beginn jener Erziehung Deutschlands darstellen, die notwendig sei, wenn Deutschland wieder ein zivilisiertes Niveau erreichen solle. Was mag der Zeilenschreiber von damals wohl heute denken? Jakob Kaiser stellt verbittert fest, wenn der westliche Widerstand gegen die jetzige Berliner Blockade schon früher eingesetzt hätte, sähe es in Deutschland anders aus. »Mehr als zwei Jahre hat man uns allein gelassen.«

Im Westen Deutschlands haben die Militär-Gouverneure bereits zu

Beginn des Monats den Ministerpräsidenten der einzelnen Länder Vorschläge für die Ausarbeitung einer eigenen westdeutschen Verfassung gemacht.

August 1948

Die sogenannten Richtlinien für die Verfassung der Deutschen Demokratischen Republik sind veröffentlicht worden. Überall soll der Verfassungsentwurf der SED diskutiert werden, damit ihn der III. Volkskongreß im Herbst annehmen kann. Leider besitzen wir zu wenig geschulte Staats- und Verfassungsrechtler, um die Tücken feststellen zu können.
Die nach der Gemeindeordnung eigentlich fälligen Gemeindewahlen in der Ostzone werden verschoben! Bereits im Juli hatte die Bauernpartei beantragt, diese erst zusammen mit den im Herbst 1949 fälligen Landtagswahlen durchzuführen. Als Grund wurde der noch nicht abgeschlossene Aufbau ihrer Parteiorganisation genannt. Kurz danach strebt die NDPD gleiches an. Treffend entgegnet die CDU-Zeitung in Schwerin: »Wer garantiert dafür, daß dann im nächsten Jahr nicht wieder von irgendeiner Seite eine neue Partei ins Leben gerufen wird, die mit Recht denselben Wunsch vorbringen kann. So könnte sich das Spiel Jahr für Jahr hinziehen, und die Durchführung der Gemeindewahlen müßte immer wieder hinausgeschoben werden.« Die brüderliche Eintracht jener beiden Parteien könne nicht überraschen, da ihre führenden Männer aus dem Lager der einstigen KPD bzw. der heutigen SED kämen. »Vielleicht dämmert dann auch eine Ahnung, wen sie durch ihren gemeinsamen Antrag auf Verschiebung der Wahlen einen Dienst erweisen wollen«, schreibt der Redakteur abschließend. In den verschiedenen Parteigremien sind wir uns alle einig, daß CDU und LDP für die SED immer noch zu gefährlich sind, um auch nur in etwa freie Wahlen durchzuführen.
Ich habe eine Zuschauer-Karte zu der Landtagssitzung erhalten, auf der Rechtsanwalt Kaltenborn sich energisch gegen die Argumente der SED wendet, wonach die Planerfüllung der volkseigenen

Betriebe jetzt wichtiger sei als die Wahlen. Auf der Zuschauer-Tribüne verfolgen sowjetische Offiziere sehr genau die Diskussion; sie werden bestimmt merken, daß die SED mit ihren Reden in die Enge getrieben wird. Auch FDJ-»Führer« Tomuschat hört mit gewisser Angst der erregten Debatte zu; natürlich geraten wir in die Haare, da ich auch Demokratie und Freiheit höher einschätze als irgendwelche angebliche Planerfüllung.

Es vergeht kein Monat, bis wieder einmal die Besatzungsmacht eingreift: Die sowjetische Nachrichtenagentur verbreitet eine Meldung aus dem Informationsbüro der Sowjetischen Militärverwaltung in Deutschland. Danach seien im Sekretariat des Obersten Chefs der SMAD angeblich viele Resolutionen von Versammlungen der Betriebe und Behörden sowie von der FDJ und dem Frauenbund eingegangen, die auf die Notwendigkeit gemeinsamer Wahlen erst im nächsten Jahr hinwiesen; eine getrennte Durchführung ließe nicht genügend Zeit für Vorbereitung und Durchführung demokratischer Wahlen zu. Weiter heißt es in dieser angeblichen Volksmeinung: »Diese würde ebenfalls die Aufmerksamkeit der demokratischen Organisationen und der Bevölkerung von der praktischen Lage der Wirtschaftsaufgabe zur Verbesserung der materiellen Lage der Bevölkerung der sowjetischen Zone Deutschlands ablenken.«

Die folgende und sehr bald danach veröffentlichte Mitteilung kann einen politisch aufgeschlossenen Bewohner der Ostzone nicht mehr überraschen: Der Oberste Chef der Sowjetischen Militärverwaltung habe beschlossen, so verlautet wörtlich, den oben angeführten Gesuchen zu entsprechen und die gemeinsame Durchführung der Gemeinde- und Landtagswahlen für den Herbst 1949 festzulegen...

Meine Bewerbung zur juristischen Fakultät an der Universität Rostock wird – erwartungsgemäß – abgelehnt. Ernst Lemmer als Vorstandsmitglied des Freien Deutschen Gewerkschaftsbundes hatte sie zwar in einem längeren Schreiben befürwortet und meinen Vater als einen seiner »treuesten Kampfgefährten für die Sache der Demokratie und zuverlässigsten Mitarbeiter in der Gewerkschaftsbewegung« bezeichnet, doch stellt sein Name inzwischen vielleicht schon eher ein Negativum dar. Sollte man der Bewerbung eine Arbeit über ein frei zu wählendes Thema von Allgemeininteresse

beifügen, so hatte ich mich in einem Aufsatz aus verschiedenen Gründen gegen die Todesstrafe ausgesprochen. Wahrscheinlich sind aber auch solche Gedankengänge heute schon »überholt«?
Meine Absicht, auf die neue »Freie Universität« in West-Berlin auszuweichen, wird von meiner ängstlichen Mutter vereitelt. Berlin läge so weit entfernt von Schwerin, die Zukunft sei äußerst ungewiß, vielleicht gäbe es sogar Krieg. Unsere Familie solle froh sein, daß wir zusammen seien. Nur allmählich ist über den westlichen Rundfunk und in Gesprächen mit einzelnen Schulfreunden zu erfahren, daß »unsere« Zentralverwaltung für Volksbildung drei Studenten wegen ihres kritischen Artikels in der Zeitung »colliqium« von der Ostberliner Universität verwies. Die Entlassenen riefen daraufhin zu einem öffentlichen Protest auf, an dem immerhin rund 2000 Studenten teilnahmen. Die Zusammenkunft endete mit der Forderung, im Westteil der Stadt eine eigene Universität zu gründen. Bald rief die Stadtverordnetenversammlung zum Aufbau einer freien Universität auf; sie sei nicht gewillt, »sich zum zweiten Male das Joch totalitären Zwanges auflegen zu lassen und das Gut der Freiheit preiszugeben«.
Natürlich, wenn ich jetzt in der FDJ zu Kreuze kriechen und aus der CDU aus- und in die SED eintreten und dort ein strammes und gläubiges Mitglied spielen würde, bestünden für die Immatrikulation bestimmt keine Schwierigkeiten mehr. Es gibt mehrere solcher Fälle, auch von bekannten früheren HJ-Führern, jedoch das ist nicht meine Art. Es muß aber irgendeinen Weg geben, irgendwie doch auf die Universität zu kommen! Mein Vater spricht mit Professor Dr. Schlesinger von der juristischen Fakultät, der nachdenken will. Selbst bei Pfarrer Kleinschmidt findet er keine tauben Ohren; vielleicht verbindet beide die Ablehnung der Hitler-Zeit, vielleicht hat ihm auch meine offene Diskussionsart bei den Kulturbund-Abenden gefallen. Er schickt mich jedenfalls zu Landespastor Schwarze in Ludwigslust – dieser ist ebenfalls SED-Mitglied und redet viel, sagt indes kaum etwas. Immerhin erhalte ich einen Empfehlungsbrief an Professor Heinz Herz in Rostock. Der offenbar sehr überzeugte Kommunist will mich für seine Gesellschaftswissenschaften werben, doch ich möchte nun einmal Jurist

werden. Überall zitiere ich aus einem Artikel in der Februar-Ausgabe der »Einheit« (das theoretische Organ des ZK der SED) mit seinen stolzen Worten: »Wir Marxisten wollen niemanden zu unseren Anschauungen zwingen.« Erfolg hat mein Hinweis aber nicht.
Auf dem Doberaner Platz der Seestadt stehen kleine Buden, die Briefumschläge verkaufen! Ich nehme gleich 100 Stück. In Schwerin gibt es seit langem keine, wir kehren benutzte Briefumschläge schon seit Jahr und Tag um und verwenden sie erneut.
Ich nehme wieder den Weg ins Kulturministerium im Schweriner Schloß, das bis 1918 die Residenz der Herrscher von Mecklenburg-Schwerin war. Hier kenne ich den Ministerialrat Hoffmann näher; er trägt zwar das SED-Abzeichen, doch scheint er ein guter Mann zu sein. Als unser Schülerrat damals zu den Russen mußte, hatte mir die CDU empfohlen, ich sollte mit ihm offen sprechen; aufgrund der Unterredung hatte ich größeres Vertrauen zu ihm gefunden. Meinen Plänen, studieren zu wollen, gibt er nach allem nur wenig Chancen. Er empfiehlt mir aber zugleich, hartnäckig zu sein und keinesfalls aufzugeben; aufgrund der Haltung meines Vaters vor und nach 1933 müßte ich eigentlich ein moralisches Anrecht auf ein Studium haben. Er werde nachdenken und sich umhorchen. So wandere ich durchschnittlich alle drei Tage zu ihm, allerdings ohne sichtbaren Erfolg.
Für alle Fälle bewerbe ich mich auch beim Justizministerium. Es scheint so, als habe man ernsthaftes Interesse an mir.
In der Freien Deutschen Jugend ist Fred Müller nunmehr in eine leitende Funktion der Landespolizei berufen worden. Sein Nachfolger heißt Theo Fettin, und zum Organisationsleiter des FDJ-Landesvorstandes wird Manfred Tomuschat bestimmt. Nach den Statuten müßten sie von den Delegierten des Verbandes gewählt, nicht jedoch vom Landesvorstand einfach eingesetzt werden. In einem Artikel im »Demokrat« moniere ich dies: Man solle sich nicht wundern, wenn eines Tages die nicht der SED angehörenden FDJ-Mitglieder ihre Konsequenz aus dieser Politik zögen. Vorsichtshalber erscheint der Beitrag unter falscher Namens-Abkürzung; sollte irgend jemand aber meinen Zynismus stilistisch genau untersuchen, wird er gewiß schnell auf mich stoßen.

Die seit langem geflüsterten Gerüchte über Konzentrationslager in der SBZ werden erneut bestätigt. Entlassene berichten, bereits im Juni 1945 sei das frühere Ausländerlager Fünfeichen bei Neubrandenburg und zwei Monate später seien ebenfalls die bisherigen KZ-Lager Sachsenhausen sowie Buchenwald wieder mit Häftlingen gefüllt worden. In Neubrandenburg gab es schätzungsweise knapp 7000 Tote, die in Massengräbern am Berghang bei der Eisenbahnlinie nach Stargard in mehreren Schichten übereinander nackt und ohne Namen verscharrt wurden.
Über den großen Schauspieler Heinrich George – gewiß ein Anhänger Hitlers – schrieben die Zonen-Zeitungen bereits im November '46, er sei während seiner Internierung an einer Blinddarmentzündung gestorben. Tatsächlich erhielt er als eine sehr große Ausnahme einen Sarg und – auf sowjetischen Befehl – als einziger ein Kreuz, das allerdings kurz danach – ebenfalls auf sowjetischen Befehl – wieder entfernt wurde.

September 1948

In Bonn nimmt ein Parlamentarischer Rat seine Arbeit auf. Natürlich liegt uns Berlin wesentlich näher als jene kleine Stadt am Rhein. Als bedauerlich empfinden wir es, daß die Berliner Delegierten nur Gäste oder sogenannte Beobachter sind.
Zu Beginn der zweiten Septemberwoche stürmen auf Lastkraftwagen herbeigekarrte SED-Demonstranten das Stadthaus im Ostsektor Berlins und besetzen den Sitzungssaal der Stadtverordneten-Versammlung. Die Polizei schreitet diesmal ein – doch sie nimmt die freiwilligen Saalordner des Magistrats fest, welche das Haus gegen jenen Überfall schützen wollen! Die Stadtverordneten-Versammlung beschließt, fortan im Westsektor zu tagen, wo Ruhe und Ordnung durch die Westmächte gesichert sind. Die Sitze der SED-Abgeordneten bleiben fortan leer.
Zum Höhepunkt in der Auseinandersetzung um Berlin aber wird der 9. September 1948: Auf dem Platz der Republik in den Westsektoren sind 350 000 Menschen dem Aufruf der demokratischen Parteien gefolgt, um gegen den kommunistischen Terror zu prote-

stieren. Der SPD-Vorsitzende Neumann ruft aus: »Die Konzentrationslager sind die gleichen geblieben, nur herrschen heute statt des Hakenkreuzes Hammer und Sichel.« Mit leidenschaftlicher Stimme beschwört Ernst Reuter, Berlin nicht zum Tauschobjekt alliierter Verhandlungen zu machen:

> »Ihr Völker der Welt! Ihr Völker in Amerika, in England, Frankreich und Italien! Schaut auf diese Stadt und erkennt, daß Ihr diese Stadt und dieses Volk nicht preisgeben dürft, nicht preisgeben könnt!«

Am Brandenburger Tor kommt es zu Zwischenfällen, Jugendliche holen die rote Fahne herunter. Die Ostzonen-Polizei schießt in die wütende Menge: Es gibt einen Toten, mehrere Verletzte und etliche Verhaftungen. Die Reportage des RIAS ist so lebendig und eindrucksvoll, daß wir glauben dabei zu sein. Das SED-Zentralorgan schreibt am nächsten Tag, die Spalter Berlins hätten die letzte Maske fallen lassen: »Was sie wollen, ist ein neuer Krieg.« Sie möchten den Krieg Hitlers gegen die UdSSR nachträglich gewinnen und erneut unser Volk faschistisch versklaven.

Auch in der Schweriner CDU ist die Stimmung recht aufgeregt. Eigentlich alle Menschen befürchten einen neuen Krieg zwischen den bisherigen Verbündeten. Nur ein höherer CDU-Funktionär macht eine Ausnahme: Er lenkt unsere Aufmerksamkeit auf die Tatsachen, daß die Sowjets bisher weder den Funkverkehr noch die Radarortung stören und die Luftbrücke ebenfalls nicht durch etwa aufgestiegene Fesselballons lähmen. Sicherlich wolle der Kreml nicht den letzten Schritt tun, der allerdings dann auch zweifellos zu einem Kriege führen würde. Mit großen Freuden hören meine Eltern und ich allabendlich im RIAS, daß die Zahl der nach Berlin eingeflogenen Tonnen – die anfangs nur 400 betragen hätte – inzwischen auf 3319 und Mitte des Monats sogar auf 3760 gestiegen ist! Ein Exemplar der CDU-Zeitung in West-Berlin, »Der Tag«, kursiert in der CDU-Ortsgruppe; jeder gibt es nach dem Lesen an einen Vertrauten weiter. Dr. Gradl schreibt darin voller Sorge vor dem bevorstehenden Winter, aber auch in großer Entschlossenheit.

> »Trotz allem werden wir nicht nachgeben. Wir werden unser

Recht auf persönliche Freiheit und politische Selbstbestimmung nicht gegen kommunistische Gewalt und nicht gegen kommunistische Versprechungen hergeben... Aber eines haben wir schon jetzt in Berlin erwiesen: Daß man Demokratie nur leben kann, wenn man bereit ist, für sie zu kämpfen und zu opfern.«

Zum III. Parteitag der Zonen-CDU in Erfurt müssen die Listen der gewählten Delegierten erst der SMAD vorgelegt werden! Wie wir intern hören, ist ein Drittel von den Russen abgelehnt worden und muß durch genehmere ersetzt werden. Daß es dennoch zu keiner »Gleichschaltung« im Sinne eines politischen Maulkorbs à la SED gekommen ist, sondern auf dem Parteitag ziemlich offene Worte gefallen sind, läßt sich aus dem »Demokraten« herauslesen: So hat Frau Dr. Ilse Schmidt aus Schwerin als Vorsitzende der SBZ-Frauengemeinschaft die Beseitigung der Demarkationslinie gefordert. Ursula Neumann, ebenfalls eine unserer Delegierten, verlangt das Recht auf Kriegsdienstverweigerung. Andererseits hat der mecklenburgische Landtagsabgeordnete Reichert getönt, die Partei solle sich geschlossen hinter diejenigen Männer stellen, die während der Kaiser- und Lemmer-Krise die Verantwortung übernommen hätten – Verdächtigungen gegen sie müßten sofort unterbunden werden. Immerhin wurde in Erfurt noch ein Grußwort von Ernst Lemmer verlesen, in dem er seine unverändert herzliche Verbundenheit mit der Christlich-Demokratischen Partei der Sowjetzone versichert. Offiziell allerdings betonte man, seine Kandidatur für den neuen Vorstand sei nicht in Erwägung gezogen. Zum Erstaunen vieler Delegierter stellte sich Nuschke zumindest in einem wichtigen Punkt in offenen Widerspruch zur SED-Politik, als er betonte: Aufgabe der Deutschen müsse es sein, sich weder für die eine noch die andere Seite der Siegermächte mißbrauchen zu lassen, sondern aus gesamtdeutscher Verantwortung nur an das große gemeinsame Vaterland zu denken. Doch dann sagte er weiter:

»Für die Deutschen in der Ostzone gibt es drei Möglichkeiten. Entweder alle verüben Selbstmord oder alle ziehen nach dem Westen oder aber sie bleiben und verständigen sich loyal mit der Besatzungsmacht.«

Das stimmt natürlich, leider. Doch für die breite Masse der Mitglieder bleibt die Frage offen, wie weit die Loyalität gehen kann und wo die totale Unterwürfigkeit beginnt. Ablehnen müssen wir jedenfalls Nuschkes Ausführungen, daß man der sogenannten Widerstandspropaganda des Westens einen energischen Widerstand entgegenzusetzen habe. Wie von Delegierten später zu hören ist, erinnerte er erneut an das Versprechen Marschall Sokolowskis, die SBZ solle nicht sowjetisiert werden. Danach habe auf dem Parteitag Oberst Tulpanow gesprochen und scharf die Theorie Jakob Kaisers von Deutschland als der Brücke zwischen Ost und West attackiert, die lediglich auf die Schaffung eines »Brückenkopfes« gegen die Sowjetunion und die Volksdemokratien hinauslaufe, sie stelle eine tief antinationale Politik dar, welche der demokratischen Erneuerung Deutschlands gegenüber feindlich eingestellt sei. Zunächst habe es wie ein ehrliches Versprechen Tulpanows geklungen, als er ausrief: »Ich muß es offen aussprechen, daß kein Demokrat, kein Bürger, der ehrlich auf der Plattform der Christlich-Demokratischen Union steht, für die Zukunft seiner Partei etwas zu befürchten hat.« Tatsächlich aber dürfte es nach Ansicht vieler Anwesenden eine versteckte Drohung gegen alle diejenigen Mitglieder sein, welche die augenblickliche Parteiführung unter Nuschke ablehnen! Zudem werden wir niemals vergessen, daß Tulpanow es war, der bei all seiner äußeren Konzilianz damals Dr. Hermes und Dr. Schreiber und dann ebenso Jakob Kaiser und Ernst Lemmer in sehr bestimmter Form zum Rücktritt zwang. Gegen ihn jetzt direkt aufzutreten, wäre natürlich Selbstmord.
So erhob in der nachfolgenden Diskussion der Landesverband Brandenburg »nur« scharfe Kritik an der Personalpolitik in unserer Zone; auch die Blockpolitik dürfe nicht dazu führen, daß die CDU lediglich dann Recht habe, wenn sie einmal mit der SED einer einheitlichen Meinung sei. Noch offener war Pfarrer Kirsch aus Sachsen: Nicht wegen ihrer marxistischen Einstellung habe die Sozialistische Einheitspartei viele Herzen verloren, sondern wegen ihrer Einseitigkeit und ihrer Gewaltmaßnahmen.
Die Nachrichtenagentur ADN meldet zwar die Wahl Nuschkes

zum Vorsitzenden, sagt aber nichts über Pro- und Kontra-Stimmen. Unsere Vermutung von einem deutlicheren Widerstand gegen ihn wird von zurückkehrenden Delegierten bestätigt: Seine Wahl – und er war als alleiniger Kandidat von den Russen zugelassen – erfolgte mit 186 Stimmen bei 61 Enthaltungen und drei ungültigen Stimmen. Eine Kandidatur von Pfarrer Kirsch für den Vorstand habe die SMAD verhindert. Statt dessen seien Hickmann und Lobedanz in die Parteispitze gekommen. Damit bilden diejenigen, welche sich nach der Absetzung Kaisers und Lemmers zur Führung der CDU zur Verfügung stellten, wieder den Vorstand – diesmal indes sind sie legal gewählt worden! Die abschließende Resolution des Parteitages habe die Mitarbeit der CDU in der parlamentarischen Demokratie bejaht, aber ebenfalls beim Volkskongreß und Volksrat. Die Stimmung vieler Delegierter war gedrückt, wie wir im Kreisvorstand hören können.
Beunruhigt ist man etwas, daß die These des früheren KPD-Funktionärs und SED-Führers Anton Ackermann – die jahrelang einen besonderen deutschen Weg zum Sozialismus betont hatte – jetzt plötzlich falsch und sogar gefährlich sein soll. Ist das bloßes ideologisches Phrasengeschwätz oder deutet es auf eine weitere Anlehnung an Sowjetrußland?
In der Ostzone sei eine SPD-Widerstandsgruppe aufgedeckt worden, schreiben die Zeitungen.
Von der Justizverwaltung erhalte ich eine kurze und recht knappe Ablehnung. Als ich die Gründe zu erfahren versuche, bekomme ich vertraulich ein Zeugnis der FDJ-Landesleitung zu lesen. Die verlogene Behauptung über meine Uninteressiertheit und Unzuverlässigkeit als damaliger Pressereferent macht mich wütend. Die abschließende Beurteilung über mich besagt dann auch: »Der Landesvorstand hält den Vorhergenannten nicht für geeignet, in eine derartig verantwortliche Laufbahn einzutreten. Unaufrichtig in seinem Wesen, aalglatt in seinem Benehmen und versehen mit einer nicht gerade fortschrittlich politischen Einstellung, gibt Fr.-W. Schlomann nicht die Garantie, Justizbeamter im heutigen Sinne zu werden.«
Natürlich darf ich das Schreiben nicht behalten, nicht einmal von

seiner Existenz wissen. Doch meint der Angestellte, später – etwa nach einem Jahr – sollte ich mal wieder vorbeischauen; er würde dann eine beglaubigte Abschrift für mich machen.

Oktober 1948

Wichtigstes Propaganda-Thema ist die neue »Aktivisten-Bewegung«. Im Zwickauer–Oelsnitzer Steinkohlenrevier überbietet der 43jährige Bergmann Adolf Hennecke mit einer Förderleistung von 24,4 Kubikmetern Steinkohle sein eigentliches Schicht-Soll um 387 Prozent! Des Rätsels Lösung stellt sich allerdings bald als recht simpel heraus: Das SED-Mitglied hatte vor seiner Schicht eine vorzügliche Arbeitsvorbereitung vorgefunden; unter diesen Umständen hätte jeder andere Bergmann ebenfalls eine solche an Wunder grenzende Leistung vollbringen können. Aber die SED hat damit erreicht, daß die Methoden, welche der sowjetische Grubenarbeiter Stachanow 1935 angewandt hatte, auf unsere Verhältnisse übertragen werden. Ja, überall in der SBZ wollen jetzt Arbeiter dem Vorbild »freiwillig« nacheifern und angeblich von sich aus ihre bisherigen Arbeitsnormen erhöhen.
Stadtgespräch in Schwerin ist die Flucht des bisherigen Leiters der Oberpostdirektion nach West-Berlin; noch kurz zuvor hatte er bei einer Veranstaltung vor seinen Untergebenen die üblichen politischen Phrasen gedroschen. Im Hause der Magistratspost (britischer Sektor in Berlin) erklärt er, kein konsequenter Marxist zu sein. Warum aber ist er dann überhaupt der Einheitspartei beigetreten, nur um auf diese Weise die Position zu erreichen? Andererseits muß man sich wundern, wieso es solchen Zeiterscheinungen gelingt, auf der anderen Seite immer relativ schnell eine Anstellung zu finden! Daß der »Flüchtling« mit all seinen Sachen die Fronten wechselte und dabei noch sein Dienstauto benutzte, welches er immer noch nicht zurückgegeben hat, macht seine bisherige Partei besonders wütend.
Über die Geburt der westdeutschen Verfassung sind wir nur schlecht und durch die hiesige Presse bestimmt auch nicht objektiv informiert. Sehr freut uns, daß wir hier wohl doch nicht abgeschrie-

ben sind. So hat Ernst Reuter bei der Erörterung über die Grundrechte deutlich erklärt, sie müßten so verankert werden, »daß alle Menschen in der Ostzone ganz klar wissen, wohin sie gehören: Dahin, wo die Fahne der Freiheit weht.« Max Brauer, der Bürgermeister von Hamburg, spricht sich für den Begriff eines »Grundgesetzes« anstelle einer Verfassung aus; bei einem solchen Wort verstehe die Bevölkerung leichter, daß es am Tage der Wiedervereinigung seine Gültigkeit verlieren werde.
An der Rostocker Universität hat das Semester bereits begonnen, und ich hocke immer noch daheim. Leider gibt es hämische Bemerkungen von bisherigen Schulkameraden mit ihren Fragen, weshalb ich denn politisch so dickköpfig sei und nicht einmal so tun wolle, als würde ich mitmachen. Wohl über 30mal bin ich bis jetzt in das Schweriner Schloß gepilgert, um dort keine positiven Nachrichten zu erhalten – aber auch ehrliche Worte, nicht zu verzagen. Darf ich nur deswegen nicht studieren, weil ich anders denke als die SED und die FDJ heute? Endlich, endlich bahnt sich eine Möglichkeit an: Ich werde nicht immatrikuliert, jedoch gibt man mir die Möglichkeit, für zwei Semester Gasthörer zu sein. Die Zeitspanne würde späterhin auf das Studium angerechnet werden. Voraussetzung sei allerdings das Vorweisen einer Arbeitsstelle; wie ich das mache, ob diese vielleicht auch lediglich auf dem Papier stünde, müsse ich alleine wissen. Ich bedanke mich sehr herzlich bei dem Ministerialrat. Überaus gern würde ich ihn fragen, warum er eigentlich der SED beitrat? Doch das lasse ich lieber sein, ich würde ihn wahrscheinlich kränken und er mir sicherlich auch keine ehrliche Antwort geben. Ein altes KPD-Mitglied vor 1933 kann er jedenfalls nicht sein, dafür hat er nicht das Alter. Wollte er auf diesem Wege eine erfolgreiche Karriere machen? Oder ist es sein Ziel, auf seinem Posten im Rahmen seiner Möglichkeiten möglichst viel Gutes zu tun? Vielleicht ist er auch ein ehemaliger Sozialdemokrat. Eine Rückversicherung für den Tag der Wiedervereinigung, die nicht wenige Genossen eingehen, kann in meinem Falle nicht vorliegen – denn wer bin ich schon?
Jedenfalls, am 25. 10. 1948, fahre ich endlich nach Rostock! Ihr Name wurde als slawische Burg Rostoc bereits im Jahre 1161

erwähnt, 1418 erfolgte dann die Gründung der Alma mater Rostochienis – der ersten Universität in Nordeuropa. Während des letzten Krieges haben Luftangriffe rund 40 Prozent der Bausubstanz der Stadt zerstört. Die notwendige Arbeitsstelle hat mir mein Vater über den Oberkirchenrat im Rostocker Kirchensteueramt zuschieben können. Die besten Studentenbuden sind inzwischen natürlich schon vergeben, außerdem darf ich als bloßer Gasthörer keine Universitätsstellen um Unterstützung bitten. In der Borwinstraße 37 bei Frau Kühl finde ich endlich ein Zimmer. Sie ist eine alte, resolute Frau, die viele Selbstgespräche führt und immer Angst hat, ich könnte zuviel Strom verbrauchen. Nun, am Wochenende fahre ich ohnehin stets nach Hause.

Erich W. Gniffke, auf dem SED-Vereinigungsparteitag ein Mitglied des Präsidiums und des Parteivorstands, ist nach dem Westen gegangen. Nach dem üblichen Muster hat die SED den alten Sozialdemokraten sofort wegen »Parteibetrugs« ausgeschlossen und behauptet jetzt, er habe ein unehrliches Spiel mit dem Vertrauen der Partei betrieben. Ich verstehe allerdings nicht, weshalb er so lange alles mitgemacht hat: Im August 1947 wandte er sich gegen westliche Nachrichten über Verhaftungen seiner bisherigen SPD-Genossen in der Sowjetzone, und noch im gleichen Herbst trat er in den Zeitungen als recht SED-hörig auf und lehnte ebenso scharf die westdeutsche SPD ab. Blieb er so lange in dem vielleicht sogar ehrlichen Bemühen, Schlimmeres zu verhüten, und machte so weitgehende Konzessionen? Hat er bisher nicht die volle Wahrheit gesehen, sie vielleicht auch nicht verstehen wollen? Es ist sehr schwer, im Einzelfall über die Funktionäre zu einem gerechten Urteil zu kommen.

In der Liberal-Demokratischen Partei wird auf Druck der SMAD der bisherige stellvertretende Vorsitzende Arthur Lieutnant durch den willfährigen Dr. Karl Hamann ersetzt.

November 1948

Die Vorlesungen an der juristischen Fakultät – in einem besonderen Gebäude links von dem Universitäts-Hauptgebäude – sind rein fachlich und bisher ohne politische Einflußnahme. Strafrecht liest ein Staatsanwalt Weiland aus Dresden. Verwaltungsrecht hören wir bei Professor Dr. Schlesinger und bei Professor Wollenberg Zivil- sowie römisches Recht. Staatsrecht und auch Einführung in die Journalistik gibt Professor Strasser, der erste Finanzminister Mecklenburgs und Gründer der LDP-Zeitung; seine Vorlesungen sind recht liberal – die Kommunisten würden schon »reaktionär« sagen.

Um auch die Praxis zu erleben, nehmen wir in unserer ziemlich knappen Freizeit oftmals als Zuhörer an Strafprozessen teil. Die Wirklichkeit des ostzonalen Gerichtswesens, die sich in der Baracke gegenüber der Mensa abspielt, ist allerdings recht rau. Der Staatsanwalt, als alter Kommunist jahrelang im Nazi-KZ, geht sehr scharf in seinen Anklagen vor, besonders wenn es um einen »Bürgerlichen« geht. Als eine Kommilitonin ihn einmal fragt, weshalb er §242 (einfacher Diebstahl) statt §243 (schwerer Diebstahl) anwenden wollte, weiß er nicht den genauen Unterschied – den wir schon in den ersten Wochen kennen müssen.

Wir haben viel zu lernen. Wohl für jeden Anfänger erscheint die Jurisprudenz mit ihrem Abstrakten und ihrer Logik als eine fremde Welt. Außerdem muß ich viel nachholen. Zu behaupten, daß die Mehrzahl der Studenten politisch wirklich aktiv sei, wäre übertrieben. Interessiert sind sie gewiß nahezu alle, dazu zwingt schon unsere Umwelt. Die meisten dürften glücklich sein, auf irgendeine Weise einen Studienplatz erobert zu haben, und wollen aufrichtig studieren – das gilt besonders für die Kriegsverletzten. Auch an unserer Fakultät haben wir einige Kommilitonen, die von den Vorstudienanstalten kommen; sie sind sehr fleißig. Viele von ihnen gehören der SED an; sicherlich fühlen sie sich dem System verpflichtet, das ihnen diesen sozialen Aufstieg ermöglichte. Fanatiker sind gottlob nicht darunter, soweit man das überhaupt merken kann.

Vielleicht über die Hälfte aller Studenten ist von einem Stipendium abhängig, das sich allgemein auf monatlich 50 bis 150 Mark beläuft. Man erhält es durchweg aber nur aufgrund irgendeiner »gesellschaftlichen Aktivität«, sei es in den Parteien, im Gewerkschaftsbund, der »Deutsch-Sowjetischen Freundschaft« oder im »Kulturbund« oder

gerade auch in der Freien Deutschen Jugend. Das bedeutet letztlich indessen, daß der Student in seiner Abhängigkeit vom Stipendiengeber kaum dem politischen Alltag und seinem Druck entrinnen kann. Ich erhalte etwas Geld von meinen Eltern. Lukrativer ist allerdings mein Schwarzmarkt-Verkauf der schweizerischen Zigaretten »Stella«, die mir Suzanne schickt. Ganze 30 Mark Monatslohn zahlt mir das Kirchensteueramt; als ich aber feststellen muß, daß man dieselbe Summe plötzlich vom Gehalt meines Vaters abzieht, möchte ich mich nicht gerade überstrapazieren. Erfreulicherweise hat der Leiter dieser kleinen Behörde Verständnis für meine Lage, so daß ich wöchentlich nur einige Male für ein, zwei Stunden erscheinen muß. Manche Angestellte sehen mich gewiß lieber gehen als kommen, vielleicht weil ich in ihrem Bürobetrieb einiges falsch mache, vielleicht weil ich doch ein Fremdkörper bin.
Anfang des Monats ist bei uns die »Handelsorganisation Freie Läden« (HO) entstanden, in der bewirtschaftete Mangelwaren nunmehr frei verkauft werden – natürlich zu stark überhöhten Preisen: Zigaretten mit bulgarischem Tabak kosten 80 Pf pro Stück, für einen Meter Stoff hat man bis zu 135 Mark zu zahlen und auf dem Preisschild für ein Kilogramm Zucker steht »35 Mark«! Im Volksmund werden die Filialen zu Recht »staatliche Schwarzmarkt-Läden« beschimpft, denn wer kann sich diese Preise schon leisten? Nachrichten, die allmählich durchsickern, besagen, daß an der Freien Universität in West-Berlin inzwischen der Vorlesungsbetrieb begonnen hat. Die Studenten müssen in den Hörsälen stehen oder auf dem Boden sitzen; erst allmählich gibt es Stühle.
In Berlin ist jetzt die Spaltung perfekt! Im »Admiralspalast« tritt eine »außerordentliche Stadtverordnetenversammlung« zusammen; die 1616 Teilnehmer bestehen aus den bisherigen 26 SED-Abgeordneten und aus 210 willkürlich bestellten Vertretern der Blockparteien, hinzu kommen 1511 von der SED bestimmte »Delegierte aus den Betrieben« sowie 229 Abgesandte der Massenorganisationen. Diese Versammlung, die also ohne irgendeine Wahl der Bevölkerung bestimmt worden ist, erklärt den wahren Magistrat für abgesetzt und bildet einen eigenen Magistrat, an dessen Spitze fortan Friedrich Ebert (SED) steht – Sohn des geachteten deutschen Reichspräsiden-

ten nach dem I. Weltkrieg! Die Sowjets erkennen diesen »Opernmagistrat«, wie ihn die Bevölkerung ironisch tituliert, prompt als »einzig rechtmäßige Vertretung Berlins« an...

Dezember 1948

In den juristischen Vorlesungen kommt man sich – bei vorsichtigem Abtasten vor Spitzeln – menschlich näher. Politisch dominieren an unserer Fakultät die Liberalen. Ein engagierter Demokrat ist etwa der etwas ältere Hans-Günter Hoppe – viele Jahre später Mitglied des Deutschen Bundestages und ab 1987 rühriger Vorsitzender des innerdeutschen Ausschusses –, der die Funktion des LDP-Hochschulreferenten hat und seit 1947 auch im Studentenrat wirkt. Im Sommer 1946 war er in einem US-Kriegsgefangenenlager bei Koblenz; eine Krankenschwester steckte ihm die Papiere eines verstorbenen Soldaten zu, mit denen er dann türmen konnte. Politisch recht aktiv tritt auch Karl Giese hervor. Als Anführer der Liberalen nicht nur in der juristischen Fakultät muß man unbestritten Arno Esch sehen; er gründete die LDP-Hochschulgruppe an der hiesigen Universität, war dann LDP-Landeshochschulreferent und schließlich sogar der Landesjugendreferent seiner Partei in Mecklenburg. Erst kürzlich hat er vor jungen Funktionären offen erklärt, niemand solle sich über die Blockpolitik eine Illusion machen – für die Besatzungsmacht und die SED sei sie lediglich ein Mittel zur Ausschaltung aller echten demokratischen Kräfte. Das Echo besteht in einem Redeverbot durch die Russen! Esch ist ein Student mit einem sehr exzellenten Wissen, ein brillanter Rhetoriker und gehört wohl zu den recht seltenen Menschen unserer Generation, die als weit voraussehende Theoretiker anzusehen sind. Es macht Spaß, mit ihm zu diskutieren; leider hat er niemals viel Zeit, steckt voller Dynamik und politischer Leidenschaft, scheint stets auf dem Sprung zu sein, um Menschen für die liberale Idee zu gewinnen. Man sagt, er habe bereits mehrere Schriften verfaßt, die – primitiv vervielfältigt – innerhalb der einzelnen Kreisverbände verbreitet werden.
Bald werde ich in unsere CDU-Hochschulgruppe eingeführt; außer

meinem Schulfreund Hanne Karsten kenne ich eigentlich niemanden. Erster Vorsitzender ist der sehr aktive Gerhard Popp, ein Medizinstudent, der über die Vorstudienanstalt kam und zugleich II. Studentenratsvorsitzender ist. Wir sind rund 30 Studentinnen und Studenten, die zumeist in einem Haus zwischen der Universität und dem Rathaus in Gegenwart des Rostocker CDU-Vorsitzenden Dr. Neumann tagen; des öfteren finden wir uns auch in einem Hörsaal zusammen. Die Hauptanliegen sind es, Informationen über die Interna der Universität zu erhalten, fanatische SED-Genossen möglichst zu isolieren und Positionen mit eigenen Leuten zu besetzen. Wichtig ist gerade auch die Verbindung zur westlichen Außenwelt, hoffen wir doch alle auf eine baldige Wiedervereinigung. Allmonatlich fährt Popp zum CDU-Hauptvorstand nach Ost-Berlin; dort trifft er zumeist aber nur Dertinger und Götting, denen auch er kein größeres Vertrauen schenkt. Nur noch gelegentlich gelangen Zeitungen aus West-Berlin zu uns; bereits seit Jahresanfang ist dies wesentlich erschwert worden. Sie gehen von Hand zu Hand, natürlich kann man die Exemplare lediglich solchen Personen weitergeben, denen man vertraut – besser gesagt, glaubt vertrauen zu können...

Immer wieder versuchen die CDU- und LDP-Studentenführer, die Schicksale von verschwundenen Kommilitonen aufzudecken; zumeist bleibt dies erfolglos, da die sowjetischen Behörden schweigen und Nachforschungen mit Beschimpfungen quittieren oder alles mit ihrem Standard-Wort »Du Faschist!« abtun. Man hat uns einmal zu Recht vorgeworfen, nicht nach den verschleppten Juden zu fragen. Das darf nicht ein zweites Mal geschehen! Interessant für mich ist, daß solche Überlegungen allgemein die Quelle des politischen Denkens und Handelns darstellen. Geradezu lebenswichtig sind die Bemühungen, etwaige Spitzel aufzuspüren – was allerdings ungeheuer schwierig erscheint. Intern klopfen wir in der CDU-Gruppe jeden ab, doch niemand fällt durch irgendwelche Besonderheiten auf. So glauben wir schließlich, daß sich unter uns kein heimlicher Lauscher für die Sowjet-Geheimpolizei befindet. Natürlich wird sie im Laufe der Zeit alles versuchen, einen Informanten bei uns zu haben.

In Mecklenburg zählt die Christlich-Demokratische Union jetzt 29 028 Mitglieder.
Die FDJ an unserer Fakultät umfaßt nur eine Handvoll Studenten, bislang ist der Kreis recht liberal. In der gesamten Universität gibt es schätzungsweise nicht mehr als 50 Mitglieder. Noch vor rund einem Jahr hat die Gruppe eine Resolution angenommen, welche die allgemeine Pflicht der FDJ-Mitglieder zum Tragen des Verbandsabzeichens einfach ablehnte! Es herrscht ein ganz anderes Klima als in Schwerin. Vergessen darf man andererseits nicht, daß im Zentralrat der Freien Deutschen Jugend inzwischen die wichtigsten Posten fast ausschließlich von SED-Funktionären besetzt sind.
In Berlin können die bereits im Oktober beschlossenen Stadtverordneten-Wahlen nur in den Westsektoren durchgeführt werden. Für die Sozialistische Einheitspartei, die zur Stimmenthaltung aufrief, wird das Ergebnis ein großer Mißerfolg. Noch einen Tag zuvor hat das Organ der sowjetischen Besatzungsmacht drohend die Schlagzeile gebracht: »Die Westmächte werden Berlin im Januar verlassen!« Das SED-Zentralorgan fragte etwas vorsichtiger: »Abzug der Westmächte Februar 1949?« Angst vor einer Wahlbeteiligung sollten wohl nicht zuletzt die verbreiteten Gerüchte machen, daß bei einer Räumung West-Berlins durch die Westmächte dann auch die Abstimmungslisten den einrückenden Sowjets in die Hände fielen.
Die Arbeitslosenzahl in den Westsektoren ist erneut auf nunmehr 113 000 gestiegen. Angesichts der Kohlenknappheit dürfen die Dienstgebäude nur an bestimmten kalten Tagen und dann auch lediglich bis zu einer Zimmertemperatur von 15 Grad geheizt werden. Für die Zivilbevölkerung gibt es nur zweimal täglich für zwei Stunden Strom! Oft hatten wir von SED-Fanatikern, aber ebenfalls von ängstlichen Menschen gehört und gelegentlich schon selber befürchtet, daß spätestens die Wintermonate mit Nebel und Kälte den Zusammenbruch des allgemeinen Lebens im Westteil Berlins brächten. Wir kriechen geradezu in den Rundfunkempfänger. Werden die Amerikaner und die Westberliner wirklich durchhalten? Die Technik und besonders die Organisation der Luftbrücke müssen einmalig sein; verglichen mit ihrem Beginn hat die Tagesleistung an Tonnen jetzt das Zehnfache erreicht und deckt damit den

Minimalbedarf West-Berlins. Je länger die Blockade dauert, um so mehr scheint die Erbitterung, aber genauso der Widerstandswille im freien Teil unserer Hauptstadt zu wachsen. Wir können jetzt wieder aufrechter gehen.

Im fernen China stehen die kommunistischen Truppen kurz vor Peking.

Weihnachten verbringen meine Familie und die Lübstorfer Tanten in relativer Freude. Es hat bisher keinen Krieg gegeben, ich bin – wenn auch nur halber – Student, und wir können doch mit gewissem Optimismus in die nächste Zukunft blicken. Etwas anderes ist auch gar nicht möglich.

Am letzten Tage des Jahres behaupten westliche Rundfunkmeldungen, während der vergangenen zwölf Monate seien etwa 150 000 Menschen aus der Zone geflohen.

1949

Januar 1949

In seinem Aufruf zum Jahreswechsel stellt der Deutsche Volksrat fest, daß 1948 die Zerreißung unseres Vaterlandes vollendet worden sei. Das deutsche Volk aber wolle sich in freier Ausübung seines Selbstbestimmungsrechts eine Zentralregierung schaffen. Als Jakob Kaiser in seiner Zeitung »Der Tag« schreibt, die Ostzone solle ein unabhängiger Staat werden, folgt ein wütendes Dementi aus Ost-Berlin.
Die Diktion gegen den Westen wird ohnehin schärfer und gehässiger. So meldet das SED-Zentralorgan, im Raum Osnabrück hätte die »Auferstehung der Panzerdivision ›Großdeutschland‹« stattgefunden; wenige Tage danach behauptet es sogar, die Engländer hätten 6000 deutsche Kriegsgefangene in Ägypten auf freien Fuß gesetzt, um sie im Krieg gegen Israel einzusetzen! Werden wir so zur Wiedervereinigung Deutschlands kommen, sofern die SED diese überhaupt noch anstrebt?
Aus dem Westen verlautet, bei uns seien während der drei letzten Monate 400 »Agenten des SPD-Ostbüros« verhaftet worden. Ob das stimmt? Man hört eigentlich nichts von Widerstands-Aktionen.
Daß die Kommunisten in der SED alle diejenigen Mitglieder zurückdrängen oder gar verschwinden lassen, die den erneut verschärften Kurs nicht mitmachen wollen, war vorauszusehen. Auf der I. Parteikonferenz der Sozialistischen Einheitspartei wird dann auch die Umwandlung der SED in eine »bolschewistische Partei neuen Typus« vorgenommen: Ihre erste Aufgabe sei die ideologisch-politische Erziehung im Geiste des Marxismus-Leninismus, und jeder habe die Pflicht, die UdSSR mit allen Kräften zu unterstützen. Pieck schließt seine Rede mit den Worten: »Es lebe Stalin, unser weiser Führer im Kampf um den Frieden!«
Auch an unserer Universität macht sich allmählich ein härteres Auftreten der SED bemerkbar. Ohnehin hat sie ihre Anhänger

wesentlich straffer organisiert und sorgt – notfalls mit mehr oder weniger Drohungen – für ein geschlossenes Erscheinen bei Studentenversammlungen und für ein ebensolches Abstimmen in ihrem Sinne. Die »bürgerlichen« Parteien haben es in dieser Hinsicht weitaus schwieriger. Recht gefreut haben sich manche unserer Kommilitonen auf eine Konferenz in Marburg, auf der die Gesamtvertretung aller deutschen Studenten beschlossen werden sollte. In letzter Minute wird das Treffen von Ost-Berlin abgesagt; als Begründung muß die Anwesenheit eines Studentenvertreters von der Freien Universität herhalten. Letztes Pfingsten hatte bereits das Wartburg-Treffen der Studenten stattgefunden; Ziel der Veranstaltung war auch hier, die Isolation in unserer Zone zu durchbrechen und die gesamtdeutsche Gemeinsamkeit zu festigen. Erwartungsgemäß hatte die SED sie zu hintertreiben versucht. Der Rostocker Studentenrat konnte dann nicht zu dem Treffen reisen: Seine Delegation wurde schon am Bahnhof eingesammelt und »mit den besten Grüßen« von der sowjetischen Militärkommandantur wieder zurückgeschickt!

Es ist ein recht kalter Winter. Den größten Teil meines Brennholzes, das ich für den Ofen in der »Bude« benötige, muß ich aus Schwerin ranschleppen. Oft sitze ich abends im warmgeheizten »Haus der Kultur der Sowjetunion« – ehemals der Saal der Brauerei Mahn und Oherisch – in der Doberanerstraße, leihe mir dort einige deutschsprachige Propaganda-Broschüren über die Sowjetunion aus und – arbeite dann natürlich meine Vorlesungsnotizen und juristische Bücher durch.

Aus dem Zeitungs-Packpapier in einem Paket von Suzanne entnehme ich, daß auf den Devisenkursen in Zürich der Wert der DM-West kontinuierlich steigt und jetzt immerhin schon ein Drittel eines Schweizer Franken ausmacht. Die Ostzonen-Mark wird überhaupt nicht gehandelt. Um so heftiger tönt die SED-Propaganda, unsere Währung sei viel, viel besser als diejenige im Westen Deutschlands.

Februar 1949

In einem Interview mit einer nordamerikanischen Zeitung hat Stalin angeblich zu erkennen gegeben, daß eine Aufhebung der Blockade um Berlin möglich sei. Man kann die harte Nuß West-Berlin wohl nicht knacken, ob das auch der Kreml allmählich einsieht?

Der CDU-Hauptvorstand scheint sich jetzt zu einer direkt prosowjetischen Haltung durchzuringen. In einer Entschließung wird die Notwendigkeit einer aufrichtigen Zusammenarbeit mit der Sowjetunion bekräftigt – das stellt nichts Neues dar. Schwerwiegend hingegen erscheint der Satz, daß jedes Mitglied, das sich an antisowjetischer Agitation beteilige, aus den Reihen der Union ausgeschlossen werden müsse. Wie ich später höre, gab es auf der Sitzung dazu recht kritische Worte. Mehr und mehr schiebt sich Georg Dertinger in den Vordergrund, ganz offensichtlich stehen hinter ihm die Russen. Daß die Partei sich aber auch auf höherer Ebene noch unseren alten Wertvorstellungen verpflichtet fühlt, beweist eine Rede von Pfarrer Kirsch in Schwerin: In der öffentlichen Versammlung greift er heftig die Lügen in Presse und Rundfunk der Ostzone an und warnt davor, den deutschen Politikern im Westen immer nur schlechte Noten zu geben. Besonders wütend wird die SED bestimmt über seinen Satz sein: »Hätte die CDU mit Jakob Kaiser kapituliert, hätten wir heute die Volksdemokratie!« Worte, die bei den Zuhörern überaus starken Beifall auslösen.

Mitte des Monats verhaftet die Besatzungsmacht den Chefredakteur des CDU-»Thüringer Tagblattes«, Heinz Baumann. Seit den Jahren der Weimarer Republik war er stets ein freiheitsliebender Demokrat; jetzt legt man seine heimlichen Kontakte zum »Tagesspiegel« als Spionage aus. Eigentlicher Grund seiner Festnahme ist wohl, daß als Chefredakteur fortan August Bach fungieren soll – ein allzu großer Freund der SMAD und der SED...

Zeitungen schreiben, in Sachsen sei eine »Spionagegruppe« der LDP aufgedeckt worden. Zu dem III. Parteitag der Liberaldemokraten werden von den Russen nur solche Delegierte zugelassen, welche der Einheitspartei nicht allzu unbequem sind.

Die Studentenratswahlen auf der Universität Rostock ergeben einen großen Machtzuwachs für die SED, die statt elf nunmehr 14 Sitze besitzt. Die CDU hat zwei Mandate statt bisher eins, die LDP ist von zwei Vertreter auf einen herabgedrückt worden; die sogenannten Parteilosen (fast ausschließlich Mitglieder von Massenorganisationen, also zumeist SED-Angehörige) verfügen weiterhin über sieben Sitze. Die Ursache für diese Verschiebung muß man primär auf die neue Wahlordnung und die Ende 1948 erfolgte Einführung der Blockausschüsse auf den Hochschulen zurückführen.
Wenn ich nach dem zweiten Semester immatrikuliert werden will – und falls diese Zeit nicht verloren sein soll, muß das erfolgen –, habe ich »gesellschaftlich« aktiv zu sein. Die Mitarbeit in der CDU allein genügt dazu nicht, wahrscheinlich stellt sie heutzutage schon eher ein Hindernis dar. Entscheidend ist für mich dabei, keine echten, auf gar keinen Fall grundsätzliche Konzessionen zu machen; andererseits müssen wir »Bürgerlichen« Positionen ergreifen, um sie in unserem Sinne auszunutzen, und sie möglichst bis zum Tage der Wiedervereinigung durchhalten. So melde ich mich nach eingehender Rücksprache mit CDU-Freunden freiwillig dazu, die Wandzeitung der FDJ-Gruppe in unserer Fakultät zu übernehmen. Ihr Leiter ist ein K. H. Werner; er trägt das SED-Abzeichen, gibt sich jedoch tolerant. Wir wissen, daß er während der Semesterferien heimlich im Ruhrgebiet in den Bergwerken arbeitet, um »böse« DM-West zu verdienen. Und – was noch wichtiger ist – er weiß, daß wir das wissen, und ist daher vorsichtig. Meine »Vergangenheit« erzählte ich den FDJ-Funktionären natürlich nicht; im übrigen scheint man froh zu sein, irgend jemanden zu haben, der etwas vom Pressewesen versteht. Da ich die Volkspolizei oft in großen Marschkolonnen sehe und ihr Lied »Wir sind die junge Garde des Proletariats« mich unwillkürlich an eine zukünftige Ostzonen-Armee denken läßt, schreibe ich in meiner ersten Wandzeitung einen Artikel gegen den Krieg. Ganz bewußt zitiere ich dabei die Stelle aus dem bekannten Buch von Remarque »Im Westen nichts Neues«, welche das grauenhafte Sterben von Soldaten schildert. Jeder, der mit klarem Verstand durch Rostock geht, müßte sich eigentlich seinen Teil denken; von einigen Gleichgesinnten wird mir das dann auch bestätigt. SED-

Funktionäre wiederum werden gewiß die angeblich drohende Remilitarisierung im Westen vor Augen haben.
Es mehren sich die Fälle, in denen Menschen per Motorboot nach Schweden flüchten; einige Fischer scheinen dies gegen viel Geld fast als »Nebenberuf« zu betreiben! An der Demarkationslinie zu Schleswig-Holstein gibt es organisierte Gruppen, die beim illegalen Grenzübertritt helfen – natürlich auch gegen Geld. Manche aber sollen mit der russischen Geheimpolizei zusammenarbeiten. Manchmal werden Flüchtlinge auch von den Grenzführern ausgeraubt, ermordet oder verschwinden für immer im Moorgebiet um Ratzeburg.

März 1949

Max Frank, ein Abgeordneter des mecklenburgischen Landtages, ist plötzlich verhaftet worden; 1918 gehörte er zu den Matrosen, die in Kiel die Revolution auslösten, nach 1933 fand er sich für Jahre im KZ wieder, 1946 wurde er in den neuen Zentralausschuß der SED gewählt – und jetzt stellt er einen »Saboteur« dar?
Mein Studienkollege Hoppe sollte in diesen Wochen wegen »Aufruhr und Aufwiegelei« festgenommen werden; unter dieser Anschuldigung sind bestimmt seine häufigen Auseinandersetzungen mit den SED-Genossen im Studentenrat gemeint. Gottlob wurde er rechtzeitig gewarnt und konnte flüchten. Inzwischen ist es auch zu einem Treffen zwischen den Studentenvertretern aus West-Deutschland und denen von der hiesigen Seite gekommen. Wie wir erfahren, haben die Gäste von »drüben« gefragt, was die ostzonalen Studentenräte gegen die Inhaftierung ihrer Kommilitonen unternommen hätten und inwiefern die politischen Zwangsvorlesungen an unseren Universitäten sich mit demokratischen Grundsätzen vereinbaren ließen. Eine nähere Beantwortung ist ihnen zwar von den SED-Vertretern versprochen worden, doch wird sie bestimmt niemals erfolgen.
Ich kann endlich meine Bude wechseln und wohne jetzt in der Doberanerstraße 112 bei einer Familie Frost; es sind alte Freunde meines Vaters. Eines Abends kommt ein Verwandter von ihnen aus

russischer Kriegsgefangenschaft; er weiß von Partisanenkämpfen im Baltikum zu berichten. Leider will er nicht mehr in Deutschland bleiben, sondern nach Kanada auswandern.

Anläßlich der VI. Tagung des Deutschen Volksrates in Ost-Berlin wird groß verkündet, in Deutschland sei jetzt ein nationaler Notstand gegeben und damit eine nationale Selbsthilfe erforderlich. Einen Tag später fordert das Gremium zur Bildung einer »vorläufigen zentralen Regierung Deutschlands« auf. Wiederum 24 Stunden danach wird die Verfassung der Deutschen Demokratischen Republik einstimmig angenommen! Vor der Abstimmung hatte der Präsidentsvorsitzende Dr. Hermann Kastner von der »letzten Chance des deutschen Volkes« gesprochen, den Grundstein für ein neues, wirklich demokratisches Deutschland zu legen. Die Worte Grotewohls am gleichen Tage lassen indes nichts Gutes ahnen:

> »Das Volk aber wird die sogenannte Bonner Verfassung dann mit einem einzigen kühnen Griff zerreißen und sie den westlichen Alliierten und ihren heutigen gar zu gutgläubigen deutschen Helfern als einen wertlosen Fetzen Papier vor die Füße werfen.«

»Der Tag« in West-Berlin schreibt, bei den nächsten Wahlen in der SBZ würden nur gemeinsame Wahllisten aufgestellt werden; das »Neue Deutschland« stellt die Meldung als »freie Erfindung« hin – wir werden es ja erleben (müssen).

In meiner alten Schule versucht die Freie Deutsche Jugend, eine Kampagne zur Neuordnung des Laienspiels durchzuführen. Ein Stück mit dem Titel »Augen auf!« hat zum Inhalt, daß jugendliche Arbeiter die Verlagerung eines kapitalistischen Betriebes nach dem Westen verhindern. Die ideologische Schlußfolgerung ergibt sich überdeutlich aus dem abschließenden Aufruf, den Schädlingen und Saboteuren der neuen antifaschistischen Ordnung der SBZ einen energischen Kampf anzusagen...

April 1949

Ostermontag meldet der RIAS stolz, gestern hätte die Luftbrücke ihre bisherige Höchstleistung erzielt. An diesem Tag landete alle 63

Sekunden ein Flugzeug. Innerhalb der 24 Stunden flogen insgesamt 1385 Maschinen in die eingeschlossene Stadt und brachten 12 849 Tonnen Versorgungsgüter! Derartige Nachrichten gehen natürlich von Mund zu Mund. Mehr denn je glauben die Menschen bei uns, daß die Sowjets eine große Schlappe erleiden.

Merkwürdig erscheint in unserer Fakultät die Verhaftung von Wolfgang Hildebrandt. Der frühere Studentenratsvorsitzende trat allgemein recht gemäßigt auf. War die fehlende »Linientreue« des SED-Mitglieds der Grund seines Verschwindens? Wir sind entsetzt. Gerüchte besagen, er sei sogar zum Tode verurteilt worden; andere Studenten wollen von seiner illegalen Arbeit für das Ostbüro der SPD wissen. Daß diese Stelle heimlich Kuriere in die Zone schickt, um Nachrichten zu sammeln und zugleich SPD-Schriften zu verteilen, hat dieser Tage sogar das »Neue Deutschland« berichtet. Soll die Mitteilung als Auftakt für eine neue Kampagne dienen? Oder sollte jene Unterminierungsarbeit schon so stark und umfangreich sein, daß man sie einfach nicht länger verschweigen kann? Eines Tages finde ich einen mit Schreibmaschine vervielfältigten Handzettel, der die Bonzenwirtschaft der Sozialistischen Einheitspartei angreift und mit den Worten »Nie wieder SED!« schließt.

Vor einiger Zeit soll sich in West-Berlin eine Widerstandsbewegung mit dem Namen »Kampfgruppe gegen Unmenschlichkeit« (KgU) gegründet haben. Unter der Parole »Schweigen ist Selbstmord!« ruft sie dazu auf, rechtzeitig etwas gegen das SED-Terrorsystem zu unternehmen. Wer in der Hitler-Zeit die wahren Methoden des Regimes erfahren wollte, konnte sie erfahren; viele Deutschen seien damals schuldig geworden, ohne daß sie irgend etwas getan hätten. Die Mitglieder der KgU aber wären als Deutsche nicht gewillt, sich erneut dem Vorwurf auszusetzen, sie hätten sich in entscheidenden Stunden nicht aktiv gegen ein erneutes Gewaltsystem aufgelehnt. Angesichts der vielen Häftlinge in den Konzentrationslagern, deren Angehörige seit Jahren keinerlei Nachrichten über ihr Schicksal hätten, richtet diese Gruppe jetzt einen regelrechten Suchdienst ein – natürlich illegal. Auch fordert sie die Menschen in der Zone auf, den Unterdrückten zu helfen und das SED-System zu bekämpfen. Als Zeichen der Freiheit soll man überall den Buchstaben »F« malen. Es

ist gut zu wissen, daß es derartiges gibt. Im internen Kreis der Hochschulgruppe und dann mit Vertrauten im Kreisvorstand Schwerin kommen wir aber zu dem Entschluß, nicht illegal zu arbeiten. Es ist besser und vielleicht auch (noch?) wirkungsvoller, von der Plattform der Christlich-Demokratischen Union aus legale Politik zu betreiben und dabei Demokratie und Freiheit anzustreben – daß die Möglichkeiten hierzu zusehends geringer werden, wissen wir alle. Auf die Parole »F« wird jeder fortan besonders achten, doch niemand kann ein solches Freiheitssignal feststellen.
Analysiert man die Artikel und Meldungen im »Tag«, so muß Jakob Kaiser noch sehr viele Verbindungen in der SBZ haben. Ob von unserer Rostocker Gruppe wohl jemand heimlich nach West-Berlin zum CDU-Ostbüro fährt? Wir schätzen jeden von uns ein, trauen es eigentlich jedoch keinem zu.

Mai 1949

Verschiedene Studenten erzählen aufgeregt – je nach politischer Einstellung erfreut oder wütend –, am 1. Mai seien vom Dach der Universität Flugblätter gefallen. So sehr wir uns auch um Augenzeugen bemühen, wir finden leider keinen einzigen. Einige Tage später will Professor Schlesinger eine Klausur schreiben lassen über die rechtlichen Grundlagen des Volkseigentums in der SBZ – sämtliche Studenten lehnen »den Quatsch« ab und verlassen den Hörsaal!
Jeden Mittwoch hören wir Forensische Psychiatrie in Rostock-Gehlsdorf. Was es doch für menschliche Irrwege und Krankheiten gibt! Nachts durchstreifen zwei befreundete Kommilitonen und ich das Hafengebiet, besondes häufig sind wir in der »Kakadu«-Bar mit ihren schwedischen Seemännern, den allzu leichten deutschen Mädchen und sehr vielen Schmuggelwaren aus fast aller Herren Länder.
Die evangelische Studentengemeinde hat mir einen Mittagstisch besorgt, bei dem es herrliches Essen gibt; größtenteils stammt es aus Spenden der schwedischen Kirche. Da ich nicht immatrikuliert bin, darf ich auch nicht in der Mensa essen.
In der Nähe des Kröpeliner Tors begegne ich Karen, untergehakt

mit einer Freundin. Wir grüßen uns etwas distanziert. Sie ist eine schöne Frau geworden. Hoffentlich wird sie einmal einen guten und lieben Mann heiraten!
Der Leiter der Rostocker FDJ-Hochschulgruppe, Werner Mertineit, ist nach dem Westen geflüchtet. Wir müssen hören, daß er die gesamte Kasse mitgenommen hat. Eigentlich kann man es diesem offenen, frischen Mit-Studenten nicht zutrauen. Klaus Kiebart schreibt in einem Hörsaal auf eine Tafel groß die bei uns ausgegebenen Geldsummen für den Wohnungsbau und die sehr viel höheren für die Volkspolizei. Die Kommunisten sind erwartungsgemäß wütend über diese »Provokation«; es gehört wirklich schon Mut dazu, die Wahrheit in dieser Art darzustellen. Wohin sind wir schon gekommen, nur vier Jahre nach dem Ende der Nazi-Diktatur...
Die Berliner Blockade ist endlich aufgehoben! Natürlich versucht die SED-Propaganda dies als Sieg oder doch als großmütige Geste der Sowjetunion hinzustellen. Doch wer glaubt das schon? Bedauerlich ist allerdings, daß der Westen seinen Sieg nicht auszunutzen versteht und nicht darauf drängt, die früheren Verhältnisse wiederherzustellen. So bleiben die Westsektoren und der Ostteil der Stadt faktisch weiterhin gespalten. Dr. Adenauer hat während der ganzen Blockade-Zeit die deutsche Hauptstadt nur ein einziges Mal besucht. Zweifellos ist er ein großer Politiker; auch seine West-Politik kann man nur unterstützen – warum aber hat er so wenig Interesse an uns im Osten? Sind wir schlechtere Deutsche?
Mitte Mai finden die Wahlen zum III. Volkskongreß statt. Erstmals aber gibt es keine Einzellisten der Parteien mehr, man hat also keine Auswahlmöglichkeiten zwischen ihnen. Auch sind die Mandate schon jetzt, das heißt bereits vor den Wahlen, verteilt! Schon Anfang März ist der Schlüssel festgelegt worden: Die SED erhält 25 % aller Sitze, CDU und LDP bekommen insgesamt 30 %, doch zusammen mit den Massenorganisationen besitzt die Einheitspartei 68,7 %! Der CDU-Hauptvorstand hat die Wahl als »nationale Selbsthilfe« bezeichnet und versichert, diese Art stelle kein Präjudiz für künftige Parlamentswahlen dar. Der Stimmzettel enthält das Bekenntnis: »Ich bin für die Einheit Deutschlands und einen gerechten Friedensvertrag. Ich stimme darum für die nachstehende Kandidatenliste

zum III. Deutschen Volkskongreß.« Hinsichtlich der Verbindung zwischen den beiden Sätzen haben einige von uns einen komischen Geschmack nach Warum und Weshalb und vermuten irgendwelche Tücken oder gar Bosheiten. Aber vielleicht, so meinen viele, will man das Wahlresultat den Siegermächten als Bekenntnis der Deutschen zur Wiedervereinigung vorlegen? Und wer ist schon gegen die Einheit? Auf dem Wahlzettel kann man nur mit einem »Ja« oder »Nein« abstimmen.

In meinem zuständigen Wahllokal erklären mir die Helfer, ich könne sehr wohl in die Kabine gehen; wer aber für die Wiedervereinigung sei, brauche das erst gar nicht zu tun. So male ich offen mein Kreuz in den »Ja«-Kreis. Zu spät erfahren wir, daß westliche Rundfunksender dazu aufgefordert hatten, mit »Nein« zu votieren; den Grund haben sie allerdings nicht angegeben. Vielleicht sind es Separatisten im Westen, die offenkundig Angst vor einem Niederreißen der Zonengrenzen haben?

Auffällig ist am nächsten Tage, daß im Gegensatz zur üblichen Gepflogenheit keinerlei Teilresultate veröffentlicht werden. Es dauert nicht lange, bis die Rostocker CDU die Wahrheit erfahren hat: Auf Weisung von Innenminister Warncke und des Leiters des Wahlausschusses, Glückauf, waren auch in Mecklenburg alle weiß abgegebenen Stimmzettel als »Ja« zu werten. Beschriebene galten lediglich dann als ungültig, wenn eine demokratie-feindliche Gesinnung daraus zu erkennen war. Das Resultat in der Zone lautet dann auch 66,1% »Ja«- und 33,9% »Nein«-Stimmen. Dabei wird allerdings oft »vergessen«, daß es sich bei diesen Zahlen nur um gültige Wahlzettel handelte und die ungültigen weitere 6,6% ausmachen. Folglich haben höchstens 59,5% der Bevölkerung für den Volkskongreß gestimmt! Das echte Resultat wird wohl nie zu erfahren sein. Und wie viele Menschen mögen so leichtgläubig wie ich gewesen sein? In Mecklenburg haben, so heißt es wenigstens, 68,4% mit »Ja« gestimmt und 31,6% mit »Nein«. Die CDU Brandenburg protestiert gegen diese »Wahl« – warum eigentlich nicht unser Landesverband? Angeblich erhebt auch die LDP in Sachsen offiziell Einspruch, doch ändern diese Schritte überhaupt nichts. Die »Neue Zeit« vertritt zu Recht die Ansicht, die »Nein«-Stimmen seien nicht gegen die Wiedervereinigung oder gegen einen gerechten Frieden gerichtet, sondern Ausdruck einer Kritik gegen ganz andere Gebiete.

Am Rhein wird das Grundgesetz verkündet. Auf unserer Seite brennen an der Zonengrenze viele Mahnfeuer, die an die Einheit Deutschlands appellieren wollen. Zweifellos mußte auch im Westen jeder Buchstabe erst von den dortigen Siegermächten genehmigt werden; außerdem gibt es noch das Besatzungsstatut. Ob diese Entwicklung zwangsläufig war oder nur die Sowjets mit ihrer SED sie zu verantworten haben – wir können das nicht beurteilen. Jakob Kaiser gibt sein vorbehaltloses Ja zur westdeutschen Verfassung und bringt nach seinen Worten damit den Willen gerade unserer Bevölkerung zum Ausdruck, die mit Ungeduld auf den Tag der Wiedervereinigung wartet. Das ist zweifellos alles zutreffend, doch stellt auch das Grundgesetz weder eine Lösung der deutschen Frage noch einen echten Frieden dar. Immerhin will die Bundesrepublik Deutschland kein West-Staat, sondern ein Rumpf-Deutschland sein, das den Beitritt der Ostzone zuläßt.

Lemmer scheint skeptischer als Kaiser zu sein, und er dürfte leider recht haben: Wenn im Westen erst ein Staat entstanden ist, wird der Weg zur deutschen Einheit noch schwerer sein. Ein Brief von ihm an uns gibt seine neue Adresse in West-Berlin an. Er hat also sein geliebtes Haus in Klein-Machnow verlassen müssen! Mein Vater ist ziemlich erschüttert und sagt lange kein Wort. Wir lernen die Anschrift in Berlin-Charlottenburg, Schlüterstraße auswendig, und mein Vater verbrennt dann den Brief – wie er es mit der gesamten Korrespondenz schon damals nach dem 30. Januar 1933 tat. Natürlich antworten wir Lemmer unter den üblichen Vorsichtsmaßnahmen.

In Ost-Berlin tritt der III. Volkskongreß zusammen, der 1400 Vertreter aus der SBZ umfaßt sowie 616 überhaupt nicht gewählte »Delegierte« aus dem Westen Deutschlands. In dem neu gewählten, aus 350 Mitgliedern bestehenden Volksrat hat die SED mit ihren Anhängsel-Organisationen die absolute Mehrheit; von den 32 Abgeordneten der NDPD und der DBD waren 16 früher Mitglied der SED.

Bei der Volkspolizei werden alle Personen entlassen, die nahe Verwandte im Westen haben oder längere Zeit in westalliierter Kriegsgefangenschaft waren oder auch Umsiedler aus dem Osten sind. Die Gründe liegen auf der Hand: Man wünscht nur politisch Zuverlässige. Doch was hat das mit polizeilichen Aufgaben zu tun?
Das Organ der sowjetischen Besatzungsmacht attackiert das CDU-Vorstandsmitglied Karsten in Schwerin. Dabei ist der Studienrat ein so ehrlicher und offener Mensch. Walter Olters, unseren Kreisvorsitzenden, hat man verhaftet; angeblich stand er in Verbindung mit dem CDU-Deutschlandbüro. Er weiß genau, wie ich zu Kaiser und besonders zu Lemmer stehe. Vielleicht ist es gut für mich, daß wir uns in den letzten Monaten kaum gesprochen haben.
Der bisher aufrechte Papierwarenhändler S. aus der Lübeckerstraße tritt neuerdings aktiv in der »Deutsch-Sowjetischen Freundschaft« auf; das Motiv ist eindeutig – sein Sohn möchte studieren.

Juni 1949

Die »Wahl« von Mitte Mai hat noch einige Nachspiele. Der evangelische Bischof Dibelius von Berlin vergleicht die Abteilung »K 5« der Volkspolizei mit der einstigen Gestapo und erklärt, die Stimmzettel zum Volkskongreß seien nach nationalsozialistischem Muster angefertigt. Eine Gegenattacke von Landespastor Schwarze wird groß im »Neuen Deutschland« veröffentlicht. Im gleichen Zusammenhang beschwert sich Grotewohl auf einer Sitzung des »Blocks«, viele Mitglieder der CDU und LDP hätten Plakate zum III. Volkskongreß beschmiert oder abgerissen. Gutinformierten Quellen zufolge hat Ulbricht dabei erklärt, die Hauptkräfte des Gegners stellten nicht mehr die Nazis dar, sondern seien in den bürgerlichen Parteien zu suchen! Das SED-Zentralorgan berichtet von einer Entschließung der Sitzung, nach der die Nein-Sager bei der Wahl vor den Augen des Auslandes einen Mangel an gesundem politischen Bewußtsein für die gemeinsame Sache des deutschen Volkes gezeigt hätten.
Äußerst anmaßend und politisch ebenso fragwürdig empfinden wir

die Formulierung, die über 600 Abgesandten aus dem Westen berechtigten den Volkskongreß, »die Stimme für ganz Deutschland zu erheben«. An anderer Stelle heißt es in der Entschließung, die Parteien verpflichteten sich, gegen unverbesserliche und unbelehrbare Elemente sowie gegen Störenfriede in den eigenen Reihen mit Entschlossenheit aufzutreten und auch vor »organisatorischen Säuberungsmaßnahmen« nicht zurückzuschrecken. Überall, wo ich nachfrage, sind nur Achselzucken und Beschwichtigungen die Reaktion.

Auf dem III. Parlament der Freien Deutschen Jugend in Leipzig wird bekanntgegeben, daß die Organisation jetzt 608 243 Mitglieder hat. In den neuen Zentralrat werden unter anderem Horst Brasch, Horst Brie, Theo Fettin und – wen wundert's? – Manfred Tomuschat gewählt. War bisher stets das Wort von der Überparteilichkeit der FDJ zu hören, so spricht die neue Verfassung von einer unabhängigen Organisation; die alleinige Bindung an die SED ist nicht zu übersehen. Auch geheime Abstimmungen, welche die alte Verfassung noch vorsah, sind nunmehr abgeschafft.

Der nächste Schlag gegen die schon recht geknickte Pflanze unserer Demokratie und Freiheit folgt sehr bald: Die bereits im Herbst 1948 fällig gewesenen Kommunalwahlen sowie die in diesem Herbst abzuhaltenden Kreis- und Landtagswahlen werden weiter auf 1950 verschoben! Erst nach längerer Zeit erfahren wir beiläufig, daß auf einer Sitzung jenes Gemeinsamen Ausschusses der Parteien in Berlin Otto Grotewohl erklärt hat, selbstverständlich werde am Grundsatz der Durchführung verfassungsmäßiger Wahlen nicht gerüttelt – etwas anderes würde ja auch die völlige Außerkraftsetzung aller Landesverfassungen bedeuten. Jetzt aber solle man nicht über einen Zeitpunkt der Wahlen reden, sondern erst die politische Entwicklung im Westen abwarten. Das Kommuniqué über diese Frage möge kurz sein, da es sonst an der Basis zu einer Auseinandersetzung führen müsse, die ungesund wäre. Und, fuhr der SED-Führer fort, diese sei doch nicht ohne zwingenden Grund heraufzubeschwören. Im Gegensatz zu Professor Hickmann hat Nuschke, höre ich, wieder einmal den »Wünschen« der SED nachgegeben. Man kann nur den Kopf schütteln.

Erfreulich hingegen ist das neue Kulturprogramm der CDU, das die Einheit unserer gesamtdeutschen Kultur und Kulturüberlieferungen sowie das Mitbestimmungsrecht der Eltern bei der Erziehung der Kinder betont. Es fordert Toleranz und wendet sich gegen jede einseitige Geschichtsauffassung; die Wissenschaft solle nicht parteipolitisch ausgerichtet sein, und das öffentliche Leben müsse von Lüge, Zwang und Verhetzung befreit werden. Mutige Worte, doch was können sie bewirken?
Ernst Lemmer ist nicht mehr im Vorstand des Freien Deutschen Gewerkschaftsbundes. Auch im Kulturbund hat er keine andere Wahl mehr gehabt, als seine Funktion niederzulegen. In seinem letzten Artikel schrieb er, daß auch ein Parteigänger die Pflicht zur Objektivität hätte. Wenn die Diffamierung eines Gegners aber in den Mittelpunkt politischer Kämpfe gerückt werde, entarteten diese. Zum Wesen schöpferischer Politik gehöre indes Toleranz.
Auf der Rostocker Universität hat die Besatzungsmacht die LDP-Hochschulgruppe verboten, ebenfalls sind sämtliche Wandzeitungen untersagt! Den SED-Genossen ist das natürlich sehr peinlich. Wie erwartet, läßt sich zumindest der zweite Teil der Anordnung nicht sehr lange durchhalten, wollen die Sowjets nicht das gesamte sogenannte politische Leben an der Universität drosseln. So habe ich eine neue Wandzeitung der FDJ-Gruppe an unserer Fakultät herauszubringen, die selbstverständlich die Zensur der Besatzungsmacht passieren muß. Nach längerem Überlegen entsteht schließlich eine Ausgabe mit der knalligen Überschrift »Uns ruft die Jugend der Welt!« Der Inhalt besteht nach einigen einleitenden Worten aus Anschriften ausländischer Jugendorganisationen, mit denen man Kontakt aufnehmen könnte. An erster Stelle nenne ich den sowjetischen Jugendverband, dann folgt der polnische; daran schließen sich Adressen in der Schweiz, Frankreich, England und den USA an. Ein FDJ-Funktionär berichtet mir sehr erfreut, der russische Kulturoffizier sei von meiner Wandzeitung recht angetan gewesen. War er froh, daß es endlich eine neue gab? Ob er nicht durchschaut hat, daß die ersten zwei Adressen lediglich Tarnung und Mittel zum Zweck waren, um die anderen – westlichen – überhaupt veröffentlichen zu können? Manche Kommilitonen verstehen mich, andere halten mich

jetzt leider für einen Opportunisten. Als ich am Semesterende mein Attestat von der Pflichtvorlesung »Politische und soziale Probleme der Gegenwart« bei Professor Herz holen will und dabei einige hetzerische Bemerkungen fallen lasse, schaut mich Sigi erschrocken an. Ist es etwa Angst um mich? Sie glaubt doch etwa nicht an den kommunistischen Quatsch? Dafür dürfte sie eigentlich viel zu klug sein!
Freiheit, Demokratie und auch Lebensstandard sowie überhaupt die Zukunft hängen für den einzelnen Deutschen heute mehr denn je von seinem Wohnsitz ab. Im Westen scheint das allgemeine Leben aufzublühen, bei uns droht die Dunkelheit. Denn auch die Pariser Konferenz ist ergebnislos verlaufen. Die Diskussion über die Herstellung der deutschen Einheit wurde abgebrochen, als der sowjetische Außenminister eine weitere von der Annahme seiner Vorschläge abhängig machte. Natürlich verspricht das Abschlußkommuniqué, man werde sich auch zukünftig um die Lösung des Deutschland-Problems bemühen. Jeder aber weiß, was das tatsächlich bedeutet.

Juli 1949

Es ist für mich wirklich die letzte Chance, immatrikuliert zu werden. Erst kürzlich stand im »Neuen Deutschland« unmißverständlich, man müsse eine neue Intelligenz aus den Reihen der Arbeiter und Bauern schaffen – die Oberschulen kämen dafür zur Zeit nur bedingt in Betracht. Gottlob ist die Hochschulgruppe der Freien Deutschen Jugend in Rostock mit ihrem Sitz in der Rosa-Luxemburg-Straße 31 noch zu einem beträchtlichen Teil von nichtkommunistischen Kräften durchsetzt. Ich bekomme in bestem Parteichinesisch anstandslos eine positive Bescheinigung über »stets aktive Teilnahme an der FDJ-Arbeit und am demokratischen Wiederaufbau«. Auch Pfarrer Kleinschmidt befürwortet meine Zulassung »auf das herzlichste und wärmste« und spricht mir im Brief sogar eine außerordentliche Klugheit zu.
Von einem Vertrauten unserer Gruppe werde ich angesprochen:

»Und wenn du beim Ausfüllen des Fragebogens für die Immatrikulation ›vergißt‹, CDU-Mitglied zu sein?«
»Das würde zweifellos meine Chance erhöhen...«
»Auch für uns wäre das sehr wichtig. Bekanntlich geht jede Bewerbung zum Studium durch sowjetische Hände. Wenn dein ›Vergessen‹ nicht auffällt, können wir sehr sicher sein, keinen Spitzel in unserer Hochschulgruppe zu haben!«
Ich zweifle ein wenig: »Oder auch nicht! Wenn die russische Geheimpolizei raffiniert ist, gibt sie ihr Placet zu meiner Immatrikulation – gerade damit wir sicher sind. Und in Wahrheit hat sie vielleicht doch einen heimlichen Informanten bei uns!«
»Nein, so raffiniert sind die Sowjets wieder auch nicht...«
»Hoffentlich! Man sollte sie nicht unterschätzen!« meine ich. Wir bauen jedenfalls noch eine Sicherung in meine Bewerbung ein und müssen der Dinge harren. Vielleicht geht alles gut!
Zunächst aber fährt unsere FDJ-Hochschulgruppe ins Ferienlager auf Schloß Semper auf Rügen. Die Insel ist eine erholsame und wirklich schöne Gegend, besonders der Kreidefelsen oder gar Hiddensee. Auf einen großen Felsen im Wasser male ich ein Herz mit einem Pfeil und die Worte »Suzanne – 1950?« Es stellt in unserer Fakultätsgruppe inzwischen ein offenes Geheimnis dar, daß ich »schwarz« in die Schweiz möchte und selbstverständlich zurückkehren werde. Eine Diskussion entfacht sich, als wir feststellen, ein Privatbrief an eine Studentin ist von der sowjetischen Postzensur geöffnet worden und trägt sogar – was recht selten ist – einen entsprechenden Kontrollstempel. Manche FDJler zeigen sich betroffen über das Mißtrauen der Russen; die fanatischen Funktionäre hingegen heben hervor, die UdSSR müsse sich stets und überall schützen – es gebe immer noch Faschisten.
Horst Brasch, Mitglied des FDJ-Zentralrates, besucht uns. Ich weiß, nach 1933 mußte er aus rassischen Gründen nach London emigrieren und gründete dort die Freie Deutsche Jugend. Irgendwie hat man ihm von meiner Familie erzählt, und so will er sich mit mir unterhalten. Seine erste Frage ist dann allerdings auch, weshalb wir damals BBC und nicht Radio Moskau abgehört hätten. Ich spreche von unserer Sorge um meinen vermißten Vater; daß wir der sowjeti-

schen Seite keinen Glauben schenkten, traue ich mich ihm nicht direkt zu sagen. Seine Frage, ob ich während der Hitler-Zeit irgendwelche kommunistische Untergrund-Arbeit feststellte, kann ich ehrlich verneinen. Er scheint ein Idealist zu sein und voller Toleranz – aber wir sind schon zu oft enttäuscht worden. So kleide ich meine Zweifel und mein Mißtrauen, meine Sorgen um den grauen Zonen-Alltag in vorsichtige Worte. Kritik ist selbst in jeder Diktatur möglich, sofern man diese – zumindest äußerlich – in positive Formulierungen kleidet und dabei allerdings einen gewissen Rahmen nicht überschreitet. Gewiß ist meine Vorsichtsmaßnahme richtig gewesen, denn später wird Brasch DDR-Botschafter in Tokio.

Nach einem vorsichtigen Einander-Abtasten komme ich mit einem Jura-Studenten aus Jena näher ins Gespräch. Dort scheint an der Universität das Sich-Aufbäumen gegen das SED-Regime ausgeprägter als bei uns zu sein. Er weiß von einer Wandzeitung der LDP-Gruppe zu berichten, die »nur« Tucholsky zitiert hatte:

> »... wenn sich das alles tot gelaufen hat: der Hordenwahnsinn, die Wonne, in Massen aufzutreten, in Massen zu brüllen und in Gruppen Fahnen zu schwenken, wenn diese Zeitkrankheit vergangen ist, die die niedrigen Eigenschaften der Menschen zu guten umlügt... Dann wird es eines Tages wieder sehr modern werden, liberal zu sein... Hunderttausend schwarzer, brauner und roter Hemden werden in die Ecke fliegen und auf den Misthaufen. Und die Leute werden wieder Mut zu sich selbst bekommen, ohne Mehrheitsbeschlüsse und ohne Angst vor dem Staat, vor dem sie gekuscht hatten wie geprügelte Hunde...«

Daß damit der Tag der Freiheit in der Zone gemeint ist, verstand jeder. Entsprechend gab es sehr großes Aufsehen bei den Genossen und natürlich riesengroße Genugtuung bei allen oppositionell eingestellten Studenten!

In Schloß Semper sind aber nicht nur Angehörige von FDJ-Hochschulgruppen aus der gesamten SBZ untergebracht, sondern auch junge Aktivisten aus Aue mit seiner »Wismut AG«. Schon 1946, kann man von ihnen ziemlich mühselig erfahren, hatten die Russen

im Gebiet des sächsischen Erzgebirges von Zwickau und gerade Aue Uran-Erze festgestellt und ohne Umschweife das gesamte Revier und jedes Gramm Erz zu sowjetischem Eigentum erklärt. Wenn unsere Zeitungen überhaupt auf dieses Thema eingingen, so hatten sie stets geschrieben, die Erze seien ausschließlich für unsere Friedens-Industrie bestimmt – tatsächlich geht alles nach Rußland. Schätzungsweise 300 000 Arbeiter und auch Arbeiterinnen schürfen hier nach dem Grundstoff der Atombombe. Sie erhalten zwar die Lebensmittelkarte I (für Schwerstarbeiter) sowie eine Zusatzkarte und bei Erfüllung der Arbeitsnorm monatlich sogar 1000 Mark Lohn – doch sind die Arbeitsbedingungen katastrophal, die Strickleitern in die Schächte alt, und oft steht man unten bis fast zu den Knien im Wasser.
Über eine Scheibe Brot gerate ich mit einigen Wismut-Arbeitern in Streit; dank der körperlichen Überlegenheit dieser »lebenden Kleiderschränke« gelingt es ihnen, meinen Körper mit schwarzer Schuhcreme einzuschmieren – eine alte Methode schon aus der HJ gegenüber Mißliebigen.

August 1949

Die Tagung des SED-Parteivorstandes hat beschlossen, »alle möglichen und geeigneten Formen anzuwenden, um den Widerstand des deutschen Volkes zum Ausdruck zu bringen.« Kleine Zirkel sollen bei uns mit bestimmten Aufgaben gebildet werden, um propagandistisch nach West-Deutschland einzuwirken. Ein überaus deutliches Zeichen!
Der Philosophiedirektor Ernst Bloch ist aus den USA nach Leipzig zurückgekehrt. Wie man im SED-Zentralorgan nachlesen kann, hat er bei seiner Ankunft erklärt: »Im Gegensatz zu der Sklavensprache, zu der ich in Amerika verurteilt wurde, besteht hier in Leipzig Redefreiheit.« Ist er ein kommunistischer »Spinner« oder ein lebensfremder Illusionist? Erst wenige Tage zuvor ist der Ministerpräsident von Sachsen-Anhalt, Professor Dr. Erhard Hübener, zurückgetreten. Er war der letzte Ministerpräsident in der Ostzone, der nicht der SED angehörte.

Mitte August fanden im Westen Deutschlands die Wahlen zum ersten Bundestag statt. Unsere Freude, daß die CDU die stärkste Partei geworden ist, ist natürlich sehr groß. Andererseits haben nicht weniger als immerhin 1,3 Millionen Wahlberechtigte für die KPD votiert.
Thomas Mann befindet sich in Deutschland! Leidenschaftlich ruft er in Weimar aus:

> »Ich finde das Land zerrissen und aufgeteilt in Zonen der Siegermächte ... Eines Tages muß und wird es enden. Ich kenne keine Zonen. Mein Besuch gilt Deutschland selbst, Deutschland als Ganzem, und keinem Besatzungsgebiet.«

Er spricht uns aus vollem Herzen von jenem Augenblick, den Goethes »Faust« seinen letzthöchsten nennt,

> »den Augenblick, wo der Mensch, wo auch der Deutsche, ›auf freiem Grund mit freiem Volke‹ steht!«

Ein kleiner Wermutstropfen ist allerdings, daß er bei seinem internationalen Ansehen nicht darauf bestanden hat, das KZ Buchenwald zu besuchen. Offenkundig haben die Russen dort viel, sehr viel zu verbergen!

September 1949

Nachdem sich in Bonn der Bundestag und der Bundesrat gebildet haben, schreibt das SED-Zentralorgan haßerfüllt: »Was sich in Bonn tut, das ist keine Farce mehr von spießbürgerlichen Trotteln und Ignoranten, das ist eine ganz grobe und freche Verhöhnung des deutschen Volkes. Dies ist eine bewußte Herausforderung der gesamten zivilisierten Welt, der gesamten friedliebenden Menschheit ...«
Die FDJ zählt 923 576 Mitglieder. Sollten die verschiedenen Angaben stimmen, so müssen während der drei letzten Monate rund 300 000 Jugendliche beigetreten sein. Die Zahl der wirklich freiwilligen Meldungen zur Freien Deutschen Jugend dürfte indes wohl nicht sehr hoch sein.
An der Universität taucht Herbert B. plötzlich als Student der

Sozialwissenschaften auf. Natürlich gebe ich sofort die Verdachtsmomente weiter, die in Schwerin gegen ihn bestanden.
Sonntagabends hören wir zu Hause sehr gerne die RIAS-Sendung »Die Insulaner«. Die fingierte Schulungsstunde eines SED-»Funzenär« ist eine einmalige Persiflage, die den kommunistischen Popanz mit all seinem ideologischen Kauderwelsch zum lächerlichen Gerippe entkleidet. Lächerlichkeit tötet! Es ist ein befreiendes Lachen, das unseren Alltag zumindest für Augenblicke vergessen läßt. Es schenkt den Menschen aber auch die Gewißheit, daß Freiheit und Geist letztlich über kommunistische Dummheit siegen werden. Manche der politischen Witze kursierten vielleicht schon vor 1945 und sind nur »modernisiert« worden für die heutigen Verhältnisse zwischen Elbe und Oder. Gegenwärtig kursiert in der Bevölkerung eine bissige Satire über die Sowjetunion: »In Moskau protzt ein Parteifunktionär mit den nächsten Fünfjahresplänen: ›Im Jahre 1990 hat in der UdSSR jede Familie ein Flugzeug!‹ ›Und was soll ich damit?‹ knurrt ein Zuhörer. ›Dummkopf! Wenn es in Kiew einmal Streichhölzer gibt, kannst Du sofort hinfliegen und Dich in der Menschenschlange anstellen‹...«
Existiert innerhalb der Besatzungsarmee eine Widerstandsbewegung? In Rostock und Wismar sollen Hafenarbeiter bereits mehrmals in Postsendungen aufgefordert worden sein, beigelegte antikommunistische Schriften in den Schiffen nach Sowjetrußland zu verstecken. Daß auch unsere Eisenbahner gelegentlich russischsprachige Flugblätter erhalten mit einem deutschen Begleittext, sie in Reparationszüge einzuschmuggeln, hörte ich schon. Oft sollen die Flugblätter täuschend ähnlich nachgedruckte 25-Rubel-Geldscheine und ebenso 20-Mark-Scheine darstellen, die auf ihrer Rückseite Aufrufe zum Widerstand tragen. »Für die Heimat, gegen Stalin!« heißt die Parole. Daß nicht alle russischen Soldaten überzeugte Kommunisten sind, wissen wir seit langem. Es gibt ein Wortspiel, welches sicherlich viel Wahrheit verbirgt: Stalin beging einen sehr großen Fehler, als er dem Westen die Sowjetsoldaten zeigte und insbesondere, als er den Sowjetsoldaten den Westen zeigte!

Oktober 1949

Bereits während der letzten Septemberwoche hat der sächsische Landtag die Bildung einer gesamtdeutschen Regierung gefordert. Jetzt, in den beiden ersten Oktobertagen, kommt es in vielen Betrieben der SBZ zu Versammlungen, die stets genau dasselbe verlangen. Das ist kein Zufall, sondern eine wohlüberlegte Kampagne! Am 4. Oktober bringt das »Neue Deutschland« dann auch die Überschrift: »Forderung der Massen – Deutsche Regierung«. Es stützt sich dabei auf eine Entschließung von 5700 Arbeitern und Angestellten des Benzinwerkes Böhlen bei Leipzig. Im Auftrage der FDJ stellt Erich Honecker (gefragt hat er allerdings gewiß niemanden außer einigen SED-Vertrauten im Zentralrat) die Forderung nach Bildung einer gesamtdeutschen Regierung. Daß diese ihren Sitz in Berlin haben muß, stellt der Hauptausschuß der LDP fest. Als die Zeitungen am folgenden Tage entsprechende Leserbriefe und Interviews aus der Bevölkerung bringen und damit den »Volkswillen« bekunden, weiß wohl jeder, daß die Gründung eines eigenen Staates unmittelbar bevorsteht. Die eigentliche Entscheidung zu diesem Schritt fiel nach unserer Ansicht höchstwahrscheinlich zwischen dem 16. und 28. September, als Ulbricht, Pieck und Grotewohl sowie Fred Oelßner in Moskau weilten; im Gegensatz zu den sonstigen Gepflogenheiten wurden Einzelheiten über die Gespräche nämlich niemals veröffentlicht.

Am 5. Oktober stellen das Präsidium des Volksrates und des Demokratischen Blocks dann den Volksrat als »gewählte Vertretung des gesamtdeutschen Volkes« vor und rufen ihn auf, »sich zur provisorischen Volkskammer umzubilden und eine verfassungsmäßige Regierung der Deutschen Demokratischen Republik zu schaffen«. Sofern wir überhaupt dem Tempo der Entwicklung folgen können, bleibt nur das Staunen: Keine 48 Stunden später benennen die Delegierten ihre Institution selber um und setzen die Verfassung in Kraft – die DDR ist gegründet! Die Regierung, tönt aus Ost-Berlin, werde für Gesamt-Deutschland sprechen; ihre Bildung sei ein Schlag gegen alle Adenauers und alle Quislinge, die unser Volk an das ausländische Monopolkapital verschacherten. Die Wahrheit

aber ist: Die Art dieser Regierungsbildung der Deutschen Demokratischen Republik beruht nicht auf dem Willen unserer Bevölkerung, sondern auf Lüge und Betrug! Man sollte die Glaubwürdigkeit von Staatsführern gerade an ihren eigenen früheren Worten und Versprechungen messen. Hatte Otto Nuschke doch am 18. März 1948 den Volkskongreß bezeichnet als eine »Arbeitskörperschaft, die kein Parlament ist und es nicht sein will«. Am 5. August letzten Jahres erklärte Grotewohl, daß der Volkskongreß »einem Notstand Rechnung trug« und daß »wir niemals, welche Entwicklung auch für die sowjetische Besatzungszone kommen möge, also die Bildung eines Parlaments und einer Regierung in einem späteren Zustand, daran denken, diesen Volksrat in so etwas wie ein Parlament der Ostzone umzuwandeln«. Ähnlich hatte Wilhelm Koenen, Sekretär des Volksrates, am 15. Mai 1949 im SED-Zentralorgan anläßlich der Abstimmung zum III. Volkskongreß beteuert: »Wir können nicht nach Parteilisten wählen, weil unser nationales Gewissen uns verbietet, dem Deutschen Volkskongreß den Charakter eines ›ostzonalen Sonderparlaments‹ zu geben.« Nunmehr gilt von allen diesen schön klingenden Worten und Versprechungen nur noch – das Gegenteil! Auch erfolgt die Aufteilung der 330 Mandate der provisorischen Volkskammer nicht entsprechend dem Mehrheitsverhältnis, wie es sich bei den Landtagswahlen 1946 gebildet hatte, sondern nach einem Schlüssel: CDU und LDP erhalten je 45 der Mandate, während die SED mit ihren Massenorganisationen über die absolute Mehrheit verfügt. Die NDPD und DBD beziehen jeweils 30 Sitze im Parlament – wie diese Zahl zustande gekommen ist, bleibt ein Geheimnis. Von den westdeutschen Delegierten spricht man überhaupt nicht mehr, obwohl die DDR doch der allein vom deutschen Volk gewollte Staat sein möchte!
Dr. Schumacher gibt den westlichen Alliierten eine Mitschuld an der erfolgten Entwicklung. Um die Wiedervereinigung offenzuhalten, tritt Willy Brandt gegen eine Stabilisierung der sowjetischen Ordnung in der Sowjetzone auf.
Bei unseren vielen und oft recht erregten Diskussionen um diese Fragen erklären die SED-Funktionäre, es sei die Bundesrepublik gewesen, die mit ihrem Entstehen der Einheit Deutschlands den

Todesstoß versetzt habe. Die Deutsche Demokratische Republik habe nachziehen müssen. Vor der Geschichte wird Ost-Berlin fortan auch ganz bestimmt behaupten, die SBZ habe nicht als erste einen Staat gebildet. Äußerlich mag das wohl auch zutreffen – in Wahrheit aber sind bei der Gründung der DDR lediglich noch einige förmliche Akte nötig. Der Staat war längst vorhanden, bevor er ausgerufen wurde: Bereits im Juni 1947 wurde bei uns die »Ständige Wirtschaftskommission« gegründet, die im März 1948 von der »Deutschen Wirtschaftskommission« (DKW) ersetzt wurde, welche gegenüber den einzelnen Ländern der Zone nahezu uneingeschränkte Vollmachten erhielt. Trotz der Betonung des Wirtschaftlichen war sie praktisch der Kern einer künftigen Sowjetzonen-Regierung! Nur mit dem letzten Schritt, der offiziellen Konstituierung der DDR, wartete man in Moskau. Doch ist es lediglich ein formaler Akt, wenn am 12. Oktober die Aufgaben der DWK auf die provisorische Regierung der DDR übergehen und ihre bisherigen Hauptverwaltungen in entsprechende Ministerien umgewandelt werden.

Am 8. 10. ersucht der Volksrat die Präsidenten der ostzonalen Länder, die im Herbst dieses Jahres eigentlich abgelaufene Wahlperiode um ein Jahr zu verlängern. Begründet wird dies mit dem Hinweis, man solle der neuen Regierung für eine gewisse Zeit die Chance geben, um vor der Bevölkerung darzulegen, daß sie wirklich eine Regierung des deutschen Volkes sei...

Als 200 000 FDJler nach Berlin sollen, um Pieck zur Wahl des Präsidenten einen Fackelzug zu veranstalten, lehne ich für mich eine Teilnahme entschieden ab. Natürlich kann ich nicht laut sagen, daß ich mich unwillkürlich an ähnliche Bilder am 30. Januar 1933 erinnern muß. So benutze ich die ungefährlichere Schutzbehauptung, es gebe würdigere Studenten – außerdem sei ich noch immer lediglich Gasthörer. Alle schön klingenden Worte und alle befohlenen Aufmärsche können nämlich keinen Ersatz für die Tatsache darstellen, daß die Bildung der Deutschen Demokratischen Republik ohne jegliche Wahlen erfolgte. Sie ist zugleich der erste Bruch der eigenen Verfassung; muß nach ihr die Volkskammer doch vom Volk gewählt werden! Und zur Rechtsgrundlage für die Geburt der

DDR beruft sich die neue Regierung ausgerechnet auf den Betrug jener »Wahl« vom 15. Mai!

Die Bevölkerung bleibt jedenfalls bei unseren alten Bezeichnungen wie »Ostzone« oder »Sowjetzone« oder »SBZ«; die Formulierung »Deutsche Demokratische Republik« oder auch nur »DDR« hört man durchweg nur aus dem Mund von SED-Fanatikern.

In der CDU – und das gilt sowohl für unsere Universität als auch für Schwerin – herrscht große Betroffenheit. Viele Mitglieder fühlen sich von der Führung verraten und halten eigentlich nur noch zur Partei, weil sie wissen, daß die überwiegende Mehrzahl der Anhängerschaft noch gut und zuverlässig ist. Es hat in diesen schicksalhaften Wochen gerade bei der Christlich-Demokratischen Union überaus viele Zweifler und Mahner gegeben, die sich ihre Entscheidung unendlich schwer gemacht haben. Es ist aber fast unmöglich, sich ein zutreffendes Bild über die verschiedenen Ansichten im Parteivorstand zu machen. Wahrscheinlich hatte der alternde Nuschke immer noch Illusionen, gewiß wollten manche noch schlimmere Entwicklungen aufzuhalten versuchen. Natürlich gab es auch massiven Druck: Bei der entscheidenden Sitzung des CDU-Hauptvorstandes am 5. Oktober im Union-Haus in Ost-Berlin berichtete Nuschke über die Bildung einer vorläufigen DDR-Regierung und bat um eine entsprechende Ermächtigung; ein gegenteiliger Beschluß, so drohte er wörtlich, würde einen Verzicht auf alle weitere Arbeit der Union bedeuten. Wie durch zuverlässige Zeugen nach und nach bekannt wird, gab es auf der Sitzung sehr wohl dagegen Widerstand. Einer der Opponierenden war Professor Hickmann: Taktisch recht geschickt schlug er vor, die provisorische Volkskammer aus den Landtagen zu bilden und den Termin für die einzelnen Landtagswahlen sofort festzulegen – doch erfolglos. Später versucht die Parteiführung die Mitglieder zu beruhigen mit dem Hinweis, wir hätten die Mehrzahl unserer Ziele bei der Bildung der DDR-Regierung erreicht und in der Zone sogar unseren Einfluß verstärken können.

Trotzdem hat sich nicht nur bei den Mitgliedern, die ich näher kenne, die Ansicht gebildet, daß es doch große Widersprüche zwischen der politischen Haltung der CDU-Führung vor und nach dem 7. Oktober gibt und daß sie durch ihre Beteiligung an der Regierung ihrer alten parlamentarisch-demokratischen Linie untreu geworden ist. Andernfalls würde die »Neue Zeit« bestimmt nicht eine Erklärung des Parteivorstandes über seine Haltung zur DDR-Gründung veröffentlichen. Darin behauptet er, man hätte entweder an »fragwürdigen Wahlen nach den Bestimmungen und Weisungen der Besatzungsmacht« festhalten müssen oder andererseits dem Umbau der bisherigen Ostzone in einen regulären Staat mit einer gleichzeitigen Auflockerung des Besatzungsregimes zustimmen können.

Die CDU-Führung habe kein Wort gebrochen und keinen Verrat geübt. Ob die weiteren Passagen der Erklärung einen verhaltenen Optimismus hinsichtlich der weiteren Entwicklung in der Ostzone ausstrahlen sollen, oder dominiert doch die Skepsis?

> »... Wird die Entwicklung zur parlamentarischen Demokratie oder zur östlichen Form der Volksdemokratie führen? Wenn die Ereignisse des 7. Oktober nur eine Vorstufe zur Volksdemokratie wären, dann wäre vom Standpunkt der CDU aus die Entscheidung der Zonenleitung der CDU verfehlt gewesen, denn die CDU steht unabdingbar auf der Grundlage der parlamentarisch-demokratischen Staatsform. Wir lehnen nach wie vor jede Form des Ein-Parteien-Systems ab. Wir lehnen es auch ab, Handlanger zu einem System zu sein, das unseren grundsätzlichen Auffassungen des staatlichen und gesellschaftlichen Lebens widerspricht. Eine feste Garantie in dieser Beziehung bietet uns die einstimmige Annahme und Inkraftsetzung der vom Deutschen Volksrat beschlossenen Verfassung durch die provisorische Volkskammer.«

Oder sollen diese Sätze eine Rechtfertigung sein vor der deutschen Geschichte, die nach dem Tage der Wiedervereinigung über uns alle geschrieben werden wird?

Hartnäckigen Widerstand hat es in der CDU-Spitze besonders gegen die Verschiebung der Wahlen gegeben. Auf der gemeinsamen Sitzung des Präsidiums des Volksrates und des »Blocks« war es wieder Hickmann, der betonte, auch durch ein verfassungsändern-

des Gesetz dürften die Landtage nicht ihre Lebensdauer verlängern; erstaunlicherweise wurde er dabei sogar von Dertinger unterstützt – die SED hingegen lehnte alles als »juristische Spitzfindigkeiten« ab. Zu einem handfesten Krach ist es auf der Konferenz der CDU-Kreisfunktionäre gekommen. Bemängelt wurde von den Teilnehmern erneut, daß der Hauptvorstand erst jetzt – nach Schaffung vollendeter Tatsachen – zu einer Aussprache zusammengerufen habe, zumal jetzt am Geschehen nichts mehr rückgängig zu machen oder auch nur zu ändern sei. Auf den massiven Vorwurf, Beschlüsse von einer solchen weittragenden Bedeutung hätten bereits vor vier Wochen den CDU-Gremien unterbreitet werden müssen, entgegnete Nuschke, die Entscheidung sei nicht von langer Hand vorbereitet worden – sie sei erst vor genau zehn Tagen gefallen. Für mich erscheint es völlig klar: Ein Blick auf den Kalender beweist, daß es genau zwei Tage nach Rückkehr der SED-Spitzenfunktionäre aus Moskau war! Wilhelm Behnke aus unserer mecklenburgischen Kreisstadt Waren hat auf dieser Zusammenkunft ausgerufen, er sei nur noch Pessimist: »Es ist nicht mehr die CDU, der wir 1945 beigetreten sind!« In seinem Kreisgebiet hätten alle 40 Lehrer ihm die Mitgliedsausweise zurückgegeben und erklärt, sie machten nicht weiter mit.
Besonders in Brandenburg werden jetzt CDU-Funktionäre von sowjetischen Offizieren unter Druck gesetzt, und schließlich wird ihnen von den Sowjetoffizieren und auch von Nuschke versprochen, am 15. Oktober 1950 gebe es freie, geheime Wahlen mit eigenen Listen der verschiedenen Parteien. Aber noch einige Tage später werden Nuschke und Dertinger innerhalb der CDU scharf angegriffen, weil sie ihre Beteiligung an der DDR-Gründung nicht von der Durchführung der Landtagswahlen abhängig gemacht hatten. Tatsache ist leider, daß die CDU-Führung der Verschiebung der Wahlen zugestimmt hat. Schluckte sie die bittere Kröte im Hinblick auf die versprochenen freien Wahlen, welche die DDR-Verfassung allerdings ohnehin garantiert? Oder wollten einige von ihr jetzt – wie es ähnlich gewiß SPD-Führer bereits 1946 taten – Mit-Regierungspartei werden und eigene hohe Positionen für sich selber? Für mich steht fest: Die Führung unserer Partei hat zum überwiegenden Teil

versagt; vielleicht trifft das auch auf Funktionäre in den einzelnen Landesverbänden zu, die Kreisvorstände hingegen scheinen durchweg noch in Ordnung zu sein.
Dennoch: Meine Bedenken werden immer größer. Mit Hanne Karsten habe ich ein längeres Gespräch:
»Mich plagen mehr und mehr Zweifel, ob man noch guten Gewissens in unserer Partei sein kann. Am Tage der Wiedervereinigung haben wir alle Rechenschaft abzugeben und müssen unsere politische Haltung verantworten!«
»Natürlich, Friedrich-Wilhelm, wird der SED-Zug weiterrollen in Richtung Kommunismus. Wir sind aber die Bremser!«
»Ja, ja, Hanne. Aber wir fahren mit in diesem Zug...«
»Abspringen aus dem Zug ist auch keine Lösung. Als Bremser kann man immer noch Noch-Schlimmeres verhüten oder doch verzögern. Ich bleibe bis zur Wiedervereinigung bei offener, ehrlicher CDU-Arbeit!«
»Tja, was tun?«
Daß er der Alte bleiben wird, weiß ich. Wie lange wir uns aber halten können, weiß niemand.
In seiner Regierungserklärung behauptet Grotewohl zur Konstituierung der DDR, die drohende Gefahr eines imperialistischen Krieges hätte die Sowjetzone mit gebieterischer Notwendigkeit vor die Aufgabe gestellt, für den Kampf für die deutsche Wiedervereinigung eine wirkungsvolle und starke Führung zu schaffen! Daß er die provisorische DDR-Regierung als »die deutsche Regierung« bezeichnet, macht alles noch schlimmer. Bei der Vorstellung der Regierung in Ost-Berlin gibt es einen Zwischenfall, als ein CDU-Abgeordneter es »wagt«, die Christlich-Demokratische Union als die größte Partei Deutschlands zu bezeichnen. Eine Länderkammer wird eingerichtet, Präsident wird Dr. Lobedanz.
Riesengroßen Jubel bei den SED-Anhängern löst eine Extra-Ausgabe des »Neuen Deutschland« mit einem Telegramm Stalins aus, wonach die Bildung der friedliebenden Deutschen Demokratischen Republik ein Wendepunkt in der Geschichte Europas sei. Die FDJ-Zeitung jubelt dann auch, nach dem sowjetischen Volk gebe es in Europa kein anderes Volk wie das deutsche, das durch Tüchtigkeit,

Ausdauer und Fleiß befähigt sei, Aktionen von Weltbedeutung zu vollbringen. Einige Tage danach muß das Organ seine Überheblichkeit selbstkritisch zurücknehmen.

Am 19. Oktober erfahren wir die Schreckensnachricht: Gestern abend hat die sowjetische Geheimpolizei Arno Esch vor dem LDP-Gebäude in Rostock verhaftet! Zweifellos ist ihr der dynamische Student mit seiner ehrlichen Haltung zu lästig und für die Pläne Moskaus zur weiteren Sowjetisierung der SBZ zu gefährlich geworden. Er war schon sehr mutig: Als die LDP ihn ohne sein Wissen als Delegierten für den III. Volkskongreß aufgestellt hatte, verweigerte er die Teilnahme. Genauso verließ er die Sitzung des LDP-Parteivorstandes, auf der die bevorstehende Gründung der DDR akzeptiert wurde. Zusammen mit ihm wird Friedrich-Franz Wiese festgenommen; während der nächsten Tage fallen weitere 13 Studenten, welche der Liberal-Demokratischen Partei angehören oder ihr nahestehen, in die Hände des NKWD. Mehrere Studenten sollen entkommen und auf Umwegen nach West-Berlin geflohen sein. Angeblich befindet sich auch Helmut Jaschke darunter, Mitglied des Studentenrats und Vorsitzender der LDP-Hochschulgruppe sowie Mitglied des Landesverbandes Mecklenburg; der Agile mit seinen spritzig-geistvollen und mutigen Diskussionen wird uns ebenfalls sehr fehlen! Der RIAS meldet, von Herbst 1945 bis heute seien in der SBZ rund 400 bis 500 Studenten von den Sowjets verhaftet worden!

In diesen Tagen begrüßen Heinrich Mann und Lion Feuchtwanger die Existenz der DDR...

Es vergeht eine gute Woche, als ich ins Kulturministerium nach Schwerin kommen muß. Ein schon äußerlich recht unangenehmer Typ – früher schneidiger Wehrmachtsoffizier, der dann bei Stalingrad überlief und dem »Nationalkomitee Freies Deutschland« beitrat und heute strammer SED-Genosse ist – empfängt mich. Er lobt meinen Fleiß und hält mich für unbedingt förderungswürdig. Bei seinen schmeichelnden Worten werde ich allerdings zunehmend mißtrauisch und bin dann auch nicht sehr überrascht, als er die Katze aus dem Sack läßt und mir für mein weiteres Studium die Universität Leipzig empfiehlt. Dazu habe ich überhaupt keine Lust: Sie steht im Geruch, ziemlich rot zu sein; außerdem kann ich dann nicht mehr

jedes Wochenende nach Hause fahren. Natürlich muß ich meine Argumente in einem »fortschrittlichen« Sinne vorbringen, und so spreche ich vom notwendigen weiteren Aufbau der FDJ-Gruppe an unserer Fakultät sowie von meiner Tätigkeit als Pressereferent und behaupte dann mit hoffentlich überzeugtem Gesicht, ich sei zum jetzigen Zeitpunkt dort wirklich unentbehrlich. »Jeder ist ersetzbar!« muß ich hören. Vielleicht kommt mir der Zufall zu Hilfe? Doch auch mein Hinweis, eine SED-Genossin – im gleichen Semester wie ich – mit sehr guten Beziehungen würde äußerst gerne nach Leipzig zu ihrem Verlobten gehen und bestimmt mit mir tauschen wollen, verfängt nicht. Auch mein letzter Vorstoß wird kalt abgeschmettert:
»Und, verzeihen Sie, wenn ich nun nicht nach Leipzig gehe?«
»Sie sind bereits auf der Karl-Marx-Universität in Leipzig immatrikuliert!«
Beinahe hätte ich »Heil Hitler!« gesagt. Sollte da etwa ein Zusammenhang mit der Verhaftungsaktion gegen Arno Esch bestehen? Natürlich habe ich häufig mit ihm diskutiert; andererseits weiß man doch bestimmt, daß ich nicht dem LDP-Kreis angehöre. Oder soll es eine Rache sein für meine Weigerung, zum Fackelzug nach Berlin zu fahren? Die Hintergründe werde ich natürlich nie erfahren.
Es bleibt nicht viel Zeit. Von einigen guten Freunden kann ich mich noch schnell verabschieden, besonders von der CDU-Gruppe und von alten Schulkameraden aus Schwerin. Klaus Kiebart ist neuerdings LDP-Kreisredner für das Gebiet Rostock und hat nach den Verhaftungen – kommissarisch – die Position des LDP-Landesjugendreferenten übernommen. Selbstverständlich ist er auch jetzt noch in seinem politischen Denken unverändert; dementsprechend fällt unsere letzte Begegnung im Universitätsgebäude ziemlich pessimistisch aus. Bei der FDJ hole ich mir bei Gleichgesinnten noch eine schöne Bescheinigung: »Wir bitten, dem Jugendfreund F. W. Schlomann jegliche Unterstützung zuteil werden zu lassen.« Angeblich aber sind kürzlich meine FDJ-Unterlagen aus Schwerin gekommen. So bitte ich eine Studentin mit dem roten KZ-Abzeichen, die ich seit längerem politisch »sauber« finde, meine Akte lieber nicht nach

Leipzig zu schicken. Sie lächelt – ich habe die starke Gewißheit, diese wird dort niemals ankommen...
Die Sachsen haben eine andere Mentalität als wir oft bedächtigen und schweigsamen, aber treuen und beständigen Mecklenburger. Bismarck soll ja einmal gesagt haben, wer den Weltuntergang überleben wolle, müsse in unser Land ziehen – dort vollzöge sich alles 50 Jahre später! Auch der Dialekt und der Humor sind hier in Leipzig anders. Eine Studentenbude finde ich ziemlich schnell bei Frau Busch-Remde in Leipzig O 5, Erich-Ferl-Straße 171, einer lebensfrohen Frau.
In Rostock hatte man es nur bruchstückweise gehört, doch nun erfahre ich das ganze Schicksal von Wolfgang Natonek. Sein Vater war nach 1933 emigriert, so daß die zurückgebliebene Familie für »staatenlos« erklärt wurde. Natonek jun. wollte sich nach '45 daher eigentlich nur auf das Studium konzentrieren; eines Tages aber wurde er von einem SED-Funktionär offensichtlich verwechselt, der ihn aufforderte, heute solle er die Vorlesung eines bekannten und allgemein beliebten Philosophie-Professors mitschreiben und dann auf der SED-Kreisleitung abliefern! Auch für ihn drängte sich die Parallele zur NS-Zeit auf, und in weiterer Konsequenz entstand der Wille, der SED Widerstand entgegenzusetzen. Bei den allgemeinen Studentenratswahlen wurde das junge LDP-Mitglied I. Vorsitzender des Studentenrates. Vor dem gesamtdeutschen Studententreffen auf der Wartburg – Pfingsten 1948 – bestellte ihn die SMAD-Zentrale nach Berlin-Karlshorst: Er solle Sprecher der (gesamt-) deutschen Studentenschaft werden und brauche der Besatzungsmacht auch nicht vorher seine Redemanuskripte einzureichen. Ein äußerst seltener und sehr großer Vertrauensbeweis für seine Rechtschaffenheit und seinen guten Ruf, die SED aber wurde wütend! Dies steigerte sich noch mehr, als Natonek die Zulassungsmethoden kritisierte und ironisch von statt der einst notwendigen »arischen Großmutter« von der jetzt »proletarischen Großmutter« als Voraussetzung zum Studium sprach. Im Dezember 1947 drohte der Chefredakteur der »Leipziger Volkszeitung« (SED), seine Wiederwahl stelle eine Provokation der Arbeiterschaft dar und würde eine Demonstration von 50 000 Werktätigen vor der Universität zur

Folge haben. Erst später erfuhr man, daß Natonek eine ganze Nacht von der sowjetischen Kommandantur – allerdings in sehr höflicher Form – »beraten« wurde, doch lieber nicht zu kandidieren. Er tat es trotzdem und wurde erneut I. Vorsitzender des Studentenrates.
Wie ich jetzt höre, geschah es letztlich wohl nicht von sowjetischer Seite, sondern war auf eine SED-Intrige zurückzuführen, daß der NKDW ihn am 11. 11. 1948 vor seinem Hause in der Feuerbachstraße verhaftete. Ein Telefonanruf, der gewarnt hätte, kam nur einige wenige Minuten zu spät. Angeblich hat Wolfgang Natonek 25 Jahre erhalten – die übliche »Norm« für freiheitsliebende Demokraten! Etwa 20 weitere LDP-Studenten »verschwanden« damals, vielen hatte man zuvor die Stipendien entzogen. Manfred Gerlach – später Vorsitzender des DDR-Staatsrates – soll bei den Verhaftungsaktionen nicht völlig unbeteiligt gewesen sein. Er war Mitbegründer der FDJ in Leipzig und kleiner Justizangestellter, machte dann allerdings sehr schnell politische Karriere. Angeblich wurde er zweimal inhaftiert, trotzdem – oder deswegen? – dürfte er überaus gute Kontakte zu den Russen haben; zumindest gibt es dafür mehrere Anhaltspunkte.
Verschleppt von den Sowjets wurden in Leipzig sogleich nach ihrem Einmarsch 38 Mitglieder des Reichsgerichts, darunter auch erklärte Gegner des Nazi-Regimes. Nur drei von ihnen haben die Zeit überlebt. In einzelnen Fällen zwangen Männer der ostzonalen »K 5«-Geheimpolizei die zurückgelassenen Frauen zu Spitzeldiensten; nur dann, so erklärten sie, dürften sie ihre Männer einmal besuchen. In Wahrheit waren diese längst im Lager Mühlberg/Elbe gestorben und verscharrt...

November 1949

Angeblich sind von allen Professoren und Dozenten an der Universität nur 32 SED-Mitglieder. Die zwei schlimmsten aber scheinen gerade an unserer Fakultät zu sein! Ausgerechnet Staats- und Völkerrecht liest Professor Dr. Karl Polak. Obwohl er damals nicht der KPD angehörte, emigrierte er 1933 nach Sowjetrußland und war dort in den Zeiten der großen »Säuberungen« zeitweilig sogar Sekretär des sowjetischen Generalstaatsanwalts und vorübergehenden Außenministers Andrej Wyschinskij. In der Ostzone arbeitete er dann am Entwurf der DDR-Verfassung mit und ist inzwischen auch zum Volkskammer-Abgeordneten aufgerückt. Ein fanatischer Bolschewist – die SED-Genossen baden sich geradezu in seinen Vorlesungen, die letztlich allerdings kaum das Phrasen-Niveau des SED-Zentralorgans übertreffen. So versucht er mit viel Leidenschaft zu erklären: Von der gesamtdeutschen Situation her gesehen, habe der Deutsche Volksrat in einer Art Verfassungsnotstand und damit wiederum im Wege einer Selbsthilfe gehandelt – ähnlich wie jene 51 deutschen Demokraten, die 1848 in Heidelberg das Vorparlament nach Frankfurt beriefen. Beide Schritte seien legitimiert gewesen von der historischen Gesetzmäßigkeit, womit man natürlich alles »begründen« kann! Sein Lieblingsthema ist die heutige DDR-Verfassung: hat er dazu doch auch ein Heftchen »Volk und Verfassung« geschrieben, das diese erwartungsgemäß in alle Himmelswolken lobt. Unterstreichen hingegen kann man seine Ausführungen, wir brauchten eine kämpferische Demokratie, welche tief im Volke verankert sei. »Eine solche Demokratie ist unbesiegbar!« brüllt er mit großem Pathos in einer Vorlesung. Mich schaudert's, ein solches Wort erinnert zu gut an 1944/45.

Eine weitere Hauptstütze der SED ist Dr. Heinz Such, kommissarischer Professor für bürgerliches Recht. Er versucht ebenfalls mit allen Mitteln, die neue Staatsideologie in die Studentenschaft hineinzupressen. Als ehemaliger Schüler von Professor de Boor (und späterer Hauptanführer der Intrigen gegen ihn) muß man ihn rein fachlich als gut bezeichnen. Für ihn aber stellt die Jurisprudenz eine Gesellschaftswissenschaft dar, nämlich die »Sicherung der Produktionsverhältnisse der herrschenden Klasse«. Sein Steckenpferd ist daher das Volkseigentum und dessen Beziehungen zu den Arbeitern. In den Klausuren und Hausarbeiten rügt er oft den Mangel der einzelnen Studenten an sogenannten gesellschaftlichen Kenntnissen, und dementsprechend scheint dann auch die Benotung auszufallen. Im Unterschied zu Rostock gibt es hier unter den Studenten etliche fanatische SED-Juristen. Vor Personen wie Lungwitz, Hering oder

besonders auch Görner muß man sich schon sehr vorsehen! Sie scharwenzeln dauernd um »ihre« Professoren; untereinander streiten sie sogar leidenschaftlich darüber, ob etwa die Stellung der Frau in einem Buch von Karl Marx auf Seite X oder Y behandelt wird. Durch die heutige Zulassungspraxis zur Universität erhält die »proletarische« Quote der Studenten eine wesentliche Verbesserung – jetzt werden auch unbegabte Arbeiterkinder gegenüber begabten Bürgerkindern bevorzugt. Und da daran zumeist eine SED-Mitgliedschaft geknüpft wird, werden zugleich die SED-Gruppen an den einzelnen Fakultäten immer stärker. Durch Parteibefehl haben ihre Mitglieder an allen Wahlen teilzunehmen; eine Ungnade der Staatspartei kann schnell eine Reduzierung oder gar den Verlust des Stipendiums bedeuten und damit praktisch das Ende des Studiums. Manche Kommilitonen tragen zwar stets und brav ihr SED-Abzeichen, bei einem näheren Kennenlernen und in Gesprächen unter vier Augen erschienen sie doch oft DDR-kritisch und ziemlich vernünftig. Man muß sich allerdings fragen, weshalb sie denn überhaupt der SED beitraten – nur um studieren zu können?
Viele Studenten der CDU und der LDP wiederum sind recht mutig, die Verhaftung Natoneks hat ihren Widerstand eher gefestigt. Einen Jura-Studenten bewundere ich geradezu, der von all diesen Erscheinungen völlig unberührt zu sein scheint. Seine Eltern hatten in Dresden jahrelang einen Juden im Keller versteckt; jeder begegnet ihm mit Respekt, obwohl sein Auftreten und sein überaus höfliches Benehmen manchmal von einer anderen Welt zu kommen scheinen.
I. Studentenrats-Vorsitzender ist Herbert Meißner. An seinen Händen klebe Blut, flüstert man mir zu. Gewiß sei er auch an der Verhaftung Natoneks nicht schuldlos gewesen! Viele Jahre später, im Juli 1986, wird er als nunmehr stellvertretender Generalsekretär der DDR-Akademie der Wissenschaften und gleichzeitiger »Abschöpfungsagent« des Staatssicherheitsdienstes bei einem Kaufhaus-Diebstahl in West-Berlin gestellt, um sich dann dem westdeutschen Bundesnachrichtendienst anzubieten und dort drei Tage lang Interna der DDR-Führungsspitze auszuplaudern und schließlich in die Ständige DDR-Vertretung in Bonn-Bad Godesberg zu flüchten …

Natürlich habe ich mich bei der FDJ-Leitung der Universität zu melden; erstaunt wird zur Kenntnis genommen, daß ich nicht der SED angehöre. Befragt nach meinen Interessen hinsichtlich einer »gesellschaftlichen Aktivität« bitte ich im Internationalen Studentenbund mitarbeiten zu können, in den die FDJ im September aufgenommen wurde. Man ist davon auch recht angetan, zumal es offensichtlich kaum einen Studenten gibt, der über Auslandskontakte verfügt. Man wolle indes erst einmal meine Kaderakte aus Rostock abwarten – erwartungsgemäß habe ich niemals wieder etwas gehört.

Als Stipendium beziehe ich jetzt monatlich 100 Mark. Ein netter Kommilitone – als Luftwaffenhelfer hat er bei einem Bombenangriff auf Leipzig ein Bein verloren – rät mir, dem FDGB beizutreten. Es wäre besser für mich, es wäre ja auch nur formal. Nach einigem Zögern willige ich ein.

Die CDU-Hochschulgruppe in Leipzig war erst kurz vor Natoneks Festnahme offiziell zugelassen worden und wurde dann sehr rasch das Angriffsziel der Einheitspartei mit ihrem Anhang; bereits im September 1947 hatten die Sowjets mehrere CDU-Mitglieder verhaftet. Wegen einer völlig undemokratischen Wahlordnung, die dann sogar im sächsischen Landtag Gegenstand einer Debatte war, wollte die Gruppe sich zunächst überhaupt nicht an den Studentenratswahlen beteiligen. Nur um den Kommunisten nicht völlig das Feld zu überlassen, stellte man im letzten Moment dann doch Gegenkandidaten auf; immerhin fungieren seitdem zwei Studenten unserer Partei als Stellvertreter des I. Vorsitzenden. Ich habe wiederholt Gespräche mit dem Leiter der Hochschulgruppe, stud. med. Krebs. In unserer juristischen Fakultät gibt es offenkundig kein CDU-Mitglied; mehrere Studenten gehören allerdings der Liberal-Demokratischen Partei an. Ansonsten halte ich mich zunächst ziemlich im Hintergrund und warte ab: Es soll in der CDU-Hochschulgruppe mehrere Spitzel geben, und ich könnte vor Wut und auch vor Verzweiflung wahrscheinlich nicht immer meinen Mund halten und über die – immer enger werdenden – Grenzen der Meinungsfreiheit hinausschießen.

Mitte November kommt es endlich zum IV. Parteitag der DDR-

CDU in Leipzig. Lange hatte Nuschke ihn zu verhindern versucht, mußte sich dann jedoch dem Druck überall im Lande beugen. Wie schon früher waren die Namenslisten der Delegierten den Sowjets zur Kontrolle vorzulegen; wiederum sind Sowjetoffiziere auf dem Parteitag anwesend, während Vertreter der westlichen Presse nicht zugelassen werden. Otto Nuschke, der sich mit dem Abzeichen der »Deutsch-Sowjetischen Freundschaft« auf dem Rockaufschlag präsentiert, betont in seinem Referat »Union in der Entscheidung« erneut, ostzonale Wahlen in der letzten Zeit seien nur mit einer Einheitsliste erreichbar gewesen: »Sie wissen, daß ich eine solche Einheitsliste immer für unvereinbar erklärt habe mit den Grundsätzen unserer nun geltenden Verfassung, die ausdrücklich die parlamentarisch-demokratische Grundlage vorsieht.« Der SED müsse die Christlich-Demokratische Union allerdings auch jene Achtung entgegenbringen, die sie für sich beansprucht, wenn es in den folgenden Jahren einmal zur innenpolitischen Kräfteverschiebung kommen sollte. Nach seiner Ansprache, die wiederholt von Gelächter unterbrochen wurde, herrscht eisiges Schweigen. Genauso ergeht es anderen, pro-SED-eingestellten Rednern wie etwa Steidle. Zu den Ausführungen des neugebackenen Außenministers Dertinger wird sogar jede Diskussion unterdrückt. Eine äußerst fortschrittliche Rede kommt erwartungsgemäß von dem neuen CDU-Generalsekretär Gerald Götting. Mit nur 28 Jahren hat er – angeblich auf direkte Weisung der Russen – unlängst diesen Posten erhalten. Er ist ein ehemaliger Philosophie-Student aus Halle, der 1947 von den Sowjets inhaftiert und andererseits von seinen erlittenen Gesundheitsschäden später auf der Krim geheilt wurde – was ihn offensichtlich in doppelter Weise an die Besatzungsmacht gebunden hat.

Großen Beifall bekommt Professor Hickmann, welcher die Aufschiebung der Wahlen bis Oktober 1950 als ein weiteres Jahr SED-Herrschaft bezeichnet. Mit tosendem Applaus quittieren die Delegierten Dr. Bloch aus Klein-Machnow, der die einzelnen Grundrechte der DDR-Verfassung laut vorliest und dann mit erhobener Stimme ausruft: »Das ist eine gute Verfassung! Und nun laßt uns durch das Land gehen, die Verfassung in der linken Hand und die rechte zur Faust geballt, um sie gegen ihre Feinde zu verteidigen!« Jeder versteht, was mit diesen – letztlich indes unangreifbaren – Worten gemeint ist. Aber auch die Russen haben sie richtig gedeutet, am folgenden Tage wird Nuschke von ihnen deswegen sogar aus dem Gottesdienst geholt! Ein anderer Delegierter fragt, welche Bürgschaft man habe, daß im Oktober nächsten Jahres tatsächlich frei und nicht nach einer Art Einheitsliste gewählt werde. Professor Fascher spricht sehr vielen aus dem Herzen, als er feststellt: »Wir müssen erreichen, ohne Angst und Mißtrauen zu leben!« In dieser Atmosphäre verzichtet der Vorstand auf die Abstimmung über die neue Partei-Satzung. Mit Blick auf diese – welche eine zweijährige Amtszeit des Vorstands vorsieht, jedoch von den Delegierten noch gar nicht angenommen ist – wird auch die Wahl eines neuen Vorstandes fallengelassen. In einer abschließenden Resolution bekennt sich die CDU zur DDR-Regierung und spricht dem Vorstand ihr Vertrauen aus. Eine geheime Abstimmung darüber lehnt Nuschke ab; eine solche sei unnötig, niemand solle mit seiner Meinung hinter dem Berg halten. Ein Großteil der Delegierten hat voller Verbitterung längst den Saal verlassen. Ein Mecklenburger, den ich seit jenen Gründungsjahren kenne, sagt mir seine Ansicht: Abgesehen von dem verfaulten Vorstand ist unsere Union immer noch intakt. Wer auf Seiten der Sowjets oder der SED etwas anderes erhofft hat, wird sich wundern. Der Druck auf uns dürfte dann noch massiver werden...

Der Machtanspruch der Kommunisten ist total: Sie verlangen nicht nur Gehorsam und passive Gefügigkeit, sondern aktives Mitmachen. Es scheint manchmal so, daß weniger eine echte politische Überzeugung angestrebt als primär versucht wird, jede unerwünschte Meinung zu unterbinden. In einer bedingungslosen Unterwerfung will die Sozialistische Einheitspartei letztlich die Selbstaufgabe des einzelnen. Mit der angemaßten Arroganz einer scheinbaren Elite fordert diese Minderheit, daß die Mehrheit der Bevölkerung sich ihren sogenannten Wahrheiten unterwirft. Und wenn die Menschen immer noch nicht erkannt haben, daß die SED nur das Beste will – weil sie allein weiß, was überhaupt das Beste für das Volk ist –, so wird diese Staatspartei mit allen ihr zur Verfügung stehenden Mitteln sie davon überzeugen, daß das, was die Partei anstrebt, richtig und gut ist! Doch diese Parole, die Deutschen zu höchstem Glück führen zu wollen, kenne ich; Mai '45 blieben nur Blut, Trümmer und Tränen.

Antifaschismus? In erster Linie doch nur eine Glorifizierung der Kommunisten! Haben wir wirklich die braune Tyrannei und ihre tiefergreifenden Ursachen bewältigt, wo sind denn Toleranz, Demokratie, Rechtsstaatlichkeit, Redefreiheit? Jegliche Kritik am System und seinen (Ver-)»Führern« kann nach Artikel VI der DDR-Verfassung mit sehr wohl absichtlich schwammigen Formulierungen sehr leicht »Boykotthetze« darstellen und damit strafrechtlich geahndet werden. Die DDR-Nationalhymne mit ihren Worten

»Laßt uns dir zum Guten dienen,
Deutschland, einig Vaterland.
... Und es wird uns doch gelingen,
daß die Sonne schön wie nie
über Deutschland scheint.«

– wie verlogen klingt das doch!

Unter den Mit-Studenten meiner Fakultät ist mir sehr schnell Horst Leißring aufgefallen. Er trägt das rote KZ-Abzeichen, und beim näheren Kennenlernen stellt sich heraus, daß er während der Hitler-Zeit innerhalb der Bündischen Jugend illegal gegen die HJ arbeitete und dann sechs Jahre im KZ war; sein linker verbogener Arm zeugt von den Folterungen. Trotzdem – oder gerade deswegen – ist er ein überzeugter Kämpfer für die Freiheit und wahre Demokratie, ist voller Geist und tiefsinnigem Humor. Wir fassen seltsamerweise relativ schnell Vertrauen zueinander, und nach unzähligen Diskussionen – Juristen sind nun einmal so! – kommen wir auch zu denselben Gedanken über einen Staat und sein Verhältnis zu seinen Bürgern: Nach unserem Verständnis ist kein Regime so souverän in dem Sinne, daß es schlechthin über jedem Recht steht und dieses nach Belieben brechen kann. Wenn ein Staat selber systematisch Unrecht begeht, darf man – und als echter Demokrat hat man wahrscheinlich sogar die Pflicht dazu – »illegal« Widerstand leisten und dieses System bekämpfen! Damals, am 5. Mai 1945 am Elb-Ufer bei Tangermünde, schwor ich mir, daß die NS-Verbrechen sich niemals in Deutschland wiederholen dürften. Man soll uns nicht noch einmal nachsagen, wir hätten tatenlos eine Diktatur geduldet. Einig sind Horst und ich uns sofort, nichts Direktes gegen die Besatzungsmacht zu unternehmen. Wir haben den Krieg verloren, und ein irgendwie gearteter Angriff auf sie würde nur weitere Repressalien gegen unsere Bevölkerung auslösen. Ebenfalls ginge Sabotage lediglich zu Lasten der Menschen hier. Für Spionage haben wir beide wohl nicht die nötigen Voraussetzungen. Wir sitzen auch kaum in interessanten Positionen; deswegen der SED beizutreten – ein solcher Schritt von uns würde kaum glaubhaft erscheinen, wahrscheinlich sogar Argwohn erregen.

Eine Methode des Widerstandes ist natürlich, abends nach Schließung des juristischen Seminars systematisch Plakate der SED und ihrer Organisationen abzureißen; äußerlich noch viel wirkungsvoller muß es sein, sie zu zerfetzen. Damit kann man wenigstens die Massenpropaganda und die damit auch drohende geistige Isolierung etwas eindämmen sowie andererseits drastisch dokumentieren, daß es Gegenkräfte gibt. Hinsichtlich einer illegalen Mitarbeit bei der KgU zögern wir etwas. Horst und ich wissen einfach zuwenig von ihr; das »F« als Zeichen der Freiheit zu malen, genügt allein nicht. Wenn wir das Regime bekämpfen, dann so, daß es wirklich getroffen werden kann! Schlimmer und niederdrückender als die materielle Not lastet auf unserer Bevölkerung doch die neue »K 5«-Gestapo, das Spitzelsystem, die befohlenen Verbrechen, die politischen Haftanstalten. Es ist die Ohnmacht, einer erneuten Willkürherrschaft nahezu wehrlos ausgeliefert zu sein!

Schon zu Semesterbeginn hatte ich mir auf der Leipziger Universitäts-Verwaltung einen Fahrausweis für verbilligte Eisenbahn-Fahrkarten besorgt, und – damals eigentlich mehr gefühlsmäßig – nicht nur für die kürzeste Strecke nach Schwerin, sondern auch für den Umweg über Berlin. Mir war der Angestellte natürlich unbekannt: Für den Fall, daß er ein strammer SED-Mann sein sollte, verwies ich vorsorglich auf mein Gespräch mit Horst Brasch auf Rügen und log ihm offenbar glaubhaft vor, vielleicht ein Buch über die Anfänge der FDJ schreiben zu wollen; die schönen Worte auf meiner FDJ-Bescheinigung aus Rostock taten das Übrige.

Selbst wenn man aus einer Großstadt wie Leipzig kommt, hat Berlin etwas Abenteuerliches. Die Westsektoren mit all ihren Warenangeboten, aber auch gerade den verschiedenen Zeitungen aus dem Westen und dem Ausland – überhaupt die ganze Atmosphäre – sind für mich schon überwältigend. An einer Ecke des Kurfürstendamms, der Schlüterstraße 39 (die erste Parteizentrale der CDU im Juni 1945!) befindet sich in der ersten Etage das Büro von Ernst Lemmer. Im Warteraum sitzen mehrere Personen; endlich werde ich zu ihm geführt. Er erkennt mich sofort, spricht von unseren damaligen Begegnungen in Schwerin und fragt in seiner offenen Art bald nach meinem Vater und meinem Ergehen. Ich schildere ihm die ganze politische Misere und frage ihn, ob er nicht Nachrichten von mir haben will für die CDU, um den Westen über die Zonen-Wirklichkeit zu informieren und auch zu warnen. Seine ausweichende Gegenfrage, ob ich nicht lieber in der Bundesrepublik studieren möchte, wird von mir verneint: Ich würde meine Eltern gewiß für längere Zeit nicht wiedersehen können, und wie sollte das Studium dort auch finanziert werden? Er warnt mich vor den Gefahren des heimlichen Kontaktes zu ihm – ich weiß, daß dieser 25 Jahre kosten kann, die man wahrscheinlich nicht überleben würde. Schließlich willigt er ein, wobei er mich zu größter Vorsicht ermahnt.

Anschließend führt mein Weg zur Freien Universität in Dahlem; manche alten Gesichter aus Rostock tauchen hier wieder auf. Ich stoße aber auch auf ein Flugblatt:

> »Das Regime in der deutschen Sowjetzone ist auf nicht rechtmäßige Weise zustandegekommen. Es verletzt systematisch das Recht auf allen Gebieten des öffentlichen Lebens. Unrecht aber bleibt Unrecht, auch wenn es Ministerien befehlen. Helft uns, dieses neue Unrecht zu bekämpfen!«

Unterzeichnet ist es von einem »Untersuchungsausschuß freiheitlicher Juristen der Sowjetzone« in Berlin-Lichterfelde-West, Troppauer Straße 4. In der Umgebung der kleinen, zweistöckigen Villa befinden sich an den Litfaßsäulen riesengroße Plakate mit Steckbriefen. Unter der Überschrift »Verbrecher« wird Wilhelm Zaisser, der erste Leiter des späteren DDR-Staatssicherheitsdienstes mit dem

Foto eines verkniffenen Gesichts und mit seinem Lebenslauf vorgestellt: Leutnant im I. Weltkrieg, Teilnahme an kommunistischem Aufruhr im Ruhrgebiet 1923, später Mitarbeiter des militärischen Spionagedienstes der Sowjetunion mit Einsätzen in China sowie der Mongolei und schließlich als »General Gomez« im spanischen Bürgerkrieg. 1945 Rückkehr aus der UdSSR, Polizeipräsident von Leipzig, dann Chef der Volkspolizei in Sachsen-Anhalt und seit 1948 Innenminister von Sachsen. Er wird vieler ungesetzlicher politischer Verfolgungen und Verhaftungen beschuldigt. Ein weiterer Steckbrief zeigt den Volkskammer-Präsidenten Johannes Dieckmann, der Entlassungen haftunfähiger Gefangener untersagte und in mehreren Fällen für deren Tod verantwortlich ist. Der bisherige Innenminister des Landes Brandenburg, Bernhard Bechler, ließ neben anderen Straftaten seine inhaftierte Frau wider besseres Wissen für tot erklären und heiratete dann eine wesentlich jüngere Kommunistin. Er war es auch, welcher den Befehl gab, das Ergebnis der Volksratswahlen in seiner Provinz zu fälschen und den Prozentsatz der Ja-Stimmen von nur 30 auf 75 % zu erhöhen! Unter jedem dieser großen Plakate steht, dem »Untersuchungsausschuß« sollten alle politischen Verbrechen in der SBZ gemeldet werden, damit sie nicht in Vergessenheit geraten.
Was haben wir doch für Gauner in der Führungsspitze, denke ich. Zugleich muß man den Mut dieser Gruppe bewundern, das SED-Regime anzuprangern und ihm offen Widerstand entgegenzusetzen. Dennoch zögere ich und wage nicht den letzten Schritt, sie direkt aufzusuchen. Das kann Host Leißring besser machen, er ist in diesen Dingen zweifellos weitaus erfahrener und auch raffinierter als ich.
Vor der Weiterreise nach Schwerin kaufe ich für meine Eltern noch Zitronen, Apfelsinen, Schokolade und Kaffee sowie einige Zigarren. Daheim spreche ich über meinen Besuch bei Ernst Lemmer, doch erwähne nichts über meine zukünftige »illegale« Verbindung. In unseren Briefen zwischen Leipzig und Schwerin werden wir ihn fortan »meine Freundin Eleonore« nennen.

Dezember 1949

Horst ist sogleich zu dem Untersuchungsausschuß freiheitlicher Juristen (UfJ) gereist und hat unsere beiden Namen als heimliche Mitarbeiter angegeben. In dem Hause habe man seinen Ausweis vorzeigen müssen und danach eine Nummer erhalten, erzählt er. Es waren so viele Besucher aus der Ostzone da, daß man auf den Treppen sitzen mußte. Er sei schließlich aufgerufen und zu einem jüngeren Herrn mit dem Namen Hans-Günther Friedrich – er ist heute Senatsdirigent im Westen der Hauptstadt – geführt worden, mit dem er ein ausführliches Gespräch gehabt habe. Von allem habe er einen sehr guten, seriösen Eindruck bekommen. Es passe kaum zu dem Propaganda-Bild der DDR von einer »Spionagezentrale«, wenn die »Spione« nicht einmal das Fahrgeld zurückerhielten, jedermann die Villa aufsuchen könne und deren Anschrift überall bekanntgemacht werde. So sei der UfJ denn auch nicht an militärischen Informationen interessiert; es gehe gänzlich und allein um den Kampf gegen politisch bedingtes Unrecht. Gerechtigkeit und Gewissen solle man höher stellen als Befehle einer kleinen Parteiclique, welche ein Gewaltregime gegen den Willen seiner Menschen aufrechterhalten möchte. Das SED-System sei zweifellos mächtig und auch sehr gefährlich, jedoch keinesfalls allmächtig. Seine entscheidende Schwäche liege in der Gegnerschaft des allergrößten Teils unserer Bevölkerung. Verlangt werde, berichtet Horst weiter, von uns absolut kein sinnloser Heroismus. Im Gegenteil sei er immer wieder zur Vorsicht ermahnt worden, auf gar keinen Fall solle unsere kleine Zelle erweitert werden.

Das Prinzip des Widerstandes sei einmal die Aufklärung der Menschen in der Zone durch Ratschläge und Verhaltensmaßregeln. Sie müssen wissen, wo und wie die Verhöre durch die sowjetische und gerade die »deutsche« Geheimpolizei erfolgen. So sei das ehemalige Justizministerium am Demmlerplatz in Schwerin durch seine »Wahrheitsspitze« gegenüber politischen Inhaftierten berüchtigt geworden. In der Hans-Driesch-Straße in Leipzig gebe es Kellerzellen, in denen die Gefangenen nur stehen können; vor ihnen brennen tausendkerzige Glühbirnen, so daß sie nicht schlafen können und auch nicht erfahren, ob Stunden, Tage oder gar Wochen vergangen sind. In Wittenberg, Melanchthonstraße 6 pflege man die Opfer mit angezogenen Beinen und in aufrechter Haltung auf einem 20 cm hohen Schemel sitzen zu lassen – eine ungeheure physische Anstrengung, die ein Höchstmaß von Nerven verbraucht und zwangsläufig jede Widerstandskraft zerbrechen läßt. Das Gefängnis für Uranbergbau-Arbeiter scheint sich in Chemnitz, Babelsbergerstraße 19 zu befinden, wo die Fußsohlen der politischen Festgenommenen mit Peitschen – in »schwereren Fällen« auch mit glühenden Eisenstäben – »behandelt« werden. In Weimar sperre die »K 5« nichtgeständnisbereite Häftlinge in eine Wasserzelle, in der ihnen innerhalb von 24 Stunden kaltes Wasser bis zum Mund ansteige; alle sechs Stunden würden sie für eine Stunde aus dem Wasser herausgenommen – eine Prozedur, die bis zum gewünschten Geständnis wiederholt werde... In nicht wenigen Fällen drohe man auch mit Erschießung oder mit der Verhaftung der Ehefrau. Durch die nächtlichen Dauerverhöre und angesichts des Verbots, am Tage zu schlafen, werde der Gefangene bald völlig zermürbt, so daß er zumeist jedes Protokoll unterschreibe, nur um endlich schlafen zu können!

Es gebe indes verschiedene Möglichkeiten, die Verhöre etwas zu erleichtern: Niemand solle sich einschüchtern oder auch durch irgendwelche Versprechungen einlullen lassen. Beweisbares sollte sofort zugegeben, aber möglichst mit unpolitischen Motiven begründet werden. Geraten wird insbesondere, seine Intelligenz zu verbergen: Je mehr ein Häftling unterschätzt werde, um so besser!

Sehr viele Verhaftungen erfolgten bekanntlich durch Spitzel. Nach Ansicht der »Freiheitlichen Juristen« ist es ungeheuer wichtig, sie zu enttarnen. Begreiflicherweise müssen sie von seiten des Regimes so lange als möglich unerkannt bleiben, und darüber hinaus soll in der Bevölkerung der Eindruck der Allgegenwart des Spitzel-Netzes und damit der Allwissenheit der Geheimpolizei erweckt werden. Tatsächlich wagt heute niemand mehr, einem Mitmenschen zu trauen, sofern er ihn nicht genau kennt – doch selbst das kann ein verhängnisvoller Irrtum sein.

Sollte man selber als Spitzel verpflichtet werden, müsse man nach Möglichkeit seine Unterschrift unter die Geheimhaltungs-Verpflichtung seitens der Geheimpolizei über die bevorstehende Besprechung verweigern; ohne eine solche aber dürfe diese nicht weiter vorgehen. Eine Ablehnung der Spitzeltätigkeit könne natürlich nur in Form einer gleichzeitigen Loyalitätserklärung gegenüber der DDR-Regierung bzw. der UdSSR erfolgen. Zweckmäßigerweise solle man betonen, selbstverständlich alle bekannten Straftaten zur Anzeige bringen zu wollen – zu geheimen Ermittlungen fühle man sich mangels Eignung indes nicht in der Lage. Angesichts der eigenen charakterlichen Veranlagung würde man sich gewiß bald verraten und damit mehr Schaden für die DDR als irgendeinen Nutzen verursachen.

Diese Aufklärungsarbeit erfolgt einmal über den RIAS, soll aber ebenfalls durch Flugschriften geschehen. Richter und Staatsanwälte werden direkt vom UfJ angeschrieben und vor Rechtsverletzungen gewarnt. Nachgewiesene Rechtsbrecher erhalten eine Anklageschrift, die in üblicher juristischer Form abgefaßt ist und die verletzten Gesetzesbestimmungen enthält. Alles wird per DDR-Post verschickt: Die harmlos erscheinenden Briefumschläge in unterschiedlichen Farben mit verschiedenartigen Handschriften bzw. Schreibmaschinen sowie möglichst unterschiedlicher Briefmarken-Frankatur müssen natürlich dazu nach Ost-Berlin oder gar in die SBZ geschmuggelt werden. Um Verluste durch die Postzensur möglichst gering zu halten, sollen nie mehr als zehn Briefsendungen zugleich aufgegeben werden. Horst und mir sagen die Flugblätter sehr zu. Die vielleicht 60 bis 70 Briefumschläge, die er an seinem Körper versteckt durch die Kontrolle mitgebracht hat, stecken wir in Postkästen der verschiedenen Leipziger Stadtteile; natürlich wäre es sinnvoller, diesen Versand über mehrere Tage auszudehnen, doch sollte die eigene Studentenbude bei etwaigen Durchsuchungen immer »sauber« sein.

Unsere Hauptaufgabe hingegen besteht darin, politisch bedingte Unrechtshandlungen aufzudecken und dem »Untersuchungsausschuß« zu melden. Wichtig ist nicht zuletzt, möglichst viele Adressen von Personen im Staats- und Justizapparat zu bekommen und zwar sowohl von überzeugten SED-Anhängern sowie von Opportunisten als auch von ausgesprochenen Regime-Gegnern.

Eigentliches Ziel der »Freien Juristen« ist, die politischen Verbrecher und ihre Hintermänner zu registrieren, um eines Tages gegen sie gerichtlich vorzugehen. Diejenigen, die Unrecht sanktionieren oder gar befehlen, müssen wissen, daß ihr Tun überwacht und über ihr Verhalten regelmäßig nach West-Berlin berichtet wird: »Sie sollen wissen, daß das Recht nicht tot ist!« sagt ein Flugblatt. Die Anklageschriften gehen natürlich auch an die unmittelbare Nachbarschaft des Täters und an seine nächsten Mitarbeiter. Gleichzeitig werden sie im RIAS verbreitet, der ohnehin laufend die Anschriften von ermittelten Spitzeln bekanntgibt. So entsteht Unsicherheit in den Führungskreisen des Regimes und lähmt zugleich seinen Machtapparat. Dabei kommt zugute, daß überaus viele Funktionäre in ständiger Ungewißheit leben, von einer SED-»Säuberung« erfaßt zu werden. Dann – und das wissen sie sehr genau! – ist es immer noch besser, in den vielgeschmähten Westen zu flüchten, als in der DDR für etliche Jahre eingekerkert zu werden. Anlaß genug, das eigene Schuldkonto beim UfJ nicht zu vergrößern. Ein Flugblatt hält es recht deutlich vor Augen: »Nur die höchsten SED-Größen werden mit den Sowjets nach Moskau flüchten können. Alle anderen werden sich eines Tages verantworten müssen. Helft mit, die Vorbereitungen hierfür zu treffen!«
Neuerdings scheint die Einheitspartei auch mit der jugoslawischen Staatsführung größeren Ärger zu haben. Das »Neue Deutschland« weiß plötzlich zu berichten, Tito sei schon während des letzten Krieges zum Verräter geworden, er habe den bulgarischen KP-Führer Dimitroff ermorden lassen wollen und heute sei die KP Jugoslawiens »in der Gewalt von Mördern und Spionen«.
Der Aufruf des SED-Parteivorstandes zum 70. Geburtstag Stalins nennt ihn den »Genius unserer Epoche«. Als dieser Tage der Leiter der Informationsabteilung in Ost-Berlin, Gerhard Eisler, vor uns Studenten in Leipzig spricht, sagt er in ähnlicher Weise: »Wir grüßen Stalin – den besten Menschen!« Trotzdem unterschreibt weniger als die Hälfte der Studentenschaft die Grußadresse der FDJ an Stalin; die SED macht dafür eine Mund-Propaganda der CDU-Hochschulgruppe verantwortlich. Interessanterweise verlautet über Stalins Privatleben überhaupt nichts; gewiß sollen die Menschen

nicht denken, daß auch er kein Gott ist, sondern ebenfalls letztlich ein Mensch mit allen Fehlern und Irrtümern. Wie mag es bloß kommen, daß ich an Hitler denke? In Wahrheit muß der sowjetische Diktator ein alter, verbrauchter Mann sein: Ein Zeitungsexemplar des »Bieler Tagblatts« zeigt von ihm ein heimlich aufgenommenes Foto. In dem Weihnachtspaket an mich hat Suzanne es in die Verpackung eingeschmuggelt.

Außerdem befinden sich darin noch einige Seiten der Illustrierten »Sie und er« aus Zürich mit einem längeren Artikel über das SPD-Ostbüro in West-Berlin und seine illegale Aktivität in der Ostzone. Sollten die Angaben zutreffen, dürfte unser ganzes System ziemlich morsch sein!

In den Tagen zum Jahresende, die ich bei meinen Eltern verbringe, höre ich allerlei Neuigkeiten: In der Mensa der Universität Rostock sind das Stalin-Bild sowie die Huldigungsadresse der Professoren und Studentenschaft an Stalin vernichtet und eine DDR-Fahne heruntergerissen worden! Studenten der Greifswalder Universität haben gefordert, bei den nächsten Wahlen nicht nur Vertreter der Massenorganisationen als Kandidaten aufzustellen, sondern auch andere verantwortungsbewußte Kräfte; erwartungsgemäß war die FDJ dagegen. In den Kreistagen von Rostock und Wismar forderten LDP- und CDU-Vertreter, die beiden neuen Parteien NDPD und DBD wieder auszuschließen; als ihr Antrag erfolglos blieb, haben sie demonstrativ die Sitzung verlassen. Mein Vater erzählt, in unserer Nachbarstadt Gadebusch soll der LDP-Funktionär Willas öffentlich erklärt haben, er sehe keine Veranlassung, einem fremden Staatsoberhaupt wie Stalin ein Geschenk zum Geburtstag zu machen; es heißt, inzwischen habe er deswegen 15 Jahre bekommen. Einen Fall angeblicher Wirtschaftsspionage soll es bei uns gegeben haben, das verdächtigte Ehepaar S. konnte in letzter Minute aber nach dem Westen entkommen.

Aus meiner alten Schule erfahre ich, Dr. Seemann hat sich inzwischen als »Verdienter Lehrer des Volkes« mit einem vom Schulrat geschenkten Fotoapparat wiedergefunden. Seinen Geschichtsunterricht versteht er mehr und mehr marxistisch-leninistisch-stalinistisch. Muß er sich wundern, wenn er dieses Jahr von der Abiturientenklasse nicht mehr zur Abschlußfeier eingeladen wurde? Neuerdings droht er »reaktionären Elementen«, die »den Sinn unserer Zeit immer noch nicht begriffen haben«, mit Verfolgung...

1950

Januar 1950

Die »Nationale Front des Demokratischen Deutschlands« organisiert sich. Eigentlich wurde sie bereits im Oktober 1949 gegründet; ihre Plattform soll sich nunmehr auf die großen nationalen Fragen stützen, die das deutsche Volk gewiß immer noch vereinen – etwa die Einheit Deutschlands, den Friedensvertrag und den Abzug aller Besatzungstruppen. Eine sehr zu unterstützende Sache, wenn nicht der Punkt 15 zum Kampf aufriefe gegen die »Verräter der deutschen Nation, die deutschen Agenten des amerikanischen Imperialismus, die verbrecherischen Helfershelfer der Spaltung und Versklavung Deutschlands«; zweifellos ist darunter jeder zu verstehen, welcher die Ziele der SED nicht vollständig bejaht. Jetzt heißt es auch schon direkt, die Jugend bei uns solle zum Haß gegen die Verbrecher erzogen werden, »die Deutschland spalteten und die westdeutsche Jugend zu Kolonialsklaven und Landsknechten des amerikanischen Imperialismus erniedrigen wollen«.

Auf unserer Fakultät werden wir zu Studiengruppen zusammengezogen, in ihnen sollen die verschiedenen Vorlesungen gemeinsam durchgearbeitet werden. Eine gute Einrichtung, doch ein zugleich verfolgter Zweck ist gewiß die Überwachung und Kontrolle der Studenten. Gottlob werde ich einer Gruppe zugeteilt, in der es natürlich auch SED-Mitglieder gibt – aber keine 100 %igen.

Man spricht ebenfalls vom Aufbau von FDJ-Zirkeln für den Erwerb eines »Abzeichen für gutes Wissen«. Ich werde mich melden: Einmal ist es nur gut, die Ideologie und die Phrasen des Gegners zu kennen. Zum anderen dürfte eine Tarnung jetzt noch wichtiger geworden sein; SED und FDJ sollen mich ruhig für einen zumindest interessierten, aufgeschlossenen Studenten halten. Dies erscheint um so dringender, als ich in der Jahresversammlung unserer Fakultät der einzige war, der in der üblichen offenen Abstimmung gegen unseren fanatischen Studentenrats-Kandidaten stimmte. Die

Genossen waren über mein Verhalten geradezu schockiert, und als sie nach meinen Gründen bohrten, konnte ich mich nur in die Ausrede flüchten, der »Jugendfreund« solle sich primär auf das Studium konzentrieren; er hätte noch allerlei Wissenslücken, und unser Land brauche dringend sehr gute Juristen.

Die nächste Mensa für uns befindet sich im Naumannbräu; das Essen kostet 55 Pfennige, doch trotz des angeblich ständig steigenden Lebensstandards ist es gegenüber früher eher schlechter geworden. Fleisch sieht man so gut wie gar nicht mehr. Statt dessen gibt es neuerdings Darbietungen des unter hohen Kosten eingerichteten Mensa-Funks, dessen Leitmotiv ganz offensichtlich das sowjetische Motto ist, »Je lauter und häufiger, um so mehr bleibt hängen«. Teilweise bringt er das Programm des Leipziger Rundfunks, zum Teil aber auch Nachrichten, die sich durch auffallende Naivität und blinden Haß gegen den Westen auszeichnen. Das sogenannte musikalische Programm besteht aus mehreren Schallplatten mit Jugendliedern aus der Sowjetunion und der Tschechoslowakei, die wiederholt abgespielt werden und wegen ihrer Lautstärke für die Essenden eher eine Nervensäge darstellen. In den jüngsten Wochen ist die Mensa zudem zum gefürchtetsten Bespitzelungsort der Universität geworden: SED-Mitgliedern, die nicht ganz »linientreu« sind, wird von ihrer Parteiführung genau vorgerechnet, wann und wie lange sie hier mit »reaktionären und bürgerlichen« Studenten zusammengesessen haben! Es bleibt dann nur noch die »linientreue« Ausrede, man habe mit diesen politisch diskutiert und sie »überzeugen« wollen... Im juristischen Seminar kann man ziemlich ungestört arbeiten. Gut ist auch die Bibliothek der Deutschen Bücherei; ich freunde mich mit einem Bibliothekar an und kann auch schon mal westliche Literatur lesen.

Horst Leißring weiht mich in die Kunst der Konspiration ein, die er aus der NS-Zeit gut beherrscht. Zudem sind wir beide eifrige Hörer der Kriminologie-Vorlesungen. Nachrichten für Ernst Lemmer und für den UfJ gibt es überaus viele: Horst hat gute Verbindungen in seine Heimatstadt Dresden und zu den Universitäten Jena und Halle, ich selber erfahre vieles aus Mecklenburg und über die Eltern

meiner Wirtsfrau – treue Anhänger Jakob Kaisers – manche Interna aus der Leipziger CDU.
Die größte Gefahr für die illegale Tätigkeit besteht darin, daß die schriftlichen Notizen oder gar die gesamten Ausarbeitungen bei den Kontrollen in der Eisenbahn nach Berlin entdeckt werden. Horst dürfte wegen seines KZ-Abzeichens kaum kontrolliert werden: Man wird ihn für einen waschechten Kommunisten halten; auch beherrscht er die SED-Phraseologie und das Auftreten eines SED-Funktionärs so gut, daß die Volkspolizisten sehr schnell von ihm ablassen dürften. Ich trage auf diesen Reisen zur Tarnung das FDJ-Abzeichen, dasjenige vom Weltbund der Studenten und ebenfalls das neue Abzeichen der »Nationalen Front« mit den Schwarz-Rot-Gold-Farben. Außerdem vertiefe ich mich scheinbar völlig in ein Exemplar des »Neuen Deutschland«, in dem ich irgendwelche Zeilen rot an- und unterstrichen habe und so – hoffentlich! – den Eindruck eines »fortschrittlichen« Studenten mache.
Ernst Lemmer empfängt mich ziemlich ernst. Nach seiner Ansicht ist aus dem Neujahrsaufruf Wilhelm Piecks zu schließen, daß bei den Wahlen zum 15. Oktober eine Einheitsliste droht; habe er doch betont, unsere Wahl würde ein ganz anderes Gesicht tragen als – wie er wörtlich sagte – die Betrugswahlen im Westen und würden auch zu einer neuen Festigung der Zusammenarbeit aller fortschrittlichen Kräfte in der DDR führen. Wahrscheinlich, meint Lemmer, werde man bis zum Herbst alle Personen ausschalten, die für Wahlen mit gesonderten Listen eintreten und mit der Wahl endlich die Vorherrschaft der SED beseitigen wollen. Zwar habe Nuschke wiederholt die Einheitsliste abgelehnt; ob er aber noch lange zu seinem Wort stehen werde, sei bei seinem weichen Charakter fraglich. Ich mag das alles nicht so recht glauben. Lemmer kann indessen auf eine ganz neue Anweisung des Hauptvorstandes der DDR-CDU in Form einer Wahlordnung verweisen, die jede Opposition mundtot machen soll: Alle Vorstände sowie sämtliche Delegierten unserer Partei werden nur dann die erforderliche Bestätigung der übergeordneten Parteiinstanzen erhalten, wenn sie sich einer Zustimmungserklärung zu der Politik der jetzigen CDU-Führung unterwerfen! Dabei muß sich jeder per Unterschrift zur Friedenspolitik der Union

und zur Unterstützung des DDR-Regierungsprogramms sowie der Nationalen Front verpflichten. Wer dieses Bekenntnis nicht ablegt, dessen Kandidatur ist ungültig. Er kann nicht einmal einfaches Vorstandsmitglied einer kleinen Ortsgruppe werden! Eine Bejahung hingegen führt zwangsläufig zum bloßen Befehlsempfang – wenn wahrscheinlich auch nur äußerlich vorgetäuscht – des heutigen Hauptvorstandes und der SED mit den Sowjets im Hintergrund.
Beim Untersuchungsausschuß freiheitlicher Juristen werden erste Erfolge festgestellt. Die Anklage gegen den neuen Chefinspekteur der Volkspolizei, Bernhard Bechler, hat inzwischen immerhin seiner ersten Frau das Leben gerettet: Um ihm nachträglich zu der legitimen Ehe mit seiner jetzigen strammen Jungkommunistin zu verhelfen, sollte sie unter ihrem Mädchennamen Dreikorn in Waldheim hingerichtet werden. Die Anklageschrift, die selbst in den verschiedenen Ministerien Ost-Berlins kursierte, hat Pieck ganz offensichtlich doch zu einer »Begnadigung« veranlaßt. Für mich ist es immer wieder höchst aufschlußreich, wieviel man in West-Berlin über die Zone weiß und wie viele Menschen illegal Widerstand leisten!
Vor der Abfahrt von West-Berlin am Anhalter Bahnhof pflege ich die Briefe mit den UfJ-Flugblättern unter die gebrauchte Wäsche – je dreckiger, desto besser! – und in Gürtelhöhe direkt am Rücken zu verstecken. Leider sind die »Vopo«-Kontrollen manchmal sehr scharf.
Durch einen unvorhersehbaren Umstand erreiche ich »meinen« Zug nach Leipzig nicht mehr, Horst hat stundenlang mit zunehmender Sorge auf mich gewartet. Um diese Zwischenfälle zu vermeiden und um während des kurzen Aufenthaltes in West-Berlin möglichst Zeit zu sparen, schaltet er seinen alten Freund Ingolf-Ariovist Klein in West-Berlin ein; er studiert an der Freien Universität und wird fortan als Mittelsmann zwischen uns und den »Freiheitlichen Juristen« fungieren.
Die SED-Presse hat zu großer Wachsamkeit gegenüber der »feindlichen Agenten- und Diversionstätigkeit« aufgerufen und dabei erstmals auch die Kampfgruppe gegen Unmenschlichkeit erwähnt – wenn natürlich auch nicht namentlich. Wie Zeitungen West-

Berlins mitteilen, sollte ihr Leiter Dr. Rainer Hildebrandt letzten Herbst von vier gedungenen Kriminellen des Ostsektors entführt werden; jedem hatte die DDR-Geheimpolizei dafür 5000 Mark versprochen!
In Ost-Berlin erklärt Generalstaatsanwalt Dr. Melsheimer, abfällige Bemerkungen gegen Staatspräsident Pieck und Regierungsmitglieder sowie die DDR generell seien »Verbrechen gegen die Demokratie«. Strafbar soll auch das Abhören westlicher Rundfunksendungen und das Verbreiten ihrer Nachrichten sein...
Als gegen Ende der zweiten Januarwoche die SED-Propaganda behauptet, es gäbe KZ-Lager in West-Deutschland, ahnen wir schon das Folgende. Es vergeht dann auch nur eine knappe Woche, als die Auflösung der Internierungslager Buchenwald und Sachsenhausen bekanntgegeben wird. Über 20 500 Personen sollen entlassen und weitere 13 945 dem DDR-Innenministerium übergeben werden. Daß es Tote gegeben hat, gesteht die ADN-Meldung in einem Nebensatz kurz ein; Nachrichten, einige Häftlinge seien in die UdSSR transportiert worden, stellten jedoch einen 100%igen amerikanischen Schwindel dar. Die Ostberliner Wochenschau weiß sogar zu berichten, den Häftlingen sei es besser ergangen, als es in den westdeutschen Flüchtlingslagern üblich wäre. Für ziemliche Verwirrung sorgt eine inhaltsgleiche Äußerung von Probst Dr. Grüber, einer eigentlich honorigen und politisch versierten Persönlichkeit; vielleicht ist es aber auch eine reine Falschmeldung. Über den RIAS führt der Schriftsteller Günther Birkenfeld bald aus, in Buchenwald seien rund 6000 bis 8000 Häftlinge verstorben, und in Sachsenhausen schätzungsweise 13 000. Sie seien in Massengräbern an der Nordostseite des Lagers Buchenwald sowie an einer Chaussee bei Sachsenhausen verscharrt worden – mit Chlorkalk überstreut und ohne jegliche Namensangaben! Nach Berechnungen der KgU sind insgesamt vielleicht 96 000 Menschen zugrunde gegangen. Zwar existierten keine Vernichtungs-Gasöfen, doch hätten die äußerst minimale Verpflegung, eine totale Beschäftigungslosigkeit und jegliche Isolation von der Außenwelt (selbst zu nächsten Angehörigen gab es keine Postverbindung) zu dem großen Sterben geführt.

Mitte Januar fordert Professor Hickmann, der nicht nur der Vorsitzende des Landesverbandes Sachsen, sondern auch stellvertretender Vorsitzender der gesamten Zonen-CDU ist, freie und geheime Wahlen in allen Teilen Deutschlands sowie eine Neutralisierung unseres dann gewiß bald wiedervereinigten Vaterlandes. Nach kaum drei Tagen beginnt eine großangelegte Pressekampagne: Sein Verlangen nach Eigenständigkeit der Parteien, schreien die SED-Gazetten, sei eine freche Verleumdung unserer demokratischen Ordnung. Sich neutral verhalten, hieße den amerikanischen und englischen Imperialisten sowie ihren westdeutschen Verbündeten die verbrecherische Tätigkeit gegen die Lebensinteressen des deutschen Volkes zu erlauben. Attackiert wird Hickmann auch, weil er den CDU-Kreisvorsitzenden in Aue ermutigt hatte, dem von der SED geforderten Rücktritt nicht nachzukommen. Andererseits habe er seine Zustimmung zu einer von der Einheitspartei geförderten Kandidatur des CDU-Bürgermeisters von Schwarzenberg verweigert mit dem Hinweis, dieser genieße einen schlechten politischen Leumund. Angeblich haben CDU-Mitglieder an die Zeitung der Union in Dresden »spontan« Leserbriefe geschrieben, wonach die CDU einen guten Teil Verantwortung am Aufbau der Deutschen Demokratischen Republik habe und somit auch die Aufgabe, solche Funktionäre wie Hickmann zu entlarven und unschädlich zu machen! Die SED weiß jedenfalls von einer breiten Welle der Empörung in der Bevölkerung zu berichten, welche seine Entfernung verlange: »Ein Volk, das so schwer um seinen Bestand zu kämpfen hat, kann es sich nicht leisten, einen Mann vom Schlage Hickmanns in einflußreicher Stellung zu belassen.« Beim Mittagessen in der Mensa hört man vom Sender Leipzig ständig Programme gegen den CDU-Führer, die sich in ihrem Haß geradezu überschlagen. Auch als ich abends bei meiner Wirtin den Rundfunk höre, stellen sie das fast ausschließliche Thema dar. Der Fanatismus ist erschreckend, geradezu widerwärtig, ähnlich muß es unmittelbar vor der »Reichskristallnacht« gewesen sein. Tatsächlich, am 23. Januar kommt es zur Protestdemonstration vor dem Gebäude des CDU-Landesvorstandes in der Tiergartenstraße Dresdens, und wie 1938 die SA-Rollkommandos und 1948 die SED-Schlägertrupps in das Berliner Stadtparlament dringt diese gewaltsam in das Haus ein. Mit Sprechchören wie »Hängt ihn auf, die Sau!« fordert der 20köpfige Pöbel Hickmanns Entlassung. Am Tage der deutschen Wiedervereinigung wird es – wie 1945 – niemand gewesen sein oder gewußt haben wollen oder sich auf die bequeme Ausrede eines Befehlsnotstands berufen!

Die ganze Aktion dürfte kein Zufall sein, sondern lediglich das erste Stadium des bevorstehenden Wahlkampfes. Das Ziel ist für uns eindeutig: Allen CDU-Persönlichkeiten mit eigener Meinung das Rückgrat so zu brechen, daß sie von sich aus nicht mehr als Kandidaten zur Wahl auftreten wollen. Die große Frage geht wieder einmal an Otto Nuschke; wird er sich mit seiner Person und seinem doch immer noch vorhandenen Einfluß dieser Entwicklung entgegenstellen oder Hickmann opfern? Geht es doch nicht nur um die Würde und die Ehre unserer Christlich-Demokratischen Union, sondern auch um seine!

Die Kampagne aber verstärkt sich weiter: Der Chefredakteur des »Neuen Deutschland«, Rudolf Herrnstadt, greift persönlich zur Feder und beschuldigt den Verfemten, er habe den amerikanischen Kriegsprovokationen Vorschub geleistet und damit ein Verbrechen an der deutschen Nation begangen! Einige Mit-Studenten haben über westliche Sender erfahren, daß der sächsische CDU-Landesverband aufgrund dieser Angriffe beschlossen habe, seine Mitarbeit im »Block« einzustellen. Außenminister Dertinger soll sofort in das sächsische Elbflorenz geeilt sein, was nichts Gutes verspricht. Es dauert auch nur wenige Tage, bis Hickmann vom eigenen Ausschuß des Landesverbandes abgesetzt ist! Der Herr Außenminister hat zweifellos sehr schwere Geschütze auffahren müssen, um sein Ziel durchzudrücken. Niemand aber gibt sich dafür her, die Leitung der CDU Sachsens zu übernehmen; schließlich übernimmt Dertinger sie einstweilig.

Unser Wunsch, mehr Einzelheiten aus Dresden zu erhalten, bleibt leider unerfüllt. CDU-Studenten, die ich treffe, fragen verzweifelt, was man noch tun könne. Wir sind dem Regime ausgeliefert, und das keine vier Jahre nach Beendigung der Hitler-Zeit! Was nützt unser Widerstand? Wir können das System nicht stürzen, auch wenn der

größte Teil unserer Bevölkerung letztlich gegen die SED-Diktatur eingestellt ist. Und doch muß der Widerstand fortgesetzt werden!
Der Gewaltakt in Dresden dürfte den Appetit der SED nur vergrößert haben: Im Kreisamt Ost-Havelland sind Arbeiter in Streik getreten, um den Rücktritt bestimmter CDU-Funktionäre zu erzwingen. In Potsdam fordern SED-Betriebsdelegationen auf einer Kundgebung die Beseitigung aller »reaktionären« Kräfte aus dem Stadtparlament; nach üblichem Muster besetzen sie unmittelbar danach das Gebäude und verhindern den Ablauf der Stadtverordnetensitzung. Der Stadtbaurat Richard (CDU) wird wegen angeblicher Verbrechen am Volkseigentum beurlaubt, ein aufrechter Journalist muß vor drohender Verhaftung fliehen. Wie lang ist's doch her, als die schöne Stadt Symbol gerade für Toleranz war!
Pfarrer Kirsch vom CDU-Hauptvorstand ist gestorben; zwar gehörte er der Volkskammer an, jedoch trat er bis zuletzt gegen diktatorische Maßnahmen der Kommunisten auf.
Nuschke scheint zu dieser ganzen Entwicklung zu schweigen. Zu hören ist von ihm lediglich ein Bedauern, daß von den 6000 Angestellten in den Ministerien Ost-Berlins heute nur ganze 42 Personen CDU-Mitglieder sind – seinerzeit seien mit der SED immerhin 900 Stellen vereinbart worden. Im Innenministerium gibt es danach keinen einzigen Anhänger unserer Partei mehr, im Planungsministerium ist die CDU immerhin durch eine Putzfrau vertreten!
Mein Vater schreibt mir in getarnter Diktion, auch unser mecklenburgischer Minister Witte habe eine Neutralisierung Deutschlands nach der Wiedervereinigung verlangt und somit nach Ansicht der fast schon allmächtigen Staatspartei nichts mehr im politischen Leben der DDR zu suchen; er werde sicherlich bald »freiwillig« zurücktreten. Erneute Beschimpfungen richteten sich auch gegen Dr. Kaltenborn. In vielen Betrieben Mecklenburgs würde CDU-Mitgliedern jetzt gekündigt; eine Ausnahme gelte nur für solche, die »fortschrittlich« seien.
In Rostock hat W. Pieck vor Studenten gesprochen; nach Meldungen der DDR-Zeitungen sollen – von den insgesamt 2000 – 900 anwesend gewesen sein, in Wahrheit waren es höchstens 100.

Volkspolizisten wird nahegelegt, aus der Kirche auszutreten. In meiner Heimatstadt hat man vier »Vopos« festgenommen unter der Beschuldigung, sie hätten ein Stalin-Bild mit dem Hakenkreuz bemalt. Westberliner Zeitungen berichten, in Rostock würden heutzutage täglich 450 bis 480 Waggons mit Reparations- und Exportgütern nach Sowjetrußland gehen; vor einem halben Jahr seien es lediglich 250 bis 280 gewesen.

Februar 1950

Horst und ich lösen uns mit den Reisen nach West-Berlin so ab, daß der UfJ bzw. Ingolf Klein alle 14 Tage von einem von uns aufgesucht wird und Ernst Lemmer im gleichen Zeitabschnitt von mir zumindest einen in den Westsektoren aufgegebenen Brief mit neuen Nachrichten erhält. Das Geld für die Eisenbahnfahrten? Horst Leißring setzt einen beträchtlichen Teil seiner KZ-Rente dafür ein! Ich schmuggele Bücklinge und Palmin-Fett von West-Berlin nach Leipzig, und meine Wirtin verkauft sie zu Schwarzmarkt-Preisen – der Verdienst wird geteilt. Außerdem läuft immer noch mein wahrhaft schon internationaler Briefmarkentausch: DDR-Marken sind im Ausland oft gesucht, umgekehrt bringen schweizerische und isländische Ausgaben hier mehrere Geldscheine.
Das CDU-Ostbüro scheint neuerdings eine besondere Ausgabe der Zeitung »Der Tag« herauszugeben, welche deren wichtigste Kommentare und Nachrichten bringt und welche in ihrer Doppelbriefgröße in die SBZ geschleust und dort per Post versandt oder auch direkt verteilt wird. Das Ostbüro der SPD verbreitet vom Bismarckplatz in Berlin-Grunewald aus in ähnlicher Weise den »Kleinen Telegraf«; ein Artikel mit der Überschrift »Ein glückliches Land« beschreibt die Schweiz. Ach, könnte ich doch jetzt als freier Staatsbürger, Hand in Hand mit Suzanne, in Biel oder Zürich spazierengehen!
Mehreren CDU-Verbänden sind Aufforderungen zugegangen, sofort Auflösungsanträge in Ost-Berlin zu stellen. Die »Neue Zeit« erklärt, die Fälschungen stammten vom CDU-Ostbüro. Ich halte

das für unglaubwürdig. Der RIAS warnt, man solle sich nicht provozieren lassen. Eine Auflösung würde zudem einem erst vor Wochen erfolgten Aufruf der westdeutschen Arbeitsgemeinschaft der CDU/CSU widersprechen; darin war an die Mitgliedschaft in der Zone appelliert worden, treu und beharrlich in unserer Arbeit fortzufahren und mit allen noch verbliebenen Möglichkeiten aufklärend zu wirken. In manchen Orten taucht ein Bulletin der »LDP-Informationen« auf, das ebenfalls die Auflösung ihrer Partei verlangt. Sollte es eine Aktion seitens der KgU in West-Berlin sein? Wie immer schieben wir alles Negative erst einmal der SED zu. Liegt es doch auch nahe, daß sie auf diese Weise weitere Zweifel und verstärktes Mißtrauen in das bürgerliche Lager tragen will.
Das Mitglied des Leipziger CDU-Kreisvorstandes, der Oberlandesgerichtspräsident Dr. Carl Ruland, ist in den letzten Tagen offen für Hickmann eingetreten. Jetzt hat der SED-Kreisvorstand zu Massendemonstrationen aufgerufen. Aufgehetzte FDJler dringen in die Räume des Kreisvorstandes unserer Partei ein; dort ruft man zwar Volkspolizisten zu Hilfe, doch verhalten sie sich teilnahmslos. Nach einigen Tagen enthebt der CDU-Landesvorstand dann Ruland seiner Ämter, ebenso soll er nicht mehr als Richter tragbar sein. Kurz danach werden im Leipziger Raum acht Kreisvorsitzende und Geschäftsführer auf Druck der Staatspartei aus der CDU ausgeschlossen. Unter den »einfachen« Mitgliedern in der Messestadt aber gibt es immer noch viele Anhänger unserer alten Parteiführung, die wir nach wie vor als die rechtmäßige ansehen. Mit dem neuen Leiter unserer Universitätsgruppe, Hermann Grimm, wechsele ich einige Worte; wir sind recht geknickt.
Schon vor zwei Wochen ist der sächsische Finanzminister Rohner (CDU) vom SED-Blatt »Sächsische Zeitung« beschuldigt worden, für die Wirtschaftssabotage im Leipziger Steueramt voll verantwortlich zu sein. Er hat wohl keinen anderen Ausweg gesehen, als jetzt nach West-Berlin zu flüchten. In Schwerin fordert Kurt Bürger, I. Landessekretär der SED, die Union offen auf, Dr. Witte aus der Partei auszuschließen! Es dauert immerhin rund drei Wochen, bis unter dem Druck der Straße sich der Landesvorstand von ihm »wegen parteischädigenden Verhaltens« trennt. Zum Rücktritt ge-

zwungen wird ebenfalls der brandenburgische CDU-Minister für Arbeit und Sozialfürsorge, Fritz Schwob. Ein sowjetisches Militärgericht in Potsdam verurteilt 34 Angeklagte zu Strafen bis zu 25 Jahren; zumeist handelt es sich um CDU-Mitglieder. In Sachsen-Anhalt dringen SED-Trupps in das Union-Haus ein und verlangen die Absetzung von Professor Fascher. Überall in der Zone geht man gegen aufrechte CDU-Funktionäre vor; tatsächlich haben sie nur das »Verbrechen« begangen, von dem in der Verfassung garantierten Grundrecht auf Meinungsfreiheit Gebrauch zu machen. Während der ersten Monatshälfte sind insgesamt 128 führende Mitglieder unserer Partei nach dem Westen geflohen, davon waren drei Minister.

Gegenwärtig steht der mecklenburgische LDP-Landtagsabgeordnete und Redakteur der »Norddeutschen Zeitung«, Priesmann, unter Beschuß der SED.

Die Deutsche Demokratische Republik hat nunmehr ein besonderes Ministerium für Staatssicherheit! Sehr schnell wird sein Dienst im Volksmund kurz »SSD« geschimpft. Das Gesetz der Volkskammer enthält lediglich zwei knappe Paragraphen, welche über seine Aufgabenstellung und seine Befugnisse nichts aussagen – nach volksdemokratischem »Recht« bedeutet das, daß sie offensichtlich über jedem Recht stehen. Gerade bei dieser Kampagne war die propagandistische Vorbereitung leicht zu durchschauen: Bereits Ende Januar konnte man lesen, westliche Spionage- und Sabotageorganisationen hätten bei uns Handgranaten in Stahlwerke eingeschleust und Viehseuchen verursacht. Jeder Bürger sei deshalb aufgerufen, seinen Patriotismus besonders durch erhöhte Wachsamkeit unter Beweis zu stellen. Erich Mielke, Generalinspekteur der Hauptverwaltung zum Schutz der Volkswirtschaft, weiß einen ganzseitigen Artikel im SED-Zentralorgan über die in- und ausländischen Gegner zu schreiben, bei denen es sich »um Gangster und Mörder handelt, die unser Leben bedrohen«. Der erwartete nächste Schritt läßt nicht lange auf sich warten: Ausgerechnet mit dem Ziel, Artikel VI der Verfassung mit seiner berüchtigten »Boykotthetze« verwirklichen zu wollen, drängt die DDR-Bevölkerung angeblich darauf, »geeignete Organe« zur Abwehr dieser angeblichen Anschläge zu schaffen. Spricht man

offiziell auch vom Kampf gegen Agenten, Saboteure und Diversanten, so ist völlig klar, daß sie ein Machtinstrument zur Unterdrükkung jeglicher freiheitlicher Regungen unserer Menschen sein sollen. Also eine rote Gestapo! Der Yankee-Imperialismus, so können wir dem »Neuen Deutschland« entnehmen, verfüge über Methoden der Provokation und Sabotage, »gegen die Himmler und Göring Waisenknaben an Hinterhältigkeit und Abgebrühtheit waren«...
Die Studentenratswahlen auf unserer Universität entsprechen dem politischen Klima. SED-Mitglieder an den einzelnen Fakultäten haben schon vor einiger Zeit folgende Fragen zu ihrer monatlichen Berichterstattung erhalten: »Wie ist die Gestaltung der Universitätswandzeitungen der bürgerlichen Parteien? Besteht Verbindung zu den fortschrittlichen bürgerlichen Studenten? Ist eine Einflußnahme auf Genossen von bürgerlichen Parteien feststellbar? Im Sinne einer guten Blockpolitik müssen im Wintersemester alle reaktionären und undemokratischen Äußerungen und Veröffentlichungen einzelner Funktionäre und Mitglieder der bürgerlichen Parteien scharf kritisiert werden.« Kandidaten zu der Studentenratswahl, die nicht der SED oder der FDJ angehören, werden auf den Vollversammlungen einem regelrechten Kreuzverhör unterzogen. Die Standard-Fragen lauten, ob sie die führende Rolle der SED und die Freundschaft zur Sowjetunion anerkennen und ebenfalls die sowjetische Wissenschaft für die fortschrittlichste Wissenschaft halten. Ein erbärmliches Spiel, welches die meisten aufrechten Studenten dann auch von einer Kandidatur zurückhält. An der juristischen Fakultät gehen von 453 Studenten immerhin 94 Prozent zur Wahl; wie viele dem Aufruf des RIAS gefolgt sind, ungültig zu stimmen, ist leider nicht zu erfahren. Von den medizinisch-veterinären Studenten haben sich 56% an der Wahl beteiligt, es soll 106 ungültige Stimmen gegeben haben. An der philosophischen Fakultät sind lediglich 37% zur Urne gegangen, angeblich waren davon noch 115 Stimmzettel ungültig. Die FDJ-Mitgliedsbücher bekommen jetzt Beitragsmarken mit Abbildungen von Pieck und Stalin.
Bei den Studentenratswahlen in Rostock ist die LDP-Hochschulgruppe für einen Boykott eingetreten, während diejenige der CDU eine Teilnahme befürwortete. Bei einer Wahlbeteiligung von rund

90 % haben annähernd 30 % ungültig gestimmt. Gerhard Popp hat wiederum die meisten Stimmen erhalten, trotzdem wird er nur zweiter Studentenrats-Vorsitzender.
Die »Nationale Front« macht viel von sich reden. Nach ihren Worten stellt sie sich als entscheidende Aufgabe die Befreiung Deutschlands von der Anwesenheit und den Umtrieben der angloamerikanischen Imperialisten. Im Programm behauptet sie, sie sei in ganz Deutschland auf dem Vormarsch und werde morgen ganz Deutschland befreien. Erwartungsgemäß ist das die große Propaganda-Stunde von Professor Polak: In einer unserer Vorlesungen erklärt er, es sei höchste Verpflichtung der Deutschen, ihr Schicksal in eigene Hände zu nehmen, ihre Volkssouveränität und ihr Selbstbestimmungsrecht geltend zu machen. Der Schritt sei nicht nur politisch, sondern auch staatsrechtlich und im Sinne des Völkerrechts durchaus gerechtfertigt. Polak wäre nicht Polak, wenn sein Schluß nicht mit theatralisch erhobenem Arm in den Worten gipfelte: »Werdet Ihr es schaffen? Ihr werdet es, wenn nur eins in euch lebendig sein wird, eins was schlummert, aber niemals starb, weil's nicht sterben kann – das, was so hell aus den Herzen der Männer der Paulskirche brannte, die Liebe, die verzehrende, inbrünstige Liebe zu dem Lande, dessen Söhne Ihr alle seid, zu allem, was deutsches Antlitz trägt!« Natürlich schreiben alle Studenten mit: Für die SED-Genossen sind diese Worte ohnehin höchstes Partei-Evangelium, und für die anderen Studenten ist es ebenfalls notwendig, diese Terminologie bei der Zwischenprüfung zu beherrschen. Daß die Niederschrift dieser Vorlesung sehr bald in West-Berlin sein wird, ahnt Polak sicherlich nicht; es würde ihn allerdings auch kaum treffen.
Stuttgarts Oberbürgermeister Dr. Klett hat nach seinem Besuch in der DDR geäußert, es herrsche hier eine völlig freie Meinungsäußerung. Sollten die Zeitungsmeldungen zutreffen, ist es wirklich schade, daß nach der Gemeindeordnung Personen wegen politischer Naivität nicht abgesetzt werden können! Willy Brandt, so plaudert das führende SED-Blatt aus, stand während des spanischen Bürgerkrieges »in Diensten des britischen Geheimdienstes«.
In der HO kosten 500 g Butter 30 Mark, dieselbe Menge Zucker

sechs Mark und 100 g Schokolade drei Mark. Selbst bei dem gegenwärtigen Umrechnungskurs von einer Ost-Mark zu 14 West-Pfennigen ist für Zonen-Bewohner ein Einkauf in West-Berlin immer noch preiswerter – von der ohnehin besseren westlichen Qualität ganz zu schweigen.

März 1950

Aurel von Jüchen, Pfarrer an der Schweriner Schelfkirche, ist verhaftet worden. Von seinen Predigten hatte ich manchmal den Eindruck, er träume etwas gegenwartsfremd von einem Sozialismus. Doch jetzt scheint das frühere SPD-Mitglied mit seiner lebendigen Jugendarbeit dem DDR-Regime zu gefährlich geworden zu sein; schon in der NS-Zeit stand er kurz vor dem KZ. Ob Pfarrer Kleinschmidt, mit dem er an der Spitze des »Kulturbundes« stand, ihm wenigstens zu helfen versucht? Im Herbst 1946 hatten sie beide doch so sehr die Toleranz der SED gerade in religiösen Fragen betont...

Der RIAS stellt im Zusammenhang mit der Auflösung der KZs die Frage, weshalb das Zuchthaus Bautzen nicht erwähnt werde und man nur von Inhaftierten, nicht jedoch von politischen Strafgefangenen spreche. Wer und wie viele von ihnen seien nach Rußland deportiert worden? Wo befänden sich die Totenlisten? Seit 1946 sollen mehrere tausend ehemalige Sozialdemokraten verhaftet worden sein, die meisten verschwanden bald nach dem SED-Gründungsparteitag und nach der Umwandlung der SED zu einer »Partei neuen Typus«.

Auf allen Fakultäten sollen die Studiengruppen die neue »Mehr-Lernbewegung« praktizieren und werden so bald zum Hauptinstrument der kommunistischen Beeinflussung der Studenten. In ihnen werden im »Kollektiv« marxistische Bücher – wie etwa die »Allgemeine Wirtschaftslehre« von Kuczynski – durchgearbeitet. Für ein regelmäßiges Erscheinen dazu sorgt die Funktion der Studiengruppe, die ihre einzelnen Mitglieder am Ende jedes Semesters »kritisch und selbstkritisch« bewerten und sie für einen weiteren Stipendien-Bezug einstufen soll.

Die juristische Fakultät der Universität Leipzig war bis 1945 gewiß die namhafteste in Deutschland. Nach Kriegsende gingen die Kommunisten indes planmäßig daran, diese Pflegestelle der deutschen Jurisprudenz zu zerstören. Die systematische Auflösung des Lehrkörpers begann mit dem Abgang von Werner Weber, der in seinen Vorlesungen über Staats- und Verfassungslehre offen und mutig Kritik an der politischen Entwicklung in der SBZ übte und größte Sympathie in der Studentenschaft genoß. Eines Tages fühlte er sich veranlaßt, mit seiner Familie und seinen gesamten Möbeln nach West-Deutschland zu emigrieren. Das nächste Opfer wurde Professor Hans-Otto de Boor, ein international bekannter Zivilrechtler und Mitglied der Deutschen Akademie der Wissenschaften. Auch er hatte sich nie dazu bewegen lassen, die Klarheit und Sachlichkeit seiner Wissenschaft gegen Propagandaphrasen der SED einzutauschen. Mitten im letzten Wintersemester gab der Fakultätsrat offiziell bekannt, de Boor müsse aus gesundheitlichen Gründen vom Lehrstuhl zurücktreten und in Erholung gehen; in einem Jahr werde er seine Vorlesungen bestimmt in Leipzig fortsetzen. Bald aber erhielt er einen Lehrstuhl in Göttingen angeboten und dürfte kaum den Wunsch hegen, seine Vorlesungen in der DDR fortzusetzen.
Noch dramatischer gestaltete sich der Abgang von Professor Arthur Nikisch: Als Dekan erlebte er 1949/50 die ersten Zusammenstöße mit dem neuen, kommunistisch beherrschten Fakultätsrat; als er ablehnte, eine Resolution der SED gegen die Verurteilung von irgendwelchen Kommunisten in den USA zu unterschreiben, glich dies schon einer offenen Opposition. In der »Täglichen Rundschau« griff ein Student der gesellschaftswissenschaftlichen Fakultät, welcher nie juristische Kollegs gehört haben dürfte, ihn bald wegen »Objektivismus« an. Kurz danach ist Nikisch nach Kiel gegangen. Sein Lehrbuch über Zivilprozeß war das erste, das nach 1945 in Deutschland erschien; vom ersten Vorsitzenden der SED-Fakultätsgruppe wurde es hingegen überall als »allgemeiner Käse« bewertet.
Derzeitiger Dekan der Fakultät ist Professor Dr. Erwin Jacobi, der nach Leipzig als Schüler und Nachfolger von Otto Mayer auf den Lehrstuhl für Verwaltungsrecht kam. Seine tapfere Haltung in der Nazizeit als Mitglied der bekennenden Kirche brachte ihm im In-

und Ausland große Achtung ein. Auch als Rektor der Universität verstand er es in den ersten Jahren nach Kriegsende, sich zu behaupten. Ebenfalls hat er es vor Jahr und Tag abgelehnt, an der Verfassung der DDR mitzuarbeiten. Um so bedauerlicher ist es, daß jetzt unter den demokratischen Studenten mehr und mehr der Eindruck entsteht, er mache auf Kosten seiner eigenen Überzeugung und auch seines Rufs zu große Konzessionen an die Staatspartei. In seinen Vorlesungen über Verwaltungs- und Arbeitsrecht, seinen Übungen und seiner Tätigkeit als Vorsitzender des Fakultätsausschusses der »Nationalen Front« bejaht er die allgemeine Entwicklung bei uns doch allzu unkritisch.

Den Lehrstuhl für Strafrecht hat der als Verteidiger bekannte Dr. Georg Schwalm inne, dessen Bewerbung um eine Professur trotz seiner hochqualifizierten Vorlesungen immer wieder abgelehnt wird. Die Genossen haben schon verkünden lassen, daß er abgebaut werden müsse, sobald man einen »besseren« (sprich: marxistisch-leninistischen) Strafrechtler auftreiben könne. Uns bleibt nur die große Hoffnung, daß dieser Wunsch an dem akuten Mangel an »geeignetem« SED-Nachwuchs noch längere Zeit scheitern möge! Wie kann ein Mann für die SED-Diktatur auch angenehm sein, der in der Vorlesung betont sagt: »Wir behandeln die Verbrechen gegen die Freiheit gleich nach den Tötungsdelikten. Daraus sehen Sie, wie hoch wir heute die Freiheit einschätzen!« Ebenso muß es für die Herrschenden sehr peinlich sein, wenn diese tapfere und integere Persönlichkeit den strafrechtlichen Schutz für die Bildung des Volkswillens »nach den bitteren Erfahrungen der Gegenwart für völlig unzureichend« erachtet!

Ein erbitterter Gegner der Volksdemokratisierung ist ebenfalls der heute 80jährige weltbekannte Romanist Heinrich Siber. Zu seinem Geburtstag bekommt er aus aller Welt Gratulationen und Zeichen der Verehrung; an der Fakultät aber genießt er seitens der Kommunisten ein »Gnadenbrot« und wird außer in Fällen gehässiger Kritik gar nicht beachtet. Bald dürfte man die letzte Scheu überwinden und ihn emeritieren; sein hohes Alter, dem allerdings seine geistige Frische Hohn spricht, wird gewiß der willkommene Anlaß sein. Sein romanistisches Seminar ist längst zum Treffpunkt der demokratischen Studenten geworden und gilt daher bei der SED auch als ein »Hort der Reaktion und der bürgerlichen Pseudo-Wissenschaft«. Wie gut, daß es seit einigen Monaten die RIAS-Funkuniversität gibt! Sie vermittelt mit ihren Beiträgen einen Blick in die westliche Welt, gibt Stoff zur geistigen Auseinandersetzung und durchbricht die bei uns immer stärker werdende Isolation. Weltbekannte Persönlichkeiten wie Theodor W. Adorno, Otto Hahn, Werner Heisenberg und gerade Karl Jaspers tragen wesentlich zu dem hohen Niveau dieser Sendungen bei.

Ein »Volks«-Lyriker hat der SED-Staatspartei ein Gedicht gewidmet, dessen Schluß lautet:

»Partei – die Unsterblichkeit unserer Sendung,
Partei – die einzige Gewähr der Vollendung...
Hirn der Klasse,
Sinn der Klasse,
Kraft der Klasse,
Ruhm der Klasse –
Das ist Partei.«

In der Straßenbahn habe ich einen Witz gehört: SED heißt »Stalins ergebenster Diener«....

Der alte Lemmer scheint leider doch recht zu haben mit seiner düsteren Voraussage zu dem Wahlsystem am 15. Oktober. Mitte März schlagen die Vertreter der SED auf der Tagung des Zentralblocks eine sogenannte »Liste der demokratischen Einheit« vor, welche sie als nationale Notwendigkeit hinstellen. Sieben Tage später tagt der Politische Ausschuß des CDU-Hauptvorstandes; Nuschke warnt, daß die Wahlen nicht zu einer Zersplitterung der demokratischen Kräfte führen dürften. Sie sollten daher unter einem gemeinsamen Wahlprogramm erfolgen. Gerüchte wollen wissen, nicht er sei in Wahrheit die treibende Kraft, sondern bereits Gerald Götting. Die Führung der Liberal-Demokratischen Partei spricht sich sehr schnell für die neue Liste à la SED aus, auch die CDU-Mecklenburg ist eilfertig dafür. In Dresden, Leipzig und in Thüringen sollen innerhalb der CDU-Verbände illegale Flugblätter kursieren, die sich scharf gegen die Abschaffung von freien und geheimen Wahlen aussprechen.

Dr. Bloch hat die Gründung der DDR völlig zu Recht als »Staatsstreich« bezeichnet. Für die SED ist er daher »natürlich« eine nicht länger hinzunehmende Belastung. Horst erzählt mir von einer RIAS-Meldung; danach hätte man nachts vor seinem Hause in riesengroßen Buchstaben die Worte »Agent Bloch, 'raus aus Klein Machnow!« gemalt. Es ist gewiß Gedankenübertragung, daß wir beide spontan an die Zeiten denken, als in unserem Lande an vielen Geschäften die Parole »Deutsche, kauft nicht bei Juden!« geschmiert war. Bald kann ich einer Pressemeldung entnehmen, daß Bloch aus der CDU ausgeschlossen worden ist.

Auf der Neptun-Werft in Rostock konnte sich erst Ende 1949 eine Betriebsgruppe der Union gründen. Jetzt, nach nur drei Monaten, zwingt der SED-»Kulturdirektor« Werther die Mitglieder zum Austritt; andernfalls würden sie entlassen werden.

Vor zwei Jahren hatte die Union in der Zone rund 211 000 Mitglieder, heute zählt sie nur noch etwa 180 000.

In Schwerin sind an Häusern und Laternenmasten kleine anonyme Klebzettel mit den Worten »Funktionäre, der Strick liegt schon bereit!« festgestellt worden. Ebenfalls haben Unbekannte den »Kleinen Tag« in Hausbriefkästen gesteckt. Gerüchte kursieren und wollen alles mögliche wissen – nur wo und wann dies geschah und wie viele Exemplare es waren, weiß offenbar niemand. Aber die Freude über diese Widerstandsaktionen ist allgemein riesengroß!

Über eine postlagernde Adresse – selbstverständlich unter falschem Namen – beim Postamt Goethestraße in Berlin-Charlottenburg versuche ich, mit dem CDU-Ostbüro Kontakt aufzunehmen. Leider erhalte ich nur einige Male den »Kleinen Tag« mit seinen acht Seiten. Jede Ausgabe enthält die Rubrik »SSD, herhören!« Wohl mehr an den einzelnen Empfänger der Klein-Zeitung in der Zone gerichtet, heißt es, sie werde sowohl an Anhänger als auch an Gegner des Regimes verschickt. Wer Verdacht habe, daß seine Briefe überwacht würden, solle den »Kleinen Tag« bei der Volkspolizei oder bei seinem Bürgermeister abgeben – »Übrigens wird er auch dort gern gelesen!« Da ich allgemein aber nur jeden Monat nach West-Berlin komme, postlagernde Sendungen indes lediglich zwei Wochen aufbewahrt werden, reißt die Verbindung leider bald ab.

Auf dem Dach der Humboldt-Universität in Ost-Berlin ist heimlich ein riesiges Spruchband in russischer Sprache angebracht worden, das die Heimkehr unserer Kriegsgefangenen fordert.

April 1950

Gegenwärtig läuft eine breitangelegte Kampagne gegen den Vorsitzenden des CDU-Landesverbandes Sachsen-Anhalt und Minister für Arbeit und Sozialfürsorge, Dr. Leo Herwegen; er war ebenfalls nach dem Attentat am 20. Juli 1944 verhaftet worden. Zusammen mit dem früheren SPD-Mitglied Professor Willi Brundert wurde er bereits vergangenen Oktober unter der Beschuldigung festgenommen, sie wollten die Errichtung einer demokratischen Ordnung verhindern und hätten Werte von Hunderten Millionen nach dem Westen verschoben. Neben den – schon üblichen – Haßtiraden in der Presse finden jetzt in den »volkseigenen« Betrieben Protestversammlungen statt, welche die schärfste Bestrafung der »Verbrecher« fordern. So schlägt die SED zwei Fliegen mit einer Klappe: Gegenüber der breiten Öffentlichkeit schiebt man beiden die Hauptverantwortung für die weiterhin so schlechte Wirtschaftslage zu, und zugleich schüchtert man die oppositionellen Kreise ein. Es kommt im Landestheater in Dessau zum ersten Schauprozeß in der DDR! Der »eingefleischte Konzernagent« Herwegen und auch Brundert werden zu je 15 Jahren Zuchthaus verurteilt. Den Vorsitz des Gerichts führt Hilde Benjamin, eine Frau, die von tiefem Haß gegen alles Nicht-Kommunistische getrieben zu sein scheint. Ursache ist gewiß ihr Schmerz über den Tod ihres Mannes 1942 im KZ Mauthausen; wahrscheinlich sieht sie in jedem Andersdenkenden einen potentiellen Mörder. Doch kann das ein Grund zur offensichtlichen Rechtsbeugung sein?
Wir haben wieder westliche Zeitungen bekommen. Sie schreiben, die Kasernierte Volkspolizei umfasse bereits 50 000 Mann. Ihre Schulen dienten zumeist der Artillerie-, der Panzer- und der Nachrichtenausbildung und sollten gewiß zur Schaffung eines militärischen Kaders für eine spätere DDR-Nationalarmee dienen. Ja, man hat gehört, daß in den deutschen Kriegsgefangenenlagern in Ruß-

land ehemalige Offiziere schon im Herbst 1948 mit dem Angebot geworben wurden, Offizier in der Volkspolizei zu werden. Die meisten, die ohnehin nicht deren wahren Charakter kannten und andererseits für sich kaum echte Berufschancen sahen, willigten ein. Andere wiederum wurden mit dem »Geist von Tauroggen« und der Idee einer weiteren Zusammenarbeit mit der Sowjetunion geködert. Denjenigen, die sich weigerten, drohten russische Offiziere mit einer andauernden Kriegsgefangenschaft. »Der Tagesspiegel« meldet, daß dabei auch vor hohen Wehrmachtsoffizieren keineswegs haltgemacht worden sei: So sollen die ehemaligen Generalmajore des Heeres, Hans Wulz und Walter Freytag, und derjenige der Luftwaffe, Fritz von Weech, sowie der frühere Generalleutnant Rudolf Bamler inzwischen Chefinspekteure der Hauptverwaltung Ausbildung der Volkspolizei sein! Und die Propaganda bei uns behauptet ständig, die Volkspolizei bestünde aus Arbeiter- und Bauernsöhnen und sei nicht auf »Nazi-Offiziere« angewiesen. Ein alter Schulkamerad aus Schwerin hat mir unlängst erzählt, im nahe gelegenen Stern-Buchholz, das heute – wie schon während des Krieges – Sperrgebiet ist, marschierten die Vopos mit dem Liedrefrain:

»... Wenn unsere Panzer rollen nach Frankfurt rein,
dann will kein Mädchen mehr Ami-Liebchen gewesen sein.«

Damals hielt ich es für einen schlechten Scherz, allmählich glaube ich daran. Wohin soll das bloß alles führen?

Es gibt für unsere Fakultät eine neue, vom Volksbildungsministerium oktroyierte Studienordnung! Die ersten beiden Semester sehen außer deutscher und römischer Rechtsgeschichte (die auf eine Stunde und eine Stunde Kolloquium reduziert sind) keinerlei fachjuristische Vorlesungen vor; man soll lediglich Gesellschaftswissenschaften, dialektischen Materialismus und andere rein marxistische Stoffgebiete hören. Die Jurisprudenz wird damit zu einem bloßen Anhängsel der Gesellschaftswissenschaft degradiert! Das sechste Semester hat gerade noch das Glück, sein Staatsexamen nach der alten Prüfungsordnung ablegen zu können. Aber auch hier wird schon versucht, die Kandidaten mit der »fortschrittlichen Ideologie« heimzusuchen. Wer das glücklich übersteht, muß sich noch einer Kommission stellen, die über seine berufliche Laufbahn entscheidet.

Sie ist zusammengesetzt aus Vertretern der Landesregierung, des Dekanats und dem Vorsitzenden der SED-Fakultätsgruppe – einem nicht gerade klugen Studenten aus dem vierten Semester. Ihr obliegt es, die Kandidaten nach Lenins Leben und ähnlichen unjuristischen Dingen abzufragen. Weiß man hier nicht genügend Bescheid, erfolgt keine Zulassung zum Justizdienst, sondern ein Abstellen in die »volkseigene« Wirtschaft; erscheint der Arme gar »reaktionär«, darf er nach einem Jahr »Bewährung« wieder um eine Stellung nachfragen. Aber auch unsere Zwischenprüfung für das vierte Semester, die Mitte April stattfindet, steht eindeutig im Zeichen einer Begünstigung der Genossen: Prüfungsthemen sind Zivil- und Verfassungsrecht, doch anstelle des letzteren dürfen Marxisten eine Arbeit über »die Diktatur des Proletariats« abliefern.

In einer Staatsrecht-Vorlesung erfahren wir recht erstaunt aus dem Munde von Polak, die Deutschen hätten ihre Knechtsgesinnung von Luther gelernt; er sei schuld daran, daß später die Aufrechtesten nach den USA hätten auswandern müssen! In den Studentenversammlungen kommt es immer wieder zu sehr harten Auseinandersetzungen, die auf beiden Seiten mit viel Leidenschaft und auch schon mit direktem Haß geführt werden. Der wohl Mutigste auf unserer Seite ist Peter Menke-Glückert – 25 Jahre später wird er Ministerialdirektor im Bonner Innenministerium.

Allgemein kann Kritik heutzutage nur noch offen geäußert werden, wenn dabei nicht der Eindruck eines »Klassenfeindes« oder gar eines »West-Agenten« entsteht; man muß als vermeintlicher Marxist sprechen, der »treu auf dem Boden unserer Arbeiter- und Bauernmacht« steht. Allerdings können unter dieser Tarnung überaus viele Worte gesagt und auch scheinbar politisch dumme Fragen gestellt werden.

Auf das große Lenin-Bild, das am Treppenaufgang zum obersten Stock unserer Fakultät angebracht ist, haben Unbekannte ein nicht zu übersehendes »F« gemalt! Wer mag es gewesen sein, war es ein Jura-Student? Am Morgen, vor Beginn der Vorlesung, steht ein SED-Funktionär an der Treppe und versucht in unseren Mienen eine Reaktion abzulesen. Ich tue so, als würde ich überhaupt nichts bemerken.

Schon seit Wochen steht alles im Zeichen des FDJ-Deutschlandtreffens zu Pfingsten. Überall sind Losungen, Parolen und Wandzeitungen angebracht. Bereits Ende Januar hatte Propaganda-Chef Eisler überaus stolz betont, die Aufmärsche seien in ganz Berlin vorgesehen. Honecker führte wenige Tage danach aus, die Jugend werde den Kriegshetzern eine Lehre erteilen, »wie sie Deutschland bisher noch nicht gesehen hat«. Anfang März kündigte er mit drohendem Unterton an, die FDJ werde notfalls »demokratische Zustände« in den Westsektoren herstellen. Ein Lied besagt dann auch, »Die Freie Deutsche Jugend stürmt Berlin«. Daß damit speziell West-Berlin gemeint ist, wird überall siegesgewiß hervorgehoben. Zusammenstöße mit den Alliierten und vielleicht sogar Blutvergießen will man offensichtlich in Kauf nehmen. Was die Sowjets mit ihrer Hungerblockade nicht erreichen konnten, soll das jetzt auf diesem Wege versucht werden? Erst vor rund vier Jahren, beim SED-Gründungsparteitag, wurde festgestellt, daß in der Hitler-Zeit vor unserer Jugend Götzenbilder aufgerichtet wurden, deren Anbetung die jungen Menschen zwangsläufig vergiften mußte.
Kurz vor meiner Abfahrt mit dem Zuge nach Berlin sehe ich, wie FDJ-Blauhemden am Eingang des Universitätsgebäudes ein meterlanges Transparent »Die Freie Deutsche Jugend stürmt West-Berlin« anbringen. In West-Berlin gehe ich sofort zum RIAS-Hochschulfunk und treffe wunschgemäß Gerhard Löwenthal – viele Jahre später der Leiter des ZDF-»Magazins«. Sein Schwiegervater, Ernst Lemmer, hat ihn mir für derartige Fälle empfohlen. Wir kommen rasch ins Gespräch, seine Dynamik begeistert mich. Ich weiß nicht, ob ich noch so engagiert wäre oder auch sein wollte, wenn meine Familie und ich selber derartig Schlimmes bis 1945 durchgemacht hätten. Immerhin, so erzählt er mir, wurden während der Nazi-Jahre allein in Berlin 1400 Juden versteckt. Ganz offensichtlich tun er und seine Freunde manches gegen »unser« Regime: Er gibt mir ein Exemplar sämtlicher Sendungen des Hochschulfunks mit; zur Tarnung trägt die Broschüre die Umschlagseite der internationalen KP-Zeitschrift »Probleme des Friedens und des Sozialismus«. Meine Nachricht über den neuesten Vorfall an der Leipziger Universität will er noch heute am Spätabend senden. Viele Hörer werden sich

gewiß wundern über die schnelle Information des RIAS, die in diesem Fall letztlich mehr auf Zufall beruht.
Der alte Lemmer befindet sich leider nicht in seinem Büro. Schon seit Stunden ist er von einer Reise aus der Bundesrepublik überfällig; seine Sekretärin macht sich Sorgen, daß er am Grenzübergang oder irgendwo in der Zone festgehalten wurde. Sie gibt mir die neueste Ausgabe der »Neuen Zürcher Zeitung« zu lesen, die einen Artikel von ihm – er ist der Berlin-Korrespondent dieses sehr angesehenen Blattes – veröffentlicht hat: Danach ist Ulbricht vor zwei Tagen von seiner Pilgerfahrt nach Moskau zurückgekehrt, und nunmehr sollen bei uns die Einheitswahllisten durchgepeitscht werden. Bisher war in all den bestellten Resolutionen der Parteien, der Massenorganisationen und der Betriebe lediglich von einem gemeinsamen Wahlkampf und von einem gemeinsamen Wahlprogramm die Rede; dort, wo SED-Funktionäre in ihrem Übereifer bereits die Forderung nach gemeinsamer Kandidatenliste erhoben hatten, wurden sie bis dato zurückgepfiffen. Jetzt soll der Sowjetisierungsprozeß also mit massiver Intensität fortgesetzt werden!
Beim Untersuchungsausschuß freiheitlicher Juristen gebe ich unseren Bericht ab. Insbesondere habe ich einen Punkt zu klären, den wir nicht verstanden haben: In einem Brief, den Horst über eine neutrale Tarnadresse erhalten hatte, stand die Bitte, eine Tasche zu reparieren. Tatsächlich wollte man nähere Auskunft über einen Gerichtsreferendar dieses Namens in Leipzig... Unsere Widerstandsorganisation, erfahre ich von meinem Gegenüber, wird in der Zone zusehends bekannter und kann manche Maßnahmen und Vorhaben des Systems durchkreuzen. Täglich kommen Richter und Staatsanwälte, um sich hier Rat zu holen. Die immer wieder von ihnen gestellte Frage ist, wie man in Zivil- und gerade in Strafsachen mit politischem Hintergrund Urteile fällen kann, ohne Unrecht zu begehen, aber auch ohne sich selbst zu gefährden. Noch immer gibt es im SED-Reich letzte, wenn auch schon ziemlich schwankende Stege von Verordnungen und Bestimmungen, die häufig noch begehbar sind.
Ich höre aber auch erschreckende Einzelheiten vom Zuchthaus Bautzen mit seinen etwa 6000 politischen Häftlingen. Jeder sechste

sei Tbc-erkrankt, bisher dürften hier über 16 000 Menschen umgekommen sein! Erst kürzlich kam es zu zwei großen Hunger-Demonstrationen: Volkspolizisten schlugen daraufhin mit furchtbarer Brutalität auf die Kranken und Geschwächten ein, trieben sie durch die Gänge und stürzten sie dann die Treppen hinunter. Fast alle von ihnen wurden dabei verletzt, einige überlebten nicht mehr. In einem langen, auf sehr abenteuerliche Weise aus dem Zuchthaus herausgeschmuggelten Brief, so erfahre ich im Laufe des Gesprächs, sei alles sehr detailliert beschrieben worden. Seine Schlußworte stellten einen einzigen Verzweiflungsschrei dar:

> »... Wir rufen die ganze zivilisierte Welt! Wir wollen nicht dem Hunger und der Tuberkulose zum Opfer fallen! Wir wollen nicht langsam verrecken wie hilfloses Vieh! Wir rufen die freien Menschen in aller Welt! Wir wollen arbeiten, aufbauen, leben! Wir wollen der Freiheit in der ganzen Welt zum Siege verhelfen!«

Ob eine Alarmierung der westlichen Öffentlichkeit und auch der Bevölkerung bei uns nicht doch etwas Milderung bewirken könnte? Als der UfJ gegen den Leiter der Strafanstalt Torgau Anklage wegen Mißhandlung von Häftlingen erhob, besserte sich schlagartig das Benehmen des Wachpersonals. Inzwischen ist in manchen Haftanstalten angeordnet worden, die Wachtmeister sollten sich nicht mehr mit Namen, sondern lediglich mit Nummern anreden – um auf diese Weise ihre Registrierung in West-Berlin zu verhindern. Es gibt auch einzelne Wachtmeister, die sich von politischen Häftlingen bestätigen lassen, daß sie sie gut behandelt hätten! Der Vopo-Oberrat Busse aus Brüssow wurde nach Bekanntwerden der Anklageschrift des UfJ wegen politischen Mordes von sämtlichen Kameraden gemieden, schließlich erfolgte seine Versetzung. Angst vor dem Recht haben aber selbst viele 100%ige Regimeträger: Unsere frühere Hausbewohnerin in Schwerin, die heutige Landgerichtsrätin Ruth Stefan – ihr Mann ist neuerdings Oberst beim Staatssicherheitsdienst und genauso gefürchtet wie sein ehelicher Drache – hat sich in ihre Wohnung Sicherheitsschlösser einbauen lassen, nachdem Flugblätter der »Freiheitlichen Juristen« ihr ihre Unrechtstaten vorhielten. In einem Länder-Justizministerium hat ein Hauptabtei-

lungsleiter unmittelbar nach Zustellung der Anklage einen Schlaganfall erlitten. Der wegen Freiheitsberaubung angeklagte Justitiar der Landesregierung Brandenburg, Walter Höniger, findet keine Stenotypistin mehr, die für ihn arbeiten möchte.
Das neueste Flugblatt des Untersuchungsausschusses wendet sich an die Juristen der Zone. Es ruft zum Kampf gegen das Unrecht auf und prophezeit:

> »Das Gewaltregime der Ostzone wird ebenso scheitern, wie das Dritte Reich gescheitert ist. Die Sowjetzone wird dann als Teil eines freien einheitlichen Deutschlands aufatmen...«

Die Auflage soll immerhin rund 20 000 betragen. Die Verabschiedung beim UfJ ist wie immer herzlich, geht man doch hinter den Eisernen Vorhang zurück und hofft, mit all den Briefen nicht bei der Kontrolle geschnappt zu werden.
Zeitungen in West-Berlin melden, sowjetische Eisenbahnzüge würden in Polen zunehmend von Partisanen beschossen. Im Ostsektor stoße ich auf einen »Steckbrief« der SED-Agitation mit den Worten: »Hauptkriegstreiber Charles de Gaulle will Westdeutschland im Verlaufe des geplanten Krieges ›Groß-Frankreich‹ einverleiben, wie einst Hitler Nord-Frankreich dem ›großdeutschen Reich‹ einverleiben wollte.«
Der sächsische Landtag setzt sich in einer Entschließung für ein gemeinsames Wahlprogramm und ebenso für gemeinsame Kandidatenlisten bei den Oktober-Wahlen ein.

Mai 1950

Im kaiserlichen Deutschland war seit 1892 die Untertage-Arbeit von Frauen verboten. Dem DDR-»Arbeiterstaat« bleibt vorbehalten, sie am 1. Mai 1950 »im Zeichen des Sozialismus« wieder einzuführen! Die Behauptung, solche Arbeiten seien für Frauen gesundheitsschädigend, weist die FDJ-Postille empört als »unwissenschaftlich« zurück. Eine derartige Meinung sei nicht geeignet »zur Überwindung der Reste bürgerlicher Fäulnis, die unseren Mädchen das Recht einer freien Entwicklung im Interesse der Erhaltung sexual-patriarchalischer Privilegien absprechen möchten«...

Die Untergrundtätigkeit des CDU-Ostbüros scheint wesentlich stärker und auch erfolgreicher zu sein, als man in unseren Kreisen bisher angenommen hat. Bestimmt nicht ohne Grund wehrt sich der erweiterte CDU-Hauptvorstand – wie es heißt – mit aller Energie und allen Mitteln dagegen, »daß nach dem Westen geflüchtete Renegaten und kriminelle Elemente in unsere Reihen die Flüsterpropaganda des kalten Krieges tragen«. Entscheidend für die weitere Haltung der Union ist indes die Formulierung, der Ernst der weltpolitischen Lage mache es zur unausweichlichen Notwendigkeit, jede Aufsplitterung der Friedensfront zu vermeiden und damit eine gemeinsame Aufstellung von Kandidatenlisten vorzunehmen! Doch selbst hierbei soll jede Möglichkeit einer Opposition unterdrückt werden: Auf den Listen dürfen nur solche Personen erscheinen, welche die bisherige Entwicklung der DDR getragen haben und daher ebenfalls eine klare Weiterführung ihrer Politik gewährleisten! Dies, so tönt aus dem SED-Zentralorgan, möge in den Augen der Reaktion ein Kapitalverbrechen darstellen, aber es sei »in Wahrheit das größte Glück für das deutsche Volk«. Die Selbstzerfleischung durch sinnloses Parteigezänk nütze nur den Feinden der deutschen Nation. Drohend stellt das »Neue Deutschland« zur Einheitsliste fest:

> »Wer sich für sie entscheidet, entscheidet damit für den Frieden.
> Wer sich gegen sie entscheidet, entscheidet damit für den Krieg.«

Die SMAD verweigert Lemmer einen Interzonenpaß; er sollte im Wahlkampf in Bayern für die CSU sprechen.

In Leipzig muß die CDU-Stadtverordnete Fehlberg ihr Amt niederlegen; ihr Mann hat als Pastor in der Kirche die kritische Kanzelabkündigung von Bischof Dibelius verlesen. Also selbst in Gottesdiensten setzt der SSD seine Spitzel ein! Horst belächelt etwas mein Erstaunen und verweist auf die Gestapo. Daß das Ministerium für Staatssicherheit auch Kurt Müller, den II. Vorsitzenden der westdeutschen KPD, verhaftet hat, wird in den Zeitungen zugegeben; in der schon sattsam bekannten Art heißt es, er hätte die Partei in hinterhältigster Weise betrogen und Verrat an ihr begangen sowie

laufend mit einem westlichen Geheimdienst in Verbindung gestanden.
Unsere Presse meldet groß, die Sowjetunion werde die Höhe der Reparationen herabsetzen. Von den insgesamt zehn Milliarden Dollar solle die DDR bis Ende dieses Jahres nur noch 3,658 Milliarden zahlen. Die verbleibende Summe setze die UdSSR um 50% herab, so daß noch 3,171 Milliarden blieben.
Ost-Berlin hat »einen ungeheuren verbrecherischen Anschlag« aufgedeckt: Um unsere Lebensmittelversorgung zu gefährden, würden die Amerikaner neuerdings Kartoffelkäfer über der Zone abwerfen. Schon morgen würden es Atombomben sein, verheißt die Propaganda weiter. Auf dem Schweriner Dom hockt ab sofort jede Nacht eine Gruppe zuverlässiger SED-Funktionäre, die auf jene US-Flugzeuge wartet; viele Menschen glauben, dieser Unsinn gehe auf eine gefälschte Anweisung der KgU zurück, um die SED zu ärgern und vor der Öffentlichkeit zu blamieren. Bald spöttelt der Volksmund, die USA würden auch Kartoffeln abwerfen, damit ihre Kartoffelkäfer nicht wegen Nahrungsmangel verhungern müßten...
Vor dem Leipziger Hauptbahnhof kommt es seit einiger Zeit allabendlich zu leidenschaftlichen Diskussionen zwischen eingesetzten Agitationstrupps der »Nationalen Front« und der Bevölkerung. Die Genossen müssen sehr, sehr vieles anhören und können oftmals nur mit dummen Ausreden antworten. Das Ziel ist ganz bestimmt, die wahre Stimmung im Lande zu erfahren. Vielleicht will man auch »antidemokratische« Äußerungen provozieren, doch kann ich das nicht feststellen.
Nach einer kleinen Zeitungsnotiz ist ein zwölfjähriger Junge aus jugoslawischer Gefangenschaft in die SBZ entlassen worden; er kann kein einziges Wort Deutsch!
Der Rummel um das FDJ-Deutschlandtreffen, welcher die gesamte Bevölkerung erfassen soll, hat sich verstärkt. Nachdem die westlichen Alliierten verkündet haben, sie würden den Einmarsch der FDJ-Kolonnen mit Panzern verhindern, lautet die allgemeine Parole vorsichtig-freundlich: »Die Freie Deutsche Jugend grüßt Berlin!«
Der CDU-Landesverband Mecklenburg fordert seine Anhänger

auf, dieses Pfingsttreffen mit allen Mitteln zu unterstützen. In einigen Kreisen meiner Heimat-Provinz sollen die Bauern je Huhn ein Ei spenden.

Von den insgesamt 1 275 028 FDJ-Mitgliedern nehmen rund 700 000 an dem Ereignis teil, weitere 6000 kommen aus dem Westen Deutschlands. West-Berlins politische Öffentlichkeit scheint sich auf diesen Ansturm inzwischen vorbereitet zu haben, denn ein Aufruf der Führung der DDR-Jugendorganisation fordert plötzlich Wachsamkeit gegen Provokationen und warnt nunmehr sogar davor, die Sektorengrenze zu überschreiten. Glaubt man der Verbands-Gazette, so sind die Bananen in West-Berlin vergiftet!

Was tatsächlich zu Pfingsten in der Hauptstadt geschehen ist, können wir lediglich von zurückgekehrten FDJlern und über den RIAS-Sender erfahren. Danach arbeitet die Kampfgruppe gegen Unmenschlichkeit neuerdings mit Flugblatt-Raketen, die rund 60 cm lang und mit einem Zeitzünder versehen sind und nach ihrem Flug etwa 80 bis 100 Flugblätter herunterregnen lassen. Derartiges geschah etwa über dem Ost-Berliner »Stadion Mitte«, während des großen Feuerwerks am Treptower Park und sogar im Hof des einstigen Luftfahrtministeriums; die Überraschung muß ungeheuer groß gewesen sein, hatten die Funktionäre und gerade auch die Massen der Blauhemden doch an eine Aktion der DDR-Staatsjugend gedacht! »FDJler! Marschiert Ihr nicht schon wieder für eine Diktatur?« stand auf einem dieser Handzettel. Andere zeigten Abbildungen deutscher Kriegsgefangener mit dem Begleittext: »Wir möchten auch lieber in Berlin als in Sibirien sein!« An verschiedenen S-Bahnhöfen im Ostsektor verteilten angebliche FDJ-Angehörige Exemplare der »Jungen Welt«; sie waren in der Titelseite der echten Zeitung täuschend ähnlich nachgedruckt, enthielten in ihrem Inhalt aber Artikel der Westberliner Zeitungen. Viele Jugendliche scheinen sich Aufklärungsmaterial von einzelnen Stellen und Organisationen geholt zu haben; allein die KgU verteilte über 10 000 Schriften und Flugblätter, die ihren Weg in die Zone nahmen. Nicht wenige junge Menschen wurden von wildfremden Familien in den Westsektoren eingeladen und beköstigt. Was vielleicht das Wichtigste bleibt: Überaus viele FDJ-Angehörige aus entfernten Orten Mecklenburgs,

Sachsens und Thüringens lernten zum ersten Mal den Westen kennen. Der Untersuchungsausschuß hatte kurz vor den Pfingsttagen ein zweiseitiges Flugblatt verbreitet: »Wir dürfen nicht wieder mit verbundenen Augen einer anderen roten Fahne, anstatt mit dem Hakenkreuz nunmehr mit Hammer und Sichel, folgen. Verlangt, daß man doch einmal eine Haftanstalt der politischen Polizei zeigt!« Man solle aus der Jugendorganisation austreten – was Horst und ich allerdings für nicht immer richtig erachten –, andernfalls möchten die Empfänger dafür sorgen, daß in den einzelnen Gruppen keine kommunistische Politik betrieben werde. »Laßt euch nicht mißbrauchen! Helft uns im Kampf gegen Willkür und Unrecht für ein einheitliches und gerechtes Deutschland!«
In Hamburg und München haben Menschen angeblich Notvorräte gekauft, zahlreiche Berlin-Besuche für Pfingsten sollen abgesagt worden sein. Unser Verhältnis zur Bundesrepublik Deutschland ist recht zwiespältig: Ihr System, ihre Rechtsstaatlichkeit, ihre Grundrechte sind unser Ideal, für das wir kämpfen und wofür wir notfalls mit sehr hohen Strafen werden bezahlen müssen. Aber die Bevölkerung und wohl auch nicht wenige Politiker »drüben« scheinen politisch keineswegs so hellwach zu sein, wie wir es sein müssen und sie es eigentlich auch sollten! Ob die Menschen aus der Nazizeit und vom Umgang mit den Sowjets – gerade in Berlin – noch immer nicht verstanden haben, daß jede Diktatur nur aktiver Widerstand beeindruckt?
Ziemlich erschüttert sind wir über eine westdeutsche Wochenschrift, die als Resümee des Pfingsttreffens die Frage stellt, ob wir nicht eine für Deutschland und Europa verlorene Jugend seien. Weiß man denn nicht, daß ein Großteil der politischen Häftlinge in den Zuchthäusern Jugendliche sind? Auch die häufig gezogenen Vergleiche zur seinerzeitigen Hitler-Jugend erscheinen nach unserer Ansicht nicht zutreffend. Die Gründe hierfür sind verschiedenartig: Damals herrschte bei uns ein sehr starkes, gewiß sogar überspitztes Nationalbewußtsein, heute sind wir geteilt, und eine eigene DDR-Nation dürfte sich trotz aller Haßpropaganda gegen den Westen kaum in absehbarer Zeit herausbilden. Während der Kriegszeit war man außerdem von der Außenwelt eigentlich total abgeschnitten,

heute hingegen gibt es die Bundesrepublik Deutschland, und die Kontakte nach dort – und seien es nur Briefe von Verwandten und Freunden – sind doch immer noch sehr zahlreich. Und die verschiedenartigsten Vergleiche zwischen uns und »drüben« im Westen gehen durchweg nicht zugunsten des hiesigen Systems aus. Wohl scheint der Marxismus über ein geschlossenes wissenschaftliches Weltbild zu verfügen, jedoch ist die Diskrepanz zwischen dieser Lehre und der grauen Zonen-Wirklichkeit zu groß und wird es sicherlich auch noch lange Zeit bleiben.

Gewiß: Für die Kinder heißt die Parole »Lernen, lernen, lernen!« Es wird in der Tat alles getan, den jungen Menschen das Lernen zu ermöglichen. Sie werden mit dem Stoff des Lernens wegen gefüttert, nicht indes des Denken-Lernens wegen. Überaus viel zu dieser Lernbewegung tragen die ständigen, politisch gefärbten Prüfungen bei. Denn niemand hat Aussicht auf eine gehobenere Ausbildungsmöglichkeit, ohne sich durch Bekenntnisse zur marxistisch-leninistischen Ideologie ausgewiesen zu haben. Was dabei von den Jungen und Mädchen verlangt wird, deckt sich gewiß nicht oft mit ihren eigenen Meinungen. Sie sagen es, weil sie müssen. Wenn der Lehrer eine Frage stellt, antworten die Schüler ohne zu zögern in kommunistischer Diktion. Sie wissen zumeist, daß es falsch ist, und sie wissen wahrscheinlich auch häufig, daß es der Lehrer ebenfalls für falsch hält. Der Zwang zur Unredlichkeit wird seitens des Regimes bewußt ausgeübt mit der Zielsetzung, daß es der Mensch einmal müde werden wird, in dem ständigen Zwiespalt zwischen Lüge und Wahrheit zu leben, und schließlich das, was er heute noch bewußt lügt, selber glaubt. Darin liegt auf weite Sicht zweifellos eine sehr große Gefahr.

Etliche Beobachter befürchten dann auch, junge Menschen unter 14 Jahren seien in besonders großem Maße anfällig und damit wohl schon für westliches Demokratie- und Freiheitsdenken verloren. Sie vergessen dabei, daß das Denken in dieser Lebensphase nur vordergründig ist und erst später hintergründig, analysierend wird. Noch hat der Junge oder das Mädchen nicht den Zwang der Diktatur und den grauen Alltag kennengelernt und somit auch kaum das ganze Lügennetz durchschauen können. In unserer Fakultät gibt es die

Kommilitonin Christine K., die mir lange Zeit recht fanatisch erschien und zu der ich sehr auf Distanz ging. Nun hat sie politisch-ideologisch Ärger mit den Genossen bekommen. Es spricht für sie, daß sie ihre Zweifel an verschiedenen Erscheinungen der DDR in ihrem Temperament offen ausspricht. Aber wie lange wird sie sich halten können?
Diese Frage müssen Horst und ich uns bei unserer illegalen Arbeit allerdings um so mehr stellen. Es ist schon ein sehr starkes Problem der nervlichen Anspannung, fast überall sehe ich nur Spitzel oder SSD-Männer. Ebenso dürften eines Tages unsere häufigen Berlin-Reisen auffallen; man kann nicht immer Krankheit, Besuch eines Zahnarztes oder irgendwelche familiären Probleme als Grund für die Nicht-Anwesenheit vortäuschen. Der Erfolg unserer Widerstandstätigkeit wird stets in Grenzen bleiben, gewiß werden sich niemals sämtliche Menschen gegen die Diktatur auflehnen. Durchhalten bis zum Tage der Wiedervereinigung! Doch das ist recht leicht gesagt, denn niemand weiß, wann er einmal kommen wird.
Schon ein kleiner Fehler kann die Freiheit kosten! Unlängst hatte ich mit Hilfe schweizerischen Nescafés die ganze Nacht an einem wirklich sehr langen Bericht geschrieben – ob Suzanne ahnt, wozu ihr Kaffee dient? – und war frühmorgens in den Zug gestiegen, um dort zu schlafen. Ich wachte erst auf, als die Vopo-Kontrolle direkt vor mir stand! Und alle Unterlagen hatte ich leichtsinnigerweise meiner Brieftasche anvertraut, in der sich auch meine Ausweispapiere befanden. In buchstäblich letzter Minute markierte ich einen Brechreiz, lief zur Toilette und versteckte alles Gefährliche direkt an meinem Körper. Die Kontrolleure sprach ich dann fast brüderlich mit »Genossen« an und entschuldigte mich, wir hätten bis spät in die Nacht noch eine wichtige FDJ-Sitzung gehabt und daher ginge es mir nicht so gut...
Ein anderes Mal saß ich im Zuge von Berlin nach Leipzig in einem Abteil – das »natürlich« dunkel war und dessen Fensterscheiben wie üblich mit Brettern und Pappe »repariert« waren – mit einem dummen und arroganten SED-Funktionär zusammen, und wir kamen schnell in eine äußerst heftige, von meiner Seite auch mit Haß geladene Debatte. Wiederholt versuchte er mit einem Streichholz,

mein Gesicht zu erkennen; sicherlich wollte er mich auf dem Leipziger Bahnhof der Vopo übergeben. Es nützte nicht viel, daß ich allmählich seinen Argumenten äußerlich nachgab und mich – scheinbar – »überzeugen« ließ; bei seiner Prophezeihung, die Schweiz werde mit ihrer Währung sehr bald kaputtgehen, konnte ich mein Lachen zudem einfach nicht mehr halten. Bei der letzten Bahnstation vor Leipzig tat ich dann so, als müsse ich hier aussteigen, und ging in den ersten Wagen hinter der Lokomotive, um bei der Ankunft in der Messestadt sofort schnell zu türmen.

Es ist wirklich tollkühn, aber Horst Leißring hat eine ganze Kiste mit Flugblättern und -schriften zu uns durchschmuggeln können! Zur Zeit verschicken wir sie per Post als »Drucksache«, indem wir sie in Exemplare der »Leipziger Volkszeitung« legen; sicherlich wird die Postzensur nichts »Böses« vermuten. Oft schreibe ich die Adressen mit meiner linken Hand (ich habe dies früher einmal gelernt); hoffentlich wird der Staatssicherheitsdienst denken, der Täter sei ein Kriegsbeschädigter, der seinen rechten Arm verlor. Man kann Briefumschläge auch unfrankiert oder nur unvollständig mit Postwertzeichen versehen und an fingierte Anschriften absenden; natürlich werden sie dann an den angegebenen Absender zurückgehen, wozu wir Adressen von Funktionären und Spitzeln verwenden. Die Methode ist gemein, aber sollten diese nicht auch einmal Angst bekommen, der SSD werde sie als vermeintliche Verteiler von »feindlichen« Flugblättern registrieren? Eine weitere Variante besteht darin, mit Sonderbriefmarken zu frankieren und bei der Post um einen Sonderstempel zu bitten und somit den Eindruck zu erwecken, als handele es sich um rein philatelistische Briefe. Entscheidend ist einmal, die einzelnen Methoden nach gewisser Zeit zu wechseln, da sie dann bestimmt der Postzensur des SSD bekannt geworden sind. Um keinerlei Anhaltspunkte zu geben, sollten zudem nach einem Rat des UfJ die Postsendungen mit illegalem Material niemals in Postkästen in der Nähe unserer Wohnungen oder auch der Universität eingeworfen werden.

Wiederholt komme ich mit Ingolf Klein zusammen – ein lieber und sehr zuverlässiger Mitstreiter, der trotz seines fröhlichen Humors recht ernst und nachdenklich ist. Einmal gibt er mir mehrere

Exemplare eines handgroßen Büchleins mit dem Titelblatt »Heinrich Heine – Gedichte – 1848«; tatsächlich beinhaltet der Kleindruck das Buch »1984« von George Orwell! Auf meiner Studentenbude lese ich es fast die ganze Nacht durch.
Die Briefe von Suzanne geben mir unendlich viel. Die Schweiz wird für mich zu einer Art seelischem Rettungsanker, einer Fluchtburg, obwohl ich in nächster Zeit gewiß weder Suzanne noch dieses schöne Land werde sehen können.

Juni 1950

Krieg in Korea! Natürlich schiebt die gesamte kommunistische Agitationsmaschinerie dem Südteil die Schuld in die Schuhe. Die SED-Blätter können dies auch sofort ideologisch mit dem Hinweis »beweisen«, der Kapitalismus habe noch immer den Absprung in das Kriegsabenteuer riskiert, wenn ihm das Wasser bis zum Halse stand. Der Hinweis auf Korea wird zugleich mit der orakelhaften These verbunden, die USA beabsichtigten, dieses fernöstliche Land »offensichtlich als Generalprobe für ihre Absichten in Europa zu benutzen«. Wen vermag die Schlußfolgerung der SED noch zu überraschen, daß dieser Krieg auch für alle deutschen Patrioten eine ernste Mahnung sein müsse, sich fester denn je zusammenzuschließen. Verstärkt taucht die Parole »Friedenskämpfer sind keine Pazifisten« auf.
Die blutigen Kämpfe im fernen »Land der Morgenstille« überraschen auch den Kongreß für kulturelle Freiheit in West-Berlin. Der österreichische Atomphysiker Hans Thirring legt spontan sein Vortragsmanuskript beiseite, in dem er für Verständnis und Toleranz gegenüber dem Kommunismus werben wollte! Über 100 Schriftsteller, Philosophen und Wissenschaftler sind hier im Titania-Palast zusammengekommen; darunter befinden sich solche Persönlichkeiten wie Golo Mann, Richard Löwenthal, Theodor Plivier, Carlo Schmid, Walter Hofer, Karl Jaspers sowie die Ex-Kommunisten Arthur Koestler und Ignazio Silone. Ich habe durch reinen Zufall von dieser »Internationale des Geistes«, wie sie tituliert wird,

während eines Aufenthaltes in West-Berlin erfahren. Immerhin gelingt es mir, stehend am Rande eines großen Saales der Technischen Hochschule etwas von den äußerst interessanten Diskussionen zu hören. Geistige Freiheit sei eines der unveräußerlichen Menschenrechte, heißt es hier. Freiheit bestehe primär in dem Recht des einzelnen, sich eine eigene Meinung zu bilden; dies gelte besonders dann, wenn sie von der seiner Herrscher abweiche. Welch ein Unterschied zu den Phrasen an der heutigen Leipziger Universität! Einige Exemplare der Zeitschrift »Der Monat« und mehrere Vortragsmanuskripte stecke ich ein. Am meisten gefallen mir die Ausführungen des französischen Sozialisten André Philip mit seiner Forderung nach der wirtschaftlichen und politischen Einheit unseres Kontinents, wenngleich sie wohl doch mehr in das Reich der Utopie gehören. Allgemein stellen die Zeitungen in den Westsektoren den Kongreß als den Beginn einer neuen offensiven Tätigkeit der geistigen Freiheit gegen den Kommunismus dar. Es wäre allzu schön, doch wollen wir lieber skeptisch abwarten.
Der Korea-Krieg ist »natürlich« auch Gegenstand unserer juristischen Vorlesungen. Auf die Frage nach dem Aggressor gibt ein SED-Funktionär spontan dem Norden die Schuld, bekommt dann einen roten Kopf und verbessert sich, um »linientreu« Süd-Korea zu beschimpfen. War es wirklich nur ein Versprecher? Wir neigen mehr zu der Ansicht, daß auch er den RIAS hört: Angst vor einem neuen Krieg in Europa haben selbst hartgesottene Genossen. Lehmann, in unseren Augen bisher eher ein netter und gutmütiger Mitstudent, tritt jetzt besonders scharf gegen die Amerikaner auf und trägt seine Tiraden direkt nach den Vorlesungen vor; leider fordert Professor Jacobi uns jedesmal zum Bleiben auf.
Seit einiger Zeit tauchen in den Fakultätsräumen kleine Klebzettel und Flugblätter auf, die offenkundig mit Hilfe einfacher Kinder-Druckkästen angefertigt wurden. Die Texte bestehen daher auch nur aus wenigen Worten: »Der Angriff auf Süd-Korea zeigt das wahre Ziel der Sowjetunion!«, und immer wieder: »Kommilitonen, vergeßt nicht Wolfgang Natonek! Übt passiven und aktiven Widerstand!«
Die Genossen haben festgestellt, daß ich »gesellschafts-politisch«

passiv bin. Ich soll daher im Organisations-Ausschuß der »Nationalen Front« mitarbeiten. Es ist sehr schwer, direkt abzulehnen. Vielleicht kann ich in dieser Funktion auch manches erfahren und zugleich versuchen, die größten politischen Dummheiten zumindest abzuschwächen.

Verlief der Studiengang des fünften Semesters bisher noch in relativ alten Bahnen, so soll auch er »fortschrittlich« umgestaltet werden. Ende Juni gibt Professor Jacobi im Hörsaal bekannt, für das I. juristische Staatsexamen sei eine neue Prüfungsordnung vorgesehen: Das Studium werde ab sofort auf sieben Semester verlängert und mit Gesellschaftswissenschaften so ergänzt, daß im Examen Marxismus als Hauptprüfungsfach eingeführt werden könne. Bei der folgenden offenen Abstimmung spricht sich rund die Hälfte der Anwesenden gegen dieses Vorhaben aus; auch die empörten »Angriffe«, die Jacobi bereits von der SED hat einstecken müssen, können die Kommilitonen nicht davon abhalten, ihre Meinung kundzutun – und 50 % offene Gegenstimmen sind bei den hiesigen politischen Verhältnissen so gut wie ein fast einstimmiges Nein zu werten! Daraufhin beruft die FDJ eine Versammlung ein, bei der nach entsprechend ideologischer Vorbereitung in einer Resolution die neue Prüfungsordnung »von der Studentenschaft verlangt« werden soll. Als wieder starke Opposition einsetzt, sprechen der Vorsitzende der SED-Hochschulgruppe und ebenfalls der Assistent von Dr. Such, Dornberger, von reaktionärer Haltung der Studenten und von einem Widerstand gegen die fortschrittliche Wissenschaft. Bei der erneuten Abstimmung besitzen noch 15 Jura-Studenten (darunter acht Genossen!) den Mut, gegen die Resolution zu votieren. Einige Kommilitonen, die gegen diese Methode ohne freie und allgemeine Diskussion in der Fakultät protestieren, sammeln sogar in einer Liste Unterschriften; fast die Hälfte des betroffenen Semesters gibt dazu ihren Namen! Dem Dekanat wird die Liste vorgelegt; es sagt auch einen Bericht an das Ministerium zu, doch dürfte der Gang der Entwicklung letztlich kaum aufzuhalten sein.

Die FDJ fühlt plötzlich den Ehrgeiz, einen »Juristenball neuen Typus« zu organisieren. Das ihr vorschwebende Ziel ist eine Art volksdemokratischer Gemeinschaftsabend mit neuen Volkstänzen, politischem Kabarett und in FDJ-Uniform; das reaktionäre Wörtchen »Ball« wird daher in der Werbung auch mit dem fortschrittlichen Begriff »Fakultätsabend« vertauscht. Da mit dieser Methode indes kaum ein Drittel der Eintrittskarten verkauft wird, die zur Deckung der Unkosten nötig sind, ändert man in den letzten zwei Tagen den Kurs; der Mensafunk spricht plötzlich wieder von dem »großen Juristenball«, zu dem alle herzlich eingeladen seien. Das Endergebnis des Abends? 200 Mark Defizit zu Lasten der Fakultät – nicht der FDJ! –, ein zerschlagener Spiegel im Wert von 90 Mark sowie zwei Verhaftungen. Der Grund für den letzteren Posten ist in dem ganz bewußten Vorgehen der Genossen zu sehen, möglichst alle nicht-»linientreuen« Anwesenden mit Alkohol in die nötige Stimmung zu versetzen und dann politisch auszuhorchen. Dabei sind die beiden Festgenommenen ausgerechnet eingeladene Schüler der SED-Kreisparteischule! Nach ihren äußerst kritischen Bemerkungen über die DDR läßt der Vorsitzende »unserer« SED-Fakultätsgruppe, Lungwitz, sie in die Küche sperren und durch Volkspolizei abholen.

Verhaftet hat der SSD auch im Süden Leipzigs eine jugendliche Gruppe beim Kleben illegaler Flugblätter; selbst der Zwölfjährige, welcher den Kleistertopf trug, soll zehn Jahre bekommen haben! In Scharfenstein wird ein 17jähriger wegen »Boykotthetze« mit 25 Jahren Zuchthaus bestraft, angeblich hat er ein Bild von Stalin abgerissen. Auf der Universität Rostock ist der stud. med. dent. Günther Mittag verschwunden; er ging auf meiner Oberschule in die nächsthöhere Klasse und war ganz bestimmt kein »Spion«. Unter diesem Vorwurf hat man während der vier letzten Wochen in Mecklenburg ebenfalls einige Schweizer Kuh- und Milchspezialisten abgeführt; gemunkelt wird, die vielen Pakete aus ihrer früheren Heimat seien genügend »Beweis« dafür gewesen. Der Schweriner Bürgermeister Albert Kruse (SED) hat sich plötzlich nach Bremerhaven abgesetzt; 1945/1946 hatten unsere Lehrer vor seinem Sohn einfach Angst, er konnte daher zum Schulunterricht kommen und gehen – ganz wie es ihm jeweils beliebte.

Auf dem Parteitag der sächsischen CDU erklärt Nuschke zum allgemeinen Erstaunen, angesichts der gefahrdrohenden Lage sei ein

Wahlkampf nicht zu verantworten. Verbürgt ist ebenfalls seine Formulierung: »Es kommt nicht darauf an, wieviel Kandidaten die eine oder andere Partei stellt.« Professor Hickmann ist inzwischen aus der Christlich-Demokratischen Union ausgeschlossen worden! Ein Blick auf den Gründungsaufruf unserer Partei vor lediglich fünf Jahren zeigt: Von den 34 Namen, die ihn damals voller Hoffnung und in ehrlichem Willen zum Aufbau einer freien, rechtsstaatlichen Demokratie unterzeichneten, sind heute nur noch zwei in unserer Zone...

Juli 1950

DDR-Außenminister Dertinger unterzeichnet mit Warschau den Vertrag über die Anerkennung der Oder-Neiße-Linie. Interessant ist, daß sie nicht zur Grenze zwischen Polen und der DDR, sondern zu Deutschland erklärt wird. Die Herren in Ost-Berlin halten sich also für die Herrscher Gesamt-Deutschlands! Mitte Juni hatte vor dem Bonner Bundestag Altpräsident Paul Loebe (SPD) feierlich betont, niemand habe das Recht, aus eigener Machtvollkommenheit Land und Leute preiszugeben. Die Haltung der provisorischen Regierung der DDR sei ein Beweis für ihre beschämende Hörigkeit gegenüber einer fremden Macht. Auch die Regierungen in London, Paris und Washington protestieren gegen das Abkommen.
In der Innenstadt Leipzigs sehe ich Mitglieder der Kinderorganisation »Junge Pioniere« mit großen Transparenten, auf denen man »Amis – Hände weg von Korea!« lesen kann. Die hiesigen Zeitungen wollen wissen, Bonn habe ehemalige Fallschirmjäger, Panzerspezialisten und Flieger zum Einsatz nach Süd-Korea geschickt. Alle DDR-Bewohner sollen sofort einen Briefwechsel mit Einwohnern West-Deutschlands organisieren und Ausschnitte unserer Blätter mit Artikeln über Korea beifügen. Die SED-Agitatoren argumentieren, die Befreiung des Südteils jenes Landes und die Herstellung seiner Einheit seien eine nationale Notwendigkeit und der Kampf der (nord-) koreanischen Volksarmee somit ein gerechter Kampf! Es wäre eigentlich nur eine logische Schlußfolgerung, wenn wir in der

SBZ bald gegen die Bundesrepublik Deutschland kämpfen und die dortige Bevölkerung »befreien« müßten. Doch soweit geht Ost-Berlin (noch?) nicht, gewiß würde das auch den dritten Weltkrieg bedeuten. Außerdem werden die Sowjets bestimmt wissen, wie morsch das DDR-System ist.
Das hindert Dertinger aber nicht, vor dem mecklenburgischen Landesparteitag der CDU auszurufen, »daß wir entschlossen sind, West-Deutschland von dieser Marshall-Plan-Sklaverei durch den Triumph unserer jungen Demokratie zu befreien, und wir dürfen dabei der Unterstützung des großen Friedenslagers im Osten sicher sein«. Als Ziel der Christlich-Demokratischen Union bezeichnet er die Einheit Deutschlands, die Ausdehnung des Sozialismus über die ganze Welt sowie die Sicherung des Friedens und der Freundschaft mit der Sowjetunion. Gleichzeitig beschwört er die SED, über die Linientreue »seiner« CDU keine Zweifel mehr zu äußern und fortan keine Störungen mehr vorzunehmen. Diese Flucht in die Öffentlichkeit, soll sie die Besatzungsmacht darauf aufmerksam machen, daß die Einmischungen der Staatspartei in CDU-Angelegenheiten aufhören sollen? Äußerlich ist auf diesem letzten Landesparteitag vor dem eigentlichen Zonen-Parteitag keine Opposition mehr zu bemerken. Daß sie weiterhin existiert, kann indes jeder dem Wortlaut der Entschließung entnehmen, welche einen Angriff gegen »Doppelzüngigkeit, Lauheit und Halbheit« in unseren Reihen für offenbar erforderlich hält.
Jetzt ist die Existenz der Einheitsliste zu den »Wahlen« am 15. Oktober ganz offiziell! Unter Vorsitz von Nuschke hat der Demokratische Block wörtlich erklärt, die innen- und außenpolitische Lage der Deutschen Demokratischen Republik erfordere ein rückhaltloses Zusammenstehen aller fortschrittlichen Aufbaukräfte. Das ist derselbe Otto Nuschke, der noch auf dem letzten Zonen-Parteitag erklärte, der CDU-Hauptvorstand werde freie Wahlen durchsetzen, und der von sich selbst sagte, er stehe und falle mit der Listenwahl. Noch im Februar dieses Jahres, so hält ihm der RIAS vor, erklärte er auf einer Parteiversammlung in Bernau bei Berlin, Wilhelm Pieck habe ihm freie Wahlen versprochen. Was mag Nuschke bewogen haben, seine Meinung zu ändern?

Sogleich wird die Verteilung der späterhin »gewählten« 400 Abgeordneten festgelegt, wobei man erneut den Schlüssel für die Kandidatenlisten zum III. Volkskongreß verwendet. Die Sozialistische Einheitspartei erhält danach 25 % der Mandate, die Christlich-Demokratische Union und die Liberal-Demokratische Partei bekommen jeweils 15. Doch das ist bloße Augenwischerei und Theorie: Faktisch muß man zur SED noch die Plätze für die NDPD und die DBD sowie die Massenorganisationen hinzuzählen, und auf diese Weise beherrscht die Staatspartei ganze 70 % der Mandate! Wozu eigentlich noch der ganze Wahlrummel? Auch im Westen wird niemand das Ergebnis vom 15. Oktober ernst nehmen. Vielleicht aber will die SED unsere Bevölkerung innerlich zerbrechen, sie von der Nutzlosigkeit eines Aufbegehrens überzeugen und für ihre Herrschaft endgültig gefügig machen?
In ähnlicher Weise steht auch bereits die Zusammensetzung der zukünftigen Landtage fest. Hatte es 1946 in Brandenburg und in Sachsen-Anhalt eine Mehrheit der nicht-kommunistischen Parteien gegeben, so wird sie durch die jetzige Aufschlüsselung auf kaltem Wege beseitigt! Bei uns in Mecklenburg verfügten die CDU sowie die LDP damals über 42 Sitze und die SED über 48; nunmehr sollen es nur noch 26 sein, während die SED mit ihren Anhängseln sogar 64 innehaben wird. Genau die gleichen Zahlen werden für die Gemeindevertretung in Leipzig gelten; seinerzeit hatte das Verhältnis der beiden bürgerlichen Parteien zur Einheitspartei hier sogar 48:42 betragen!
Den Volkspolizisten ist vor einigen Wochen mitgeteilt worden, es sei »nicht zweckmäßig«, einen Briefverkehr mit Personen in der Bundesrepublik aufrechtzuerhalten.
Auch vor der Bibliothek unseres juristischen Seminars, die nach Kriegsende in aufopfernder Arbeit des Personals entstand, macht die volksdemokratische Entwicklung nicht halt: Ein Vertreter der sowjetischen Kontrollkommission kommt und rügt, daß die bei uns angebrachten Gemälde berühmter Professoren und Leipziger Stadtrichter noch nicht von Stalin abgelöst worden sind. »Wie oft sollen wir Stalin aufhängen?« fragt eine Studentin leise mit vorgetäuschter Unschuldsmiene.

Mehr und mehr werden wir in die Propaganda-Maschinerie eingespannt. Die »Nationale Front« stellt Agitationstrupps zu je zwei Studenten auf, die in und besonders außerhalb der Universität ihre Umwelt ideologisch bearbeiten sollen. An der Juristen-Fakultät müssen diese zu sämtlichen Leipziger Richtern, Staatsanwälten und Rechtsanwälten gehen, sie um ihre Meinung zur »Stockholmer Atombombenächtung« und zu den Einheitswahlen befragen und dazu sogar eine schriftliche Stellungnahme verlangen, die dann im »Friedensbuch der Universität« gesammelt wird! Außerdem sollen jene Heimgesuchten noch Geld für das kommunistische Studententreffen in Prag spenden; jeder Student erhält dazu eine Liste mit der Aufforderung, mindestens sechs Mark zu sammeln. Es ist zugleich eine systematische Bespitzelung nach zwei Seiten: Man gibt jedem als »reaktionär« verdächtigen Studenten einen überzeugten Genossen bei. Dieser aber agitiert nicht, sondern beobachtet nur seinen Kommilitonen und gleichzeitig auch noch das andere Opfer der Aktion. Jede nicht »linientreue« Äußerung wird in seinem später abzufassenden Bericht registriert. Wie durch ein Wunder ist es mir bislang gelungen, mich davor zu drücken.
Horst und ich gehören immer noch nicht der »Deutsch-Sowjetischen Freundschaft« (DSF) an, und unsere Herren Funktionäre möchten allzu gerne eine 100%ige Mitgliedschaft verkünden. Ein Grund mehr, ihr Vorhaben zu durchkreuzen. Ohnehin, was soll diese ständige Speichelleckerei vor dem Kreml! Doch wo ist der Ausweg? Horst tröstet mich, er werde schon eine Möglichkeit finden. Das verhörähnliche Gespräch vor einem größeren Kreis unserer mittleren Semester beginnt dann auch mit einem barschen Befehlston:
»Leißring! Schlomann! Ihr beide seid noch kein Mitglied der DSF! Warum nicht? Seid Ihr etwa gegen das Weltfriedenslager? Und weshalb?!«
»Ich lehne das ab...«
»Interessant! Wieso?«
Ich kenne Horst inzwischen so gut, daß ich seine weitere Diktion schon ahne:
»Das ist eine Unverschämtheit gegenüber einem antifaschistischen

Widerstandskämpfer! Ich verbiete mir derartiges! Als Ihr noch in den Windeln gelegen habt, hat unsere Widerstandsgruppe unter größter Lebensgefahr bereits Radio Moskau abgehört. Es waren schließlich auch die Soldaten der ruhmreichen Sowjetarmee, die mich aus dem KZ befreiten! Ich habe es nicht nötig, meine Freundschaft zur Sowjetunion unter Beweis zu stellen!«

Daß kaum die Hälfte der Worte den Tatsachen entspricht, ist eine ganz andere Frage. Die Genossen jedenfalls glauben es und sind konfus, was sollen sie darauf auch antworten? Doch sie geben nicht auf:

»Aber wir müssen Genosse Stalin beweisen, daß wir fest an der Seite der friedliebenden Sowjetunion stehen. Und das mit der Mitgliedschaft in der DSF dokumentieren.«

Ich kämpfe verbissen mit einem Lachen, als Horst mit todernstem Gesicht zurückbellt:

»Wir alle hier wissen, Stalin ist der Genius unserer Zeit, der größte Politiker der Welt. Und diesen Mann, der die Geschicke der Erde lenkt und gerade auch den Frieden bei uns in der Deutschen Demokratischen Republik schützt, den sollen wir mit einer 100%igen Mitgliedschaft irgendwie beeindrucken können?! Das ist eine totale Überschätzung eurerseits, die nur eurem immer noch kleinbürgerlichen Denken entstammen kann. Letztlich ist das eine indirekte Herabsetzung der Persönlichkeit Stalins!«

Er wird – äußerlich – direkt wütend:

»Ich verbiete mir nachdrücklichst diese Belästigungen! Ihr solltet euch wirklich schämen!«

Nun stürzt man sich auf mich. Mit einem möglichst dümmlichen Gesicht sage ich bedächtig:

»Eigentlich leuchten mir alle Argumente der beiden Seiten ein, doch möchte ich gerade auch die Worte von Horst Leißring – immerhin ein wirklicher Widerstandskämpfer gegen die Nazityrannei – erst sorgfältig überdenken. Offen gesagt, Jugendfreunde, ich neige ebenfalls mehr dazu, statt irgendwelcher Erfolgsmeldungen – so wichtig diese natürlich auch sind! – tagtäglich beim Aufbau unserer DDR tatkräftig mitzuwirken und somit einen echten Beitrag zur Stärkung des Weltfriedenslagers zu leisten.«

Die Prozedur ist vorüber, wir haben nicht nachgegeben! Aber ganz bestimmt stehen wir jetzt auf irgendeiner schwarzen Liste, denn zweifellos haben uns die SED-Scharfmacher durchschaut. Wir verfügen auf unserer Seite zwar über unangreifbare Phrasen, doch sie besitzen die Macht.

Bei unseren Gesprächen fragt mich Ernst Lemmer manchmal nach der Einstellung der Studenten. Die überwiegende Mehrheit an der juristischen Fakultät ist gewiß nicht »linientreu«. An dieser Tatsache ändert auch nichts, daß der größte Teil der Mit-Studiker in der FDJ und anderen Massenorganisationen organisiert ist. Andererseits liegt die politische Führung eindeutig in der Hand einzelner überzeugter SED- und FDJ-Funktionäre, welche das System mit all seinen Terrormethoden hinter sich wissen und auch jede offene Opposition unterdrücken können. In unserem Fakultätsrat etwa, der aus fünf Personen besteht, befinden sich nur zwei wirklich gläubige Kommunisten. Sie haben aber den Vorsitz inne und damit den gesamten Kurs völlig in der Hand und vollstrecken skrupellos sämtliche Weisungen, welche sie von der Staatspartei erhalten. Die drei anderen Mitglieder haben das Vertrauen des demokratischen Teils der Fakultät, doch kommen sie niemals über eine lediglich von Zeit zu Zeit erfolgende vorsichtige Opposition zu einer wirklich operativen Arbeit. Es ist eben so, daß man sich damit nicht nur gegen den Kurs des Vorsitzenden, sondern zugleich gegen das System als solches stellen würde – was sie dann auch davon abhält, diesen Weg einzuschlagen. Von den beiden durch unsere Fakultät in den Studentenrat delegierten Mitgliedern ist eine Spitzenfunktionärin in der SED und FDJ, Teilnehmerin an den Jugendkongressen in Budapest, Prag sowie Ost-Berlin und natürlich »Lieblingskind« von Dr. Such und Professor Polak. Der andere muß als eine jener vielen, politisch mit Vorsicht zu behandelnden Existenzen gesehen werden, die halb aus Opportunismus und halb aus Angst sich vom herrschenden Kurs treiben lassen und daher letztlich immer in Gefahr sind, zu Werkzeugen gegen die nicht-kommunistischen Kräfte degradiert zu werden. Zum FDJ-»Deutschlandtreffen« zog auch er es allerdings vor, plötzlich »krank« zu werden.

Selbst während der Semesterferien soll man dem teuflischen Mechanismus nicht mehr entrinnen können: Jeder Student muß seinen Aufenthaltsort während dieser Monate in eine Liste eintragen. Daraufhin bekommt er eine Überweisung an den dortigen FDJ-Kreisvorstand und hat sich während dieser Zeit für politische Arbeit zur Verfügung zu stellen. Sich darum zu drücken, ist kaum möglich, da der jeweilige Kreisvorstand ein Zeugnis ausstellen muß, was wiederum über das Stipendium im kommenden Semester entscheiden wird. Auch ein ruhiges Durcharbeiten des Studienstoffes in den Ferien – wie bisher – ist daher kaum noch möglich. Und mein Traum, mich in die Schweiz durchzuschlagen und Suzanne zu sehen, bleibt wohl für immer ein bloßer Traum...

Horst Leißring plant die Herausgabe einer Extra-Flugschrift für die Leipziger Studentenschaft. Sie soll in erster Linie die Namen von Spitzeln und fanatischen Funktionären enthalten und unmittelbar vor Semesterende verbreitet werden, um so alle Nachforschungen seitens des SSD zu erschweren. Es soll ein großer Coup werden, doch nähere Einzelheiten weiß ich nicht; in jedem illegalen Widerstand gilt als oberstes Gesetz, nur das und so viel zu wissen, was unbedingt erforderlich ist. Jedenfalls versuche ich über Freunde, Bekannte und über einzelne CDU-Mitglieder möglichst viele interessante Nachrichten zu erhalten.

Der Untersuchungsausschuß freiheitlicher Juristen gibt ab sofort einen doppelbriefgroßen »Informationsbrief« heraus, der alle drei Wochen mit verschiedenen Mitteilungen, Hinweisen und auch Warnungen an Bedienstete der Justiz, Verwaltung und Wirtschaft verschickt wird.

Erneut kommen Schreckensnachrichten von der Universität Rostock: Der Staatssicherheitsdienst hat Gerhard Popp, den Leiter der CDU-Hochschulgruppe und zugleich II. Vorsitzenden des Studentenrates, verhaftet! Einen Tag danach wird Roland Bude, der im Studentenrat das Referat Kultur und Erziehung betreut und gleiche Funktionen in der FDJ-Hochschulleitung ausübt, zum Verwaltungsdirektor der Universität bestellt und ist seitdem verschwunden; in heutiger Zeit bedeutet dies nichts anderes, als daß auch er festgenommen worden ist. Ich kannte ihn etwas näher, er war ein geradliniger Mensch, der freimütig Kritik an der SED-Hochschul-

politik übte und nicht nur einmal öffentlich nach dem Verbleib der inhaftierten Mitstudenten fragte. Rund 24 Stunden später ruft man Egon Klepsch, den Kadersekretär der FDJ-Leitung an der Universität, aus einer Sitzung in der Mensa heraus; er ist inzwischen mißtrauisch und weigert sich – kurz danach gelingt ihm die Flucht. Viele Jahre danach wird er CDU-Bundestagsabgeordneter und Europa-Parlamentarier. Ebenso kann sich das Mitglied des Studentenrats und der CDU-Gruppe, Bernhard Ohse – ein Mann mit stets erfrischendem geistvollen Humor, der ebenfalls offen seine Meinung sagte –, auf abenteuerlichen Wegen nach West-Berlin durchschlagen. Angeblich hat die DDR-Gestapo 17 demokratische Studentenführer festnehmen wollen, dank des immer noch gut funktionierenden Warnsystems konnten jedoch 14 entkommen! Es sollte wahrscheinlich ein Schlag gegen die recht unbequeme Hochschulgruppe sein, denn bald finden sich eigentlich alle Vorsitzenden der CDU-Hochschulgruppen in der Zone im Zuchthaus Bautzen wieder. Popp hat sogar eine Strafe von zweimal 25 Jahren erhalten! Äußerer Anlaß der Verhaftungsaktion soll die Festnahme des Kommilitonen Alfred L. gewesen sein; bei ihm wurden Schriften aus West-Berlin gefunden, und bei den üblichen Verhörmethoden hatte er Popp und Bude als Verbindungsleute zu ehemaligen Studentenrats-Mitgliedern genannt, die jetzt in West-Berlin leben.
Vor dem Landgericht in Güstrow beginnt ein Prozeß gegen führende Angehörige der Landwirtschaftlichen Genossenschaften; da ein ähnliches Gerichtsverfahren in Greifswald bevorsteht, ist das Ziel offensichtlich – nämlich sie zu zerschlagen.
Freitag, der 14. Juli: Horst und ich hatten seit Beginn unserer Widerstandstätigkeit bestimmte »Treff«-Zeiten und -Orte vereinbart, und selbst im Falle einer Krankheit gibt es bestimmte Mitteilungsarten. Doch heute früh ist er nicht zum römisch-rechtlichen Seminar erschienen. Ich habe ein dummes Gefühl, denn noch gestern konnten wir uns in alter Frische sehen. Seine Wohnung aufsuchen? Lieber nicht! Denn sollte er verhaftet worden sein, wird gewiß irgend jemand von der sowjetischen oder »unserer« Geheimpolizei in seinem Zimmer lauern und jeden Besucher erst einmal festnehmen. Da Verhaftungen allgemein nachts erfolgen, wechsele

ich ab sofort die Schlafstelle, es gibt genügend Menschen, die sofort helfen – und keinerlei Fragen stellen. Gewiß ist es verrückt, aber ich besuche noch einige Vorlesungen! Als ich am Montag früh indes immer noch ohne jede Nachricht bin, bitte ich den Mitstudenten Dietmar B. – einen SED-Funktionär –, nach West-Berlin zu fahren und sich beim UfJ zu erkundigen. Ich vertraue ihm seit längerem; als ich ihm Fahrgeld anbiete, wehrt er entrüstet ab. Am Dienstag, noch vor sechs Uhr morgens, berichtet er hastig: In West-Berlin ist Horst nicht aufgetaucht. Also wurde er verhaftet! Allerhöchste Zeit, daß ich verschwinde! B. will mich noch zum Hauptbahnhof begleiten, doch ich winke ab. Das könnte ihn allzusehr belasten, falls ich geschnappt werde. Ein letzter Händedruck, für alle Notfälle gebe ich ihm Suzannes Adresse in Biel.

Aber direkt nach West-Berlin fahren? Wenn die Volkspolizei-Kontrollen am Südring der Hauptstadt vielleicht schon auf mich lauern? So reise ich erst einmal zu meinen Eltern. Ich erwähne die Verhaftung – die näheren Gründe erkläre ich natürlich nicht – und übernachte vorsichtshalber bei meinen Tanten in Lübstorf. Am nächsten Morgen treffen meine Mutter und ich uns auf dem Bahnhof in Schwerin, und mit einem großen Koffer steige ich in den Zug nach Berlin. Wann mag ich meine schöne Heimatstadt wiedersehen? Bald? Zwei Vopo-Kontrolleure kommen natürlich auch in mein Zugabteil und – ein furchtbarer Moment! – direkt auf mich zu, doch es geschieht nichts. Unbehelligt erreiche ich Ost-Berlin, in die Westsektoren ist es lediglich ein kurzer Sprung. Hier, in der Wechselstube an der Ecke Kurfürstendamm–Schlüterstraße, tausche ich die 100 Mark um, die mein Vater mir mitgegeben hat, und erhalte ganze 16,25 DM dafür! Natürlich gehe ich sofort in das Büro Lemmer; er sagt mir alle Hilfe zu. Selten hat mir ein Kaffee so gut geschmeckt, sitzen Angst und Schrecken mir doch noch ziemlich in den Knochen. In dem Postamt im Ostsektor, direkt an der Sektorengrenze am Potsdamer Platz, gebe ich ein unverdächtig erscheinendes Telegramm an meine Mutter auf. Sie weiß dann, daß ich durchgekommen bin.

Beim Untersuchungsausschuß freiheitlicher Juristen erfahre ich,

Ingolf Klein sei bereits am 8. Juli in Leipzig festgenommen worden. Wieso und weshalb weiß ich nicht, was natürlich überhaupt nichts besagt. Doch wußte Horst von seinem Kommen? Eigentlich müßte er davon Kenntnis gehabt haben, doch warum hat er mich nicht spätestens einen Tag danach informiert? Wir beide wären dann sofort geflohen. Hat der SSD oder das sowjetische NKWD Ingolf erst nach fünf Tagen Verhören und Folterungen zum Sprechen bringen können? Wir hatten uns alle geschworen, bei einer Festnahme möglichst 24 Stunden zu schweigen, damit für die anderen die Zeit zur Flucht genutzt werden könne. Aber selbst diese Frist erschien mir stets äußerst schwer durchzuhalten. Oder wollte man Leißring und unsere verschiedenen Verbindungen erst beobachten? Hat Horst nach seiner Verhaftung es durchgestanden, ebenfalls fünf Tage und fünf Nächte meinen Namen nicht zu nennen? Beim UfJ überlegt man, ob Horst im Zuge der geplanten Flugschrift nicht auf einen Spitzel gestoßen sein könnte. Ich kenne einen Studenten, dem wir nicht viel Vertrauen entgegenbrachten, doch soll auch er inzwischen verschwunden sein. Letztlich bedeutet das nichts: Vielleicht ist er nur pro forma festgenommen worden, um einen auf ihn fallenden Verdacht zu zerstreuen. »Sie haben viel, sehr viel Glück gehabt!« sagt man mir.

Bei meinem alten Schulkameraden Peter Schweißfurth am Tegeler Weg in Berlin-Jungfernheide kann ich übernachten, ich hatte es schon früher einige Male getan. Der andere Klassenfreund, Peter Lüders, will für ein bis zwei Wochen nach Hause in Gadebusch fahren und wird dabei selbstverständlich auch meine Eltern aufsuchen; er stellt mir bereitwillig seine Studentenbude in der Ilsenburgerstraße 34 zur Verfügung. In aller Eile schreibe ich eine kurze Karte an Suzanne, wahrscheinlich wird sie erstaunt sein.

Das Notaufnahmeverfahren geht in dem großen Haus in Charlottenburg, Kuno-Fischer-Straße 8 vor sich. Im Keller auf der Hinterseite muß man lange anstehen. Große Plakate warnen vor Spitzeln und ebenso vor Menschenraub; ausdrücklich heißt es, jeder solle die Sektorengrenze beachten und im Schriftverkehr mit der Zone größte Vorsicht walten lassen. Natürlich will ich als politischer Flüchtling anerkannt werden; ob das irgendwelche Vorteile bringt, weiß ich nicht – es ist primär eine Frage der politischen Ehre. Die Voraussetzung, das Vorliegen einer unmittelbaren Gefahr für Leib und Leben, erscheint bei mir wohl unbestritten. In den schriftlichen Angaben vor dem Aufnahmeausschuß des Notaufnahmeverfahrens gebe ich nur kurz meine Widerstandsarbeit an und bitte auftragsgemäß, Ernst Lemmer und den UfJ anzurufen. Manchmal gewinnt man allerdings den Eindruck, die Anerkennung als politischer Flüchtling würde wesentlich erleichtert durch schönklingende Formulierungen oder auch durch eine tatsächliche oder angebliche Spitzel-Verpflichtung und manchmal auch durch eine behauptete sozialdemokratische Vergangenheit.

Jeder Flüchtling muß ebenfalls zu einem westlichen Nachrichtendienst, ich komme zu den Engländern. Sie wissen offensichtlich manches über mich, sind jedenfalls äußerst liebenswürdig und bieten mir Zigaretten an. Wie schade, denke ich ein wenig überheblich, daß »John Bull« damals vom Kriegsgefangenen-Entlassungslager in Magdeburg 1945 nicht hier ist! Die Befrager interessieren sich für sowjetische Truppenbewegungen, einiges kann ich ihnen sagen. Sie wünschen mir für mein weiteres Leben viel Glück.

Ebenfalls habe ich die Kampfgruppe gegen Unmenschlichkeit in Berlin-Nikolassee, Ernst-Ring-Straße 2 aufzusuchen. Eine junge Dame empfängt mich und hält mir bald meine damalige Wandzeitung »Uns ruft die Jugend der Welt!« in Rostock vor. Ich erkläre den wahren Zweck dieser Ausgabe und die Möglichkeiten, die man damals noch hatte. Im übrigen – wahrscheinlich bin ich dabei ein bißchen zu böse geworden – sei es leicht, von West-Berlin aus oder gar vom Westen Deutschlands über uns in der Zone zu urteilen, ohne alles mitgemacht zu haben! So sicher wäre West-Berlin auch nicht, entgegnet sie und verweist auf die zahlreichen Entführungen seitens des SSD. Sie hat recht. Schade, daß die Kluft zwischen uns so groß geworden ist und wir uns beim Abschied nicht die Hand geben – obwohl wir doch das gemeinsame Ziel haben.

Als Student habe ich ebenfalls zum Amt für gesamtdeutsche Studentenfragen zu gehen. Dort muß ich allerdings hören, ich hätte nicht fliehen sollen! Die verschiedenen Fragen über die Universitäten

Leipzig und Rostock beantworte ich daher auch nur widerwillig, außerdem hat man hier ohnehin schon ein recht gutes Bild.
Es ist reiner Zufall, daß ich auf einen alten Bekannten, den Studenten W. aus Leipzig, stoße. Er hatte mir manchmal – nichts oder doch manches ahnend? – Informationen geliefert. Ich wußte, er haßt das Regime: Ohne daß er es bemerkte, hatte ich ihn einmal bei einer sehr erregten Diskussion abends vor dem Leipziger Hauptbahnhof beobachtet. Vor einigen Tagen kam er zufällig mittags in seine Studentenbude und hörte von der Wirtin, rund zehn Minuten zuvor sei der Staatssicherheitsdienst dagewesen und habe ihn verhaften wollen. Es vergingen wohl keine fünf Minuten, bis er seine Siebensachen gepackt hatte und sich ein Taxi bis Halle/Saale nahm; von dort erreichte er über Umwege dann Berlin. Auf der Straße begegne ich auch Hans Jürgen K. und Werner S. von meiner Fakultät. Wir kannten uns ziemlich gut, seit knapp zwei Semestern kamen wir nahezu täglich zusammen – doch keine Seite ahnte von dem illegalen Widerstand der anderen. Sie haben in einem Baptisten-Heim in Berlin-Lichterfelde-West, Drakestraße 7 bei kostenfreier Logis Unterschlupf gefunden und nehmen mich gerne mit.
Plötzlich taucht mein Vater auf; beim Oberkirchenrat ergab sich für ihn eine günstige Mitfahrgelegenheit nach West-Berlin, und er konnte im Auto sogar die wichtigsten Teile meiner Briefmarkensammlung durchschmuggeln. Der Staatssicherheitsdienst war kurz nach meiner Flucht bei uns daheim, hat alle meine Sachen durchwühlt und mein Archiv, das ich seit dem Tag meiner Heimkehr damals im Juli 1945 angelegt hatte, beschlagnahmt. Nein, die zwei Männer waren nicht unkorrekt, aber äußerst selbstbewußt. Sind sie doch die Herren der (kleinen DDR-) Welt!
Professor Siber schreibe ich an und teile ihm neutral mit, ich hätte »eine neue Adresse«. Er möchte mir den Seminarschein nachsenden; in der Eile wäre ich leider nicht mehr dazu gekommen, ihn mir abzuholen. Tatsächlich, er tut es, obwohl meine Anschrift in West-Berlin ja alles besagt. Sind diese Unterlagen doch wichtig für mein weiteres Studium. An der Freien Universität sind alle Plätze meines 5. Semesters leider belegt; ich könnte höchstens im ersten Semester anfangen, aber das will ich nicht. Beim Amt für gesamtdeutsche

Studentenfragen mit seinen prächtigen Leitern, Dieter Spangenberg und Karl-Heinz Evers, äußere ich den Wunsch, zur Universität Kiel zu gehen. Damit wäre ich in der Nähe Mecklenburgs; da die Stadt aber ziemlich zerstört ist und Studentenbuden Seltenheitswert haben sollen, raten sie ab. Also schicken wir drei »Leipziger« unsere Bewerbungen an die juristische Fakultät der Universität Freiburg i. Br. Dort lehrt der bekannte Strafrechtler Professor Schönke, der Schwarzwald ist zudem eine landschaftlich recht schöne Gegend – und vor allem der Weg von dort zu Suzanne am kürzesten!
Langeweile gibt es nicht. Allmorgendlich gehen wir drei durchweg in die juristische Bibliothek an der Freien Universität, um gerade den Stoff über westdeutsches Staats- und Verfassungsrecht durchzuarbeiten. Mittags kommen wir als Flüchtlinge in den kostenlosen Genuß von »Hoover-Speisung«, ein großzügiges Geschenk der USA. Ansonsten heißt es Geldverdienen: Beim RIAS-Hochschulfunk kann ich eine sechsminütige Sendung »Das Chamäleon historicum humane« über meinen alten Feind Dr. Seemann in Schwerin anbringen; das Honorar beträgt immerhin 15 DM, weitere 1,50 DM bekomme ich für jede Wiederholung des Berichts. Bei der Zeitung »Der Tag« stoße ich auf Arthur Janßen, es ist ein bewegendes Wiedersehen! Ich kann etliche Ostzonen-Witze verkaufen. Durch die Arbeitsvermittlung der Freien Universität (»Die Heinzelmännchen« genannt) darf ich im Freilicht-Theater der »Waldbühne« in dem bekannten Theaterstück »Wilhelm Tell« einen Bauern aus dem Kanton Uri spielen; die Gage beträgt 2,50 DM pro Abend. Es macht viel Spaß, und die Freiheit ist bekanntlich eines der höchsten Güter! Augenscheinlich hinterlasse ich einen guten Eindruck: Eines Tages fragt mich der Boß, ob ich nicht zum Film gehen möchte – er habe große Pläne. No, ich will – ich muß weiterstudieren!
Während der letzten Juli-Woche tagt der III. SED-Parteitag. In West-Berlin erregt Aufsehen, daß im Präsidium acht Vertreter aus der Bundesrepublik sitzen. Ohnehin ist die gesamte Agitation auf Gesamt-Deutschland ausgerichtet, das man – »natürlich« – auf den anti-imperialistischen Weg des Friedens und der Demokratie führen möchte. In West-Deutschland, so tönt es in der üblichen SED-Phraseologie weiter, soll die Mehrheit der Bevölkerung dem Einfluß

der Imperialisten und ihrer Lakaien entrissen werden, weil es dann den westlichen Besatzungstruppen unmöglich sein werde, weiter im Lande zu verbleiben. Wilhelm Pieck wird dabei wesentlich konkreter mit seinem Aufruf, »Tausende Mittel und Wege zu finden, um unseren Genossen und allen wahren Patrioten in West-Deutschland Hilfe zu erweisen«. Selbstverständlich spricht er sich für ein einheitliches Wahlprogramm und eine einheitliche Kandidatenliste zu den »Wahlen« am 15. Oktober aus; nach seinen Worten sollen sie keine Katzbalgerei darstellen, bei der die einzelnen Parteien hemmungslos Wahlversprechen abgeben würden, welche in der Nacht nach der Wahl bereits vergessen und verraten seien.

Die SED hat jetzt 1 750 069 Mitglieder. Im neuen 15köpfigen Politbüro des Zentralkomitees befinden sich unter den Mitgliedern lediglich noch zwei alte Sozialdemokraten und unter den Kandidaten nur ein früheres SPD-Mitglied. Kurt Hager, Leiter der Abteilung Propaganda, verkündet erstmals die Parole: »Von Stalin lernen, heißt siegen lernen!« Neu ist ebenfalls ein Lied mit dem Titel »Die Partei«:

»Sie hat uns alles gegeben.
Sonne und Wind.
Und sie geizte nie.
Wo sie war, war das Leben.
Was wir sind, sind wir durch sie.
Sie hat uns niemals verlassen.
Fror auch die Welt, uns war warm.
Uns schützte die Mutter der Massen.
Uns trägt ihr mächtiger Arm.
Die Partei.
Die Partei, die hat immer recht!«

Auf Beschluß des FDJ-Zentralrates sollen in den Grundeinheiten der Jugendorganisation wehrsportliche Interessengemeinschaften gebildet werden, um die Verteidigungsbereitschaft zu erhöhen...

August 1950

Gerüchte behaupten, Nuschke hätte bei der Behandlung des Wahlgesetzes in der Volkskammer absichtlich das Plenum verlassen. Andererseits bekommt man den Eindruck, als wolle er sich für die Einheitsliste geradezu überschlagen. Wenn wir sie nicht hätten, so führt er wenigstens aus, würde man versuchen, die Spaltung des Westens in das Gebiet der Deutschen Demokratischen Republik hineinzutragen und uns zu schwächen. Unsere Einheitsliste sei vielmehr eine Manifestation für den Frieden und die Einheit unseres Vaterlandes. Sicherlich merkt er gar nicht mehr die ganze Lächerlichkeit seiner Behauptung, die Menschen in der Bundesrepublik würden zu den Wahlen in der DDR am 15. Oktober sagen: »Euer Sieg ist auch unser Sieg, es ist der Sieg des Friedens, es ist der Sieg für die Einheit unseres Volkes und Vaterlandes.« Sollten die Kandidaten zu den Einheitswahlen – wie es überall zu hören ist – unsere besten patriotischen Kräfte sein, so haben die Liberaldemokraten in Mecklenburg ihr Mitglied Buchmeier vorgeschlagen; die SED attackiert ihn sofort mit dem Vorwurf, er hätte »chauvinistische Reden« gehalten.
Auf dem Deutschen Nationalkongreß in Ost-Berlin wird unter stürmischen Ovationen verkündet:

> »Unser Ruf ›Ami, go home!‹ wird den Imperialisten so lange in den Ohren gellen, bis sie wieder in den USA sind!«

Alle Bediensteten der Oberpostdirektion in Schwerin sollen fortan ein Prozent ihres Bruttoeinkommens für »Koreas Freiheit« abgeben. Im Ostsektor Berlin ist eine gewisse Charlotte Hoffmann die »Selbstverpflichtung« eingegangen, monatlich 500 ccm Blut für die »Friedenskämpfer« des fernöstlichen Landes zu spenden.
Ohne Rücksicht auf dessen Immunität als Volkskammer-Abgeordneter verhaftet der Staatssicherheitsdienst den LDP-Generalsekretär Wilhelm Stempel im Ostberliner Hauptgebäude seiner Partei. Auch seine Frau, seine Sekretärin und sein Fahrer werden abgeführt.
Als ich wieder einmal den UfJ besuche, sehe ich Minister Dr. Witte auf der Treppe sitzen. Er hat sich nicht mehr länger in Schwerin halten können, er erscheint alt und gebrochen und erkennt mich

kaum wieder. Hektik und große Aufregung herrschen beim Untersuchungsausschuß: Eine Protokollführerin ist dieser Tage mit den Unterlagen der Geheimprozesse in Waldheim/Sachsen nach West-Berlin geflüchtet. Von Ende April bis Anfang Juli dieses Jahres sind in jenem Zuchthaus annähernd 3500 frühere Insassen der KZ-Lager in der SBZ verurteilt worden; 75 % von ihnen sollen an Tbc erkrankt gewesen sein, und jeder vierte war sichtlich vom Tode gezeichnet. Keiner der an den Prozessen beteiligten Richter und Staatsanwälte konnte eine ordnungsgemäße juristische Vorbildung nachweisen, manche haben nicht einmal einen Lehrgang zum »Volksrichter« besucht! Ihre Urteile sprachen zumeist Strafen von 15 bis zu 25 Jahren Zuchthaus aus; der einzelne Prozeß dauerte allgemein nur 15 bis 20, im Höchstfalle 40 Minuten! Einen Verteidiger gab es nicht; lediglich in den 32 Fällen, bei denen auf Todesstrafe erkannt werden sollte, zog man einen Offizialverteidiger hinzu – einen Volksstaatsanwalt aus Thüringen! Wurden Sondergerichte 1945 nicht vom Kontrollrat für immer untersagt?
Innerhalb der SED-Führung ist es jetzt zur ersten großen Säuberungskampagne gekommen: Im Zusammenhang mit politischen Prozessen in Ungarn und Bulgarien beschuldigt man das Politbüro-Mitglied Paul Merker, zwei Chefredakteure von Ostberliner Rundfunksendern sowie den Chefredakteur des »Neuen Deutschlands«, Lex Ende, während der Nazizeit die Westemigration der KPD mit US-Geheimagenten zersetzt zu haben. Angeblich sind sie inzwischen bereits aus der Partei ausgeschlossen worden, die Verhaftungen dürften nicht lange auf sich warten lassen. Gerade Lex Ende schrieb bis in die jüngste Zeit super-«linientreue« und haßerfüllte Artikel gegen den Westen, über sein Schicksal kann ich mir ein hämisches Lächeln kaum verkneifen.
Bekannt wird ein Aufruf eines anonymen »Lenin-Zirkels der SED« an den SED-Parteitag, der das Politbüro heftig kritisiert. Dieses habe jede Hoffnung auf eine baldige deutsche Revolution fallenlassen und auch den Führungsanspruch der Kommunisten – wie er von Marx, Lenin und auch von Stalin festgelegt wurde – zugunsten der Nationalen Front aufgehoben. Diese liquidatorischen Tendenzen bedeuteten nichts anderes als ein tiefes Mißtrauen gegenüber dem

deutschen Proletariat. Die Nationale Front sei mit ihrer reaktionären Forderung nach nationalem Widerstand der ideologischen Hilflosigkeit der Bourgeoisie und dem verlogenen Gestammel der SPD entgegengekommen. Mit kommunistischer Revolution habe dieser Opportunismus nichts zu tun. Nur im Kampfe, und zwar in einer gesonderten SED-Liste für die Oktober-Wahlen, könne die Aktionskraft unserer Partei wachsen, wird abschließend in der Flugschrift vermerkt. Ob sie echt ist oder eine raffinierte Vortäuschung seitens der Kampfgruppe gegen Unmenschlichkeit? Daß das Papier ostzonaler Herkunft zu sein scheint und die Diktion auf echtem Parteikauderwelsch beruht, besagt gar nichts. Jedenfalls wird es bei Alt-Kommunisten gewiß für Verwirrung sorgen, sofern diese heute wirklich noch ihren alten Idealen nachhängen – und sofern es sie überhaupt noch gibt.

Während der letzten Tage des Monats ist die SED-Zeitung in Potsdam, »Märkische Volksstimme«, von unbekannter Seite in West-Berlin täuschend ähnlich nachgedruckt worden. Wie die Originalausgabe trägt sie die knallige Überschrift »Unser Ja zum Wahlprogramm«, erst mitten im Leitartikel kann man zunächst verklausuliert und dann immer offener die Wahrheit lesen. Unter einem Foto mit marschierenden Vopo-Kolonnen steht: »Unsere Volkspolizei – ruhmreiche Nachfolgerin unserer alten Wehrmacht – ist ein Garant des Friedens. Noch marschiert sie durch die Straßen und Städte der DDR. Tatendurstig aber erwartet sie sehnsüchtig ihren Einsatz. Die unzuverlässigen Elemente scheiden durch Desertationen aus. Im Monat Mai waren es über 200. Im Monat Juni 250, und im Monat August werden auf diese Art und Weise über 300 Volkspolizisten aus der Truppe entfernt.« Wie ich von W. höre, wurden die Exemplare mit der S-Bahn durch die Kontrollen geschmuggelt und in größeren Bündeln als »Werbeexemplare« an verschiedenen Stellen Potsdams ausgelegt. W. geht es finanziell recht gut, er weiß auch überraschend viel über neueste Vorgänge »drüben«. Ob er mit dem SPD-Ostbüro zusammenarbeitet oder mit einer alliierten Stelle? Ich frage nicht danach.

Suzanne hat auf meine Karte und auch auf meinen Brief noch immer nicht geantwortet. Gewiß machte sie auf den Schweizer Bergen Urlaub – beneidenswert! Wann werden wir uns endlich sehen können?

September 1950

In verschiedenen Zeitungen der Zone fordern Leserbriefe, die Zeugen Jehovas zu verbieten. »Sie sind Volksfeinde«, lautet eine solche angebliche oder befohlene Stimme der werktätigen Bevölkerung. Ein weiterer Leserbrief weiß sogar, es handele sich bei ihnen um eine raffiniert getarnte amerikanische Spionageorganisation. Nur zwei Tage später verbietet die DDR-Regierung ganz offiziell diese Religionsgemeinschaft – wie sie ja auch schon vor 1945 verboten war.
Das jahrhundertealte Berliner Schloß wird gesprengt! Die Behauptung, es sei lediglich eine Ruine, ist unwahr; noch vor gut zwei Jahren hatte hier eine große Ausstellung stattgefunden. Eher stimmt schon das Gerücht, daß an dieser Stelle ein riesiger Aufmarsch- und Demonstrationsplatz geplant sei. Für Diktaturen ist derartiges wichtiger...
Unvermutet treffe ich Klaus Kiebart, er hat in letzter Minute eine Warnung vor drohender Verhaftung erhalten. Wir treffen uns manchmal in seinem kleinen Zimmer in der Joachimsthaler Straße. Gelegentlich kommt seine Mutter zu Besuch und bringt einen Kuchen. An der Freien Universität habe ich Jaschke getroffen, wir haben uns herzlich begrüßt.
In der Ostzone wird der Rummel um die Einheitswahlen immer stärker, Walter Ulbricht nennt sie sogar »die ersten demokratischen Wahlen in Deutschland«. Die Wahlausschüsse – schreiben die dortigen Gazetten recht offen – haben bei der Prüfung der Kandidatenvorschläge darauf zu achten, daß weder Feinde des Aufbaus noch Gegner des Friedens in die Liste der Kandidaten aufgenommen werden. So überrascht es nicht, wenn von den 24 CDU-Abgeordneten des Landtages von Sachsen-Anhalt und von den 31 CDU-Abgeordneten des Landtages in Brandenburg jeweils lediglich ein einziger auf die Einheitsliste kommt! Von den bisher 20 Parlamenta-

riern unserer Partei in Thüringen werden es nur noch ganze vier sein. Bei uns sind die wichtigsten Kandidaten Pfarrer Kleinschmidt, der LDP-Finanzminister Suhrbier und der CDU-Postminister Burmeister.

Auch in meiner Heimat bestimmt der Landesausschuß der »Nationalen Front«, alle Kandidaten hätten sich der Bevölkerung in öffentlichen Einwohnerversammlungen vorzustellen und jeder Wähler habe das Recht, Fragen an sie zu richten. Durch derartig gelenkte Einsprüche von »Wählern« ist es der SED leicht möglich, unerwünschte Kandidaten aus den bürgerlichen Parteien abzulehnen. Ihr Zentralorgan berichtet über eine CDU-Kandidatin im Kreise Calau, die auf diese Weise wieder von der Liste gestrichen wurde. Dies hätte die Wachsamkeit erfordert, schreibt das Blatt, da ihr Mann nach West-Berlin geflohen sei. Ein Blick in die einzelnen Regionalzeitungen der SBZ beweist, daß es überaus viele solcher Fälle gibt!

Der UfJ hat in diesem Zusammenhang einen Offenen Brief an die DDR-Regierung verfaßt und auf die verschiedensten Verstöße gegen elementare Verfassungsgrundsätze wie das Verhältniswahlrecht, die Wahlfreiheit und das Wahlgeheimnis hingewiesen. Ost-Berlin solle bequemerweise doch auf die Ausschreibung der »Wahlen« überhaupt verzichten und lieber das Ergebnis einer Volkszählung bekanntgeben:

> »Alle Ihre Wahlvorbereitungen zeigen, daß es Ihnen nicht darum geht, die Volksmeinung zu erforschen, sondern daß Sie, die Vertreter eines Systems des Unrechts, sich als gewählt und damit legal bezeichnen wollen, sei es auch durch Rechtsbrüche aller Art. Sie können aber sicher sein, daß diese Wahlen Ihr Ansehen nicht erhöhen werden. Sie zeigen nur die Schwäche und innere Hohlheit des Systems. Für alles, was Sie den 18 Millionen Deutschen der Sowjetzone angetan haben, werden Sie einmal sühnen müssen!«

Auch die KgU scheint ihre Untergrundarbeit erheblich verstärkt zu haben. Anfang September spricht Ulbricht auf dem Marktplatz in Stendal, als über den Versammelten Flugblatt-Raketen explodieren; ihre herabfallenden Zettel haben natürlich eine weitaus größere Wirkung als die Worte des SED-Chefs. Zu gleichen Aktionen kommt es auf dem Alten Garten in Schwerin und während einer Freilichtbühnen-Filmvorführung auf dem Leipziger Augustusplatz. Einwohner in Halle, Potsdam, in Dessau und Magdeburg finden frühmorgens in ihren Hausbriefkästen Flugblätter, die zum Boykott der kommunistischen Zeitungen und Veranstaltungen aufrufen. Irgendwo sehe ich ein Exemplar der kleinen Zeitung »Der freie Student«, die vom Amt für gesamtdeutsche Studentenfragen durch illegale Kanäle auf den ostzonalen Universitäten verbreitet wird.

Zum V. Parteitag der Zonen-CDU, Mitte Oktober in Ost-Berlin, werden die Delegierten durchweg gar nicht mehr von den Kreisverbänden gewählt, sondern vom jeweiligen Kreissekretariat bestimmt – und das gewiß nach ganz bestimmten Anweisungen des Hauptvorstandes. Nuschke spricht in seinem Referat von verstärkten Opfern, die angesichts der Wandlungen in der großen Politik erforderlich seien. Die CDU habe an der Seite der Sowjetunion die geschichtliche Pflicht, im Namen unserer christlichen Menschen überall für den Frieden zu arbeiten, zu beten und zu kämpfen. Generalsekretär Götting preist die Erfolge gegen reaktionäre Umtriebe innerhalb der Partei und kritisiert andererseits die CDU-Zeitungen, deren Redaktionen er eine Umgestaltung androht. Manche Delegierten tragen das FDJ-Blauhemd, sogar das bei den sowjetischen und den deutschen Kommunisten übliche rhythmische Klatschen kommt auf. Damit die Delegierten auch wirklich bis zum Ende des Parteitages bleiben, werden erst dann die Rückfahrkarten in die Heimatorte ausgegeben. Die Wahl des neuen Parteivorstandes? Ein Bericht, welchen das CDU-Ostbüro ziemlich schnell erhalten hat, besagt, daß deren Namen in aller Eile verlesen wurden und man sie dann sofort durch Akklamation wählen mußte. »Alte CDU-Mitglieder traf man kaum. Die wenigen, die noch anwesend waren, standen resignierend beiseite...«

Am 15. September beginnt in Korea der Gegenangriff der Amerikaner. Endlich!

Schon vor einigen Monaten ist in West-Berlin der Gedanke eines förmlichen Exil-CDU-Parteitages entstanden. Haben von den 300 Delegierten des letzten legalen Zonen-Parteitages im Herbst '47 doch inzwischen 180 – also über die Hälfte aller demokratisch gewählten CDU-Mandatsträger – flüchten müssen! So kommen sie am 24. September in der Taberna academica am Steinplatz in Charlottenburg zusammen. Es sind 162 Delegierte von damals, darunter elf der insgesamt 14 Mitglieder des seinerzeitigen Hauptausschusses, zwei bisherige Minister sowie 21 Mitglieder der Landesvorstände. Ich werde wegen meiner noch jungen Lebensjahre mit gewissem Mißtrauen empfangen; erst als ich meine Eintrittskarte zeige und ziemlich schnippisch entgegne, man könne sich ja bei Lemmer und Jöhren erkundigen, erhalte ich Einlaß. Es ist ein überaus herzliches Wiedersehen zwischen alten Freunden, es herrscht eine äußerst kämpferische Atmosphäre, voll angestauter Verachtung und Haß gegen die Diktatur jenseits der Sektorengrenze. Am Vorstandstisch ist ein Stuhl ostentativ freigelassen worden – gilt dieses Symbol für Professor Hickmann, wie gemunkelt wird? In seiner Eröffnungsansprache grüßt Jakob Kaiser alle Deutschen in der Sowjetzone. Rückblickend auf die Aufgabe unserer CDU nach Kriegsende führt er aus, wir hätten niemals einen Zweifel aufkommen lassen, daß wir uns keinem kommunistischen Ansinnen beugen würden. Oft genug hätte die sowjetische Besatzungsmacht beteuert, unsere Eigenständigkeit würde respektiert – aber es handelte sich nur um Beruhigungspillen. Der Volkskongreß sei zur Schicksalsstunde der Christlich-Demokratischen Union geworden: »Es war uns damals aufgegeben zu beweisen, daß wir nicht bereit waren, für die Sowjetisierung Deutschlands Handlangerdienste zu leisten!« Der heutigen CDU-Führung sei das Recht abzusprechen, Wille und Auffassung der christlichen Demokraten in der SBZ zu interpretieren. Großen Beifall erhält auch der SPD-Führer Herbert Wehner, der als Gast eine kurze Ansprache hält. Bei der Wahl der Landesvorstände der Exil-CDU bestimmen wir Mecklenburger natürlich Werner Jöhren zum I. Vorsitzenden und Dr. Kaltenborn zu seinem Stellvertreter; beide haben es durch ihre jahrelange tapfere Haltung mehr als verdient!

Im Mittelpunkt steht eine Veranstaltung im Titania-Palast, rund 2000 Personen sind gekommen. Ernst Lemmer gedenkt in seiner Rede der vielen Opfer unserer Zonen-CDU. Wer sich gegen die Gleichschaltung wehrte, wurde verschleppt und inhaftiert – viele kamen auf mysteriöse Weise ums Leben. Allein von 1948 bis heute seien 597 Fälle bekannt geworden, in denen CDU-Mitglieder verurteilt wurden; die Dunkelziffer sei zweifellos sehr viel höher. Und die Zahl der in den ersten Nachkriegsjahren Verhafteten kenne niemand. Als das Berliner Symphonische Orchester das Lied »Ich hatte einen Kameraden« intoniert, sieht man bei sehr vielen Männern und Frauen nasse Augen.

Erregt ruft Dr. Gradl zum Handeln auf, das furchtbare Gefühl des Abgeschriebenseins in der Zone dürfe nicht länger anhalten. Es sei eine moralische und nationale Verpflichtung, daß sich jeder Bewohner des freien Deutschlands mit Leidenschaft und Aktivität für die Deutschen im kommunistischen Terrorbereich einsetze. An unsere dortigen Freunde und Anhänger gewandt, führt Jakob Kaiser aus:

> »... Wir wissen im übrigen, daß die Masse der Mitglieder der Union in der Sowjetzone keinerlei Einfluß auf die kommunistenhörige Führungsapparatur hat. Deshalb tragen die Mitglieder auch keine Schuld an der Entwicklung der Partei. Sie können ja nicht einmal mehr austreten aus der Partei. Schon die Nichtzahlung der Beiträge macht verdächtig. Im Falle der Nichtzahlung von Beiträgen wurde auf dem Jägerstraßen-Parteitag offiziell schärfste Überprüfung angedroht. Um so mehr wissen wir um die Schuld der Führungsclique. Aus Charakterschwäche und Ehrgeiz ist man zum Verräter an den christlichen Demokraten geworden. Zum Verräter an dem echten Freiheits- und Einheitsverlangen unserer Freunde in der Sowjetzone...«

Es fehlt andererseits nicht an kritischen Stimmen gegenüber dem Westen Deutschlands. Ernst Eichelbaum, einer der Mitbegründer der CDU in Leipzig und längere Zeit der Oberbürgermeister der Stadt, spricht von Enttäuschung und Erbitterung der Zonen-Flüchtlinge in der Bundesrepublik. Der alte christliche Gewerkschaftler Georg Schneider – ein Mann des Hauptvorstandes, den die Russen Ende 1947 seines Amtes enthoben und sogar aus Thüringen auswiesen – beklagt: »Mir kommt es manchmal im Westen vor, als ob wir Prediger in der Wüste wären. Wir merken, wie man sagt: ›So schlimm wird es doch nicht werden dort‹!« Nun, die Zukunft muß beweisen, ob die Exil-CDU zu einem gesamtdeutschen Motor innerhalb der westdeutschen CDU oder von ihr zu einem fünften Wagenrad degradiert wird. Mit großer Freude hören wir von einem Glückwunsch-Telegramm Adenauers.

Am zweiten Tage werde ich Jakob Kaiser vorgestellt; natürlich kann er sich meiner nicht mehr erinnern, wohl jedoch an seine Besuche in Schwerin. Er beschwört jeden von uns, im Sinne unserer Ostzonen-CDU weiterzukämpfen. Mir als dem jüngsten Anwesenden wünscht er ein erfolgreiches Weiterstudium im Westen Deutschlands.

Am Ausgang des Saales liegen Exemplare einer Flugschrift, die Mitglieder in der Zone verfaßt und dem Ostbüro zugeleitet haben mit der Bitte, sie zu drucken und wieder nach »drüben« einzuschleusen. Darin wird an den Gründungsaufruf der Union von '45 erinnert, der warnend auf die NS-Diktatur hingewiesen habe. Doch nichts habe sich geändert: »Die Rattenfänger haben nur andere Namen, andere Formen und andere Phrasen. Ihre Mittel und Methoden sind die gleichen.« Der Idealismus der Jugend werde wie früher wieder schändlich mißbraucht. Vor fünf Jahren habe man das Recht als Grundlage des öffentlichen Lebens gefordert – heute sei Recht, was dem Kommunismus nütze. »Die Verfassung ist den Machthabern nur ein Fetzen Papier.« Damals hätten die Gründer der CDU leidenschaftlich erklärt, es dürfe nie wieder eine Gestapo mit ihrem Terror geben; wer könne behaupten, daß sie nicht schon längst wieder entstanden sei? Trotz dieser düsteren Situationsbeschreibung sind die Verfasser der viereinhalb Seiten letztlich optimistisch:

> »... Wir sind überzeugt, daß eines Tages auch in dieser Zone die wahre Union in einem freien, einigen Deutschland wiedererstehen wird. Wir wissen, daß sie nicht untergegangen ist, sie lebt in verhaltener, alter Kraft. Die Scheinpartei aber, unter der Führung von Menschen, die die Bezeichnung ›christliche Demokraten‹ verwirkt haben, wird zusammenfallen wie ein Kartenhaus. Freunde, laßt uns still weiterarbeiten als wahre Christen und echte Demokraten... Wir in der Zone aber werden nach wie vor Wellenbrecher des totalitären Marxismus sein und bleiben!«

Eigentlich jeder von uns nimmt etliche Exemplare, um sie Freunden und Verwandten in der Ostzone mitzugeben.
Draußen, vor der Taberna academica begegne ich Leutnant Mende, der als Polizeioffizier mit einer Handvoll Männern unsere Tagung gegen etwaige kommunistische Angriffe schützen soll. Jeder von uns beiden freut sich riesig, den anderen noch lebend zu sehen. Am 5. Mai, berichtet er, sei er mit den zwei anderen Offizieren unserer Kompanie und mit noch fünf von uns Kinder-Soldaten südlich bei Fischbeck über die Elbe zu den Amerikanern gegangen.
»Und die vielen anderen von uns?!« frage ich blaß. Er zuckt resigniert mit den Schultern.
»Gefallen, verwundet, gefangengenommen, versprengt...«
In diesen Tagen ist von der CDU-Fraktion in Potsdam, so wie sie 1946 gewählt worden war, auch das letzte Mitglied geflohen; von insgesamt 20 sind im Laufe der Jahre fünf verhaftet worden, 15 mußten flüchten. Der Sprecher der Fraktion, Frank Schleusener, war vor 1933 Staatssekretär im preußischen Finanzministerium; während der Hitler-Zeit wurde er zu einem leidenschaftlichen Mann des Widerstandes, nach '45 stellte er sich sofort der Christlich-Demokratischen Union zur Verfügung. Bei den Wahlen ein Jahr danach konnte er einen entscheidenden Sieg über die SED erringen, was diese wohl niemals vergessen hat. Im Zuge der »Säuberungs«-Aktionen mußte er dann sein Landtagsmandat niederlegen und arbeitete als Rechtsanwalt. Vor sechs Monaten war der 72jährige unter der Anschuldigung verhaftet worden, eine Oppositionsgruppe in der Partei gebildet zu haben. Seriösen Quellen zufolge wurde er im NKWD-Keller Potsdams nackt und mit Handschellen gefesselt in eine kalte Einzelzelle gesperrt und dort sehr mißhandelt. Anfang April ist er den Folterungen erlegen. An die offizielle Version des SSD, er habe Selbstmord begangen, vermag niemand zu glauben. Ein solches Schicksal erlitt der frühere Stadtbaumeister Stutzel, der nach seiner Inhaftierung Gift nahm. Unbekannt ist immer noch der Verbleib des CDU-Vorsitzenden von Potsdam-Innenstadt: Er wurde von den Russen verhaftet, dann freigelassen, um vor seinem Hause jedoch von der Volkspolizei erneut festgenommen zu werden. Er konnte noch der Menschenmenge seinen

Namen zurufen, danach wurde er von den Vopos zusammengeschlagen und in ein Auto gezerrt. Jede Spur fehlt ebenfalls vom CDU-Bürgermeister Köhler, den man mit seiner Tochter auf offener Straße verhaftete. Sie wurde später entlassen, doch bei der Hausdurchsuchung führte die Sowjetgeheimpolizei Frau Köhler ab. Inzwischen gelang den vier Kindern die Flucht. Jetzt ist der willfährige 25jährige CDU-Funktionär und mutmaßliche Russen-Spitzel Hermann Gerigk Potsdams Bürgermeister...
Im DDR-Justizministerium ist kürzlich der Staatssekretär Dr. Dr. Helmuth Brandt vom Staatssicherheitsdienst abgeführt worden; er war einer der Mitbegründer der CDU in Berlin.
Der RIAS hat in den vergangenen Wochen ein Preisausschreiben zu dem Thema »Der nächste Schritt zur deutschen Einheit und Freiheit« veranstaltet. Bis zum heutigen Stichtage sind 19 764 Zuschriften eingegangen: 13 807 kamen aus der SBZ bzw. Ost-Berlin, 4272 aus den Westsektoren der Stadt und ganze 1685 aus der Bundesrepublik. Zahlen, die doch nachdenklich machen.
Ganz bestimmt muß ich in West-Deutschland mein Studium zum größten Teil selber finanzieren. Da ich fest vorhabe, das SED-Regime und insbesondere seine SSD-Gestapo auch weiterhin zu bekämpfen, erscheint für mich eine journalistische Tätigkeit als das wohl Wirkungsvollste. Es mag zwar fast größenwahnsinnig sein, ohne irgendwelche Verbindungen an ausländische Zeitungen heranzutreten, jedoch mit zwei Semestern Journalistik, einem hoffentlich großen Stück Erbmasse von meinem Vater, einer gehörigen Portion Ausdauer und sehr viel Glück könnte es vielleicht gelingen. In der Tat haben mein Studienkollege Hans Jürgen K. und ich bald den ersten großen Erfolg: »The Manchester Guardian« bringt einen langen Artikel mit dem Titel »In Leipzig university the fight goes on« von uns! Einer Schwedin, die wir auf dem Baptisten-Kongreß in Berlin treffen, geben wir einen Durchschlag des Manuskriptes mit; bald wird es auch von der bekannten Stockholmer Zeitung »Svenska Dagbladet« publiziert.
Mein Vater besucht mich und ist sehr ernst. Die Universität Freiburg i. Br. hat meine Bewerbung abgelehnt und sämtliche Unterlagen – auch über meine Widerstandstätigkeit – nach Schwerin an meine

Eltern geschickt! Wir beide sind außer uns ob dieser geradezu unvorstellbaren Naivität und Unbekümmertheit! Gottlob hat die Postzensur diesen gefährlichen Brief übersehen, natürlich haben meine Eltern sofort alles verbrannt. Mein Vater fragt, warum ich niemals über die illegale Arbeit gesprochen habe.
»Sollte ich euch etwa dauernd in Angst und Sorge versetzen?«
»War das nötig, mein lieber Junge?« bohrt mein Vater weiter.
»Ja, wahrscheinlich«, sage ich nach gewissem Zögern. Nach einigen Minuten bedächtigen Schweigens meint mein Vater, hin und her gerissen zwischen Vaterherz zum einen und einem politischen Menschen, der jede Diktatur zutiefst haßt, andererseits:
»Ja, ich glaube auch. Danke Gott, daß du noch 'rausgekommen bist!«
Teils um ihn zu trösten, halb aus meinem Dickkopf heraus, sage ich ihm, daß ich in Freiburg studieren werde!
Suzanne hat endlich, endlich geschrieben! Es ist ein sehr langer Brief, der mich ungeheuer aufrüttelt. Sie fragt, ob ich in meiner neuen »Heimat« in Ruhe arbeiten könne, nicht nur für mein Studium, »sondern auch für deine Ideale, für das, was dein Sein ausfüllt bis in die letzte Faser, deinen Kampf um die Freiheit. Kämpfe, Peter, solange das heilige Feuer in dir glüht, möge es nie erlöschen!« Solche Worte können wohl nur aus der Schweiz kommen. Ich werde diese Zeilen immer bei mir tragen, als Aufmunterung und Ermahnung in nachdenklichen und schwere Stunden. Es wäre doch gelacht, wenn ich nicht bald irgendwie nach Biel käme.

Oktober 1950

Natürlich schreibt Ernst Lemmer, den ich sofort über meine Ablehnung zum Studium benachrichtige, sogleich längere und rührende Briefe an den Rektor der Universität Freiburg i. Br. sowie an den badischen Staatspräsidenten Dr. Leo Wohleb. Auch der Untersuchungsausschuß freiheitlicher Juristen, dessen Adresse jetzt Berlin-Zehlendorf-West, Lindenthaler Allee 5 lautet, verwendet sich für mich. Ein inhaltsähnlicher Brief geht ebenso vom Bundesministerium für gesamtdeutsche Fragen in Bonn nach der Schwarzwald-Stadt. Es ist eine knappe Woche vergangen, als ich die Möglichkeit zum Weiterstudium dort erhalte (später habe ich feststellen können, daß zwischen dem Schreiben Lemmers und der Zulassung nur ganze zwei Tage gelegen haben)!

Auf der westlichen Seite des Potsdamer Platzes in Berlin ist ein sehr hoher Turm errichtet worden, von dem in weit lesbarer Leuchtschrift die Neuigkeiten aus der westlichen Welt in den Sowjetsektor gestrahlt werden. Versuche der SED, die Anlage durch Steinwürfe zu demolieren, bleiben genauso erfolglos wie der Einsatz einer Abblendvorrichtung.

Die Einwohner Ost-Berlins konnten jetzt im Westen der Stadt für die Zulassung freier Wahlen in ihrem Stadtteil votieren, indem sie die Stammabschnitte ihrer September-Lebensmittelkarte einsandten. Obwohl die SED bald konterte und für jeden Stammabschnitt plötzlich ein paar Strümpfe – immer noch eine Rarität! – in Aussicht stellte, kommen immerhin 390 302 Stimmen zusammen. »Der Tag« vermerkt in seinem Leitartikel nachdenklich:

> »Vielleicht wird man es später einmal als ein Zeichen der Geschichte nehmen, daß die Stimmzettel für die Freiheit kleine Papierstückchen waren, Lebensmittelkartenabschnitte, die ein Ausdruck der Not der Menschen im Osten sind, die man arbeiten läßt, ohne ihnen die Früchte ihrer Arbeit zugute kommen zu lassen. Als ein Zeichen aber auch dafür, daß die Unterdrückung einer Bevölkerung noch niemandem endgültige Herrschaft gesichert hat. Im Gegenteil.«

In der Zone geht die »Vorstellung« der Kandidaten weiter; allein in Mecklenburg werden 300 der CDU und LDP durch die von der Staatspartei mobilisierten »Wählermassen« abgelehnt. Wilhelm Pieck verschickt per Post an alle Haushaltungen einen längeren Brief mit der Aufforderung, am 15. Oktober doch »richtig zu wählen«. Mein Vater ist bestimmt nicht der einzige, der auf den Umschlag in Druckbuchstaben »Annahme verweigert« schreibt und ihn in einen Postkasten einwirft. Drei Tage vor jenem Sonntag finden sich in den DDR-Zeitungen plötzlich »Selbstverpflichtungen«, offen zu wählen – also ohne Benutzung der Wahlkabine. Ein Arbeiter einer

Maschinenfabrik soll danach erklärt haben: Die geheime Wahl sei eine Forderung der Werktätigen im Kapitalismus, weil sie nicht offen ihre Meinung sagen könnten – heute in der DDR jedoch habe man es nicht nötig, sich hinter einem Wandschirm zu verbergen.

Der Stimmzettel wird erst am Wahltag bekanntgegeben: Der übliche Kreis für die Ja- oder Nein-Stimme ist nicht vorgesehen. Auf seiner Rückseite gibt es einen Stempelabdruck mit dem Text »Für den Frieden«, so daß der Wahlleiter sofort feststellen kann, ob nicht ein anderes Stück Papier abgegeben wird. Ein Fortbleiben eines Wahlberechtigten kann man rasch anhand der Wahllisten feststellen und wird ihn dann zur Wahlurne holen! So beläuft sich an dem schicksalsträchtigen Tage die Zahl der abgegebenen Stimmen – sofern den offiziellen Angaben aus Ost-Berlin Glauben geschenkt werden kann – in der gesamten Zone auch auf 98,3 %; von ihnen wiederum sind 99,7 % »Ja«-Stimmen. Das beste Ergebnis mit 99,21 % erzielen die Kommunisten ausgerechnet in Mecklenburg. In Schwerin gibt es 98,65 % »Ja«-Stimmen und insgesamt nur 15 ungültige sowie elf Gegenstimmen. Die »allerbeste« Stadt der SBZ soll Greifswald sein, wo sogar 99,7 % der Bevölkerung gewählt haben; obwohl es kleiner ist als meine Heimatstadt, wurde hier das Vierfache an ungültigen bzw. Gegenstimmen abgegeben.

Die KgU hat zum 15. Oktober rund 1,4 Millionen Flugblätter und Hunderte von Raketen nach »drüben« gebracht. Auf der westlichen Seite entlang der Demarkationslinie sind mehrere tausend Ballons aufgestiegen, welche Flugzettel mit den Worten »Deutschland den Deutschen, niemals den Sowjets!« tragen. Am Wahltag brennen auf westdeutschem Grenzgebiet sogenannte Freiheitsfeuer, nicht selten kommen aus der Zone Blinkzeichen zurück. Während der ersten zwei Oktoberwochen sind 115 000 Menschen nach West-Berlin geflohen. Das DDR-Regime aber hat jetzt eine »rechtmäßige« Regierung, auch wenn sie nach dem Volksmund mehr als nur recht mäßig ist. Das »Neue Deutschland« schreibt in stolzer Schlagzeile über den 15. 10. 1950: »Der große Sieg der Demokratie!«

Ein sowjetisches Militärtribunal in Schwerin hat eine Gruppe von Oberschülern verurteilt. Gegen Wolfgang Strauss ist sogar die Todesstrafe verhängt worden, die allerdings unmittelbar danach zu zweimal 25 Jahren umgewandelt wird. Sein Bruder hat 25 Jahre Zwangsarbeitslager erhalten. Die beiden aus dem Baltikum waren stets sehr tapfere Mitschüler, die aus ihrer antikommunistischen Haltung nie ein Hehl machten. Auch gegenüber dem LDP-Landesjugendreferenten Hans-Jürgen Jennerjahn hieß es »25 Jahre!«; er ging eine Klasse über mir und war immer voller Humor. Insgesamt sollen elf Schüler aus meiner Stadt verurteilt worden sein. Sie alle hatten wohl Kontakt zu Arno Esch gehabt und den »Kleinen Telegraf« sowie Flugblätter aus West-Berlin verbreitet; teilweise waren es sogar selbsthergestellte Aufrufe! Kurz danach findet ein Schauprozeß vor dem Landgericht Schwerin statt, gegen acht Oberschüler aus Güstrow werden zusammen 87 Jahre Zuchthaus ausgesprochen.

Es ist ein recht sonniger Oktobertag, als man mich im Amt für gesamtdeutsche Studentenfragen beiseite nimmt:

»Wir kennen jetzt die Urteile gegen Ihre Freunde Horst Leißring und Ingolf Klein...«

»Und?« frage ich angesichts der sehr ernsten Gesichter erschüttert.

»Wegen Spionage und Beleidigung der Sowjetunion hat jeder von ihnen zweimal 25 Jahre erhalten!«

»Oh Gott! Wir haben niemals Spionage getrieben oder die UdSSR attackiert, es war Widerstand gegen die SED-Diktatur und das auch im Rahmen der Verfassung! Bin ich ebenfalls verurteilt worden?«

»Das wissen wir nicht, sicherlich wird das eher zu verneinen sein. Sie sollten aber bis zum Tage der Wiedervereinigung niemals in den Ostsektor oder gar in die Zone gehen!«

Mehr denn je will ich nunmehr die Wahrheit über diesen Teil Deutschlands hinausschreien in Form von Zeitungsartikeln und Radiosendungen über den Staatssicherheitsdienst, die politischen Haftanstalten und die erneute Verführung der Jugend bei uns. Journalisten sollten gewiß nicht die Wirkung ihrer Arbeit (und sich selbst) überschätzen, doch wenn das Weltgewissen in der Nazizeit mehr und häufiger aufgerüttelt worden wäre – hätte Hitler dann seine Verbrechen so total ausführen können? Schweizer Zeitungen in Basel, Biel, Chur und in St. Gallen, eine Illustrierte in Zürich, aber auch eine so angesehene Zeitschrift wie »Die Weltwoche«

zeigen Interesse an einer gelegentlichen Berichterstattung über die Sowjetzone Deutschlands. Einige westdeutsche Blätter hingegen lassen durchblicken, daß ich mit meinen erst 22 Jahren wohl noch zu jung für Artikel über den SSD sei.
Das Datum des Abfluges in die Bundesrepublik steht fest. So werde ich Abschied nehmen von all den verschiedenen Stellen und sie bitten, mir für meinen weiteren Kampf gegen das Zonen-Regime doch ihre Nachrichten und Erkenntnisse und nicht zuletzt ihre Flugblätter und Broschüren zukommen zu lassen. Erwartungsgemäß stoße ich überall auf großes Verständnis. Beim CDU-Ostbüro zitiert Jöhren aus sehr vielen Berichten und Unterlagen. Danach muß man die Überzeugung gewinnen, daß die breite Mitgliederschaft in der Zone immer noch intakt ist. Andererseits verlassen nicht wenige eingeschriebene Anhänger verbittert und resigniert die CDU, in Mecklenburg gibt es pro Monat rund 400 Austritte. Wohl zum ersten Mal gegenüber einem Außenstehenden teilt Jöhren die Auflage des »Kleinen Tag« mit: Seit Jahresbeginn beträgt sie allwöchentlich 5000, während des FDJ-Pfingsttreffens stieg sie sogar auf 70 000. Allgemein werden rund 3000 Exemplare in der Nähe der Bahnhöfe in West-Berlin verteilt, von wo aus die Züge in die Zone fahren; der Rest geht mit Kurieren durch alle Absperrungen und Vopo-Kontrollen nach »drüben«. Jeder von ihnen weiß, was das bedeuten kann: Erst Anfang Oktober haben zwei Helfershelfer zehn bzw. drei Jahre Zuchthaus bekommen, weil sie – so stand es in der Anklageschrift – »Kaiser-Schriften in die DDR brachten«. Im Januar nächsten Jahres wird das Ostbüro eine monatliche Flugschrift speziell für CDU-Freunde in der Zone herausbringen; nach dem bekannten Wort Jakob Kaisers auf dem damaligen CDU-Parteitag soll es »Der Wellenbrecher« heißen.
Bei der Kampfgruppe gegen Unmenschlichkeit gehe ich zu Herrn Pilz. Bereitwillig teilt er mir sehr viele aufschlußreiche Einzelheiten über die bisherigen KZs und die vielen heutigen Haftanstalten in der SBZ mit. Er selber war von 1945 bis 1948 in Buchenwald. Grund der Verhaftung des erst 15jährigen: »Werwolfverdacht« ...
In West-Berlin wird an Zonen-Bewohner erstmals die »Tarantel« verteilt, eine achtseitige bunte Klein-Zeitung mit lauter politischen

Witzen und Karikaturen über das SED-Reich. Die Start-Auflage soll 10 000 betragen, verständlicherweise ist sie innerhalb weniger Stunden vergriffen.

Beim UfJ erfahre ich zum Abschied, daß er für den SSD inzwischen »Staatsfeind Nr. 1« geworden sei und dieser ein besonderes Referat gegen ihn eingerichtet habe. In dem Bestreben der Freiheitlichen Juristen, das System zu unterhöhlen und die Funktionäre zu verunsichern, gibt es weitere größere Erfolge. Selbst so Prominente wie der Volkskammerpräsident Dieckmann, der Finanzminister Dr. Loch und der ostzonale Generalstaatsanwalt Dr. Merlsheimer zeigten sich nach der Zustellung der Anklageschriften gegen sie ziemlich schockiert: Der erste unterläßt seitdem geplante Propagandareisen nach dem Westen, der nächste fährt aus Angst vor einer Entführung nicht mehr auf Autobahnen in der Zone und der letzte erläßt eine Geheimanordnung nach der anderen. Oberrichter Dr. Thienel in Erfurt vergaß vor Schreck sogar sein Gebiß, als er an einem Morgen zur Volkspolizei rannte – der Zaun vor seinem Haus war mit UfJ-Zetteln beklebt. In derselben Stadt wird bei Oberbürgermeister Boock auf Klingeln in der Dunkelheit vorsichtshalber überhaupt nicht mehr geöffnet. Es gibt viele derartige Beispiele. Behauptet wird oftmals, der Untersuchungsausschuß freiheitlicher Juristen hätte etliche Tausende von Vertrauensleuten in der Zone. Das klingt sehr gut, aber ob es der Wahrheit entspricht? Zutreffend sind zweifellos die Nachrichten, allein in diesem Jahre hätten bisher 20 000 Zonen-Bewohner sein Büro aufgesucht und die Verluste an heimlichen Mitarbeitern betrügen nicht einmal ein Dutzend. Bald, höre ich, werde man in der Lage sein, über die Einpeitscher der SED und die SSD-Spitzel in einzelnen Städten »Schwarze Listen« mit ihren genauen Namens- und Adressenangaben herauszubringen und diese Flugschriften dann den Einwohnern des jeweiligen Ortes zuzuleiten. Derartige Warnungen vor diesen berüchtigten Systemträgern mindern natürlich ihre Gefährlichkeit gegenüber der Bevölkerung.

Vor 1945 und auch nach 1945 habe ich das Wort »Stolz« immer und immer wieder hören müssen – auf welchen Quatsch und welche mißbrauchten und verlogenen Ideale auch immer –, und wahrscheinlich werde ich es in meinem ganzen Leben kaum wieder gebrauchen. Aber inneren Stolz empfinde ich doch über den breiten Widerstand in meiner Heimat – und dabeigewesen zu sein.

Bewegend für mich ist der Abschied von Ernst Lemmer, wir brauchen nicht viele Worte zu wechseln. In seinem Wartezimmer sitzen etliche Menschen aus der Zone, die wieder zurückgehen und die daher selbstverständlich wichtiger sind als ich. Natürlich bleiben wir in Kontakt, er wünscht mir viel Erfolg für mein Studium und meine Tätigkeit als »Schweizer« Journalist.

Im Amt für gesamtdeutsche Studentenfragen erhalten meine beiden Mitstudenten und ich die Flug- und Eisenbahnfahrkarte nach Freiburg; augenzwinkernd sagt man uns, eines Tages müßten wir die Kosten zurückerstatten. Am Abend vor dem Abflug – meine Eltern hatte ich natürlich unter den üblichen Vorsichtsmaßnahmen informiert – kommt mein Vater; er hatte noch ein langes und ausführliches Gespräch mit seinem alten Freund Lemmer. Am nächsten Morgen, den 30. Oktober 1950, 8.10 Uhr haben wir drei uns bei der Flugabfertigung in Tempelhof einzufinden. Der Abschied von meinem Vater ist gottlob kurz, er umarmt mich vor der Barriere noch einmal und ermahnt mich in seiner feierlichen Art eindringlich: »Vergiß die Heimat nicht!« »Ehrenwort, niemals!« verspreche ich ebenso, und das ist keine Phrase. Wann mag ich meine Eltern wiedersehen können?

Im Flugzeug bekommen alle Passagiere ein Lutschbonbon gegen den Druck in den Ohren, und dann geht es in die Luft! Ein Blick nach unten läßt sofort erkennen, wo noch die Ostzone liegt und wo der Westen beginnt – man kann es sehr leicht erkennen anhand der Zahl der Autos und Lastkraftwagen. Eine nette Stewardeß bietet uns Kaffee an; als ich auf meine vorsichtige Frage höre, er sei kostenlos, möchten wir natürlich noch gerne eine zweite Tasse. Ohne Verspätung landet die Maschine in Frankfurt/Main, abends trifft der Zug in Südbadens Metropole ein.

Am nächsten Tag marschieren wir zum Studentenratsvorsitzenden Manfred Hättich (heute Direktor der Akademie für Politische Bildung in Tutzing), der sehr verständnisvoll ist. Finanziell kann er uns zwar nicht helfen, aber wichtige Verbindungen anbahnen wie etwa

zur Sozialreferentin der Universität. Mit großem Erstaunen erfahre ich, daß hier keine CDU-Hochschulgruppe existiert! So wandere ich zur Partei-Geschäftsstelle in der ersten Etage in der Erbprinzenstraße 3. Auf meine Bitte nach einer kleinen finanziellen Überbrükkung muß ich allerdings hören: »Wir können und dürfen nicht helfen!« Das badische Hinterland ist wohl nicht nur geographisch recht weit von der Ostzone entfernt. Gottlob macht der CDU-Sekretär Belzler einen ganz anderen Eindruck, er unterstützt mich großzügig mit Kleidung. Nach einigem Suchen finden wir drei eine Studentenbude in der Erwinstraße 25, oberste Etage, bei Frau Gerig. Krach mache ich natürlich in der Universitäts-Verwaltung wegen der Rücksendung meiner Unterlagen nach Schwerin. »Dann hätten Sie die Adresse Ihrer Eltern nicht angeben müssen!« lautet die ganze Antwort. Über meine Reaktion, »Ich konnte nicht wissen, daß man hier politisch so doof ist!«, scheint man recht schockiert zu sein.
Daß wir im Westen nicht mit offenen Armen empfangen werden, war vorauszusehen. Vielleicht aber sind Flüchtlinge sogar lästig. Verlangen wir Menschen aus der Zone von den Menschen im freien Teil Deutschlands etwa zuviel?

November 1950

Aber Freiburg hat schon eine gute Universität. Lesen an unserer Fakultät doch so bekannte Persönlichkeiten wie der Strafrechtler Schönke, der Zivilrechtler Boehmer und der Rechtsphilosoph Erich Wolf. Der Staatsrechtler Maunz soll eine »braune« Vergangenheit haben, gleiches wird übrigens dem Philosophen Heidegger nachgesagt.
Das Stipendium für ein ganzes Semester beträgt im Höchstfalle 100 DM; Voraussetzung dafür ist auch noch, daß man in mindestens zwei Fächern die Prüfung mit »gut« besteht. Staatspräsident Wohleb empfängt uns drei Leipziger Studenten, und aus seiner »Privatschatulle« erhalten wir eine Geldspende. Auch sonst gibt es verschiedene Annehmlichkeiten: In der Newman-Baracke vor der Kronenbrücke kann man ein Frühstück (Kakao und ein Brötchen) für zehn Pfennig

erhalten. Die Quäker-Baracke gegenüber dem Universitäts-Hauptgebäude bietet die Möglichkeit, Zeitungen zu lesen und sogar eine Schreibmaschine zu benutzen. Zudem bekommen wir drei einen Mensa-Freitisch. Bei der »Hoover-Speisung« steckt man mir oft manches Extra zu.

Das nötige Geldverdienen ist nicht schwierig, aber es kostet natürlich Zeit und geht somit auf Kosten des eigentlichen Studiums. Mein Versuch, Bücher auf Provisionsbasis zu verkaufen, scheitert blamabel. Erfolgreicher sind meine Manuskripte, die ich an schweizerische Zeitungen verschicke und die – um meine Angehörigen daheim nicht in Schwierigkeiten zu bringen – unter dem Pseudonym »xyz« abgedruckt werden. Eine ersprießliche Honorar-Quelle ist die dortige Humorzeitung »Nebelspalter«: Für eine Schreibmaschinenseite mit vier bis sieben politischen Witzen aus der DDR und dem Ostblock gibt es immerhin zehn Schweizer Franken, und gottlob weiß ich unendlich viele. Etliche Kantons-Blätter haben von mir die folgende Satire gebracht: »Stalin will an Tito eine scharfe Note richten. ›Bringen Sie mir die Akte mit Hitlers Note an die Tschechoslowakei‹, befiehlt er seinem Sekretär.« Gelegentlich kann ich kleine Beiträge bei der »Badischen Zeitung« sowie der »Badischen Illustrierten« loswerden. Beim Südwestfunk, in der Kyburg/Schauinslandstraße gelingt es mir mehrfach, Sendungen über die Lage in der Zone unterzubringen; manchmal darf ich Sprecher sein, pro Abend gibt es 20 DM.

Für meine journalistische Tätigkeit ist es natürlich weiterhin sehr wichtig, SED-Zeitungen zu lesen und diese genau auszuwerten. Unter verschiedenen falschen Namen von mehreren Freiburger Postämtern aus schreibe ich einzelne SED-Universitätsgruppen »drüben« an, markiere einen DDR-Anhänger und bitte sie, »im Zeichen der Solidarität« mir doch noch Zeitungen zu schicken. In ihrem Größenwahn, die Menschen im Westen würden ihre Diktatur umjubeln, senden sie mir diese en masse...

Eigentlich alle Ostzonen-Flüchtlinge müssen ihr Studium selbständig finanzieren. Ob das für eine angehende Intelligenz erstrebenswert ist, steht wohl außer Zweifel. Aber kaum jemand murrt von uns: Sind wir in den zurückliegenden Jahren doch hart geworden und letztlich glücklich, überhaupt im Westen studieren zu dürfen. Ein Mitstudent, Manfred Beck, arbeitet in der Kunstseidenfabrik »Rhodia« als Anstreicher in der Heizungsanlage; der Stundenlohn beträgt eine Mark, zehn Pfennig gibt es als Schmutz- und Erschwerniszulage. Ein anderer verdient sein Geld von Sonntagabend bis Montagfrüh beim Auswerten von Fußballotto und Lottospielen. Eine weitere Art ist die Tätigkeit als Straßenbahnschaffner. Auch der junge Mann, der bei Wind und Wetter am Bertholdsbrunnen die Frankfurter »Abendpost« ausruft, studiert Jura.

Ich erhalte das Angebot, mit anderen Studenten am Vortag der Konferenz der Beratenden Versammlung des Europarates in Straßburg zu demonstrieren. Bei Weißenburg an der deutsch-französischen Grenze, rund 55 Kilometer nördlich jener Stadt, reißen wir die Grenzpfähle ein und hissen die Europafahne mit dem großen grünen »E« (allgemein »Churchills Unterhose« genannt). Auf der anderen Seite geschieht gleiches, und bald liegen sich völlig unbekannte Deutsche und Franzosen vor Freude in den Armen. Vieles dabei ist wohl Theater, denn sowohl dies- als auch jenseits der Grenze sind die Zöllner keineswegs überrascht – sie stehen ungerührt daneben. Die Gefühle auf beiden Seiten aber sind echt, doch bleibt die Idee vom Aufbau eines freien Europas als Gegengewicht zum Sowjetblock sicherlich nur eine Vision.

Spätabends in Straßburg spreche ich Vertreter der schweizerischen Delegation an und frage sie, ob sie mich nicht mit nach Hause schmuggeln könnten; ich müßte unbedingt nach Biel. Sie zögern und geben zu bedenken, daß meine »schwarze« Rückreise an der Grenze sehr kompliziert werden könnte. So muß ich es leider lassen.

In der Ostzone sind vor dem Landgericht Dresden 22 Zeugen Jehovas verurteilt worden, drei von ihnen haben »Lebenslänglich« erhalten; manche von ihnen wurden schon in der NS-Zeit verfolgt. »Kriegshetze« wirft man ihnen vor, die jeglichen Waffendienst verweigern! An der Universität Jena hat der Staatssicherheitsdienst den Assistenten Hans Beitz verhaftet, man munkelt von einem Urteil zu 25 Jahren Zwangsarbeit. Er war der erste Vorsitzende der CDU-Hochschulgruppe, die 300 Mitglieder aufwies, und später ebenfalls stellvertretender Vorsitzender der Ortsgruppe; seine Mut-

ter fiel während der Kriegsjahre der Gestapo zum Opfer, sie hatte in Breslau Juden heimlich mit Lebensmitteln versorgt und Briefe für sie befördert.
Anfang des Monats hat der »Rheinische Merkur« in Köln geschrieben, es grause ihm vor der starken Aktivierung der Ostpolitik innerhalb der Union, die Lemmer auf der Vorstandssitzung der Exil-CDU angekündigt hatte. Eine Woche danach werden wir in derselben Wochenzeitschrift sogar solchen Gruppierungen in der Bundesrepublik zugeordnet, die als östlich unterwandert verdächtigt werden! Dummheit oder Böswilligkeit, kann oder will man uns überhaupt nicht verstehen? Sollte die SED-Propaganda mit ihrer These eines separatistischen Rheinbundes doch nicht so weit von der Wahrheit entfernt sein?
Der Untersuchungsausschuß freiheitlicher Juristen hat soeben ein Flugblatt für die Wachmannschaften in den Haftanstalten herausgegeben und sie darin aufgefordert, die politischen Gefangenen als Menschen zu behandeln und nicht mehr zu schikanieren: »Seid Ihr euch darüber klar, daß Ihr eines Tages für eure derzeitige Tätigkeit Rechenschaft ablegen müßt? Könnt Ihr dieser Zeit mit ruhigem Gewissen entgegensehen?«
Vom Ostbüro der CDU erfahre ich, daß das neue Biologie-Schulbuch in der Zone eingestampft werden mußte. Die Seiten über die Entwicklungsgeschichte des Schweins zeigten die Abbildung einer prächtigen Sau, doch auf ihrem Hinterteil war sehr deutlich »SED« zu lesen! Ein unbekannter »Saboteur« hat diesen Hinweis zweifellos vor dem Druck heimlich in die Mater eingekratzt. Ich habe inzwischen von der »Tarantel«-Redaktion etliche Exemplare der neuesten Ausgabe erhalten. Mit fingierten Absendern oder auch solchen von KPD-Mitgliedern senden wir die meisten bekannten SED-Größen zu. Aber auch an Karen schicke ich ein Heft, angesichts ihres lauteren Charakters hat sie auf der Rostocker Universität bestimmt genug Ärger; bei dem Lesen der Witze kann sie einmal wieder lachen, danach wird sie die »Tarantel« gewiß zuverlässigen Freundinnen weitergeben.
Wir sind eine ganze Studenten-Gruppe in Freiburg geworden, welche die Bevölkerung über den Kommunismus aufzuklären ver-

sucht. Nachts malen wir Parolen auf die Straßen wie »Freiheit für unsere Kriegsgefangenen« oder auch »Freiheit für die Ostzone«. Einmal haben wir in der Stadt Plakate eines »Aktionskomitees gegen die 5. Kolonne« aus Frankfurt/M. geklebt, auf denen weit sichtbar die drei roten Buchstaben »F D J« stehen, während der eigentliche Text »Feinde der Deutschen Jugend« lautet. Es ist der Herr Polizeipräsident Freiburgs persönlich, der uns schließlich mit mehreren Autos festnimmt. Ich frage zornig nach dem Grund und brülle etwas von Meinungsfreiheit. Als er auf den Kommunismus schimpft, stimmt unsere Gruppe ihm zu seinem Erstaunen sofort zu und empfiehlt ihm, die Worte näher zu lesen. Verlegen murmelt er, eigentlich seien nur die Kommunisten in dieser Weise aktiv. Er wird sich schon daran gewöhnen müssen, daß auch Demokraten kämpfen können!

Der DDR-Staatssicherheitsdienst und ich kommen wohl nicht voneinander los: Als ich an einem frühen Nachmittag zufällig in meine Studentenbude in der Dreikönigstraße 5 komme, erzählt mir die Nachbarin, ein Herr habe heute bereits zweimal nach mir gefragt. Er käme am Abend um 20.00 Uhr wieder. Komisch, wenn ihm das Zusammentreffen mit mir so viel bedeutet, hätte er doch vorher schreiben oder auch ein Telegramm schicken können. Ich habe ein dummes Gefühl: Gottlob ist ein Freund von mir bereit, sich an meine Stelle zu setzen – ich werde hinter der Tür horchen. Tatsächlich taucht der Unbekannte auf, macht einen seriösen Eindruck und erzählt dann bald, er arbeite im französischen Geheimdienst. Ich hätte unlängst in einem Brief etwas über den SSD-Oberst Oskar Stefan geschrieben, dazu möchte er gern Weiteres erfahren. Natürlich weiß »mein zweites Ich« nichts, und schließlich verschwindet der Gast.

Ob er aber wirklich vom französischen Geheimdienst kam? Unsere Zweifel wachsen bei näherem Nachdenken. Wir haben erst fünf Jahre nach Kriegsende, und die französische Besatzungsmacht pflegt Deutsche nicht zu besuchen, sondern in ihre Dienststellen zu beordern! Doch falls es tatsächlich das »Deuxième Bureau« gewesen ist und man dort merken sollte, daß »ich« gar nicht ich war, könnte das unangenehme Folgen haben. Am nächsten Morgen also nehme

ich Kontakt mit Herrn R. von der Informationsstelle der Staatskanzlei auf und »beichte« alles. Es folgen einige Telefongespräche, die Franzosen dementieren glaubhaft. Also war es der Staatssicherheitsdienst!
Wo aber mag die undichte Stelle sein? Wahrscheinlich ist alles auf einen alten Bekannten aus der HJ-Spielschar in Schwerin zurückzuführen. Ich traf ihn unlängst rein zufällig, und da er politisch ziemlich verzagt erschien, habe ich ihm manches erzählt, um ihn aufzurichten. Jetzt fällt mir auf, daß ich den »Flüchtling« nie wiedergesehen habe. Gewiß war dann auch der »Zufall« unserer Begegnung kein Zufall...

Dezember 1950

Nach diesem Vorfall muß ich natürlich sofort eine neue Deckadresse und ebenso einen neuen Namen für den Postverkehr nach »drüben« haben, die nicht identisch mit meiner wahren Anschrift sein sollten; mein befreundeter Mitstudent Franz V. stellt mir seine Personalien sofort selbstlos zur Verfügung. Ohnehin wird es Zeit, Weihnachtspakete an alle Lieben in der Zone zu schicken. Damit möchte ich sie zugleich beruhigen, daß es mir in jeder Hinsicht gut gehe. Traurig bin ich über einen Brief meiner Mutter, wonach mein alter Freund Achim P. sie nicht mehr kennt. Hält er mich wirklich für einen »Staatsfeind«? Oder ist er der Ansicht, seine neue Freundin würde ihr nicht gefallen? Vielleicht, so tröste ich mich, war alles auch nur bloßer Zufall. Der Riß geht aber leider noch tiefer: Mein Vetter Werner A. hat seiner Schwester streng verboten, mit mir irgendwelche Verbindung aufzunehmen! Glaubt er den politischen Sirenenklängen der SED, hat er Angst um seine Karriere? Wenn er den Bruch haben will, dann gilt das auch für mich – dann aber auch nach dem Tage der Wiedervereinigung! Es ist sehr schön zu wissen, daß meine Cousine weiterhin zu mir halten wird.
Suzanne hat mehrere Wochen nicht geschrieben. Es war ja schon immer mein großer Wunsch, sie zu besuchen. Für 3,50 DM erhalte ich ein Visum vom Schweizer Konsulat in Baden-Baden. Bis zum

Badischen Bahnhof in Basel will ich per Eisenbahn fahren und dann die Straßenbahn zur Endstation in Richtung Zürich benutzen. Von dort möchte ich per Autostop trampen – damit haben bisher alle Kommilitonen recht gute Erfahrungen gemacht.

Die Zeitungen am heutigen 2. Dezember 1950 berichten, daß von den 13 verhafteten Studenten damals im Oktober 1949 in Rostock sechs zum Tode verurteilt wurden; fünf von ihnen haben die Russen begnadigt. Aber bei Arno Esch blieb es beim Todesurteil! War er wirklich eine geistige Bedrohung für das Regime? Sein junges Leben auszulöschen, ist das der einzige Ausweg? Welch ein furchtbares Armutszeugnis politisch-moralischer Schwäche des Kommunismus! Erschrecken muß auch die Bilanz des DDR-Systems in diesem Jahr: Wegen »politischer Delikte« sollen bisher rund 60 000 Jahre Zuchthausstrafe verhängt worden sein. Es sind annähernd 200 000 Menschen, die während der letzten elf Monate aus dem SED-Reich flüchteten!

Es ist fast zwangsläufig, daß ich während der Zugfahrt unter dem Eindruck dieser Nachrichten zurückblicke. Der legale und späterhin illegale Widerstand in der SBZ hat die Entwicklung leider nicht verhindern, sondern nur behindern können. Schon deshalb war er nicht sinnlos. Ohnehin hat Widerstand gegen eine Diktatur selbst dann einen tieferen Sinn, wenn man keinen äußeren Erfolg sofort zu sehen vermag. Er war und ist auch Symbol für die Selbstachtung unserer Menschen. Der Westen hätte uns allerdings mehr politisch-moralischen Beistand leisten sollen. Die politische Ahnungslosigkeit und Naivität, das Nichtwissen (-wollen?) in der Bundesrepublik erscheinen doch oft erschreckend. Warum gibt es nicht die Solidarität, das Verständnis für Mitmenschen, die Hilfsbereitschaft wie bei uns »drüben«? Wurde die Freiheit inzwischen zur bloßen Gewöhnung, zu einer Selbstverständlichkeit, für die man keinen Preis mehr zu zahlen bereit ist? Freiheit stellt zweifellos ein äußerst wichtiges Recht dar, jedoch auch eine sehr große Verpflichtung: Nicht die Menschen im Westen haben Forderungen an ihre Landsleute jenseits der Demarkationslinie zu stellen, sondern eher umgekehrt! Die Teilung Deutschlands aus Gedankenlosigkeit und Bequemlichkeit hinnehmen? Kein Volk der Erde würde sich mit einem derartigen

Schicksal abfinden. Es wird auch keinen echten Frieden in Europa geben, solange unser Volk gespalten bleibt. Deutschland ist schon aufgrund seiner geographischen Lage das Schicksalsland für ganz Europa. Niemand vermag den Zeitpunkt der Wiedervereinigung vorherzusagen, aber er wird kommen. Freiheit ist letztlich stärker als Bajonette und Panzer!
Der Schwarzwald mag landschaftlich sehr schön sein, ob ich indes hier heimisch werde, er meine (zweite) Heimat werden kann? Wohin ich in Wahrheit gehöre, ist Mecklenburg mit seiner Seenplatte, seinen Wäldern und insbesondere seinen Menschen.
Wie wird mich die Schweiz empfangen? Ein Leben dort würde sicherlich zwar kein irdisches Paradies sein – das gibt es nirgendwo –, bestimmt jedoch schöner und viel sorgenfreier. Bei aller Liebe zu dem Lande Wilhelm Tells ist mein Platz wohl doch in Deutschland mit seinen Vor- und auch seinen Nachteilen. Wie geht es jetzt wohl Horst Leißring und Ingolf Klein im Zuchthaus Bautzen?
An der Sperre im Badischen Bahnhof fragt der Schweizer Zöllner in einem für mich eigenartig anmutenden Dialekt: »Haben Sie 'was zu deklarieren?« Was soll ich denn schon haben: Die Aktentasche ist von Franz V. geliehen, mein Pyjama wird nach schweizerischen Maßstäben bestimmt nur als etwas besserer Putzlappen angesehen und die wenigen Franken sowie die zwei Scheiben Brot dürften uninteressant sein. Was ich besitze? Sehr, sehr viele Erinnerungen, und die kann mir niemand nehmen! Daß gerade in diesen Stunden im Potsdamer NKWD-Keller der CDU-Bürgermeister Köhler und seine Frau erschossen werden, erfahre ich erst viel später...

Anhang

Persönliche Dokumente

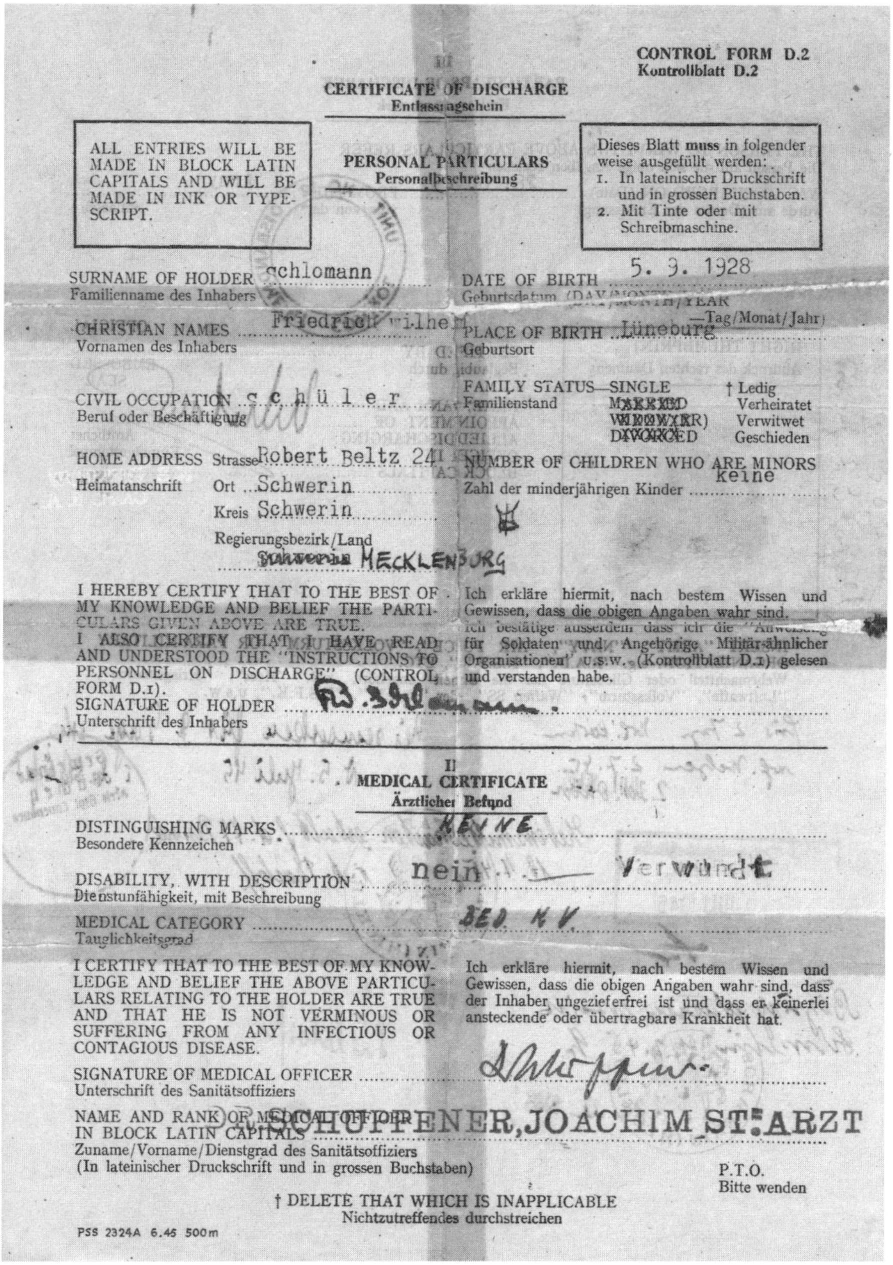

CONTROL FORM D.2
Kontrollblatt D.2

CERTIFICATE OF DISCHARGE
Entlassungschein

ALL ENTRIES WILL BE MADE IN BLOCK LATIN CAPITALS AND WILL BE MADE IN INK OR TYPESCRIPT.

PERSONAL PARTICULARS
Personalbeschreibung

Dieses Blatt muss in folgender weise ausgefüllt werden:
1. In lateinischer Druckschrift und in grossen Buchstaben.
2. Mit Tinte oder mit Schreibmaschine.

SURNAME OF HOLDER / Familienname des Inhabers: schlomann

DATE OF BIRTH / Geburtsdatum (DAY/MONTH/YEAR —Tag/Monat/Jahr): 5. 9. 1928

CHRISTIAN NAMES / Vornamen des Inhabers: Friedrich wilhelm

PLACE OF BIRTH / Geburtsort: Lüneburg

CIVIL OCCUPATION / Beruf oder Beschäftigung: s c h ü l e r

FAMILY STATUS—SINGLE † Ledig / Familienstand: MARRIED Verheiratet; WIDOW(ER) Verwitwet; DIVORCED Geschieden

HOME ADDRESS / Heimatanschrift: Strasse Robert Beltz 24I; Ort Schwerin; Kreis Schwerin; Regierungsbezirk/Land MECKLENBURG

NUMBER OF CHILDREN WHO ARE MINORS / Zahl der minderjährigen Kinder: keine

I HEREBY CERTIFY THAT TO THE BEST OF MY KNOWLEDGE AND BELIEF THE PARTICULARS GIVEN ABOVE ARE TRUE. I ALSO CERTIFY THAT I HAVE READ AND UNDERSTOOD THE "INSTRUCTIONS TO PERSONNEL ON DISCHARGE" (CONTROL FORM D.1).

Ich erkläre hiermit, nach bestem Wissen und Gewissen, dass die obigen Angaben wahr sind. Ich bestätige ausserdem dass ich die "Anweisung für Soldaten und Angehörige Militär-ähnlicher Organisationen" u.s.w. (Kontrollblatt D.1) gelesen und verstanden habe.

SIGNATURE OF HOLDER / Unterschrift des Inhabers: F.W. Schlomann.

II
MEDICAL CERTIFICATE
Ärztlicher Befund

DISTINGUISHING MARKS / Besondere Kennzeichen: KEINE

DISABILITY, WITH DESCRIPTION / Dienstunfähigkeit, mit Beschreibung: nein — Verwundet

MEDICAL CATEGORY / Tauglichkeitsgrad: BED. KV

I CERTIFY THAT TO THE BEST OF MY KNOWLEDGE AND BELIEF THE ABOVE PARTICULARS RELATING TO THE HOLDER ARE TRUE AND THAT HE IS NOT VERMINOUS OR SUFFERING FROM ANY INFECTIOUS OR CONTAGIOUS DISEASE.

Ich erkläre hiermit, nach bestem Wissen und Gewissen, dass die obigen Angaben wahr sind, dass der Inhaber ungezieferfrei ist und dass er keinerlei ansteckende oder übertragbare Krankheit hat.

SIGNATURE OF MEDICAL OFFICER / Unterschrift des Sanitätsoffiziers: Schoeppner.

NAME AND RANK OF MEDICAL OFFICER IN BLOCK LATIN CAPITALS / Zuname/Vorname/Dienstgrad des Sanitätsoffiziers (In lateinischer Druckschrift und in grossen Buchstaben): Dr. SCHOEPPENER, JOACHIM ST. ARZT

P.T.O.
Bitte wenden

† DELETE THAT WHICH IS INAPPLICABLE
Nichtzutreffendes durchstreichen

PSS 2324A 6.45 500m

Entlassungsschein aus der Kriegsgefangenschaft

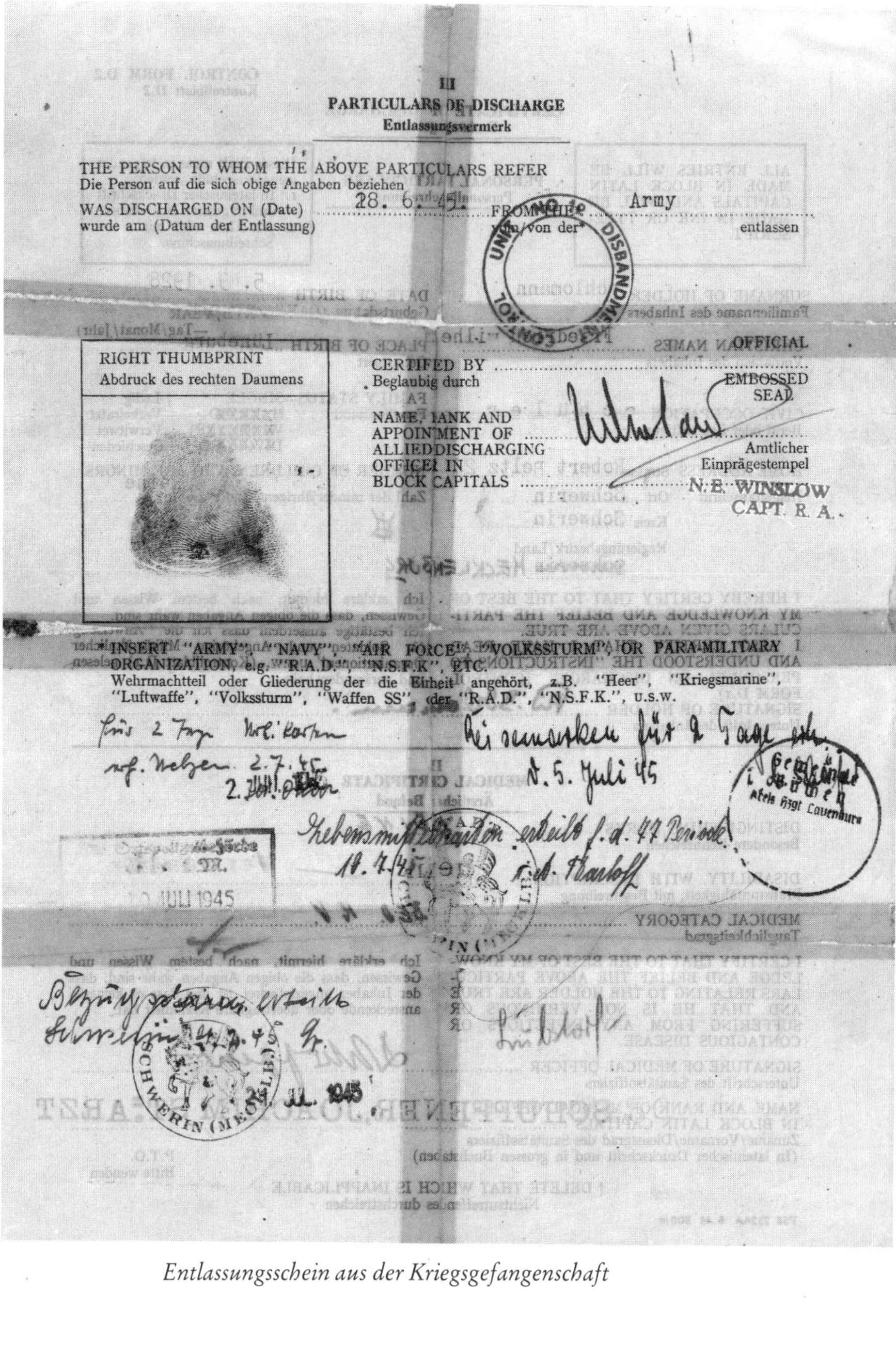

III
PARTICULARS OF DISCHARGE
Entlassungsvermerk

THE PERSON TO WHOM THE ABOVE PARTICULARS REFER
Die Person auf die sich obige Angaben beziehen
WAS DISCHARGED ON (Date) 28. 6. 45. FROM THE* Army
wurde am (Datum der Entlassung) von/von der* entlassen

RIGHT THUMBPRINT
Abdruck des rechten Daumens

OFFICIAL
CERTIFIED BY
Beglaubig durch
EMBOSSED SEAL
NAME, RANK AND APPOINTMENT OF ALLIED DISCHARGING OFFICER IN BLOCK CAPITALS
Amtlicher Einprägestempel
N. E. WINSLOW
CAPT. R. A.

INSERT "ARMY", "NAVY", "AIR FORCE", "VOLKSSTURM", OR PARA-MILITARY ORGANIZATION, e.g. "R.A.D.", "N.S.F.K", ETC.
Wehrmachtteil oder Gliederung der die Einheit angehört, z.B. "Heer", "Kriegsmarine", "Luftwaffe", "Volkssturm", "Waffen SS", der "R.A.D.", "N.S.F.K.", u.s.w.

für 2 Tage Mil. Karten
Reisemarken für 2 Tage erh.
d. 5. Juli 45
2. Juli 1945
Lebensmittelkarten erteilt f. d. 77 Periode
18. 7. 45
10. JULI 1945
Bezugsschein erteilt
Schwerin 24. 7. 45
24. JUL. 1945
SCHWERIN (MECKLB.)

Entlassungsschein aus der Kriegsgefangenschaft

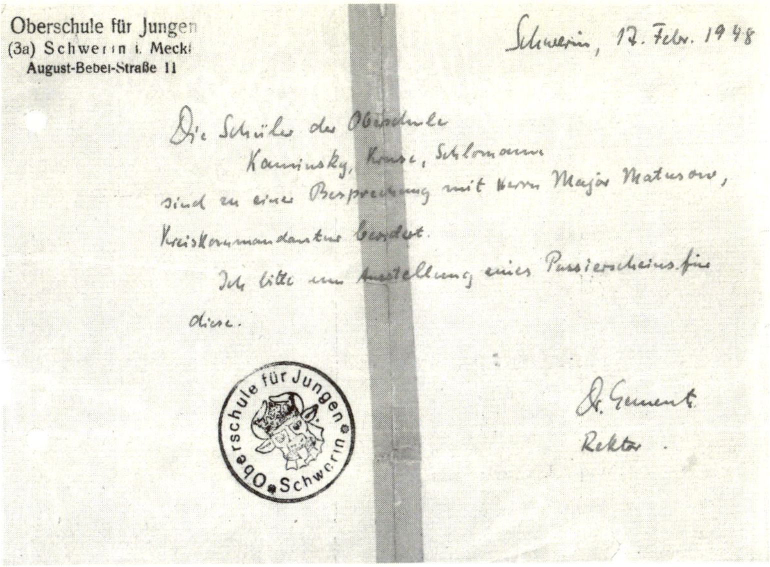
Oberschule für Jungen
(3a) Schwerin i. Meckl
August-Bebel-Straße 11

Schwerin, 12. Febr. 1948

Die Schüler der Oberschule
Kaminsky, Krause, Schlomann
sind zu einer Besprechung mit Herrn Major Matusow,
Kreiskommandantur beordert.
Ich bitte um Ausstellung eines Passierscheins für
diese.

Oberschule für Jungen Schwerin

Dr. Gement
Rektor

Der Vorstand des Schülerrates ist zur sowjetischen Besatzungsmacht »beordert«

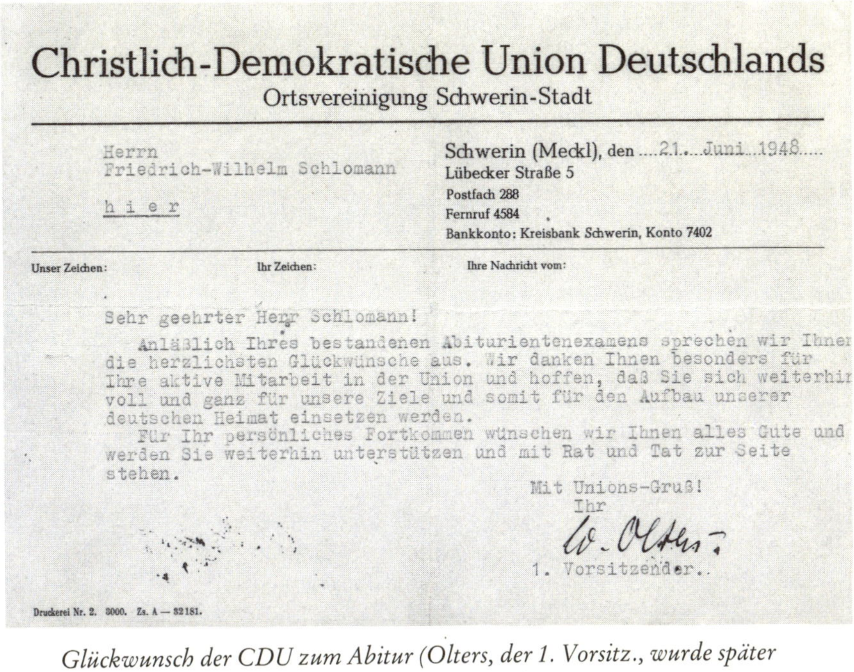
Christlich-Demokratische Union Deutschlands
Ortsvereinigung Schwerin-Stadt

Herrn
Friedrich-Wilhelm Schlomann

hier

Schwerin (Meckl), den 21. Juni 1948
Lübecker Straße 5
Postfach 288
Fernruf 4584
Bankkonto: Kreisbank Schwerin, Konto 7402

Unser Zeichen: Ihr Zeichen: Ihre Nachricht vom:

Sehr geehrter Herr Schlomann!
Anläßlich Ihres bestandenen Abiturientenexamens sprechen wir Ihnen die herzlichsten Glückwünsche aus. Wir danken Ihnen besonders für Ihre aktive Mitarbeit in der Union und hoffen, daß Sie sich weiterhin voll und ganz für unsere Ziele und somit für den Aufbau unserer deutschen Heimat einsetzen werden.
Für Ihr persönliches Fortkommen wünschen wir Ihnen alles Gute und werden Sie weiterhin unterstützen und mit Rat und Tat zur Seite stehen.

Mit Unions-Gruß!
Ihr
W. Olters
1. Vorsitzender.

Druckerei Nr. 2. 3000. Zs. A — 32181.

Glückwunsch der CDU zum Abitur (Olters, der 1. Vorsitz., wurde später verhaftet…)

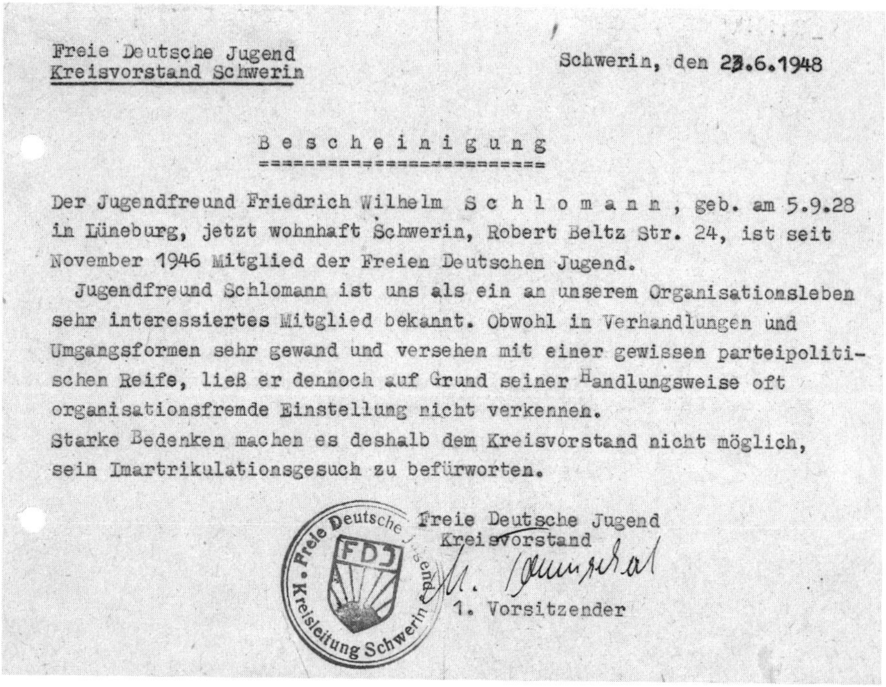

Freie Deutsche Jugend
Kreisvorstand Schwerin

Schwerin, den 23.6.1948

Bescheinigung

Der Jugendfreund Friedrich Wilhelm Schlomann, geb. am 5.9.28 in Lüneburg, jetzt wohnhaft Schwerin, Robert Beltz Str. 24, ist seit November 1946 Mitglied der Freien Deutschen Jugend.

Jugendfreund Schlomann ist uns als ein an unserem Organisationsleben sehr interessiertes Mitglied bekannt. Obwohl in Verhandlungen und Umgangsformen sehr gewand und versehen mit einer gewissen parteipolitischen Reife, ließ er dennoch auf Grund seiner Handlungsweise oft organisationsfremde Einstellung nicht verkennen.
Starke Bedenken machen es deshalb dem Kreisvorstand nicht möglich, sein Imartrikulationsgesuch zu befürworten.

Freie Deutsche Jugend
Kreisvorstand
1. Vorsitzender

Die FDJ will nicht mein Immatrikulationsgesuch befürworten

Beglaubigte Abschrift

FDJ Freie Deutsche Jugend
Landesleitung
Mecklenburg-Vorpommern

Schwerin(Meckl)Bismarckstr.68
Fernruf 2608
Telegr.Anschrift:Freie Jugend
Mecklenburg

Datum 24.9.48

Tgb.Nr.2.100 Mt/B.

An die
Landesregierung Mecklbg.
Justizverwaltung

S c h w e r i n

Betr.: Ihr Schreiben G.Nr.2321 E 1/433/ vom 18.September 48.

Der Landesvorstand bestätigt hiermit den Eingang Ihres Schreibens vom 18.9. und teilt Ihnen mit:
Friedrich Wilhelm S c h l o h m a n n war längere Zeit im Oberschulvorstand der FDJ tätig, erfreute sich dortselbst aber eines recht zweifelhaften Ansehens. Als Funktionär trat er bei Verhandlungen in Erscheinung, die er zwar geschickt führte, die jedoch nicht immer von ehrlichem und fortschrittlich politischem Bewusstsein getragen waren. Seine Tätigkeit als Pressereferent im Kreisvorstand bestand formell ("papiermäßig") ca. 2 Monate. Uninteressiertheit und Unzuverlässigkeit bewogen den Kreisvorstand ihn von dieser Funktion zu entlasten.
Mit recht fadenscheinigen und nicht gerade ehrlichen Methoden versuchte er nach seiner ersten Ablehnung zum Studium erneut eine Zulassung zu erwirken. Nachdem nun auch dieser Versuch scheinbar erfolglos geblieben ist, bewirbt sich Fr.W.Schl bei Ihnen um Anstellung.
Der Landesvorstand hält den Vorhergenannten nicht für geeignet, in eine derartig verantwortliche Laufbahn einzutreten. Unaufrichtig in seinem Wesen, "aalglatt in seinem Benehmen" und versehen mit einer nicht gerade fortschrittlich politischen Einstellung gibt Fr.W.Schlomann keine Garantie, Justizbeamter im heutigen Sinne zu werden.

(Siegel)

Freie Deutsche Jugend
Landesvorstand
M e c k l e n b u r g
gez:
Unterschrift

Die Richtigkeit der Beglaubigten Abschrift wird hierdurch bescheinigt:

Schwerin, den 17.Dezember 1949.

Die FDJ will ebenfalls mein Berufsziel in der Justiz verhindern

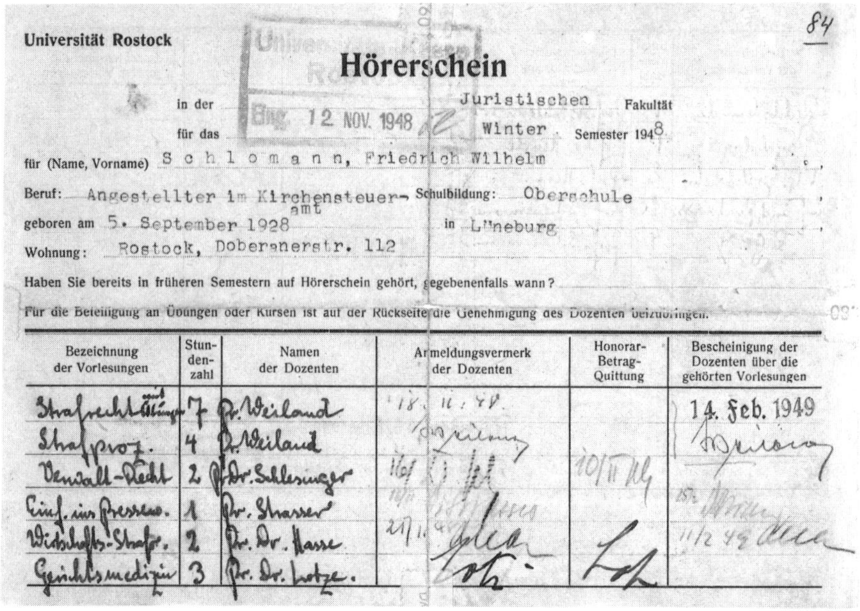

Universität Rostock

84

Hörerschein

in der Juristischen Fakultät

für das Winter Semester 1948

für (Name, Vorname) Schlomann, Friedrich Wilhelm

Beruf: Angestellter im Kirchensteueramt Schulbildung: Oberschule

geboren am 5. September 1928 in Lüneburg

Wohnung: Rostock, Doberanerstr. 112

Haben Sie bereits in früheren Semestern auf Hörerschein gehört, gegebenenfalls wann?

Für die Beteiligung an Übungen oder Kursen ist auf der Rückseite die Genehmigung des Dozenten beizubringen.

Bezeichnung der Vorlesungen	Stundenzahl	Namen der Dozenten	Anmeldungsvermerk der Dozenten	Honorar-Betrag-Quittung	Bescheinigung der Dozenten über die gehörten Vorlesungen
Strafrecht mit Übungen	7	Pr. Weiland	18. 11. 48		14. Feb. 1949
Strafproz.	4	Pr. Weiland			
Verwalt-Recht	2	Pr. Dr. Schlesinger	16/11	10/II	
Einf. ins Presserecht	1	Pr. Strasser			
Wirtschafts-Strafr.	2	Pr. Dr. Hasse	27/11		11/2 49
Gerichtsmedizin	3	Pr. Dr. Lotze			

Gasthörer an der Universität Rostock

Magistrat von Groß-Berlin
Abteilung Sozialwesen
H Soz. II/7

Berlin-Charlottenburg, den 27. JUL. 1950
Kuno-Fischer-Straße 8
Fernruf:

Herr/Frau Friedr. Wilhelm Schlomann
geb. 5. 9. 28 in Lüneburg
seine Ehefrau — geborene — Jahre alt
und das/die Kind — , — Jahre alt

ist/sind als politische Flüchtling unter dem Akt.-Z.: Sch 3421
registriert worden.
Diese Bescheinigung gilt nur zur Vorlage bei
Polizeipräsidium

MAGISTRAT VON GROSSBERLIN

Im Auftrage

Soz W 4. Registrierbescheinigung
Mat. 17 902. Din A 6. 10 000. 10. 49

Politischer Flüchtling in West-Berlin

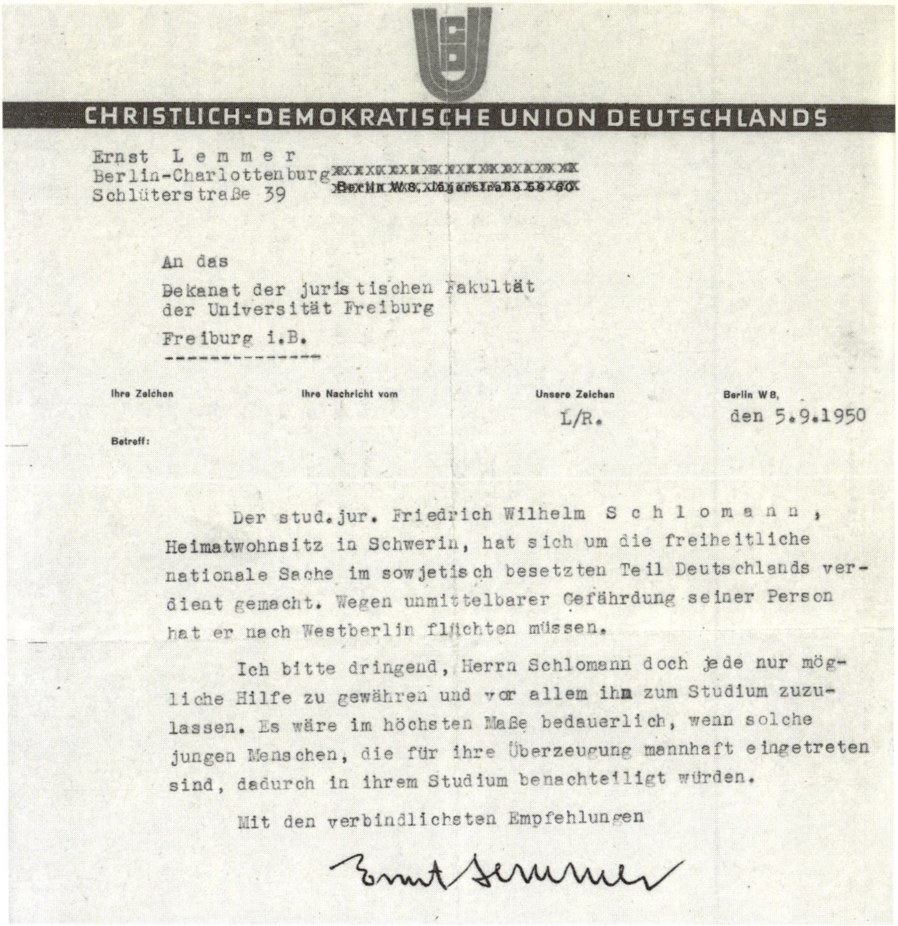

CHRISTLICH-DEMOKRATISCHE UNION DEUTSCHLANDS

Ernst L e m m e r
Berlin-Charlottenburg ~~Berlin W 8, Jägerstraße 59/60~~
Schlüterstraße 39

An das

Bekanat der juristischen Fakultät
der Universität Freiburg

Freiburg i.B.

Ihre Zeichen | Ihre Nachricht vom | Unsere Zeichen L/R. | Berlin W 8, den 5.9.1950

Betreff:

Der stud.jur. Friedrich Wilhelm S c h l o m a n n , Heimatwohnsitz in Schwerin, hat sich um die freiheitliche nationale Sache im sowjetisch besetzten Teil Deutschlands verdient gemacht. Wegen unmittelbarer Gefährdung seiner Person hat er nach Westberlin flüchten müssen.

Ich bitte dringend, Herrn Schlomann doch jede nur mögliche Hilfe zu gewähren und vor allem ihm zum Studium zuzulassen. Es wäre im höchsten Maße bedauerlich, wenn solche jungen Menschen, die für ihre Überzeugung mannhaft eingetreten sind, dadurch in ihrem Studium benachteiligt würden.

Mit den verbindlichsten Empfehlungen

Ernst Lemmer

Schreiben von Ernst Lemmer über den Autor

CHRISTLICH-DEMOKRATISCHE UNION DEUTSCHLANDS

Ernst Lemmer
z.Zt.Bln.-Charlottenburg, Reichsstr.4

~~XXXXXXXXXXXXXXXXXXXXXXXX~~
~~Berlin W8, Jägerstraße 59-60~~

An
Seine Magnifizenz
Herrn Rektor der Universität Freiburg

Freiburg i.B.

Ihre Zeichen	Ihre Nachricht vom	Unsere Zeichen	Berlin W 8,
		L/R.	den 12.10.1950

Betreff: Immatrikulationsgesuch des stud.jur.Friedrich Wilhelm Schlomann, z.Zt.Berlin, vorher: Leipzig.

Euer Magnifizenz !

Als der zweite Vorsitzende der Christlich-Demokratischen Union der Sowjetzone im Exil (Jakob Kaiser ist der erste Vorsitzende) wende ich mich an Sie mit einer dringenden Angelegenheit. Dem bereits unter dem 5. September ds.Js. von mir an das Dekanat der Juristischen Fakultät eingereichten Schreiben +) bitte ich zu entnehmen, um was es sich handelt.

Die bisherigen Bemühungen, für Herrn Schlomann eine Zulassung zu erwirken, sind erfolglos gewesen. Da der stud.jur. Schlomann mit Takt und Mut an der Universität Leipzig für die Sache eines freiheitlichen Deutschland seinen Mann gestanden hat und deshalb nur bei äußerster Gefährdung seiner Person nach Westberlin flüchten mußte, scheint es mir recht und billig zu sein, ihm jetzt beizustehen. Ich wäre Ihnen zu außerordentlichem Dank verbunden, wenn Sie die Güte haben würden, sich für das Zulassungsgesuch des stud.jur. Schlomann zu interessieren.

Mit verbindlichen Empfehlungen

ergebenst

Ernst Lemmer

Anlagen:
+) 3 Abschriften.

Schlomann wird nunmehr zugelassen.
14.10.50.

Schreiben von Ernst Lemmer über den Autor

Persönliche Fotos

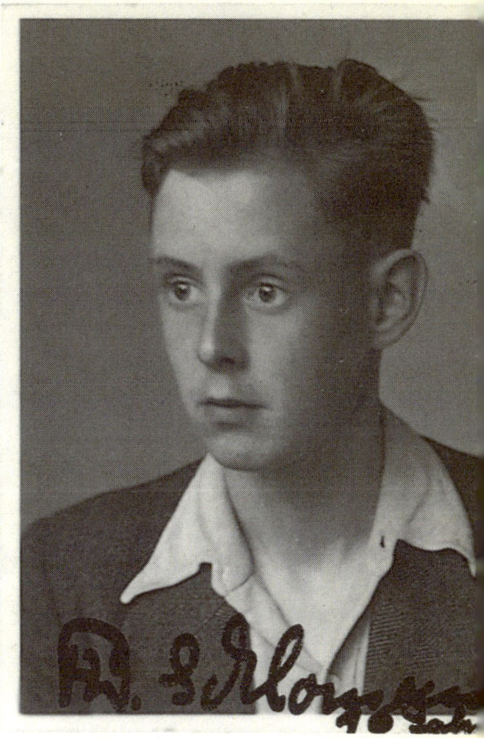

Der Autor, nach Rückkehr aus dem Krieg und Gefangenschaften (16 Jahre...)

Die Abiturklasse 1948, der Autor ganz rechts in weiß

Ernst Lemmer, im Sommer 1948 in Schwerin – es war das letzte Mal, daß er in der Ostzone war

Die Universität Rostock

Juristische Vorlesung an der Universität Leipzig – zwischen den Trümmern (in der Mitte der tapfere Dozent Dr. Schwalm)

Herbst 1950: Begegnung an der westdeutsch-französischen Grenze. Der Autor, mit einer schwarzen Mütze aus US-Gefangenschaft, unter dem Schild »Zollamt«

Flugblätter der Widerstandsbewegung

»Untersuchungsausschuß freiheitlicher Juristen«

Einwohner von Cottbus!

7 000 Belastete, die auf Weisung oder mit Billigung des SED-Regimes kriminelle Straftaten begangen haben, hat der „Untersuchungsausschuß Freiheitlicher Juristen" bereits registriert. Eure Landgerichtspräsidentin Lucie von **Ehrenwall,** bekannt als „Rote Lucie", gehört zu den 53 Einwohnern Eurer Stadt, die darunter verzeichnet sind. Sie wird sich wegen Diebstahls, Unterschlagung, Rechtsbeugung und Freiheitsberaubung verantworten müssen und wagt sich daher schon jetzt nicht mehr nach Westberlin. Der berüchtigte ehemalige Leiter der Kriminalpolizeidienststelle Peitz, Hans **Jeschke**, wurde bereits in Westberlin inhaftiert und sieht seiner Aburteilung ebenso entgegen wie sein Komplice **Schade,** der frühere Leiter der K 5 in Cottbus.

Helft mit, auch alle anderen zur Rechenschaft zu ziehen! Meldet Euch wie alle rechtlich Denkenden beim

Untersuchungsausschuß Freiheitlicher Juristen der Sowjetzone, Berlin-Zehlendorf-West

Hinweis: Keine westdeutsche Stelle besitzt diese Zeitdokumente (auch nicht das Bundesarchiv in Koblenz)

Hallenser, Halloren und Halunken

— ein Städtebild von Halle

nach den Unterlagen des Untersuchungsausschusses Freiheitlicher Juristen Berlin-Zehlendorf-West

In Halle gibt es, so sagt man, seit altersher drei Gruppen von Einwohnern, nämlich Hallenser, Halloren und Halunken. Die Hallenser sind fleißige, ordentliche Leute, manchmal vielleicht etwas zum Nörgeln geneigt, aber im allgemeinen doch wohlgelitten. Von den Halloren, den Brüdern der alten Salzwirkerschaft, gibt es nur noch wenige. Sie fallen im Straßenbild durch ihre Tracht, Dreispitz, Überhang und Kniehose, auf, wenn sie traditionsgemäß als Leichenträger einen Hallenser zur letzten Ruhe begleiten. Und die Halunken — nun, mit dieser Gattung wollen wir uns heute beschäftigen.

Leider sind sie recht zahlreich, seitdem Halle die zweifelhafte Ehre hat, Hauptstadt eines sowjetdeutschen Landes zu sein. Da ist der Ministerpräsident Bruschke. Ursprünglich ein alter SPD-Mann, steht er jetzt mit seiner Linientreue außer jedem Zweifel. Den Hallensern ist er nicht sehr wohl gesonnen, stammt er doch aus Magdeburg und versucht der jungen Landeshauptstadt, wo er nur kann, Abbruch zu tun. So will er möglichst viele Behörden von der Saale an die Elbe verlegen. Als er noch Finanzminister war, pflegte er seinen Freunden Liebesdienste zu erweisen, indem er die ihm unterstellten Finanzämter anwies, bei Überprüfung ihrer Betriebe mehr als nur ein Auge zuzudrücken. Bruschke residiert im Gebäude der ehemaligen Landwirtschaftskammer in der Willi-Lohmann-Straße. In unmittelbarer Nähe hat die SKK ihren Sitz. Bis 1951 hauste sie hinter Brettern versteckt. Jetzt hat sie einen Teil der Gebäude freigegeben. Dorthin ist sofort ihr Vollstreckungsorgan, das Innenministerium, gezogen. Innenminister ist Hegen. Dieser stammt aus dem Sudetengau und ist in Moskau auf sein Amt vorbereitet worden. Er übt sein Amt zur vollsten Zufriedenheit seiner Auftraggeber aus. Bezeichnend für ihn ist seine Äußerung bei einer Versammlung: „Ich hasse nur ein Volk auf der Welt und das ist das deutsche". Die Verschärfungen im Interzonenverkehr sind auf sein Konto zu schreiben.

Sein Vorgänger Sievert war in weiten Kreisen bekannt durch den Vorwurf, er sei an einem Mord beteiligt. Damals war eine der NKWD unbequeme Frau beseitigt worden, ohne daß der Fall restlos aufgeklärt werden konnte. Inzwischen ist Sievert in der Versenkung verschwunden und betätigt sich jetzt wieder in seiner Branche, allerdings nicht als Maurer, der er ursprünglich war, sondern als Hauptabteilungsleiter im sogenannten Aufbauministerium in Berlin.

Du bist ein Feind der kommunistischen Verbrecher-Herrschaft?

Du willst ein einheitliches Deutschland in Freiheit?

Du bist dafür, daß das Unrecht angeprangert, die Verbrecher beim Namen genannt und die Opfer gewarnt werden?

Du weißt daß diese Bekämpfung des Unrechts die beste Hilfe für die Sowjetzone ist?

Du willst daß diese Hilfe verstärkt wird?

Und was tust Du?

Weißt Du, daß die Befreiung der Sowjetzone kein Geschenk des Himmels sein wird?

Ist Dir klar, daß Du selbst auch mitarbeiten mußt?

Aber: ist Widerstand nicht zu gefährlich?

Tausende von Männern und Frauen, Arbeiter, Angestellte, Richter, Staatsanwälte, Angestellte der Behörden, bis hinauf in die Ministerien, Techniker, Ärzte, Studenten, Professoren, Kaufleute, leisten diesen Widerstand, ohne sich zu gefährden. Keiner kennt den anderen. Sie sind keine Agenten, sondern Kämpfer für das Recht. Ihr einziger Auftrag ist, Unrecht zu melden, damit es im freien Berlin nicht nur registriert, sondern auch von dort aus bekämpft werden kann.

Widerstand gegen Verbrechen ist ein Akt der Selbsthilfe. Es ist kein Privileg der Juristen, sondern Aufgabe aller rechtlich denkenden Menschen, vor allem jener, die sich zur geistigen Führungsschicht zählen. Das unsichtbare Netz des Widerstandes wird jeden Tag fester, die Maschen enger. Es schafft die Voraussetzungen für die Wiedervereinigung!

Willst Du mithelfen?

Dann wende Dich an den

Untersuchungsausschuß Freiheitlicher Juristen
Berlin-Zehlendorf-West, Limastr. 29, Tel. 84 63 23/24

mit folgenden Beratungsstellen:

Beratungsstelle für Verwaltungsangestellte

Beratungsstelle für Wirtschaft

Beratungsstelle für Steuerrecht und Versicherungsfragen

Beratungsstelle für technische Intelligenz

Beratungsstelle für land- und forstwirtschaftliche Rechtsfragen

Beratungsstelle für Eisenbahn und Post

Beratungsstelle für Ärzte

Frauenreferat

Wenn Du selbst nicht nach Berlin reisen kannst, dann schicke Deine Frau oder einen zuverlässigen Bekannten. Bist Du in einer besonders exponierten Stellung und besteht die Gefahr, daß Du bespitzelt wirst, dann rufe von Westberlin aus an, um einen Treffpunkt zu vereinbaren. Jeden Monat kommen etwa 4000 Bewohner aus der Zone zum Untersuchungsausschuß. Es ist alle Vorsorge getroffen, daß keiner dadurch gefährdet wird.

Treuenbrietzener!

Zahlreiche Gräber am Triftweg und ungekennzeichnete Plätze in den Schonungen um Treuenbrietzen künden von den unmenschlichen Verbrechen, die 1945 in Eurer Stadt begangen worden sind. Dieses Unrecht wird von einer irdischen Macht kaum gesühnt werden können. Eure Pflicht ist es aber, an der Registrierung aller von Deutschen begangenen Straftaten mitzuwirken. Keine Stadt ist uns zu klein, kein Schicksal zu belanglos! 58 Einwohner von Treuenbrietzen sind in unserer Belastungskartei bereits verzeichnet; unter ihnen befindet sich Euer Bürgermeister Dieter Jenner. Viele haben sich zunächst durch das Ansehen seines Vaters, der allen alten Treuenbrietzenern als ehrbarer und treusorgender Stadtvater in Erinnerung geblieben ist, täuschen lassen. Allzu bald zeigte er sein wahres Gesicht. Ohne jegliche gesetzliche Grundlage griff er z. B. in das Ermittlungsverfahren gegen den Kaufmann Mehlis ein, führte Haussuchungen ohne richterlichen Durchsuchungsbefehl durch und drohte, ohne den Schein irgendwelcher Zuständigkeit, unmenschliche Strafen an. Wir wissen, daß er den Tod von M. auf dem Gewissen hat! Jenner wird Euch verlassen, um als Kurdirektor in Bad Elster weiter als Spitzel zu wirken. Wir werden ihn zur gegebenen Zeit auch dort finden. Nur die höchsten SED-Größen werden mit den Sowjets nach Moskau flüchten können, alle anderen werden sich verantworten müssen! Helft mit, die Vorbereitungen hierfür zu treffen. Meldet alle Verbrecher den Freiheitlichen Juristen!

Alle rechtlich Denkenden melden sich beim

Untersuchungsausschuß
Freiheitlicher Juristen der Sowjetzone
Berlin-

Einwohner von Waldheim!

zeigt, daß Ihr mit den Henkern und Gefängnisbütteln in Eurer Haftanstalt nichts zu tun haben wollt! Schneidet solche Unmenschen wie den VP-Oberrat **Walk,** die Polizeiräte **Protze** und **Ackermann,** den Polizeimeister **Schönfeld,** die Hauptwachtmeister **Adlung, Kasparczek, Klotz, Meyer, Nebe** und die Oberwachtmeister **Schirmer** und **Reinhold!** Meidet Hyänen in Menschengestalt wie die Hauptwachtmeisterinnen **Seidel** und **Liepold** und die Wachtmeisterin **Karl!** Behandelt sie wie Aussätzige, bis der Tag kommt, an dem alle für Ihre Verbrechen zur Verantwortung gezogen werden! Beobachtet sie bis dahin und gebt uns Nachrichten, wie es die Besten von Euch schon lange tun. Helft uns, das Unrecht zu bekämpfen.

Wir fordern alle rechtlich Denkenden zur Mitarbeit auf!

Untersuchungsausschuß
Freiheitlicher Juristen der Sowjetzone,
Berlin-Zehlendorf-West,
Telefon: 84 63 23/24

UNTERSUCHUNGSAUSSCHUSS
FREIHEITLICHER JURISTEN
DER SOWJET-ZONE

Berlin-Lichterfelde West
28. Oktober 1949

An die Bevölkerung der Ostzone!

Seit vielen Jahren wird die Bevölkerung der Ostzone von einem kleinen Klüngel gegen den Willen der überwältigenden Mehrheit regiert. Waren unter ihnen am Anfang auch noch Idealisten, die einer Fata Morgana nachjagten, so stehen heute an der Spitze des ostzonalen Verwaltungs-, Justiz- und Polizeiapparates gewissenlose Handlanger einer Besatzungsmacht, denen nicht das Wohl des Volkes am Herzen gelegen ist, sondern ihr eigenes Wohlergehen. Unzählige Verbrechen haben sie begangen.

Handeln auf Befehl ist keine Entschuldigung mehr. Sie sind genügend gewarnt worden.

Es ist Aufgabe aller anständigen Menschen der Zone, an der Registrierung dieser Verbrechen mitzuhelfen, um weitere zu verhüten. Der Arm der wenigen Spitzenfunktionäre, die ihre Seele verkauft haben und nicht mehr zurück können, muß gelähmt werden.

Niemand soll zu Unrecht bestraft werden. Nicht der wird zur Rechenschaft gezogen, der einen leitenden Posten inne hat, sondern nur diejenigen, die ihre Stellung ausnutzen, um ungestraft Verbrechen zu begehen.

Um sie aufzudecken und damit zu verhindern, daß nach Beseitigung des gegenwärtigen Regimes diejenigen, die Not und Elend über Millionen von Menschen gebracht haben, unter anderer Flagge wieder ihr schändliches Spiel treiben zu können, **haben sich aus allen Ländern der sowjetischen Besatzungszone freiheitliche Juristen zusammengefunden, die eine Kartei des Unrechts erstellen werden. Es ist Sorge dafür getragen, daß der Untersuchungsausschuß das Wichtigste erfährt. Die gesamte Bevölkerung der sowjetischen Besatzungszone muß aber mithelfen!**

Jedermann, dem von der augenblicklichen Staatshoheit und ihren Vertretern sanktionierte oder sogar befohlene Verbrechen bekannt werden, soll bei dem Untersuchungsausschuß sofort Anzeige erstatten.

Diese Aufforderung ergeht insbesondere an die wirkliche geistige Führungsschicht, die wegen ihrer fachlichen Fähigkeiten von den kommunistischen Machthabern noch nicht davongejagt werden konnte. Niemanden ist damit gedient, wenn sie ohne zwingenden Grund kapitulieren oder in die Westzonen flüchten.

Richter, Staatsanwälte, leitende Verwaltungsangestellte, Rechtsanwälte und alle anderen, die das gesetzwidrige Treiben der kleinen und großen Piecks und Grotewohls erleben, werden ihre Feststellungen nicht mehr für sich behalten, damit sie sich nicht mitschuldig machen an den begangenen Willkürakten. Die Verbrecher werden gebrandmarkt. Es wird das erste wahrhafte Volksgericht der Ostzone sein.

Wenn dann der Tag der Befreiung für die leidgeprüften Menschen der Ostzone kommt, werden die Anklageschriften für alle jene fertig sein, die sich für das von ihnen begangene Unrecht verantworten werden müssen.

Es werden aber auch die Namen derjenigen bekanntgegeben werden, die zur Aufdeckung des Unrechts, zur Verhinderung noch größeren Unheils beigetragen haben. Briefe werden zweckmäßigerweise in den Berliner Westsektoren zur Post gebracht. Durchschriften oder Abschriften soll niemand in seinem Hause aufbewahren. Der Untersuchungsausschuß wird alle Berichte und Meldungen eingehend auf ihre Richtigkeit überprüfen. Die Anklageschriften werden dann den Beschuldigten zugestellt, vor allem aber der Bevölkerung des Bezirkes, in dem der Beschuldigte seine verbrecherische Tätigkeit ausgeübt hat, zur Stellungnahme übermittelt. Die ersten Anklageschriften sind bereits fertig.

Dies soll jenen zur Warnung dienen, die aus Angst oder Schwäche Gehilfen der Verbrecherclique gewesen sind. Nicht für jeden ist das Wiedergutmachen zu spät!

Rechtzeitige Warnung der Opfer, Abschwächung oder Boykottierung ergangener unmenschlicher Befehle und nunmehr die Benachrichtigung des Untersuchungsausschusses sind die Möglichkeiten für alle, die dem Unrecht Widerstand leisten wollen.

DER UNTERSUCHUNGSAUSSCHUSS

Zuschriften sind zu richten an **Juristischer Untersuchungsausschuß**
Berlin-Lichterfelde West, Troppauer Straße 4

Gen.-Nr. 12226 5000 10.49

UNTERSUCHUNGSAUSSCHUSS
FREIHEITLICHER JURISTEN
DER SOWJETZONE

BERLIN-LICHTERFELDE WEST
den 10. Dezember 1949

An alle Richter, Staatsanwälte, Rechtsanwälte und Verwaltungsangestellten ***in der Sowjetzone***

Die Bevölkerung der Sowjetzone erwartet von dem Berufsstand der Juristen, daß seine Angehörigen Hüter des Rechts sind, daß sie sich bemühen, Willkür und Ungerechtigkeiten zu vermeiden.

Die jüngste Geschichte hat gezeigt, daß Verbrechen, die auf Befehl oder mit Billigung der Staatsgewalt geschehen, Verbrechen bleiben. Sie in einem totalitären Staat zu verhindern, ist schwer. Der geschlossene Widerstand der Bevölkerung wird aber auch ein auf Bajonette gestütztes Gewaltregime beseitigen.

Ein Vergleich mit dem Jahre 1944 zeigt, daß gerade kurz vor dem Ende einer totalitären Herrschaft die kleine Führungsclique besondere Gewaltmethoden anwendet und alles aufs Spiel setzt, um an der Macht zu bleiben, weiß sie doch, daß sonst ihre letzte Stunde geschlagen hat.

In dieser Situation ihren Arm zu lähmen, ist Aufgabe aller rechtlich denkenden Menschen, vor allem aber jener, die sich die Bekämpfung des Unrechts als ihr Berufsziel erwählt haben. Der entscheidende Widerstand der Bevölkerung der Zone hat schon mancherlei Früchte getragen.

Zwei Beispiele: Die sowjetische Besatzungsmacht sah sich gezwungen, ihre Lebensmittelentnahmen, die gewaltigen Sonderzuteilungen deutscher Waren an ihre Offiziere ein wenig einzuschränken, weil sie die Empörung der Bevölkerung im Hinblick auf die Aufhebung der Rationierung und die besseren Lebensbedingungen in Westdeutschland und Westberlin dazu nötigte. Die Absicht, durch Wirtschaftsstrafverfahren die endgültige Sozialisierung und Enteignung der Privatwirtschaft zu erreichen, wurde und wird gehemmt durch den Widerstand vieler Richter und Staatsanwälte, die sich hierzu nicht mißbrauchen lassen.

„Der Not gehorchend, nicht dem eigenen Triebe" ist die kommunistische Staatsgewalt genötigt, vielen Maßnahmen, so gut es geht, ein demokratisches Mäntelchen umzuhängen.

So konnte sie nicht umhin, in der Verfassung der Ostzonenrepublik manche Bestimmungen aufzunehmen, die ihren wahren Charakter verschleiern sollen.

Aufgabe der freiheitlichen Juristen der Zone, als deren Organ der Untersuchungsausschuß arbeitet, muß es daher sein, die Bevölkerung der Zone auf die Rechte, die ihr die Verfassung gibt, hinzuweisen. Die Verfassung ist zwar ebenso illegal wie die provisorische Volkskammer und die provisorische Regierung: denn die Wahlen zum sogenannten Volksrat, aus denen die Volkskammer als Gesetzgebungsorgan ihre rechtmäßige Existenz

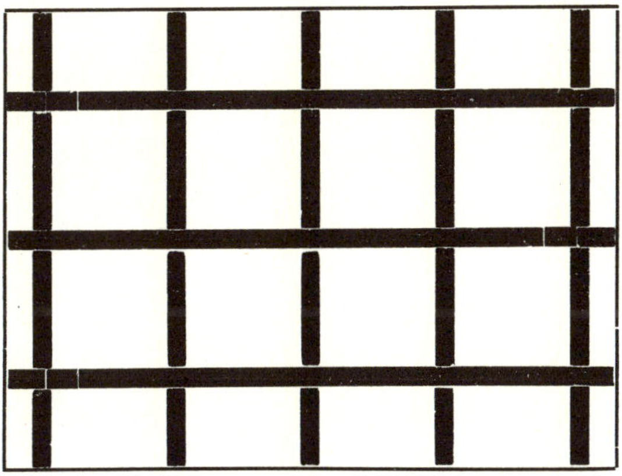

Einwohner von Waldheim!

Ihr wißt, daß der gute Name Eurer Stadt für alle rechtlich denkenden Menschen in Ost und West zum Inbegriff sedistisch-sadistischen Unmenschlichkeit geworden ist. Rund 3 000 Menschen werden in Eurer Gefangenenanstalt aus politischen Gründen festgehalten. Ein verfassungswidriges Gericht hat sie unter Ausschluß der Öffent-

Bautzen ohne rote Brille

Ungestörter Rundfunk-Empfang
Praktische Ratschläge

Widerstandsbewegung

»Kampfgruppe gegen Unmenschlichkeit« (KgU)

Bereitstellung von Flugblatt-Raketen

Wirkungsvoller Widerstand!

Es gibt keine Neutralität!

Wer glaubt, sich in seiner Ohnmacht **widerspruchslos** den Machthabern des kommunistischen Systems **beugen** zu müssen, **opfert** nicht nur **sich selbst,** sondern auch die **Freiheit seiner Mitmenschen.**

Wer um der eigenen Ruhe willen resigniert, unterwirft sich **dem Terror.** Sich unterwerfen **heißt** aber, **an seinen Mitmenschen schuldig** werden.

Die **Bevölkerung Westdeutschlands kämpft mit Euch** für Eure **Freiheit!** Das freie Deutschland wird Euch **nicht verraten.**

Die SED-Regierung hat uns **dem bolschewistischen Terror** ausgeliefert. Dieser Verrat wird vereitelt, wenn wir in **massierter Auflehnung** in den Fronten der **deutschen Freiheitsbewegung** stehen.

Die SED-Regierung fordert von uns **Kampf für den sowjetischen Scheinfrieden,** unseren Einsatz **mit Waffen** für die sowjetische **Scheinfreiheit** und hingebungsvolle **Aufopferung, Ertragen von Hunger, Knechtung und Zerstörung** als Freundschaftsbeweis **für** unsere **bolschewistischen Unterdrücker.**

Wir **kämpfen mit Westdeutschland** für die **Mobilisierung aller freien Kräfte** zur Wiederherstellung **unseres Rechtes.** Der **Westen** unterstützt unseren **Freiheitskampf** und **fordert** mit **uns Beseitigung unserer Not.**

Darum helft auch Ihr! Schließt Euch in der **gemeinsamen Front** des **Widerstandes** zusammen! **Stärkt Eure Positionen!**

Helft Euch untereinander! Haltet aus, bis Frieden und Freiheit über Terror und Vernichtung gesiegt haben.

Es gibt einen offensiven Widerstand

ohne die Vergeltung von Terror durch Gewalt. — **Ohne** die Beantwortung von Zerstörung durch **Sabotageakte.** — **Ohne** eine **persönliche Gefährdung** durch gewaltsame **Auflehnung** gegen die Besatzungsmacht und ihre **kommunistischen** Handlanger.

Die Freiheit geht in die Offensive

WENN Ihr die Kraft von **Wahrheit, Recht** und **Menschlichkeit** zu Eurer Waffe macht.

BOYKOTTIERT die **sowjetgelenkte Presse,** die kommunistische **Kulturpropaganda,** deren **Filme, Theaterstücke** und **Vortragsveranstaltungen.**

HÖRT die **Stimmen der Freiheit, Wahrheit** und **des Friedens** der westlichen Rundfunkstationen. Sie geben Euch **kein entstelltes,** sondern **ein objektives** und **wahres** Bild.

HÖRT im **RIAS** Nachrichten um 6.30; 9.30; 12.30; 16.30; 19.30; 22.30; 0.30. Die Sendung für **Mitteldeutschland** um 19.45. **»Deutschland im RIAS«** um 19.55; **Kommentare** um 19.30. Die Namen der in den sowjetischen KZ's Verstorbenen werden morgens um 4.15 und sonntags der Kommentar um 19.30, die **Europa-Viertelstunde** um 19.45 gesendet.

HÖRT im **NWDR** Nachrichten um 5.45; 6.45; 7.45; 8.45; 12.45; 16.45; 19.45; 21.45; 24.00. **»Berlin am Mikrophon«** täglich von 0.05 bis 1.00; **Kommentare** um 19.55; montags um 8.55; die **»Sprechstunde für Ostvertriebene«** und alle drei Wochen dienstags von 22.15 bis 22.45 das **Hörbild aus der Ostzone.**

HÖRT im **BBC** deutsche Nachrichten täglich um 9.00; 14.00; 20.00 und 24.00; **»Quer durch die Ostzone«** zwischen Montag und Freitag täglich von 17.45 bis 18.15 und 21.30 bis 22.00.

ÄCHTET die **SED,** ihre **Massenorganisationen** und **Satellitenparteien. Boykottiert** die **»linientreuen«** Funktionäre im öffentlichen und privaten Leben. Nehmt ihnen ihre Macht, indem Ihr sie **wirtschaftlich** zugrunde richtet.

MEIDET die **HO,** den **Konsum, SED-Kaufmann** oder **SED-Handwerker;** niemand geht zum **freiberuflichen Kommunisten,** solange noch Privatunternehmer oder bürgerliche Parteianhänger am Ort ein Geschäft oder eine Praxis haben.

VERNICHTET, übermalt und überklebt die **Plakate** der **kommunistischen Verdummungskampagne, verteilt** die **Flugblätter** der **Widerstandsbewegung** und vor allem **lesen, abschreiben, weitersagen, weitergeben!**

MALT **das »F«** als Symbol der Freiheit an Dienststellen, Häuserwände, Türen und Fabrikmauern. Es zeigt den Kommunisten, **daß sie** sich vorsehen müssen, denn der **Widerstand lebt.**

SEID **Träger der Wahrheit,** indem Ihr **Nachrichten** der Westsender, Flugblätter und Westzeitungen **weitergebt,** indem Ihr kommunistische **Hetzparolen** und **Lügenmärchen** der **Lächerlichkeit** preisgebt.

STÖRT die **Machtbestrebungen** der Terroristen, indem Ihr deren **Vorhaben** und **Pläne** sowie **interne Vorkommnisse** und Angelegenheiten aus ihren Dienststellen und Parteibüros als Gerüchte **in die Öffentlichkeit tragt.**

ERGREIFT **eine anonyme Aktivität,** indem Ihr täglich mit fingierten Absendern an Eure Bekannten, die Parteien, Zeitungen und öffentlichen Institutionen im Westen **Briefe mit Aufklärungspropaganda über die Zustände in der Sowjetzone** richtet.

FORDERT **Gehör** bei den Kommunisten, überschwemmt die Ministerien und SED-Parteidienststellen mit **anonymen Schreiben** und **Protesten** gegen den **roten Terror.**

HANDELT, jeder an **seinem Platz** und mit seinen Möglichkeiten, als **anständige,** verantwortungsvolle und ehrbewußte Menschen.

HELFT den **Widerstandskämpfern,** den **Bedrohten, Verfolgten** und **Entrechteten.** Gewährt ihnen **Unterschlupf,** gebt ihnen **Mittel zur Flucht,** und wenn Ihr ein **Amt** habt, handelt auch **gegen** einen **Befehl zu ihren Gunsten.**

NIEMAND mache sich zum **Handlanger des Terrors. Keiner,** Bürger, Bauer, Arbeiter, Beamter, Polizist und Funktionär, **ist** einem System zur **Einhaltung** einer Verpflichtung oder **eines Eides verpflichtet,** das — wie der **Bolschewismus — tausendfach eidbrüchig** wurde.

Schützt Freiheit und Leben, sichert den Widerstand!

SICHERUNG **der Widerstandshaltung** erfordert mehr **Umsicht und Zeit** als die Arbeit selbst. Für jeden Augenblick muß eine passende, immer **überprüfbare Erklärung** bereit gehalten werden. Wer nachts Widerstandsarbeit tut, verschaffe sich vorher ein **glaubwürdiges Alibi.** Und immer daran denken: **Fingerabdrücke vermeiden!** Handschuhe anziehen!

MISSTRAUEN **zu allen,** vor allem aber gegen Personen, die sich in **der** Sowjetzone als Widerstandskämpfer **ausgeben** oder als Vertreter einer bekannten Widerstandsorganisation **auftreten** und sich durch Mitgliedsausweise oder Widerstandsmaterial zu legitimieren versuchen.

ALLEIN **bleiben,** wenn man keine Erfahrungen in der weit gefährlicheren Widerstandsarbeit in Gruppen besitzt. **Auch ein Heer von Einzelgängern** kann zur Befreiung Entscheidendes beitragen.

Unser Ziel:

Der Sieg von Frieden, Recht und Freiheit für Deutschland in einem Europa, dessen Völker ohne Furcht vor Terror und Tyrannei leben!

Flugzettel der KgU
Hinweis: Auch diese Flugblätter gibt es nirgendwo bei einer westdeutschen Stelle

Sinnvoller Widerstand

Warum Widerstand?

Weil es gegenüber der Unmenschlichkeit keine Neutralität gibt. Wer sie widerstandslos hinnimmt, hat sie geduldet. Wer schweigt, ist mitschuldig.

Weil Wirksames gegen den Terror nur dann getan werden kann, wenn die Auflehnung rechtzeitig geschieht.

Weil uns die Vergangenheit gelehrt haben sollte, daß der Weg diktatorischer Systeme ins Chaos führt. Wir wollen Deutschland wieder aufbauen, aber wir wollen keine neuen Trümmerhaufen.

Weil zahllose Menschenopfer in der Vergangenheit umsonst gewesen wären, wenn wir uns heute, da dieselben Unmenschlichkeiten und Verbrechen verübt werden, nicht auflehnen würden.

Weil wir ***ein*** Volk sind, das nicht leben kann, wenn es zerrissen und den vernichtenden Kräften der Unterdrückung ausgesetzt bleibt.

Weil Europa eine Gemeinschaft von Völkern ist, die nicht existieren kann, wenn Terror und Sklaverei Wohlstand und Sicherheit gefährden.

Weil Berlin inmitten der Sowjetzone eine Insel der Freiheit ist, von der die Bevölkerung der Ostzone in ihrem Befreiungskampf nicht im Stich gelassen wird.

Wie soll Widerstand geleistet werden?

Nicht durch Sabotageakte. — Von den wenigen, im Kriege nicht vernichteten Werten darf nichts zerstört werden. Wir brauchen sie für den Aufbau Deutschlands.

Sondern durch ***Boykott*** der SED und der SED-hörigen Massenorganisationen. ***Unterstützt*** die anständigen Vertreter in den bürgerlichen Parteien. Wählt parteilose Kandidaten in die Betriebsräte. ***Helft*** den vom kommunistischen Regime Verfolgten.

Nicht durch Terrorakte. — Denn wir wollen und dürfen die anderen nicht mit Mitteln bekämpfen, die wir selbst als menschenunwürdig an ihnen verurteilen.

Sondern indem wir uns mit allen Kräften für Freiheit, Recht und Menschlichkeit einsetzen. ***Boykottiert*** die politischen Feiertage und die Demonstrationen der kommunistischen Organisationen. ***Unterstützt*** die anständigen Kaufleute und Handwerker. Keiner kauft beim Spitzel. Keiner geht zum kommunistischen Geschäftsmann. ***Helft*** nicht jenen, die Nutznießer Eures Elends sind, sondern denen, die mit Euch leiden müssen.

Nicht durch Angriffe auf die Besatzungsmacht. — Niemals darf den Sowjets eine Handhabe geboten werden, uns unter Anrufung eines Rechtes zu vernichten.

Sondern durch ***Boykott*** der sowjetisch lizenzierten Zeitungen, der Sowjetfilme und der sowjetischen Theaterstücke. Unterstützt nicht die Kommunisten, indem Ihr die Erzeugnisse ihrer gleichgeschalteten Presse kauft. Die Zeitungen der bürgerlichen Parteien sind Einwickelpapier. Hört die Sendungen der westlichen Rundfunkstationen. Dort erhaltet Ihr ein wahres, objektives und nicht entstelltes Bild des Zeitgeschehens.

Hört im ***RIAS*** Nachrichten um 6,30; 9,30; 12,30; 16,30; 19,30; 22,30; 0,30. Die Sendung für Mitteldeutschland um 19,45. „Deutschland im RIAS" um 19,55. Kommentare um 19,30. Jeden Montag und Donnerstag werden um 0,15 die Namen der in den sowjetischen KZ's Verstorbenen gesendet. Hört sonntags um 19,30 den Kommentar und um 19,45 die Europaviertelstunde.

Hört im ***NWDR*** Nachrichten um 5,45; 6,45; 7,45; 8,45; 12,45; 16,45; 19,45; 21,45; 24,00. „Berlin am Mikrophon" täglich von 0,05 bis 1,00 und montags um 8,55 die Sprechstunde für Ostvertriebene. Kommentare täglich um 19,10 und alle drei Wochen am Dienstag von 22,15 bis 22,45 das Hörbild aus der Ostzone.

Hört im ***BBC*** täglich die deutschen Nachrichten um 9,00; 14,00; 20,00 und 24,00. Und die Sendung „Quer durch die Ostzone" zwischen Montag und Freitag täglich von 17,45 bis 18,15 und 21,30 bis 22,00.

Wer soll Widerstand leisten?

Jeder soll es — der Arbeiter, der Bauer, der Angestellte und der Intellektuelle. — Jeder an seinem Platz und mit den ihm gegebenen Mitteln.

Jeder soll es, indem er auf die Handlanger der NKWD und deren Helfer achtet, ihren Unmenschlichkeiten nachgeht und dafür sorgt, daß ihre Namen über den Äther gesendet werden können, um weitere Opfer zu vermeiden.

Jeder soll es, indem er das „F", das Symbol der Freiheit an die Dienststellen, Häuserwände, Türen und auf die Aktendeckel der sowjetischen Handlanger malt.

Jeder soll es, indem er die Flugblätter der Widerstandsbewegung verteilt. Und nicht nur das, sondern: ***„Lesen! Abschreiben! Weitersagen! Weitergeben!"*** — Indem er die Plakate der kommunistischen Propagandisten ***vernichtet, übermalt, überklebt.***

Jeder Mann soll es in seinem Amt, indem er Mittel und Wege sucht, Unrecht in Recht zu verwandeln und den unter dem Sowjetterror Verelendeten zu helfen.

Jeder Richter und Staatsanwalt soll es, indem er mutig so zu urteilen und zu richten versucht, wie es Verantwortungsbewußtsein und Berufsethos in einem freien Staat von ihm verlangen würden.

Jeder Volkspolizist soll es, indem er sich nicht zu Handlangerdiensten für die kommunistischen politischen Kommissare pressen läßt, und indem er die wegen Freiheitsliebe Bedrohten vor ihrer Verhaftung warnt. — In solchen Fällen bindet ihn kein Eid, sondern nur die menschliche Verpflichtung zur Menschlichkeit.

Niemand ist einem völkerverderbenden System wie dem Bolschewismus zur Einhaltung eines Diensteides verpflichtet. Denn man hält niemandem den Eid, der selbst tausendfach zum Eidbrüchigen wurde.

Vorsichtsmaßnahmen.

Erster Grundsatz aller Widerstandstätigkeit ist: Schweigsamkeit gegenüber ***allen***, auch den nächsten Angehörigen. Niemand darf sich, seine Familie und die gemeinsame Sache durch unvorsichtige Reden gefährden.

Zweiter Grundsatz: auf die Sicherung doppelt so viel Zeit verwenden, wie auf die Arbeit selbst. Bei der Vorbereitung einer Widerstandshandlung muß für jeden Augenblick eine passende, jederzeit überprüfbare Erklärung bereitgehalten werden. Wer nachts hinausgeht, um Widerstandsarbeit zu leisten, sollte sich vorher ein passendes Alibi verschaffen. Wer das „F" klebt oder Flugblätter verteilt, ziehe Handschuhe an, um Fingerabdrücke zu vermeiden.

Dritter Grundsatz aller Widerstandstätigkeit heißt: Mißtrauen. Vor allem zu Personen, die sich in der Sowjetzone als Widerstandskämpfer ausgeben oder gar als Emissäre einer bekannten Widerstandsorganisation auftreten und sich durch „Mitgliedsausweise" oder Widerstandsmaterial zu legitimieren versuchen. Wer nicht Erfahrungen in der weit gefährlicheren Widerstandsarbeit in Gruppen besitzt, sollte grundsätzlich allein bleiben; zumal auch ein Heer von Einzelgängern entscheidend zur Befreiung beitragen kann.

Unser Ziel:

Der Sieg der Menschlichkeit in einem freien Deutschland, das gleichberechtigt in dem geeinten, seinem Kulturerbe verpflichteten Europa steht!

Flugblatt der KgU

NTS,

eine russische Widerstandsbewegung, die – auch – innerhalb der sowjetischen Besatzungstruppen in der Ostzone aktiv war

zwei NTS-Klebzettel

Солдат! Сержант! Офицер! Брат и товарищ!

Ты взял в руки эту бумажку. — Нет, это не деньги, а только наше слово правды тебе. Но разве оно не дороже денег? Что стоит рубль в стране, которую кремлевские кровопийцы превратили в беднейшую в мире? Ведь ни один народ на Западе не живет в такой нищете, как наш, — это ты знаешь?

Слово же правды — драгоценно! Его ты не найдешь в изолгавшихся партийных газетах, не услышишь на политзанятиях и митингах. Там подневольное житье твое называют свободой, каторжную нужду близких твоих — зажиточной жизнью, а всенародную ненависть к диктатору — любовью и преданностью.

Мы же несем тебе слово правды. Вот оно:

Судьбоносный, решающий час приближается. Величайший преступник всех времен и народов — Сталин — готов бросить тебя и страну в мясорубку новой страшной бойни. Бойни, которой не желает никто в мире, кроме него, Сталина. Ибо чудовище в форме Генералиссимуса обезумело и жаждет всесветного господства. Любой ценой. Любой кровью. Твоей — также.

За что же ты будешь проливать свою кровь?

В великом патриотическом порыве отстоял наш народ Родину от гитлеровских захватчиков. И невольно спас от гибели ненавистную власть. Как отплатила власть народу за его беспримерный подвиг, ты знаешь.

Ты недавно побывал на родине, видел землянки, слезы родных, инвалидов — героев Отечественной войны, просящих милостыню.

Нет, гибнуть «за Сталина» мы не хотим и ты, тоже не хочешь!

Что же делать?

Быть начеку! Готовиться! — Чтобы боевая тревога не захватила тебя врасплох. Чтобы тогда направить штык и нацелить автомат на подлиных врагов твоих и нашей родины — Сталина и его опричников. Ибо Сталин украл у тебя и нашего народа право на счастье.

Вернуть родине это право — твой долг. Наш долг. Кто свершит это, кроме нас с тобой? Вот ты дочитал письмо до этого места и, мы знаем, спрашиваешь себя: «Что-ж, мол, я? Один в поле не воин...»

Но ты **не один**! Нас много. Мы — в надежном подполье — по всему простору нашей великой страны. Мы — в казармах, где ты живешь, и может быть, рядом с твоей койкой спит наш верный единомышленник, тайный покуда друг и товарищ.

Когда же наступит пора — мы встанем. И нас будут **миллионы**.

Час гибели палачей нашей родины, нашего народа, приближается.

Будь же готов включиться с нами в великую освободительную битву

Исполняй инструкции Революционного Штаба Национально-Трудового Союза.

1. Распространяй эту листовку. Рассказывай о ней верным товарищам. Ищи путей безопасно отправить ее на родину. Соблюдай в работе полную осторожность.

2. Пиши на стенах, заборах и вагонах сокращенный лозунг «**НТС**» (**Н**есем **Т**иранам **С**мерть! **Н**есем **Т**рудящимся **С**вободу!). Рисуй вилы знак народного гнева, знак единства рабочих, крестьян и интеллигенции в борьбе против сталинской диктатуры. Этим ты ободришь товарища, борющегося на соседнем участке. Этим Ты ПРОГОЛОСУЕШЬ ПРОТИВ СТАЛИНА.

3. Создавай группу, но не более чем в два человека. Не связывай группы между собой. Работай только с самыми испытанными товарищами.

В случае опасности для тебя, уходи на запад. Используй существующее там для всех право на политическое убежище («политише азил»). Наши заграничные группы помогут тебе доказать, что ты — политический эмигрант. Поэтому, перейдя на запад, требуй связи с НТС. Не уходи на запад без нужды. Борцы в армии и на родине нужнее, чем заграницей, особенно если они связаны с нами. Ищи связи с нами.

Проявляй инициативу! Расширяй и углубляй борьбу!

ЗА ОСВОБОДИТЕЛЬНУЮ РЕВОЛЮЦИЮ!

ЗА СПРАВЕДЛИВЫЙ СТРОЙ НА РОДНОЙ ЗЕМЛЕ!

ЗА СВОБОДНУЮ ВЕЛИКУЮ РОССИЮ!

НЕСЕМ ТИРАНАМ СМЕРТЬ! НЕСЕМ ТРУДЯЩИМСЯ СВОБОДУ

НТС

Geldschein-Flugblatt (Vorne: Nachgeahmte russische Geldnote; auf der Rückseite: Aufruf zum Widerstand)

Солдаты и офицеры!

17 июня 1953 года восстали берлинские рабочие. Они выступили против коммунистического режима. В два дня восстание охватило зону. Власть в панике двинула против восставших наши танковые части. По призыву НТС, танкисты отказались стрелять в восставших. Наш народ сочувствовал немцам. Он ждал, что вы поддержите восстание и перенесете его на родину.

Опыт восстания 17 июня не пропал даром.

Сейчас в восточной зоне вновь бурлит недовольство. Народное восстание может вспыхнуть в любой момент. Вы должны его поддержать.

Не стреляйте в восставших! Вступайте с ними в боевой союз против общего врага — коммунистической власти.

Союз немецких борцов и наших воинов — залог успеха в борьбе за свободу нашего и немецкого народов.

Да здравствует Народная Революция!

За Россию!

НТС
Революционный Штаб

Deutsche Freunde!

Der NTS ist eine russische revolutionäre Organisation und bekämpft das kommunistische Regime. Der NTS wendet sich im russischen Text an die sowjetischen Soldaten.

Der NTS ruft die sowjetischen Soldaten auf, bei einem neuen Aufstand in der Zone, **nicht auf die Deutschen zu schiessen, sondern sich mit ihnen zu verbünden.** Nur ein Zusammengehen der Deutschen und Russen sichert den Erfolg des Aufstandes und bringt beiden Völkern die Befreiung.

Helft dieses Flugblatt zu verbreiten.

W

NTS
Der Revolutionsstab

Geldschein-Flugblatt (Vorne: Nachgeahmte ostdeutsche Geldnote; auf der Rückseite: Aufruf zum Widerstand)